러닝 스파크

Learning Spark 개정판

Learning Spark, 2nd Edition

러닝 스파크 개정판

1쇄 발행 2022년 6월 24일
2쇄 발행 2024년 3월 11일

지은이 줄스 담지, 브룩 웨닉, 타타가타 다스, 데니 리
옮긴이 박종영, 이성수
펴낸이 장성두
펴낸곳 주식회사 제이펍

출판신고 2009년 11월 10일 제406-2009-000087호
주소 경기도 파주시 회동길 159 3층 / **전화** 070-8201-9010 / **팩스** 02-6280-0405
홈페이지 www.jpub.kr / **투고** submit@jpub.kr / **독자문의** help@jpub.kr / **교재문의** textbook@jpub.kr

소통기획부 김정준, 이상복, 김은미, 송영화, 권유라, 송찬수, 박재인, 배인혜, 나준섭
소통지원부 민지환, 이승환, 김정미, 서세원 / **디자인부** 이민숙, 최병찬

진행 김정준 / **교정·교열** 채정화 / **내지디자인** 이민숙 / **내지편집** 최병찬
용지 타라유통 / **인쇄** 해외정판사 / **제본** 일진제책사

ISBN 979-11-91600-88-9 (93000)
값 30,000원

제이펍은 여러분의 아이디어와 원고를 기다리고 있습니다. 책으로 펴내고자 하는 아이디어나 원고가 있는 분께서는
책의 간단한 개요와 차례, 구성과 저(역)자 약력 등을 메일(submit@jpub.kr)로 보내 주세요.

러닝 스파크
Learning Spark 개정판

줄스 담지, 브룩 웨닉, 타타가타 다스, 데니 리 지음

박종영, 이성수 옮김

Jpub
제이펍

차 례

옮긴이 머리말

스파크와 우연히 인연을 맺고 《러닝 스파크》 초판을 번역한 지 벌써 7년이 넘었다는 사실에 무척 놀랐다. 나는 아직도 스파크로 일하고 있지만 그 시간 동안 스파크도 많이 변했고 내 처지도 많이 달라졌다.

어찌어찌 좋은 기회가 생겨 미국에서 일하게 된 지 벌써 3년이 다 되어 간다. 그런데 막상 나는 스파크만큼 발전하지 못했다는 생각에 마음이 괜히 조급해지기도 한다.

미국에 온 것이 마냥 좋은 선택이었는지는 아직도 조금 의문이지만 가족들에게는 최선의 선택이었다고 생각하기 때문에 계속 살아나가게 되는 것이 아닐까 싶다. 많은 사람들처럼 나도 미국에 대한 환상이 은연중에 있었던 것 같지만 지금은 그것도 많이 사라졌다.

반농담이지만, 미국에 있다고 저절로 영어가 늘거나 여기저기서 우상화되는 '실리콘 밸리 개발자' 수준의 고급 인력이 되는 것은 절대 아니다. 그냥 여기도 사람 사는 데인데 영어를 쓸 뿐이다(결정적!).

여기서 있다 보면 좋은 개발자도 많지만 그렇지 않은 개발자도 많이 본다. 기본기를 갖추고 늘 새로운 것을 배우고 익힌다면 한국에서든 미국에서든 좋은 대우를 받으며 일할 수 있을 것이다. 이러한 점이 이 분야의 가장 큰 장점이 아닐까?

미국에 와서까지 번역 일을 하게 될 줄은 몰랐다. 번역 일 하는 데 시간 뺏기는 것을 이해해 주고, 생소한 외국 생활도 묵묵히 잘 견뎌 나가는 아내를 비롯한 가족들, 그리고 부족한 점이 많은 번역 솜씨를 좋게 봐주시고 또다시 일을 맡겨 주신 제이펍 대표님, 같이 번역할 때뿐만 아니라 어설픈 내가 미국에서 적응할 때에도 많은 도움을 주신 이성수 님께 큰 감사를 전한다.

시애틀 근교의 어느 스타벅스에서
박종영

커리어의 대부분을 SQL을 메인으로 다루는 데이터 웨어하우스 개발자로 살아오다가, 쿠팡에 와서 EDW 엔지니어로 빅데이터 개발을 하며 데이터베이스와 SQL의 한계를 많이 느낄 때쯤에 접하게 된 것이 아파치 스파크였다. SQL을 베이스로 하이브에서 개발 일을 하던 내게 스파크의 성능은 완전히 신세계였다. 그 후 스파크로 좀 더 큰 데이터를 다룰 수 있는 웹로깅 플랫폼 팀으로 옮겨 본격적으로 스파크 애플리케이션을 개발하여 대용량 데이터를 다루는 경험을 할 수 있었다.

이러한 경험을 하며 더욱 스파크에 대해 알고 싶어졌고, 이때 같은 팀 동료인 박종영 님의 제안으로 이 책의 번역을 시작할 수 있게 되었다. 사실 《Amazon Redshift》를 쓰는 동안 다시는 책 쓰는 일을 하지 않겠다고 다짐했지만, 스파크라는 달콤한 유혹을 뿌리칠 수는 없었다.

모든 개발 언어와 프레임워크가 그러하듯 기본기를 다지는 것이 앞으로 더 발전하는 데 있어서 중요한 부분인 것 같다. 사용할 줄 아는 것과 그 기술에 대해 깊게 아는 것은 다르기에 더 깊게 알아가다 보면 결국은 다시 기본으로 돌아오는 것을 느낀다. 이 책을 번역하면서 다시 한번 기본을 돌아볼 수 있었고, 나와 같은 마음을 독자들도 느낄 수 있었으면 좋겠다.

이러한 기회를 허락해 주신 하나님께 감사드리고, 첫 번역을 허락해 주시고 지원해 주신 제이펍 대표님과 편집자 여러분께 감사드린다. 부족한 나에게 항상 많은 것을 알려 주시고 도와주시는 박종영 님께도 정말 감사하다는 인사를 드리고 싶다. 마지막으로 낯선 땅에서 살아가는 이민자로서 바쁜 삶 가운데에서도 나의 발전을 지지하고 응원해 주는 아내와 아들들에게 항상 미안하고 고맙다는 말을 전한다.

이성수

베타리더 후기 _____

 강찬석(LG전자)

비교적 최신 버전인 아파치 스파크 3.1.2에서 제공하는 API와 관련 예시를 다루면서 데이터 처리와
머신러닝에 활용할 수 있는 방법을 제시합니다. 책이 어려울 수도 있지만, 책에서 무엇을 말하는지 이
해한다면 스파크를 자유자재로 활용할 수 있을 것입니다.

 박조은(오늘코드)

이 책의 초판을 통해 스파크를 처음 배웠고, 개정판이 나온다니 반가운 마음입니다. SQL이나 판다스
등을 통해 데이터 분석을 해 봤는데, 대용량 데이터를 다루다 보면 용량과 속도 등의 문제로 스파크
를 사용하게 됩니다. 대용량 데이터를 분석하고 머신러닝 모델을 만들어 볼 때 곁에 두고 보면 좋을
책입니다. 기존에 판다스를 주로 사용했던 입장에서 Koalas를 통해 판다스 API로 스파크 데이터를
가져와 전처리나 데이터 분석이 가능하기 때문에 초판에 비해 좀 더 쉽고, 스파크가 친근하게 느껴졌
습니다.

 이석곤(엔컴)

빅데이터를 실시간 처리하는 방법이 여러 가지가 있지만, 그중에서 아파치 스파크를 이용한 스트리밍
데이터 처리 기술을 가장 많이 사용하고 있습니다. 이 책에서는 입문자도 쉽게 접근할 수 있도록 스
파크 설치부터 기본 이론 설명, 처리, 운용, 관리, 스파크 머신러닝 등 다양한 내용을 다루고 있습니
다. 특히 실습 코드를 스칼라와 파이썬의 두 가지로 보여주고 있어서 파이썬 개발자들도 스파크를 배
우는 데 많은 도움이 될 것입니다.

이태영(신한은행)

기술의 시대, 근본에 대한 성찰 없이 "스파크 쓰면 되잖아"라고 말하는, 기술에 대한 이해가 없는 사람들이 많은 현실에서 스파크의 출현 배경에 대한 고찰을 기반으로 어떻게 활용하는 것이 실무적으로 유용한지에 대하여 생각해 볼 수 있도록 다양한 실습 사례들을 짚어 준 부분이 인상 깊었습니다.

 이현수(유노믹)

최신 스파크 버전을 다루는 책을 번역 출판한다고 해서 꼭 읽어보고 싶었습니다. 스파크 3.2.x 버전부터는 코드를 스칼라 2.13으로 작성할 수 있습니다. 타입 안전을 유지하면서 구조화된 API를 사용해서 더 좋은 성능의 데이터 파이프라인을 구축하는 데 이 책이 많은 도움이 될 것입니다.

제이펍은 책에 대한 애정과 기술에 대한 열정이 뜨거운 베타리더의 도움으로
출간되는 모든 IT 전문서에 사전 검증을 시행하고 있습니다.

추천사

아파치 스파크는 2009년 UC Berkeley에서 처음 프로젝트를 시작한 이후로 크게 발전했습니다. 아파치 소프트웨어 파운데이션으로 이전한 후, 오픈소스 프로젝트에는 수백 개의 회사에서 1,400명이 넘는 컨트리뷰터가 있었고, 글로벌 스파크 밋업 그룹(https://www.meetup.com/ko-KR/topics/apache-spark/)은 회원 수가 50만 이상으로 성장했습니다. 스파크의 사용자 기반도 데이터 과학에서 비즈니스 인텔리전스, 데이터 엔지니어링에 이르는 다양한 사용 사례와 함께 파이썬, R, SQL 및 JVM 개발자를 포함하여 매우 다양해졌습니다. 저는 아파치 스파크 커뮤니티와 긴밀하게 협력하여 개발을 계속해 왔으며, 지금까지의 진행 상황을 돌이켜보면 가슴이 설렙니다.

스파크 3.0의 출시는 프로젝트의 중요한 이정표였고, 업데이트된 학습 자료의 필요성을 부각시켰습니다. 《러닝 스파크》의 두 번째 버전에 대한 아이디어는 여러 번 제안되었으나 직접 저술하기에는 이미 늦어버렸습니다. 비록 《러닝 스파크》 초판의 공동 저술에 참여했었지만, 이제는 차세대 스파크 컨트리뷰터 자신의 이야기를 시작할 수 있도록 해야 할 때였습니다. 이 책의 개정판을 작성하기 위해 초기부터 아파치 스파크와 긴밀하게 협력해 온 4명의 숙련된 실무자와 개발자가 팀을 이루어 명확하고 유용한 가이드에 스파크 개발자를 위한 최신 API와 모범 사례를 통합하게 되어 기쁩니다.

이 개정판에 대한 저자의 접근 방식은 실습 학습에 매우 도움이 됩니다. 스파크 및 분산 빅데이터 처리의 주요 개념은 각 장에서 따라 하기 쉽게 정리되었습니다. 이 책의 코드 예제를 통해 개발자는 스파크를 사용하여 자신감을 얻고 구조화된 API와 이를 활용하는 방법을 더 잘 이해할 수 있습니다. 이 《러닝 스파크》 개정판이 스파크를 사용하여 해결하고자 하는 어떤 문제든 독자가 대규모 데이터를 처리하는 여정을 안내할 수 있기를 바랍니다.

— **마테이 자하리아**Matei Zaharia
수석 기술자, 데이터브릭스 공동 설립자, 스탠퍼드 대학 조교수이자 아파치 스파크의 창시자

《러닝 스파크》의 두 번째 버전에 오신 것을 환영합니다. 홀든 카로Holden Karau, 앤디 콘빈스키Andy Konwinski, 패트릭 웬델Patrick Wendell, 마테이 자하리아Matei Zaharia가 기존에 저술한 초판이 2015년에 출판된 지 5년이 되었습니다. 이 새로운 개정판은 내장 및 외부 데이터 소스, 머신러닝, 스파크가 긴밀하게 통합되는 스트리밍 기술의 확장된 에코시스템을 포함하여 스파크 2.x 및 스파크 3.0을 통한 아파치 스파크의 진화를 반영하도록 업데이트되었습니다.

첫 번째 1.x 릴리스 이후 몇 년 동안 스파크는 사실상 빅데이터 통합 처리 엔진이 되었습니다. 그 과정에서 다양한 분석 워크로드에 대한 지원을 포함하도록 범위를 확장하였습니다. 우리의 의도는 독자를 위해 이러한 진화를 포착하고 선별하여 스파크를 사용하는 방법뿐만 아니라 빅데이터 및 머신러닝의 새로운 시대에 맞는 방법을 보여주는 것입니다. 따라서 우리는 콘텐츠가 의도한 독자에게 적합하도록 각 장이 이전 장에서 쌓아 올리는 토대를 점진적으로 구축하도록 설계하였습니다.

대상 독자

빅데이터와 씨름하는 대부분의 개발자는 데이터 엔지니어, 데이터 과학자 또는 머신러닝 엔지니어일 것입니다. 이 책은 방대한 양의 데이터를 처리하는 애플리케이션을 확장하기 위해 스파크를 사용하는 전문가를 대상으로 합니다.

특히 데이터 엔지니어는 스파크의 정형화된 API를 사용하여 배치 및 스트리밍 모두에서 복잡한 데이터 탐색 및 분석을 수행하는 방법을 배우고, 대화형 쿼리에 스파크 SQL을 사용하며, 스파크의 내장 및 외부 데이터 소스를 사용하여 추출, 변환 및 로드extract, transform, and load, ETL하는 작업의 일부로 서로 다른 파일 형식으로 데이터를 읽고, 다듬고, 쓸 수 있습니다. 또한 스파크 및 오픈소스 델타 레이크Delta Lake 테이블 형식으로 신뢰할 수 있는 데이터 레이크를 구축할 수 있습니다.

데이터 과학자와 머신러닝 엔지니어를 위해 스파크의 MLlib 라이브러리는 분산 머신러닝 모델을 구축하기 위해 많은 공통 알고리즘을 제공합니다. MLlib을 사용하여 파이프라인을 구축하는 방법, 분산 머신러닝을 위한 모범 사례, 스파크를 사용하여 단일 노드 모델을 확장하는 방법, 오픈소스 라이브러리 ML 플로우를 사용하여 이러한 모델을 관리 및 배포하는 방법을 다룹니다.

이 책은 다양한 워크로드를 위한 분석 엔진으로서 스파크를 배우는 데 중점을 두고 있지만 스파크가 지원하는 모든 언어를 다루지는 않을 것입니다. 이 장의 대부분의 예제는 스칼라, 파이썬 및 SQL로 작성되었고, 필요한 경우 약간의 자바를 추가하였습니다. R을 사용한 스파크 학습에 관심이 있는 독자들은 하비에르 루라스키Javier Luraschi, 케빈 쿠오Kevin Kuo, 에드거 루이즈Edgar Ruiz의 《Mastering Spark with R》을 추천합니다.

마지막으로 스파크는 분산 엔진이기 때문에 스파크 애플리케이션 개념을 이해하는 것이 중요합니다. 스파크 애플리케이션이 스파크의 분산 구성요소와 어떻게 상호작용하는지, 그리고 그 실행이 클러스터에서 병렬 작업으로 어떻게 나뉘어지는지를 안내할 것입니다. 또한 어떤 배포 모드가 어떤 환경에서 지원되는지도 다룰 것입니다.

다루기로 선택한 많은 주제가 있지만, 집중하지 않기로 결정한 몇 가지 주제도 있습니다. 여기에는 구형의 저수준 RDDResilient Distributed Dataset API와 그래프 및 그래프 병렬 계산을 위한 스파크의 API인 GraphX가 포함됩니다. 또한 스파크의 카탈리스트 옵티마이저를 확장하여 고유한 작업을 구현하는 방법, 고유한 카탈로그를 구현하는 방법 또는 고유한 DataSource V2 데이터 싱크 및 소스를 작성하는 방법과 같은 고급 주제도 다루지 않았습니다. 이것들은 스파크의 일부이지만, 스파크 학습에 대한 입문서의 범위를 벗어납니다.

이를 대신해서 모든 구성 요소에 걸쳐 스파크의 정형화된 API와 스파크를 사용하여 구조화된 대규모 데이터를 처리하여 데이터 엔지니어링 또는 데이터 과학 작업을 수행하는 방법을 중심으로 책을 구성하였습니다.

주요 내용

우리는 개념을 소개하고, 예제 코드 조각을 통해 이러한 개념을 시연하고, 책의 깃허브 저장소에서 전체 코드 예제 또는 노트북을 제공하여 장에서 장으로 안내하는 방식으로 책을 구성했습니다.

1장 아파치 스파크 소개: 통합 분석 엔진
빅데이터의 진화를 소개하고 아파치 스파크 및 빅데이터 애플리케이션에 대한 높은 수준의 개요를 제공합니다.

2장 아파치 스파크 다운로드 및 시작

로컬 컴퓨터에서 아파치 스파크를 다운로드하고 설정하는 방법을 안내합니다.

3장 아파치 스파크의 정형화 API ~ 6장 스파크 SQL과 데이터세트

이 장들에서는 데이터 프레임 및 데이터세트 정형화 API를 사용하여 내장 및 외부 데이터 소스에서 데이터를 수집하고, 내장 및 사용자 정의 함수를 적용하고, 스파크 SQL을 활용하는 데 중점을 뒀습니다. 이 장들은 이후 장들의 기초를 구성하며 적절한 경우 모든 최신 스파크 3.0 변경 사항을 통합합니다.

7장 스파크 애플리케이션의 최적화 및 튜닝

스파크 UI를 통해 스파크 애플리케이션을 튜닝, 최적화, 디버깅 및 검사하는 모범 사례와 성능 향상을 위해 튜닝할 수 있는 구성에 대한 세부 정보를 제공합니다.

8장 정형화 스트리밍

스파크 스트리밍 엔진과 정형화 스트리밍 프로그래밍 모델의 발전 과정을 안내합니다. 일반적인 스트리밍 쿼리의 구조를 조사하고 스트리밍 데이터를 변환하는 다양한 방법(상태 저장 유지 집계, 스트림 조인 및 임의 상태 저장 유지 집계)에 대해 논의하면서 성능이 좋은 스트리밍 쿼리를 설계하는 방법에 대한 지침을 제공합니다.

9장 아파치 스파크를 통한 안정적인 데이터 레이크 구축

아파치 스파크를 사용하여 트랜잭션이 보장되는 안정적인 데이터 레이크를 구축하는 스파크 에코시스템의 일부로 세 가지 오픈소스 테이블 형식의 스토리지 솔루션을 조사합니다. 배치 및 스트리밍 워크로드 모두에 대해 델타 레이크Delta Lake와 스파크의 긴밀한 통합으로 인해, 우리는 해당 솔루션에 중점을 두고 이 솔루션이 데이터 관리의 새로운 패러다임인 레이크하우스를 촉진하는 방법을 탐구합니다.

10장 MLlib을 사용한 머신러닝

스파크용 분산 머신러닝 라이브러리인 MLlib을 소개하고 피처 엔지니어링, 하이퍼파라미터 튜닝, 평가 메트릭, 모델 저장 및 로드와 같은 주제를 포함하여 머신러닝 파이프라인을 구축하는 방법에 대한 종단 간 예제를 안내합니다.

11장 아파치 스파크로 머신러닝 파이프라인 관리, 배포 및 확장

MLflow를 사용하여 MLlib 모델을 추적 및 관리하는 방법을 다루고, 다양한 모델 배포 옵션을 비교 및 대조하고, 분산 모델 추론, 피처 엔지니어링 및/또는 하이퍼파라미터 튜닝을 위해 MLlib이 아닌 모델에서 스파크를 활용하는 방법을 살펴봅니다.

12장 에필로그: 아파치 스파크 3.0

에필로그에서는 스파크 3.0의 주목할 만한 기능과 변경 사항을 강조합니다. 개선 사항과 기능의 전체 범위를 한 챕터에 담기에는 너무 광범위하지만, 알아야 할 주요 변경 사항을 강조하였습니다. 스파크 3.0이 공식적으로 출시될 때 릴리스 정보를 확인하는 것을 추천합니다.

이들 챕터 전체에서 우리는 필요한 곳에 스파크 3.0 기능을 통합하거나 언급했으며, 모든 코드 예제와 노트북을 Spark 3.0.0-preview2에서 테스트했습니다.

코드 예제의 사용

이 책의 코드 예제는 스칼라, 파이썬, SQL 및 필요한 경우 자바로 된 간단한 스니펫부터 전체 애플리케이션 및 종단 간 노트북에 이르기까지 다양합니다.

챕터의 일부 짧은 코드 스니펫은 자체적으로 포함되어 있고 복사하고 붙여넣어 스파크 셸(pyspark 또는 spark-shell)에서 실행할 수 있지만, 다른 것들은 독립형standalone 스파크 애플리케이션이거나 전체 노트북의 일부입니다. 스칼라, 파이썬 또는 자바에서 독립형 스파크 애플리케이션을 실행하려면 이 책의 깃허브 저장소(https://github.com/databricks/LearningSparkV2)에 있는 각 장의 README 파일 지침을 참고하기 바랍니다.

노트북의 경우, README(https://github.com/databricks/LearningSparkV2/tree/master/notebooks)에서 스파크 3.0을 사용하여 노트북을 가져오고 클러스터를 만드는 방법을 자세히 설명하고 있습니다.

사용된 소프트웨어 및 구성

이 책과 함께 제공되는 노트북에 있는 대부분의 코드는 아파치 스파크 3.0.0-preview2로 작성되고 테스트되었으며, 이는 우리가 마지막 장을 작성할 당시에 사용할 수 있었습니다.

이 책이 출판될 때쯤이면 아파치 스파크 3.0이 출시되어 일반 사용자를 위해 커뮤니티에 제공될 것입니다. 운영체제에 대해 다음 구성으로 공식 릴리스를 다운로드하여 사용하는 것이 좋습니다(https://spark.apache.org/downloads.html).

- 아파치 스파크3.0(아파치 하둡 2.7용으로 사전 구축됨)
- JDKJava Development Kit 1.8.0

파이썬만 사용하려는 경우, 간단히 `pip install pyspark`를 실행할 수 있습니다.

표기 규칙

이 책에서는 다음과 같은 표기 규칙을 사용합니다.

고딕체
새로운 용어, URL, 이메일 주소, 파일 이름 및 파일 확장자를 나타냅니다.

고정폭 서체(constant width)
프로그램 목록에도 사용될 뿐만 아니라 변수 또는 함수 이름, 데이터베이스, 데이터 유형, 환경 변수, 명령문 및 키워드와 같은 프로그램 요소를 참조하는 단락 내에서도 사용됩니다.

고정폭 볼드체(constant width bold)
사용자가 제공한 값이나 컨텍스트에 의해 결정된 값으로 대체되어야 하는 텍스트를 표시합니다.

 이 요소는 일반적인 참고를 나타냅니다.

감사의 말

이 프로젝트는 정말 많은 사람들이 한 팀으로 참여하여 노력한 결과였고, 특히 오늘날과 같이 전례 없는 COVID-19 시대에 그들의 지원과 피드백이 없었다면 이 책을 완성하지 못했을 것입니다.

무엇보다도 먼저 이 책을 완성하기 위해 우리를 지원하고 업무의 일부로 헌신적인 시간을 할당해 준 데이터브릭스에 감사드립니다. 특히 이 개정판 작업을 격려해준 마테이 자하리아Matei Zaharia, 레이놀드 신Reynold Xin, 알리 고드시Ali Ghodsi, 라이언 보이드Ryan Boyd, 릭 슐츠Rick Schultz에게 감사드립니다.

이어서, 기술적 사항을 검토해 준 애덤 브레인달Adam Breindel, 아미르 이세이Amir Issaei, 야체크 라스코프스키Jacek Laskowski, 션 오웬Sean Owen, 비시와나스 수브라마니안Vishwanath Subramanian에게 감사드립니다. 커뮤니티 및 업계 관점에서 기술 전문성을 바탕으로 한 그들의 근면하고 건설적인 피드백은 이 책을 스파크 학습을 위한 귀중한 리소스로 만들어 줬습니다.

공식적인 도서 검토자 외에도 특정 주제와 해당 챕터의 섹션에 대해 잘 알고 있는 다른 사람들로부터 귀중한 피드백을 받았으며 그들의 기여에 감사드립니다. 코너 머피Conor Murphy, 권혁진, 마리안 수Maryann Xue, 니알 터빗Niall Turbitt, 웬첸 판Wenchen Fan, 시아오 리Xiao Li, 유안지안 리Yuanjian Li에게 감사드립니다.

마지막으로 (프로젝트 마감 시간을 놓치거나 무시하는 것을 양해해 준) 데이터브릭스의 동료, (주중 및 주말 동안 새벽이나 늦은 밤에 글을 썼을 때 인내해주고 공감해 준) 가족 및 사랑하는 사람에게 감사드리며, 전체 오픈소스 스파크 커뮤니티 모두의 지속적인 기여가 없었다면 스파크는 오늘날과 같은 위치에 없었을 것이고 우리 작성자들도 쓸 내용이 많지 않았을 것입니다.

모두 고맙습니다.

《러닝 스파크》 개정판의 표지 동물은 반점 두톱상어(학명 *Scyliorhinus canicular*)이며, 지중해와 대서양의 얕은 지역, 유럽과 북아프리카 연안에 풍부하게 서식하는 종으로서 뭉툭한 머리와 타원형의 눈, 둥근 주둥이를 가진 작고 가느다란 상어 종류입니다. 다른 상어처럼 방패비늘dermal denticle로 뒤덮여 있으며 작은 이빨들이 한 방향으로 자라서 물고기의 비늘처럼 표면을 형성하고 있는데, 이는 유체역학적이면서도 부상이나 감염에 강합니다.

밤에 활동하는 이 상어는 약 1m까지 성장하며, 무게는 약 1.4kg까지 나가고, 야생에서 최대 12년을 삽니다. 주로 연체동물, 갑각류, 두족류 등을 먹지만 다른 물고기를 먹기도 합니다. 특히 어릴 때 약간의 사회적 행동을 보이며, 2014년 엑서터 대학University of Exter에서의 연구에 따르면 서로 다른 사회적 성격을 보인다고 합니다. 서식지 변화에 따라 어떤 상어는 눈에 띄는 그룹에 남아 있기도, 바닥에 위장하여 홀로 남아 있기도 하는데, 이런 행동은 다양한 전략으로 안전을 꾀하기 위함입니다.

이 상어는 알을 낳는 종류이며, 암컷은 매년 18~20개의 알을 낳습니다. 단단한 껍질로 보호되는 이 알에는 바다에서 해초를 붙잡고 있을 수 있는 덩굴 같은 것이 있으며, 안에는 한 마리의 새끼 상어가 들어 있습니다. 새끼는 약 9개월 후에 부화합니다.

이 상어는 어업에 적합한 조류는 아니라서 개체 수는 현재 안정적으로 유지되고 있으며, IUCN에 최소 관심종으로 등재되어 있습니다. 오라일리 표지의 많은 동물들은 멸종 위기종이며, 모두 세상에 소중한 존재들입니다.

표지 그림은 카렌 몽고메리Karen Montgomery의 작품이며, J. G. 우드J. G. Wood의 1885년 흑백 판화 〈Animate Creation〉을 기초로 그린 것입니다.

1

아파치 스파크 소개:
통합 분석 엔진

이 장에서는 아파치 스파크의 시작과 그 아래에 깔린 철학을 살펴본다. 또한 스파크 프로젝트의 핵심 컴포넌트와 분산 아키텍처도 살펴본다. 이미 스파크의 역사나 개념에 익숙하다면 이번 장은 넘어가도 좋다.

스파크의 시작

이 절에서는 아파치 스파크의 발전 과정을 살펴본다. 아파치 스파크가 어떻게 생겨났고, 어떤 것으로부터 영감을 받는지, 그리고 어떻게 커뮤니티에서 실질적인 업계 표준인 빅데이터 통합 처리 엔진으로 채택되었는지 그 과정을 살펴볼 것이다.

빅데이터와 구글에서의 분산 컴퓨팅

컴퓨팅 규모 측면에서 생각해 볼 때 우리는 엄청난 속도로 전 세계의 데이터를 색인하고 검색하는 구글Google 검색 엔진의 능력을 떠올리지 않을 수 없다. 구글이란 이름은 '규모'와 동의어다. 사실, 구글은 수학 용어 **구골**googol(1 뒤에 0이 100개 붙는 숫자)의 의도적인 오타이기도 하다!

RDBMS 같은 전통적인 저장 시스템뿐만 아니라 어떤 프로그래밍 수단으로도 구글이 색인을 만들고 검색할 규모의 인터넷 문서를 다루는 것은 불가능했다. 새로운 접근 방식이 필요하여 필연적으로 구글 파일 시스템Google File System, GFS[1], 맵리듀스MapReduce, MR[2], 빅테이블BigTable[3] 등을 만들어 내게 되었다. GFS가 클러스터 안에서 상용 서버에 장애 내구성이 있는 분산 파일시스템을 제공한다면, 빅테이블은 GFS를 기반으로 구조화된 대규모 데이터의 저장 수단을 제공했다. 맵리듀스는 함수형 프로그래밍 개념을 기반으로 하여 GFS와 빅테이블 위에서 대규모 데이터 분산 처리가 가능한 새로운 병렬 프로그래밍의 패러다임을 소개했다.

좀 더 본질적으로는 맵리듀스 애플리케이션은 데이터를 애플리케이션으로 가져오는 게 아니라 맵리듀스 시스템[4]과 연계하여 데이터의 지역성과 랙의 근접성 등을 고려해 데이터가 존재하는 곳으로 연산 코드(맵 함수와 리듀스 함수)를 보내게 된다.

클러스터의 워커 노드들은 중간 연산을 통해 집계하고, 결과를 합쳐 리듀스 함수에서 최종 결과를 생산해서 이를 애플리케이션이 접근 가능한 분산 저장소에 기록한다. 이러한 접근 방식은 네트워크 트래픽을 크게 감소시키면서 네트워크로 데이터를 분산시키는 것을 지양하고, 로컬 디스크에 대한 IO를 극대화한다.

구글의 작업은 대부분 독점적으로 진행되었지만 앞서 말한 세 가지는 논문[5]으로 발표되었으며, 다른 오픈소스 커뮤니티에서 혁신적인 아이디어 제안을 촉진하게 되었다. 특히 야후!Yahoo! 같은 업체는 그들의 검색엔진에서 유사한 빅데이터 문제를 겪고 있었다.

야후!에서의 하둡

구글의 GFS 논문에 기술된 컴퓨팅 차원의 과제와 해결책은 하둡 파일 시스템Hadoop File System, HDFS[6]과 분산 컴퓨팅 프레임워크로서의 맵리듀스 구현에 대한 청사진을 제공했다. 그리고 2006년 4월에 벤더 중립적인 비영리 재단인 아파치(https://www.apache.org/)로 이관되면서 관련 모듈은 하둡[7] 프레임워크의 일부가 되었다(하둡 공통 모듈, 맵리듀스, HDFS, 아파치 하둡 얀YARN).

아파치 하둡은 야후! 외부에서도 광범위하게 적용되고 수많은 오픈소스 커뮤니티의 기여자들과 두 곳의 오픈소스 기반 회사들(클라우데라Cloudera와 호튼웍스Hortonworks, 현재는 합병됨)에 영감을 주었지만, HDFS에서 돌아가는 맵리듀스 프레임워크에는 몇 가지 단점이 있었다.

---

1   http://static.googleusercontent.com/media/research.google.com/en//archive/gfs-sosp2003.pdf
2   http://static.googleusercontent.com/media/research.google.com/en//archive/mapreduce-osdi04.pdf
3   http://static.googleusercontent.com/media/research.google.com/en//archive/bigtable-osdi06.pdf
4   옮긴이 예: 하둡, https://en.wikipedia.org/wiki/MapReduce
5   https://bowenli86.github.io/2016/10/23/distributed%20system/data/Big-Data-and-Google-s-Three-Papers-I-GFS-and-MapReduce/
6   https://storageconference.us/2010/Papers/MSST/Shvachko.pdf
7   https://en.wikipedia.org/wiki/Apache_Hadoop

첫째, 번거로운 운영 복잡도로 인해 관리가 쉽지 않았다. 둘째, 일반적인 배치 처리를 위한 맵리듀스 API[8]는 장황하고 많은 양의 기본 셋업 코드를 필요로 했으며, 장애 대응은 불안정했다. 셋째, 방대한 배치 데이터 작업을 수행하면서 많은 MR 태스크가 필요해지면 각 태스크는 이후의 단계들을 위해 중간 과정의 데이터를 로컬 디스크에 써야 했다(그림 1-1). 이런 디스크 I/O의 반복적인 수행은 큰 타격이었으며, 거대한 MR을 처리하는 데 수 시간은 고사하고 수일까지 걸리는 경우도 있었다.

그림 1-1 맵과 리듀스 작업 사이의 반복적인 읽기/쓰기

마지막으로, 하둡 MR은 일반적인 배치 처리를 위한 대규모 작업에는 적당하지만 머신러닝이나 스트리밍, 상호 반응하는 SQL 계통의 질의 등 다른 워크로드와 연계해 쓰기에는 한계가 있다.

이런 새로운 종류의 워크로드를 다루기 위해서 엔지니어들은 용도에 딱 맞는 시스템들을 만들어 내었고(아파치 하이브Hive, 아파치 스톰Storm, 아파치 임팔라Impala, 아파치 지라프Giraph, 아파치 드릴Drill, 아파치 마하웃Mahout 등), 이들은 각자 자신만의 API 및 클러스터 설정 방식, 추가적인 하둡 운영의 부담과 개발자가 배우기 어렵다는 단점이 있었다.

여기서 의문이 들 수밖에 없는데(앨런 케이Alan Kay의 격언인 "간단한 것은 간단해야 하고, 복잡한 것은 가능해야 한다Simple things should be simple, complex things should be possible"를 떠올리며), 하둡과 MR을 좀 더 간편하고 빠르게 만들 방법은 없었을까?

AMP 랩에서의 스파크 초창기

하둡 맵리듀스 작업에 참여해 본 UC 버클리의 연구원들은 **스파크**Spark라고 불리는 프로젝트에서 이 도전을 시작했다. 그들은 동적이고 반복적인 컴퓨팅 작업에서 MR이 비효율적인(혹은 다루기 어려운) 부분이 있고 배우기 복잡한 프레임워크란 점을 인지했기 때문에 초기부터 스파크를 단순하고 빠르고 더 쉽게 만들어야 한다고 생각했다. 이러한 노력은 2009년 RAD 랩에서부터 시작되었으며, 나중에 AMP 랩이 되었다(지금은 RISE 랩으로 알려졌다).

스파크의 초기 논문[9] 데모에서는 특정 작업에 대해서 하둡 맵리듀스보다 10~20배 정도 빨랐으며, 지금 속도와는 압도적인 차이가 난다. 스파크 프로젝트의 핵심 추진력은 하둡 맵리듀스에서 차용한 아이디어들이지만, 그 외에도 더 뛰어난 시스템을 제공하기 위해서 더 높은 장애 내구성을 갖게 하고

---

8   옮긴이 Application Programming Interface의 약자이며 해당 프로그램을 쓰기 위해 제공되는 프로그래밍적인 방법들을 통칭한다.

9   https://www.usenix.org/legacy/event/hotcloud10/tech/full_papers/Zaharia.pdf

병렬성을 극적으로 높였으며, 반복적이고 상호 작용이 많은 맵리듀스 연산을 위한 중간 결과를 메모리에 저장하게 한다든가, 프로그래밍 모델로 쉽고 구성이 간편한 API를 다양한 언어로 제공하며 다양한 워크로드를 통일성 있게 지원하도록 했다. 스파크에서 통일성은 중요한 주제이므로 곧 다시 이 개념을 다룰 것이다.

2013년까지 스파크는 널리 쓰이면서 원 저작자들과 연구원(마테이 자하리아Matei Zaharia, 알리 고시Ali Ghodsi, 레이놀드 신Reynold Xin, 패트릭 웬델Patrick Wendell, 아이온 스토이카Ion Stoica, 앤디 콘빈스키Andy Konwinski)들은 스파크 프로젝트를 아파치 소프트웨어 재단ASF에 이관하고, 데이터브릭스Databricks라는 회사를 만들었다.

데이터브릭스와 오픈소스 커뮤니티의 개발자들은 2014년 5월 ASF의 주도 아래 아파치 스파크 1.0[10]을 릴리스하였다. 이 첫 메이저 릴리스는 데이터브릭스 및 100여 개의 상용 업체로부터 앞으로 이어질 빈번한 릴리스와 주목할 만한 기능을 이끌어낼 변화의 계기가 되었다.

아파치 스파크란 무엇인가?

아파치 스파크[11]는 데이터 센터나 클라우드에서 대규모 분산 데이터 처리를 하기 위해 설계된 통합형 엔진이다.

스파크는 중간 연산을 위해 메모리 저장소를 지원하여 하둡 맵리듀스보다 훨씬 빠르게 동작할 수 있다. 스파크는 머신러닝MLlib, 대화형 질의를 위한 SQL(스파크 SQL), 실시간 데이터 처리를 위한 스트리밍 처리(스파크 스트리밍), 그래프 처리(GraphX) 등을 위해 쉽게 사용 가능한 API들로 이루어진 라이브러리를 갖고 있다.

스파크 설계 철학의 중심에는 네 개의 핵심 특성이 있다.

- 속도
- 사용 편리성
- 모듈성
- 확장성

프레임워크에서 각각이 무엇을 의미하는지 살펴보자.

---

10 https://spark.apache.org/releases/spark-release-1-0-0.html
11 https://spark.apache.org/

속도

스파크는 다양한 방법으로 속도에 대한 목표를 추구해 왔다. 우선, 최근 하드웨어 산업의 눈부신 발전 덕에 가격 및 CPU와 메모리의 성능이 향상했고, 스파크의 내부 구현은 이로부터 많은 이득을 얻게 되었다. 오늘날 상용 서버는 저렴해지고 있으며 수백 기가바이트의 메모리와 수많은 코어, 효과적인 멀티스레딩과 병렬 처리를 지원하는 유닉스 기반 OS 등이 포함되어 있다. 스파크 프레임워크는 이 모든 요소에서 이득을 얻을 수 있도록 최적화되어 있다.

두 번째로, 스파크는 질의 연산을 방향성 비순환 그래프directed acyclic graph, DAG(대그)로 구성한다. 이 DAG의 스케줄러와 질의 최적화 모듈은 효율적인 연산 그래프를 만들어서 각각의 태스크로 분해하여 클러스터의 워커 노드 위에서 병렬 수행될 수 있도록 해 준다. 그리고 세 번째로, 물리적 실행 엔진인 텅스텐Tungsten은 전체적 코드 생성whole-stage code generation이라는 기법을 써서 실행을 위한 간결한 코드를 생성해 낸다(이에 대한 내용과 SQL 최적화에 대해서는 3장에서 다룬다).

마지막으로, 모든 중간 결과는 메모리에 유지되며, 디스크 I/O를 제한적으로 사용하므로 성능이 크게 향상된다.

사용 편리성

스파크는 데이터 프레임이나 데이터세트 같은 고수준 데이터 추상화 계층 아래에 유연한 분산 데이터 세트resilient distributed dataset, RDD라 불리는 핵심적이면서도 단순한 논리 자료구조를 구축하여 단순성을 실현하였다. **연산**operation의 종류로서 **트랜스포메이션**transformation과 **액션**action의 집합과 단순한 프로그래밍 모델을 제공함으로써 사용자들이 각자 편한 언어로 빅데이터 애플리케이션을 만들 수 있도록 하였다.

모듈성

스파크 연산은 다양한 타입의 워크로드에 적용 가능하며, 지원하는 모든 프로그래밍 언어로 표현할 수 있다(스칼라, 자바, 파이썬, SQL, R). 스파크는 문서화가 잘 된 API들로 이루어진 통합 라이브러리를 제공하며, 핵심 컴포넌트로는 스파크 SQL, 스파크 정형화 스트리밍, 스파크 MLlib, GraphX가 있는데, 이것들은 다 같이 하나의 엔진 안에서 연동된 상태로 사용할 수 있다. 뒷부분에서 이것들에 대해 좀 더 살펴볼 것이다.

여러분은 하나의 스파크 애플리케이션을 작성함으로써 모든 것이 실행 가능해지며 전혀 다른 작업을 위해 별도의 엔진을 돌릴 필요도, 별도의 API를 배울 필요도 없게 된다. 스파크를 쓴다면 자신의 워크로드를 처리하기 위한 하나의 통합된 처리 엔진을 갖게 되는 것이다.

확장성

스파크는 저장보다는 빠른 병렬 연산 엔진에 초점이 맞추어져 있다. 저장과 연산을 모두 포함하는 아파치 하둡과는 달리 스파크는 이 둘을 분리하였다. 이는 스파크가 수많은 데이터 소스(아파치 하둡, 아파치 카산드라Cassandra, 아파치 H베이스HBase, 몽고DBMongoDB, 아파치 하이브Hive, RDBMS 등)에서 데이터를 읽어 들여 메모리에서 처리 가능하다는 의미다. 스파크의 DataFrameReader나 DataFrameWriter 또한 아파치 카프카Kafka, 키네시스Kinesis, 애저Azure 저장소, AWS S3 등 더 많은 데이터 소스에서 데이터를 읽어 들여서 논리적인 데이터 추상화 레벨에서 처리할 수 있도록 확장 가능하다.

스파크 개발자 커뮤니티는 성장 중인 생태계(그림 1-2)의 일부로서 서드파티 패키지 목록[12]을 유지하고 있다. 이 풍부한 패키지 생태계는 다양한 외부 데이터 소스를 위한 스파크 커넥터, 성능 모니터링 도구 등을 포함한다.

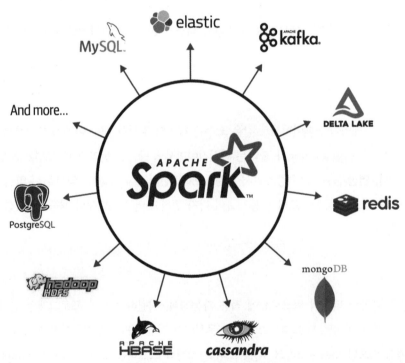

그림 1-2 아파치 스파크의 커넥터 생태계

---

12 https://spark.apache.org/third-party-projects.html

통합된 분석

통합이란 개념이 스파크에서만 특별한 것은 아니지만, 통합은 스파크에 있어서 설계 철학과 진화를 나타내는 핵심 개념이다. 2016년 11월, ACMAssociation for Computing Machinery은 아파치 스파크를 인정하고 아파치 스파크를 '빅데이터 처리를 위한 통합 엔진'이라고 설명한 논문 〈Apache Spark: A Unified Engine For Big Data Processing〉[13]에 대해 원저자들에게 그 유명한 ACM 어워드를 수여하였다. 수상 논문은 하나의 단일 분산 처리 엔진 위에서 다양한 워크로드를 처리할 수 있는 통합된 컴포넌트 스택으로 스파크가 스톰Storm, 임팔라Impala, 드레멜Dremel, 프레겔Pregel 등 모든 개별적 배치 처리batch processing, 그래프, 스트리밍, 질의 엔진 등을 대체할 수 있다는 점에 주목했다.

단일화된 스택으로의 아파치 컴포넌트

그림 1-3에서 보듯, 네 개의 다양한 워크로드를 위한 라이브러리로 스파크 SQL, 스파크 MLlib, 스파크 정형화 스트리밍, GraphX를 제공한다. 이 각각의 컴포넌트는 스파크의 중심 장애 대응 엔진과는 별도로 존재하며, API를 써서 스파크 애플리케이션을 만들면 스파크 코어 엔진이 적절한 DAG로 변환해 실행하게 된다. 그러므로 자바, R, 스칼라, SQL, 파이썬 중 어느 것으로 스파크 코드를 작성해 정형화 API(3장에서 다룬다)를 사용하더라도 실제 코드는 고도로 경량화된 바이트코드로 변환되어 클러스터 전체에 나뉘어 워커 노드의 JVM에서 실행된다.

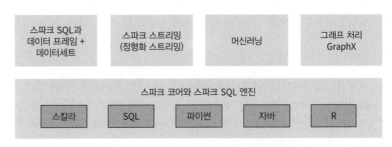

그림 1-3 아파치 스파크 컴포넌트와 API 스택

각각의 컴포넌트에 대해 더 자세히 알아보자.

스파크 SQL

이 모듈은 구조화된 데이터와 잘 동작한다. RDBMS 테이블이나 구조화된 데이터의 파일 포맷에서 데이터를 읽어 들일 수 있으며(CSV, 텍스트, JSON, 에이브로Avro, ORC, 파케이Parquet 등), 그 데이터로 스파크에서 영구적이거나 임시적인 테이블을 만들 수 있다. 또한 자바, 파이썬, 스칼라, R 등으로 스파크 정형화 API를 사용하여 SQL 계통의 질의를 써서 데이터를 바로 데이터 프레임으로 읽어 들일

---

13 https://cacm.acm.org/magazines/2016/11/209116-apache-spark/fulltext

수 있다. 현재 기준으로 스파크 SQL은 ANSI SQL 2003 표준[14]과 호환되며, 순수한 SQL 엔진처럼 동작하기도 한다.

예를 들어, 아래의 스칼라 코드 예제에서는 아마존 S3에 저장된 JSON 파일을 읽어서 임시 테이블을 만들고 SQL 계통의 질의로 결과를 가져와 스파크 데이터 프레임으로 만들 수 있다.

```
// 스칼라 예제
// 아마존 S3 버킷에서 데이터를 읽어 들여 스파크 데이터 프레임으로 만든다
spark.read.json("s3://apache_spark/data/committers.json")
  .createOrReplaceTempView("committers")
// SQL 질의 실행 후 결과를 스파크 데이터 프레임으로 받음
val results = spark.sql("""SELECT name, org, module, release, num_commits
    FROM committers WHERE module = 'mllib' AND num_commits > 10
    ORDER BY num_commits DESC""")
```

유사한 코드를 파이썬이나 R, 자바로도 쓸 수 있으며, 생성된 바이트 코드도 서로 동일하므로 같은 수준의 성능을 보여줄 것이다.

스파크 MLlib

스파크에는 MLlib이라고 불리는 범용 머신러닝 알고리즘들을 포함한 라이브러리가 들어 있다. 스파크의 첫 릴리스 후 라이브러리 성능은 스파크 2.x대의 엔진 개선 후 비약적으로 상승했다. MLlib은 모델을 구축하기 위한 고수준 데이터 프레임 기반 API 기반으로 여러 인기 있는 머신러닝 알고리즘을 제공한다.

아파치 스파크 1.6을 시작으로, **MLlib 프로젝트**MLlib project[15]는 두 개의 패키지로 분리되었다(spark.mllib과 spark.ml). 후자는 데이터 프레임 기반 API인 반면, 전자는 RDD 베이스이고 지금은 유지보수maintenance 모드다. 모든 새로운 기능은 spark.ml 밑으로 들어간다. 이 책에서 'MLlib'이라는 표현은 아파치 스파크의 머신러닝 통합 라이브러리를 의미한다.

이 API들은 특성들을 추출하고 변형하고 파이프라인을 구축하고(훈련이나 평가를 위해) 배포하는 동안 모델을 보존해 준다(저장하거나 재로드를 위해). 그 외의 추가적인 도구들은 일반적인 선형대수 연산을 사용하게 해 준다. MLlib은 경사 하강법 최적화를 포함한 다른 저수준 ML 기능을 포함한다. 아래의 파이썬 코드 예제는 데이터 과학자가 모델을 만들 때 기본적으로 하는 연산을 요약하였다(좀 더 확장된 예제는 10장과 11장에서 다룰 것이다).

---

14 https://en.wikipedia.org/wiki/SQL:2003
15 https://spark.apache.org/docs/latest/ml-guide.html

```
# 파이썬 예제
from pyspark.ml.classification import LogisticRegression
...
training = spark.read.csv("s3://...")
test = spark.read.csv("s3://...")

# 훈련 데이터 로드
lr = LogisticRegression(maxIter=10, regParam=0.3, elasticNetParam=0.8)

# 모델 적합화(fit)
lrModel = lr.fit(training)

# 예측
lrModel.transform(test)
...
```

스파크 정형화 스트리밍

아파치 스파크 2.0은 실험적으로 스파크 SQL 엔진과 데이터 프레임 기반 API 위에 연속적인 스트리밍 모델[16]과 정형화 스트리밍 API[17]를 소개했었다. 스파크 2.2에서 정형화 스트리밍은 정식 버전 generally available, GA이 되었으며, 이는 개발자들이 그들의 실제 제품 환경에서도 사용할 만하다는 의미다.

빅데이터 개발자들에게 아파치 카프카나 다른 데이터 소스에서 들어오는 스트리밍 데이터든 정적 데이터든 실시간으로 연결하고 반응하기 위해 필요한 이 새로운 모델은 스트림을 연속적으로 증가하는 테이블이자, 끝에 계속 새로운 레코드가 추가되는 형태로 본다. 개발자들은 단지 이를 정형화 테이블로 바라보고 정적인 테이블에 하듯이 그냥 쿼리만 날리면 되는 것이다.

정형화 스트리밍 모델의 하부에는 스파크 SQL 엔진이 장애 복구와 지연 데이터의 모든 측면을 관리하면서 개발자들에게는 상대적으로 쉽게 스트리밍 애플리케이션을 작성하도록 해 준다. 이 새로운 모델은 스파크 1.x 시리즈에서 쓰이던 오래된 DStream 모델을 없앴으며, 이에 대해서는 8장에서 좀 더 자세히 얘기할 것이다. 덧붙여, 스파크 2.x와 3.0에서는 아파치 카프카, 키네시스, HDFS 기반 저장소나 클라우드 저장소 등으로 스트리밍 데이터 범위도 확장하였다.

다음 코드 예제는 전형적인 정형화 스트리밍 애플리케이션의 형태다. 로컬호스트 소켓에서 데이터를 읽고, 단어 세기 예제 결과를 아파치 카프카 토픽에 쓴다.

---

16 https://databricks.com/blog/2016/07/28/continuous-applications-evolving-streaming-in-apache-spark-2-0.html

17 https://databricks.com/blog/2016/07/28/structured-streaming-in-apache-spark.html

```
# 파이썬 예제
# 로컬 호스트에서 스트림을 읽어 들인다.
from pyspark.sql.functions import explode, split
lines = (spark
    .readStream
    .format("socket")
    .option("host", "localhost")
    .option("port", 9999)
    .load())

# 트랜스포메이션 수행
# 라인별로 읽어 단어별로 나눈다.
words = lines.select(explode(split(lines.value, " ")).alias("word"))

# 단어 세기를 수행한다.
word_counts = words.groupBy("word").count()

# 결과 스트림을 카프카에 쓴다.
query = (word_counts
    .writeStream
    .format("kafka")
    .option("topic", "output"))
```

GraphX

이름이 가리키는 것처럼 GraphX는 그래프를 조작하고(예: SNS 친구 관계 그래프, 경로, 연결점, 네트워크 망 구성 그래프 등) 그래프 병렬 연산을 수행하기 위한 라이브러리다. 분석, 연결 탐색 등의 표준적인 그래프 알고리즘을 제공하며 커뮤니티의 사용자들이 기여한 페이지랭크PageRank, 연결 컴포넌트, 삼각 집계 등의 알고리즘도 포함하고 있다.[18]

다음 코드 예제는 어떻게 두 그래프를 GraphX API를 써서 조인하는지를 보여준다.

```
// 스칼라 예제
val graph = Graph(vertices, edges)
messages = spark.textFile("hdfs://...")
val graph2 = graph.joinVertices(messages) {
  (id, vertex, msg) => ...
}
```

---

18 데이터브릭스가 커뮤니티에 오픈소스로 기여한 그래프 프레임(https://databricks.com/blog/2016/03/03/introducing-graphframes.html)은 GraphX와 유사한 그래프 처리 라이브러리지만 데이터 프레임을 기반으로 한 API를 제공한다.

아파치 스파크의 분산 실행

여기까지 읽었다면 스파크가 분산 데이터 처리 엔진이며 그 컴포넌트들이 클러스터의 머신들 위에서 협업해 동작한다는 것을 알게 되었을 것이다. 이후의 챕터들에서 스파크 프로그래밍을 살펴보기 전에 어떻게 스파크의 분산 아키텍처 위에서 모든 컴포넌트들이 같이 동작하면서 서로 통신하는지, 어떤 식으로 배포가 가능한지 등을 알아둘 필요가 있다.

우선 그림 1-4에서 개별 컴포넌트들을 보고 아키텍처에 어떻게 맞춰지는지 살펴보자. 스파크 아키텍처를 넓은 범위에서 보면, 하나의 스파크 애플리케이션은 스파크 클러스터의 병렬 작업들을 조율하는 하나의 드라이버 프로그램으로 이루어진다. 드라이버는 SparkSession 객체를 통해 클러스터의 분산 컴포넌트들(스파크 이그제큐터executor와 클러스터 매니저)에 접근한다.

스파크 드라이버

SparkSession 객체를 초기화하는 책임을 가진 스파크 애플리케이션의 일부로서, 스파크 드라이버는 여러 가지 역할을 한다. 클러스터 매니저와 통신하며 스파크 이그제큐터들을 위해 필요한 자원을 요청하고(CPU, 메모리 등) 모든 스파크 작업을 DAG 연산 형태로 변환하고 스케줄링하며 각 실행 단위를 태스크로 나누어 스파크 이그제큐터들에게 분배해준다. 자원이 일단 할당된다면 그다음부터 드라이버는 이그제큐터와 직접 통신한다.

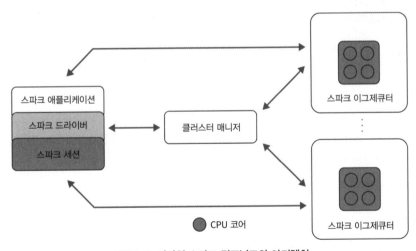

그림 1-4 **아파치 스파크 컴포넌트와 아키텍처**

SparkSession

스파크 2.0에서 SparkSession은 모든 스파크 연산과 데이터에 대한 통합 연결 채널이 되었다. 이전의 SparkContext, SQLContext, HiveContext, SparkConf, StreamingContext 등을 합쳐 놓았을 뿐 아

니라[19] 스파크 작업을 훨씬 간단하고 쉽게 만들어준다.

 스파크 2.x에서 SparkSession은 다른 모든 컨텍스트 객체들을 통합하긴 했지만 여전히 개별 컨텍스트 객체에 액세스하거나 관련 함수 사용은 가능했다. 이는 하위 호환성 유지를 위한 것이었으며, 그러므로 1.x에서 작성한 SparkContext나 SQLContext를 사용하는 코드도 여전히 동작이 가능했다.

이 일원화된 연결 채널을 통해 JVM 실행 파라미터들을 만들고 데이터 프레임이나 데이터세트를 정의하고, 데이터 소스에서 데이터를 읽고, 메타데이터에 접근하고 스파크 SQL 질의를 실행할 수 있다. SparkSession은 모든 스파크 기능을 한 군데에서 접근할 수 있는 시작점을 제공한다.

간단한 예제를 살펴보자.

```scala
// 스칼라 예제
import org.apache.spark.sql.SparkSession

// SparkSession 생성
val spark = SparkSession
  .builder
  .appName("LearnSpark")
  .config("spark.sql.shuffle.partitions", 6)
  .getOrCreate()
...
// JSON 읽기에 스파크 세션 사용
val people = spark.read.json("...")
...
// SQL 실행에 스파크 세션 사용
val resultsDF = spark.sql("SELECT city, pop, state, zip FROM table_name")
```

클러스터 매니저

클러스터 매니저는 스파크 애플리케이션이 실행되는 클러스터에서 자원을 관리 및 할당하는 책임을 지닌다. 현재 스파크는 네 종류의 클러스터 매니저를 지원하는데 이는 내장 단독standalone 클러스터 매니저, 아파치 하둡 얀YARN, 아파치 메소스Mesos, 쿠버네티스Kubernetes다.

스파크 이그제큐터

스파크 이그제큐터는 클러스터의 각 워커 노드에서 동작한다. 이그제큐터는 드라이버 프로그램과 통신하며 워커에서 태스크를 실행하는 역할을 한다. 대부분의 배포 모드에서 노드당 하나의 이그제큐터만이 실행된다.

---

19 https://databricks.com/blog/2016/08/15/how-to-use-sparksession-in-apache-spark-2-0.html

배포 모드

스파크의 매력적인 특징은 스파크가 여러 다른 환경에서 다른 설정으로 돌아갈 수 있도록 다양한 배포 모드를 지원한다는 것이다. 클러스터 매니저는 어디서 실행되는지에 대한 자세한 정보 없이도(스파크의 이그제큐터를 관리 가능하고 자원 요청이 잘 수행되는 환경이라면) 돌아갈 수 있도록 추상화되어 있기 때문에 스파크는 아파치 하둡 얀이나 쿠버네티스 같은 대부분의 인기 있는 환경에 배포 가능하며 서로 다른 모드들에서 동작한다. 표 1-1은 가능한 배포 모드의 요약이다.

표 1-1 스파크 배포 모드의 요약표

모드	스파크 드라이버	스파크 이그제큐터	클러스터 매니저
로컬	랩톱이나 단일 서버 같은 머신에서 단일 JVM 위에서 실행	드라이버와 동일한 JVM 위에서 동작	동일한 호스트에서 실행
단독	클러스터의 아무 노드에서나 실행 가능	클러스터의 각 노드가 자체적인 이그제큐터 JVM을 실행	클러스터의 아무 호스트에나 할당 가능
얀(클라이언트)	클러스터 외부의 클라이언트에서 동작	얀의 노드매니저의 컨테이너	얀의 리소스 매니저가 얀의 애플리케이션 마스터와 연계하여 노드 매니저에 이그제큐터를 위한 컨테이너들을 할당
얀(클러스터)	얀 애플리케이션 마스터에서 동작	얀(클러스터) 모드와 동일	얀(클러스터) 모드와 동일
쿠버네티스	쿠버네티스 팟pod에서 동작	각 워커가 자신의 팟 내에서 실행	쿠버네티스 마스터

분산 데이터와 파티션

실제 물리적인 데이터는 HDFS나 클라우드 저장소에 존재하는(그림 1-5 참고) 파티션이 되어 저장소 전체에 분산된다. 데이터가 파티션으로 되어 물리적으로 분산되면서, 스파크는 각 파티션을 고수준에서 논리적인 데이터 추상화, 즉 메모리의 데이터 프레임 객체로 바라본다. 항상 가능한 것은 아니지만, 각 스파크 이그제큐터는 가급적이면 데이터 지역성을 고려하여 네트워크에서 가장 가까운 파티션을 읽어 들이도록 태스크를 할당한다.

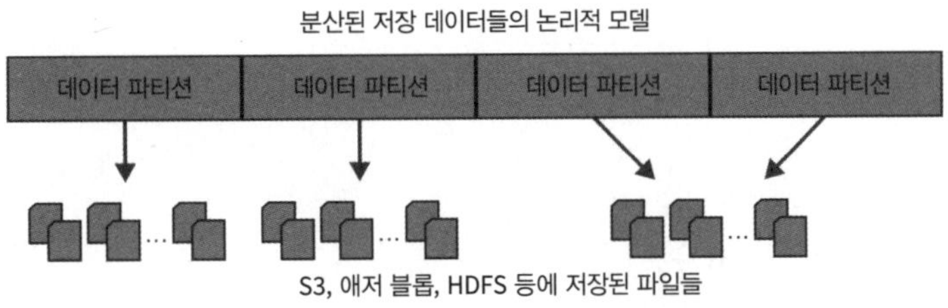

분산된 저장 데이터들의 논리적 모델

| 데이터 파티션 | 데이터 파티션 | 데이터 파티션 | 데이터 파티션 |

S3, 애저 블롭, HDFS 등에 저장된 파일들

그림 1-5 데이터는 물리적 머신들에 분산된다.

파티셔닝은 효과적인 병렬 처리를 가능하게 해 준다. 데이터를 조각내어 청크나 파티션으로 분산해 저장하는 방식은 스파크 이그제큐터가 네트워크 사용을 최소화하며 가까이 있는 데이터만 처리할 수 있도록 해 준다. 다시 말해 각 이그제큐터가 쓰는 CPU 코어는 작업해야 하는 데이터의 파티션에 할당되게 된다(그림 1-6).

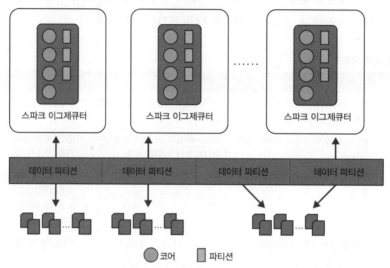

그림 1-6 각 이그제큐터의 코어는 하나의 데이터 파티션을 가져다 작업한다.

예를 들어 이 코드 예제는 클러스터에 나뉘어서 저장된 물리적 데이터들을 8개의 파티션으로 나누고, 각 이그제큐터는 하나 이상의 파티션을 메모리로 읽어 들이게 될 것이다.

```
# 파이썬 예제
log_df = spark.read.text("path_to_large_text_file").repartition(8)
print(log_df.rdd.getNumPartitions())
```

그리고 이 코드는 1만 개의 정수로 구성된 데이터 프레임을 만들어서 8개의 파티션으로 메모리에 분산한다.

```
# 파이썬 예제
df = spark.range(0, 10000, 1, 8)
print(df.rdd.getNumPartitions())
```

두 예제는 모두 8을 출력할 것이다.

3장과 7장에서 이그제큐터에 얼마나 많은 코어가 있느냐에 맞춰 최대의 병렬성을 위해 파티셔닝 설정을 조정하는 방법에 대해 이야기할 것이다.

개발자의 경험

개발자가 겪는 모든 기쁨 중 가장 매력적인 것 중의 하나는 생산성을 늘려 주고, 사용하기 쉽거나 이해하기 쉬운, 잘 구성된 API 집합이다. 아파치 스파크의 원칙 중 하나는 데이터의 규모에 상관없이 스칼라, 자바, 파이썬, SQL, R 등 여러 언어에 걸쳐 사용하기 쉬운 API[20]를 개발자에게 어필하는 것이다.

스파크 2.x 이후로 주된 하나의 동기는 개발자가 익히느라 고생해야 하는 개념들의 개수를 줄여서 프레임워크를 일원화-단순화하는 것이었다. 스파크 2.x는 고수준 추상화 API들을 도메인 전용 언어로 구축하여 새롭게 소개해서 스파크를 더욱 표현력이 풍부하게 만들고 훌륭한 개발자 경험을 하게 해주었다. 사용자는 연산을 어떻게 할지가 아니라 원하는 업무만을 표현하고, 스파크가 어떻게 최선의 결과를 낼 수 있는지 알게 해 주면 된다. 이런 정형화 API에 대해서는 3장에서 다루겠지만 먼저 스파크 개발자들이 어떤 사람인지 살펴보자.

스파크는 누가 사용하고 왜 사용하는가

그다지 놀랄 일은 아니지만, 빅데이터와 씨름하는 대부분의 개발자들은 데이터 엔지니어, 데이터 과학자, 머신러닝 엔지니어들이다. 이들은 친숙한 프로그래밍 언어로 단일 엔진에서 다양한 애플리케이션을 구축해 돌릴 수 있기 때문에 스파크에 이끌린다.

물론 개발자들은 동시에 다양한 역할을 수행할 수도 있으므로 때로는, 특히 스타트업이나 소규모 엔지니어 그룹이라면 동시에 과학자의 업무와 엔지니어의 업무를 같이 해야 할 경우도 있다. 하지만 이 모든 업무들 안에서도 기반이 되는 것은 데이터(특히 대량의 데이터)다.

데이터 과학 업무

빅데이터 시대에 독보적인 위치를 구축하기 위한 규범으로서의 데이터 과학은 데이터를 사용하여 스토리텔링을 하는 것이다. 하지만 이야기를 구성하기 이전에 데이터 과학자들은 데이터를 정제하고 패턴을 발견하기 위해 데이터를 살펴보고 예측하거나 결과를 제안하기 위해 모델을 구축해야 한다. 이런 업무의 일부는 통계와 수학, 컴퓨터 과학, 프로그래밍 지식을 요구한다.

---

20 https://databricks.com/blog/2016/07/14/a-tale-of-three-apache-spark-apis-rdds-dataframes-and-datasets.html

대부분의 데이터 과학자들은 SQL 같은 분석 도구를 쓰는 것에 능하며 넘파이NumPy나 판다스pandas 같은 라이브를 편하게 쓰고 R이나 파이썬 같은 언어에 익숙하다. 하지만 그 외에도 데이터와 어떻게 **씨름**하거나 **변형**할지, 모델 구축을 위해 안정적인 분류, 회귀, 클러스터링 알고리즘을 어떻게 사용할 지도 알아야 한다. 종종 가설을 증명하기 위해서 이런 작업들은 반복적이고 일회성이면서 실험적일 때도 있다.

운 좋게도, 스파크는 이를 위해 다른 도구들을 지원한다. 스파크 MLlib은 높은 수준의 추정기 estimator, 변환기transformer, 그리고 데이터 특성화 모듈data featurizer을 사용하여 모델 파이프라인을 구축할 수 있는 일반적인 머신러닝 알고리즘들을 제공한다. 그리고 스파크 SQL과 셸은 대화형이면서 일회성 데이터 탐색을 가능하게 해준다.

덧붙여 스파크는 데이터 과학자들이 큰 데이터세트와 부딪치고 모델 훈련이나 평가의 규모를 확장할 수 있게 해 준다. 아파치 스파크 2.4는 프로젝트 하이드로젠Project Hydrogen[21]의 일부인 새로운 갱gang 스케줄러를 도입했는데 이는 분산 방식으로 모델을 훈련하고 스케줄링할 때의 내결함성에 대한 요구 를 수용하기 위함이었으며, 스파크 3.0에서는 단독, 얀, 쿠버네티스 배포 모드에서 GPU 자원 수집을 지원하는 기능을 소개했다. 이는 딥러닝 기술을 요구하는 업무를 담당하는 개발자들도 스파크를 사 용할 수 있다는 의미다.

데이터 엔지니어링 업무

모델을 구축한 후, 데이터 과학자들은 종종 모델을 배포하는 다른 팀원들과도 일할 필요가 있다. 혹 은 지저분한 원본 데이터를 다른 데이터 과학자들이 쉽게 쓸 수 있는 깔끔한 데이터로 변형해 주는 엔지니어들과 일해야 할 필요도 있을 수 있다. 예를 들어 분류나 클러스터링 모델은 독립적으로 존재 하지 않는다. 그것들은 웹 애플리케이션이나 아파치 카프카 같은 스트리밍 엔진 같은 다른 컴포넌트 들과 연계해 동작하거나 더 큰 데이터 파이프라인의 일부로 동작한다. 이런 파이프라인은 간혹 데이 터 엔지니어들이 구축한다.

데이터 엔지니어들은 소프트웨어 공학의 원칙이나 방법론에 대해 깊이 이해하고 있으며 다양한 비즈 니스별로 확장 가능한 데이터 파이프라인을 구축하는 기술을 갖고 있다. 데이터 파이프라인들은 다 양한 소스에서 오는 원본 데이터를 최종 단계로까지 변형해 주며 그런 데이터는 개발자들에 의해 다 운스트림에서 쓰기 좋게 정제되어 클라우드나 NoSQL, RDBMS 등에 보고서 작성을 위해 저장된다 거나 BIbusiness Intelligence 도구들을 통해 데이터 분석가들이 접근할 수 있게 만들어진다.

---

21 https://databricks.com/session/databricks-keynote-2

스파크 2.x는 정형화 스트리밍과 함께(8장에서 자세히 다룬다) '연속적 애플리케이션continuous applications'[22]
이라 불리는 혁명적인 스트리밍 모델을 소개했다. 데이터 엔지니어들은 정형화 스트리밍 API를 써서
리얼타임이든 정적인 데이터 소스든 모두 ETL 데이터로 쓸 수 있는 복잡한 데이터 파이프라인을 구
축할 수 있게 되었다.

데이터 엔지니어들은 스파크가 연산을 쉽게 병렬화해 주면서 분산과 그 장애 처리의 복잡함을 모두
감춰 주기 때문에 사용하게 된다. 이 덕에 고레벨 데이터 프레임 기반 API와 도메인 특화 언어domain
specific language, DSL에만 집중해서 ETL을 수행하고, 다양한 데이터 소스에서 데이터를 읽고 합칠 수
있게 된다.

스파크 2.x와 3.0에서의 성능 향상은 SQL을 위한 카탈리스트Catalyst 옵티마이저[23] 최적화 컴포넌트와
콤팩트한 코드 생성을 해 주는 텅스텐[24]의 효과를 많이 보았고, 이는 데이터 엔지니어의 삶을 더 쉽게
만들어 주었다. 데이터 엔지니어들은 RDD, 데이터 프레임, 데이터세트의 세 가지 스파크 API[25] 중 당
면한 작업에 적합한 것을 선택하여 사용하며, 스파크의 장점을 누릴 수 있다.

인기 있는 스파크 사용 사례들
당신이 데이터 엔지니어든, 데이터 과학자든, 머신러닝 엔지니어든, 다음 사용 사례들에서 스파크의
유용성을 깨달을 수 있을 것이다.

- 클러스터 전체에 걸쳐 분산된 대규모 데이터세트의 병렬 처리
- 데이터 탐색이나 시각화를 위한 일회성이나 대화형 질의 수행
- MLlib을 이용해 머신러닝 모델을 구축, 훈련, 평가하기
- 다양한 데이터 스트림으로부터 끝에서 끝까지 데이터 파이프라인 구현
- 그래프 데이터세트와 소셜 네트워크social network 분석

커뮤니티의 선택과 확산

놀라운 일도 아니지만, 아파치 스파크는 오픈소스 커뮤니티에서, 특히 데이터 엔지니어들과 과학자들
에게 화제가 되었다. 그 설계 철학과 아파치 소프트웨어 재단 프로젝트로의 선정은 개발자 커뮤니티
에서 지대한 관심을 불러일으켰다.

---

22 https://databricks.com/blog/2016/07/28/continuous-applications-evolving-streaming-in-apache-spark-2-0.html
23 https://databricks.com/blog/2015/04/13/deep-dive-into-spark-sqls-catalyst-optimizer.html
24 https://databricks.com/blog/2015/04/28/project-tungsten-bringing-spark-closer-to-bare-metal.html
25 https://databricks.com/blog/2016/07/14/a-tale-of-three-apache-spark-apis-rdds-dataframes-and-datasets.html

오늘날엔 전 세계 약 50만 명의 회원이 활동하는 600여 개의 아파치 스파크 밋업 그룹들[26]이 있다. 매주 전 세계에서 누군가가 스파크를 사용해 데이터 파이프라인을 구축하는 것에 대해 컨퍼런스나 밋업에서 발표하거나 블로그에 포스팅을 한다. 스파크 + AI 서밋Spark+AI Summit[27]은 머신러닝, 데이터 엔지니어링, 데이터 과학 등 다양한 분야를 통틀어 스파크의 사용을 장려하는 최대 규모의 컨퍼런스이다.

2014년 스파크 1.0의 첫 릴리스 이래로 많은 메이저와 마이너 릴리스가 있었으며 가장 최근 메이저 릴리스는 2020년의 스파크 3.0이다. 이 책은 스파크 2.x와 3.0 양쪽 측면을 모두 다루고 있으며 이 책의 대부분의 코드는 스파크 3.0-preview2에서 테스트했다.

그렇게 많이 릴리스되는 동안 스파크는 전 세계의 수많은 조직에서 많은 기여자들을 끌어들였다. 오늘날 스파크는 그림 1-7에서 보듯 깃허브GitHub에 거의 1,500명의 기여자와 100여 개의 릴리스가 있으며 21,000번의 포크fork와 27,000여 개의 커밋이 있다. 그리고 당신이 이 책을 다 볼 때쯤, 당신도 동참하고 싶어지길 바란다.

그림 1-7 깃허브에서 아파치 스파크의 현재 상태(https://github.com/apache/Spark)

이제 배움의 재미를 느낄 수 있는, 즉 스파크 사용을 시작해보고 어떻게 쓰는지 알아보는 내용으로 넘어갈 것이다. 다음 장에서 세 가지 간단한 단계를 거쳐 어떻게 스파크를 사용하는지 보여줄 것이다.

---

26 https://www.meetup.com/ko-KR/topics/apache-spark/
27 https://databricks.com/dataaisummit

2

아파치 스파크
다운로드 및 시작

이 장에서는 스파크 셋업과 간단한 세 단계를 거쳐 첫 단독 애플리케이션을 작성할 수 있게 될 것이다.

우리는 스파크 셸에서의 모든 처리가 하나의 머신에서 이루어지는 로컬 모드를 사용할 것이다. 이는 프레임워크를 익히면서 반복적인 스파크 수행이 가능하여 빠른 피드백을 얻을 수 있다. 스파크 셸을 사용하여 실제의 복잡한 스파크 애플리케이션을 작성하기 전에, 소규모 데이터로 스파크 작업을 실험해볼 수 있지만 분산 처리의 이득을 보기 원하는 큰 데이터나 실무 작업에는 로컬 모드는 적당하지 않다. 대신 YARN이나 쿠버네티스 배포 모드를 써야 할 것이다.

스파크 셸은 스칼라, 파이썬, R만 지원하지만 스파크 애플리케이션은 자바를 포함해 지원하는 언어 어느 것으로나 작성 가능하고 쿼리는 스파크 SQL로 실행할 수 있다. 본인의 선택에 따라 적당히 익숙한 언어를 이미 갖고 있기를 바란다.

1단계: 아파치 스파크 다운로드

시작을 위해 스파크 다운로드 페이지[1]로 가서 2번의 드롭다운 메뉴에서 'Pre-built for Apache Hadoop'을 선택하고 3번의 'Download Spark' 링크를 클릭한다(그림 2-1).

---

1   https://spark.apache.org/downloads.html

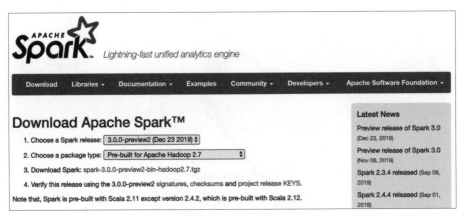

그림 2-1 아파치 스파크 다운로드 페이지

이는 현재의 최신 버전인 **spark-3.1.1-bin-hadoop2.7.tgz**을 다운로드하며 이는 랩톱에서 로컬 모드로 스파크를 돌리는 데 필요한 모든 하둡 관련 바이너리를 포함하고 있다. 혹은 현재 운영 중인 HDFS나 하둡 설치본 위에 설치를 원한다면 메뉴에서 적절한 하둡 버전을 찾아 선택한다. 소스 코드에서 직접 빌드하는 방법은 이 책의 범위를 넘어가므로 생략하지만 관련 문서[2]에서 내용을 볼 수 있다.

현재 시점에서 아파치 스파크 3.0이 여전히 프리뷰 모드일 때 인쇄에 들어갔지만 독자는 동일한 방식으로 최신 버전을 받아 볼 수 있다.[3]

아파치 스파크 2.2 릴리스 이후 스파크를 파이썬으로 배우려는 개발자들에게는 **PyPI 저장소**[4]로부터 파이스파크PySpark를 설치하는 방법이 있다. 오직 파이썬으로만 프로그래밍한다면 스칼라, 자바, R등을 실행하는 데 필요한 다른 라이브러리들은 필요가 없으므로 바이너리 크기도 더 작게 만들 수 있다. PyPI로 파이스파크를 설치하려면 단순히 `pip install pyspark`만 입력하면 된다.

SQL, ML, MLlib을 위한 추가적인 라이브러리도 `pip install pyspark[sql,ml,mllib]`이라는 명령어로 설치 가능하다(혹은 SQL 의존성만 필요하다면 `pip install pyspark[sql]`).

본인의 컴퓨터에 자바 8이나 그 이상의 버전을 설치해야 하며 JAVA_HOME 환경변수를 세팅해야 한다. 어떻게 다운로드하고 설치하는지는 이 문서[5]를 참고한다.

---

2 https://spark.apache.org/downloads.html
3 [옮긴이] 22년 3월 31일 현재 최신 버전은 3.2.1이다.
4 https://pypi.org/project/pyspark/
5 https://www.oracle.com/java/technologies/downloads/#java8

해석 셸 모드에서 R을 사용하고 싶으면 먼저 R(https://www.r-project.org/)을 설치하고 *sparkR*을 실행해야 한다. R로 분산 컴퓨팅을 하기 위해서는 R 커뮤니티에서 만든 오픈소스 프로젝트 sparklyr(https://github.com/sparklyr/sparklyr)을 사용할 수 있다.

스파크의 디렉터리와 파일들

이 책에서 독자는 랩톱이나 클러스터에서 리눅스나 맥 OS 중에서 하나를 사용 중이라고 가정하며 모든 명령어와 가이드는 그 기준으로 씌어져 있다. 타르볼tarball[6] 파일 다운로드를 끝내고 나면 cd 명령어를 써서 다운로드 디렉터리로 간 후 tar -xf ~/Downloads/spark-3.1.1-bin-hadoop2.7.tgz로 압축을 해제하고 다시 cd로 그 디렉터리로 들어가 내용물을 한번 살펴보도록 한다.

```
$ cd spark-3.1.1-bin-hadoop2.7
$ ls
LICENSE     R           RELEASE   conf    examples   kubernetes   python   yarn
NOTICE      README.md   bin       data    jars       licenses     sbin
```

각 파일과 디렉터리의 의도와 목적을 대략 요약해보겠다. 스파크 2.x와 3.0에서 새로운 아이템들이 추가된 것들이 있으며 일부 파일과 디렉터리들은 변경된 것들도 있다.

README.md

이 파일은 스파크 셸을 어떻게 사용하는지, 소스에서 어떻게 빌드하는지, 어떻게 단독 스파크를 실행하는지, 스파크 문서의 링크와 설정 가이드를 어떻게 따라가는지, 어떻게 스파크에 기여하는지 등 새롭게 추가된 상세한 설명들을 담고 있다.

bin

이름이 가리키듯 이 디렉터리는 **스파크 셸들을 포함해서**(spark-sql, pyspark, spark-shell, sparkR) 스파크와 상호 작용할 수 있는 대부분의 스크립트를 갖고 있다. 여기와 셸과 실행 파일은 나중에 **spark-submit**을 써서 단독 스파크 애플리케이션을 제출하거나 쿠버네티스로 스파크를 실행할 때 도커 이미지를 만들고 푸시하는 스크립트 작성을 위해 사용하게 될 것이다.

sbin

이 디렉터리의 대부분의 스크립트는 다양한 배포 모드에서 클러스터의 스파크 컴포넌트들을 시작하고 중지하기 위한 관리 목적이다. 배포 모드들에 대한 자세한 설명은 1장의 표 1-1을 참고한다.

---

6   옮긴이 tar, tgz, tbz 등의 압축파일을 가리킨다.

kubernetes

스파크 2.4 릴리스부터 이 디렉터리에 쿠버네티스 클러스터에서 쓰는 스파크를 위한 도커 이미지 제작을 위한 Dockerfile들을 담고 있다. 또한 도커 이미지를 빌드하기 전에 스파크 배포본을 어떻게 만들지에 대한 가이드를 제공하는 파일도 포함하고 있다.

data

이 디렉터리에는 MLlib, 정형화 프로그래밍, GraphX 등에서 입력으로 사용되는 *.txt 파일이 있다.

examples

어떤 개발자에게든 새로운 플랫폼을 배우는 여정을 편하게 해 주는 두 가지 필수사항은 '입문' 예제 코드들과 이해하기 좋은 문서들이다. 스파크는 자바, 파이썬, R, 스칼라에 대한 예제들을 제공하는데, 프레임워크를 배울 때 이용하고 싶어 할 만한 것들이다. 이후의 내용들에서 이 예제들 중 일부를 언급하게 될 것이다.

2단계: 스칼라 혹은 파이스파크 셸 사용

앞에 언급했던 것처럼 대화형 '셸'로 동작하며 광범위하게 사용되는 pyspark, spark-shell, spark-sql, sparkR의 네 가지 인터프리터들이 포함되어 있어서 일회성 데이터 분석이 가능하다. 파이썬, 스칼라, R, SQL이나 bash 같은 유닉스 셸을 써 봤다면 여러 가지 면에서 위의 대화형 셸들이 그것들을 모방한 덕에 익숙해 보일 것이다.

이 셸들은 클러스터에 연결하고 분산 데이터를 스파크 워커 노드의 메모리에 로드할 수 있도록 확장되어 왔다. 당신이 기가바이트급 데이터를 다루든 작은 데이터세트를 다루든 스파크 셸은 스파크를 빨리 배우는 데에 적절하다.

파이스파크를 시작하려면 cd로 **bin** 디렉터리로 가서 **pyspark**를 실행해서 셸을 띄운다. PyPI를 써서 파이스파크를 설치했다면 아무 데서나 그냥 **pyspark**를 실행하면 된다.[7]

```
$ ./pyspark
Python 3.9.1 (default, Feb  3 2021, 07:04:15)
[Clang 12.0.0 (clang-1200.0.32.29)] on darwin
Type "help", "copyright", "credits" or "license" for more information.
21/02/28 00:15:21 WARN NativeCodeLoader: Unable to load native-hadoop library for your
platform... using builtin-java classes where applicable
```

---

7 [옮긴이] 출력 내용은 환경과 버전에 따라 달라질 수 있다.

```
Using Spark's default log4j profile: org/apache/spark/log4j-defaults.properties
Setting default log level to "WARN".
To adjust logging level use sc.setLogLevel(newLevel). For SparkR, use setLogLevel(newLevel).
Welcome to
      ____              __
     / __/__  ___ _____/ /__
    _\ \/ _ \/ _ `/ __/  '_/
   /__ / .__/\_,_/_/ /_/\_\   version 3.1.1
      /_/

Using Python version 3.9.1 (default, Feb  3 2021 07:04:15)
SparkSession available as 'spark'.
>>> spark.version
'3.1.1'
>>>
```

비슷하게 스칼라로 스파크 셸을 시작하려면 **cd**로 **bin** 디렉터리로 가서 **spark-shell**을 실행한다.

```
$ ./spark-shell
21/02/28 00:19:28 WARN NativeCodeLoader: Unable to load native-hadoop library for your
platform... using builtin-java classes where applicable
Using Spark's default log4j profile: org/apache/spark/log4j-defaults.properties
Setting default log level to "WARN".
To adjust logging level use sc.setLogLevel(newLevel). For SparkR, use setLogLevel(newLevel).
Spark context Web UI available at http://192.168.0.8:4040
Spark context available as 'sc' (master = local[*], app id = local-1614500374179).
Spark session available as 'spark'.
Welcome to
      ____              __
     / __/__  ___ _____/ /__
    _\ \/ _ \/ _ `/ __/  '_/
   /___/ .__/\_,_/_/ /_/\_\   version 3.1.1
      /_/

Using Scala version 2.12.10 (Java HotSpot(TM) 64-Bit Server VM, Java 1.8.0_211)
Type in expressions to have them evaluated.
Type :help for more information.

scala> spark.version
res0: String = 3.1.1
scala>
```

로컬 머신 사용하기

이제 로컬 머신에 스파크를 다운로드하고 설치했으니 이 장의 나머지 부분에서는 대화형 셸을 이용해 스파크를 써볼 것이다. 다시 말하면 스파크를 로컬 모드에서 돌릴 것이다.

 로컬 모드에서 어떤 컴포넌트들이 돌아가는지에 대해서는 1장의 표 1-1을 참고한다.

앞 장에서 얘기했듯이 스파크 연산들은 작업으로 표현된다. 작업들은 태스크라고 불리는 저수준 RDD 바이트 코드로 변환되며 실행을 위해 스파크의 이그제큐터들에 분산된다.

데이터 프레임을 써서 텍스트 파일을 읽고, 읽은 문자열을 보여주고 파일의 줄 수를 세는 짧은 예제를 보자. 이 간단한 예제는 다음 장에서 다룰 고수준 정형화 API 사용의 예를 보여줄 것이다. 데이터 프레임의 show(10, false) 연산은 문자열을 자르지 않고 첫 번째 열 줄만 보여주게 된다. 기본적으로 truncate 플래그는[8] true이다. 스칼라 셸에서의 실행 화면은 아래와 같다.

```
scala> val strings = spark.read.text("../README.md")
strings: org.apache.spark.sql.DataFrame = [value: string]

scala> strings.show(10, false)
+----------------------------------------------------------------------------+
|value                                                                       |
+----------------------------------------------------------------------------+
|# Apache Spark                                                              |
|                                                                            |
|Spark is a unified analytics engine for large-scale data processing. It     |
|provides high-level APIs in Scala, Java, Python, and R, and an optimized     |
|engine that supports general computation graphs for data analysis. It also   |
|supports a rich set of higher-level tools including Spark SQL for SQL and     |
|DataFrames, MLlib for machine learning, GraphX for graph processing,         |
| and Structured Streaming for stream processing.                            |
|                                                                            |
| <https://spark.apache.org/>                                               |
+----------------------------------------------------------------------------+
only showing top 10 rows

scala> strings.count()
res2: Long = 109
scala>
```

---

8 [옮긴이] 출력 줄이 너무 길면 자를지를 결정한다.

매우 간단하다. 비슷한 예제를 파이썬 대화형 셸인 **pyspark**에서 사용해보자.

```
$ pyspark
Python 3.9.1 (default, Feb  3 2021, 07:04:15)
[Clang 12.0.0 (clang-1200.0.32.29)] on darwin
Type "help", "copyright", "credits" or "license" for more information.
21/02/28 00:44:32 WARN NativeCodeLoader: Unable to load native-hadoop library for your
platform... using builtin-java classes where applicable
Using Spark's default log4j profile: org/apache/spark/log4j-defaults.properties
Setting default log level to "WARN".
To adjust logging level use sc.setLogLevel(newLevel). For SparkR, use setLogLevel(newLevel).
Welcome to
      ____              __
     / __/__  ___ _____/ /__
    _\ \/ _ \/ _ `/ __/  '_/
   /__ / .__/\_,_/_/ /_/\_\   version 3.1.1
      /_/

Using Python version 3.9.1 (default, Feb  3 2021 07:04:15)
SparkSession available as 'spark'.
>>> strings = spark.read.text("../README.md")
>>> strings.show(10, truncate=False)
+---------------------------------------------------------------------------+
|value                                                                      |
+---------------------------------------------------------------------------+
|# Apache Spark                                                             |
|                                                                           |
|Spark is a unified analytics engine for large-scale data processing. It provides|
|high-level APIs in Scala, Java, Python, and R, and an optimized engine that|
|supports general computation graphs for data analysis. It also supports a  |
|rich set of higher-level tools including Spark SQL for SQL and DataFrames,  |
|MLlib for machine learning, GraphX for graph processing,                   |
|and Structured Streaming for stream processing.                            |
|                                                                           |
|<https://spark.apache.org/>                                                |
+---------------------------------------------------------------------------+
only showing top 10 rows

>>> strings.count()
109
>>>
```

어느 셸이든 빠져나가려면 Ctrl-D를 누른다. 본 것처럼 스파크 셸을 쓰면 빠른 대화형 작업으로 빠르게 배우는 것뿐 아니라 빠르게 프로토타이핑 하기에도 아주 좋다.

앞의 예제에서 API 문법과 스칼라 파이썬 양쪽에서 함수 형태의 동일성에 주목하기 바란다. 1.x부터 스파크의 진화 동안 지속적으로 개선해 온 많은 사항 중 하나다.

또한 RDD를 쓰지 않고 상위 수준 정형화 API를 써서 텍스트 파일을 스파크 데이터 프레임에 읽어 들였다는 점에 주목하자. 책 전체에서 이런 정형화 API에 집중할 것이다. 스파크 2.x 이후로 RDD는 하위 수준 API로 조정되어 있다.

 상위 수준 정형화 API로 표현된 모든 연산은 저수준으로 최적화되고 생성되는 RDD 작업으로 분해된 다음, 이그제큐터들의 JVM을 위한 스칼라 바이트코드로 변환된다. 생성된 RDD 작업 코드들은 사용자들은 볼 수 없으며 사용자가 접근 가능한 RDD API와도 다르다.

3단계: 스파크 애플리케이션 개념의 이해

이제 단독 모드에서 스파크를 다운로드받아 설치해 보았고 스파크 셸을 띄워서 몇 가지 간단한 예제도 실행해보았으므로 마지막 단계를 밟을 준비가 되었다.

실행해본 예제 코드 하부에서 무슨 일이 일어나는지 이해하기 위해서는 우선 스파크 애플리케이션의 핵심 개념들과 코드가 어떻게 스파크 실행기에서 태스크로 변환되고 실행되는지에 익숙해질 필요가 있다. 몇몇 중요한 용어들을 정의하는 것으로 시작하자.

애플리케이션

API를 써서 스파크 위에서 돌아가는 사용자 프로그램. 드라이버 프로그램과 클러스터의 실행기로 이루어진다.

SparkSession

스파크 코어 기능들과 상호 작용할 수 있는 진입점을 제공하며 그 API로 프로그래밍을 할 수 있게 해주는 객체이다. 스파크 셸에서 스파크 드라이버는 기본적으로 SparkSession을 제공하지만 스파크 애플리케이션에서는 사용자가 SparkSession 객체를 생성해서 써야 한다.

잡(job)

스파크 액션action(예: save(), collect())에 대한 응답으로 생성되는 여러 태스크task로 이루어진 병렬 연산[9]

스테이지(stage)

각 잡은 스테이지라 불리는 서로 의존성을 가지는 다수의 태스크 모음으로 나뉜다.

---

9   [옮긴이] 스파크 액션에 해당하는 함수 호출이 없으면 결코 스파크 작업은 시작되지 않는다.

태스크(task)

스파크 이그제큐터로 보내지는 작업 실행의 가장 기본적인 단위

각각의 개념을 좀 더 살펴보자.

스파크 애플리케이션과 SparkSession

모든 스파크 애플리케이션의 핵심에는 스파크 드라이버 프로그램이 있으며, 이 드라이버는 Spark Session 객체를 만든다. 스파크 셸을 써서 작업을 할 때 드라이버는 셸에 포함되어 있는 형태이며 이전 예제들에서 봤던 것처럼 SparkSession 객체(spark라는 이름의 변수로 접근 가능하다)가 미리 만들어진다.

그 예제들에서는, 스파크 셸을 랩톱에서 로컬 실행했기 때문에 모든 연산 또한 단일 JVM에서 로컬 실행된다. 하지만 마찬가지로 쉽게 분석하기 위해 클러스터에서도 스파크 셸을 실행할 수도 있다. spark-shell --help나 pyspark --help 명령을 타이핑하면 스파크 클러스터 매니저에 어떻게 연결해야 할지 보여줄 것이다. 그림 2-2는 이를 실행하면 클러스터에서 어떻게 스파크가 실행되는지 보여준다.

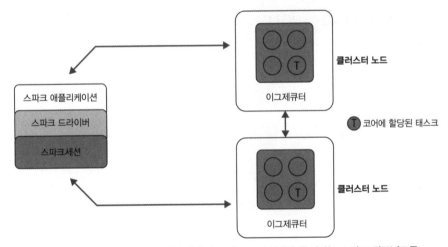

그림 2-2 **스파크의 분산 아키텍처 위에서 스파크 드라이버와 통신하는 스파크 컴포넌트들**

SparkSession 객체를 만들었으면 그를 통해 스파크 연산을 수행하는 API[10]를 써서 프로그래밍이 가능하다.

---

10 https://databricks.com/blog/2016/08/15/how-to-use-sparksession-in-apache-spark-2-0.html

스파크 잡

스파크 셸로 상호 작용하는 작업 동안, 드라이버는 스파크 애플리케이션을 하나 이상의 스파크 잡으로 변환한다(그림 2-3). 그리고 각 잡은 DAG로 변환된다. 본질적으로 이것이 스파크의 실행 계획이 되며 이 DAG 그래프에서 각각의 노드는 하나 이상의 스파크 스테이지에 해당한다.

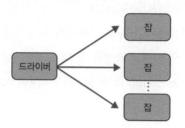

그림 2-3 하나 이상의 스파크 잡을 생성하는 스파크 드라이버

스파크 스테이지

어떤 작업이 연속적으로 또는 병렬적으로 수행되는지에 맞춰 스테이지에 해당하는 DAG 노드가 생성된다. 모든 스파크 연산이 하나의 스테이지 안에서 실행될 수는 없으므로 여러 스테이지로 나뉘어야 한다. 종종 스파크 이그제큐터끼리의 데이터 전송이 이루어지는 연산 범위 경계 위에서 스테이지가 결정되기도 한다.[11]

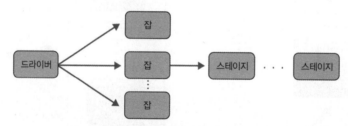

그림 2-4 하나 이상의 스테이지를 생성하는 스파크 잡

스파크 태스크

각 스테이지는 최소 실행 단위이며 스파크 이그제큐터들 위에서 연합 실행되는 스파크 태스크들로 이루어진다. 각 태스크는 개별 CPU 코어에 할당되고 데이터의 개별 파티션을 갖고 작업한다(그림 2-5). 그런 식으로, 16코어 이그제큐터라면 16개 이상의 파티션을 갖는 16개 이상의 태스크를 할당받아 작업하게 되며 이런 식으로 철저한 병렬 처리가 이루어지는 것이다.

---

11 [옮긴이] 셔플(shuffle)이라 불리는 노드끼리의 데이터 교환이 스테이지의 경계가 되는 경우를 말한다.

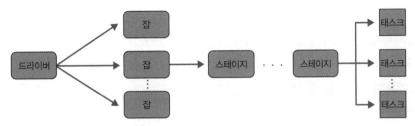

그림 2-5 이그제큐터들에서 분산처리되는 하나 이상의 태스크를 생성하는 스파크 스테이지

트랜스포메이션, 액션, 지연 평가

분산 데이터의 스파크 연산은 **트랜스포메이션**transformation과 **액션**action으로 구분된다. 트랜스포메이션은 이미 불변성의 특징을 가진 원본 데이터를 수정하지 않고 하나의 스파크 데이터 프레임을 새로운 데이터 프레임으로 그 이름처럼 변형transform한다. 다시 말해 select()나 filter() 같은 연산은 원본 데이터 프레임을 수정하지 않으며, 대신 새로운 데이터 프레임으로 연산 결과를 만들어 되돌려 준다.

모든 트랜스포메이션은 뒤늦게 평가된다. 다시 말해 그 결과는 즉시 계산되는 게 아니라 **계보**lineage라 불리는 형태로 기록된다. 기록된 리니지는 실행 계획에서 후반쯤에 스파크가 확실한 트랜스포메이션들끼리 재배열하거나 합치거나 해서 더 효율적으로 실행할 수 있도록 최적화하도록 한다. 지연 평가는 액션이 실행되는 시점이나 데이터에 실제 접근하는 시점(디스크에서 읽거나 쓰는 시점)까지 실제 실행을 미루는 스파크의 전략이다.

하나의 액션은 모든 기록된 트랜스포메이션의 지연 연산을 발동시킨다. 그림 2-6에서 모든 트랜스포메이션 T는 액션 A를 호출할 때까지 기록된다. 각 트랜스포메이션 T는 새로운 데이터 프레임을 생성한다.

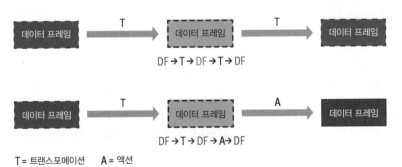

T = 트랜스포메이션   A = 액션

그림 2-6 게으른 트랜스포메이션과 부지런한 액션들

지연 평가는 스파크가 사용자의 연계된 트랜스포메이션들을 살펴봄으로써 쿼리 최적화를 가능하게 하는 반면, 리니지와 데이터 불변성은 장애에 대한 데이터 내구성을 제공한다. 스파크는 리니지에 각 트랜스포메이션을 기록해 놓고 데이터 프레임들은 트랜스포메이션을 거치는 동안 변하지 않기 때문에 단순히 기록된 리니지를 재실행하는 것만으로도 원래 상태를 다시 만들어 낼 수 있으며 이 덕분에 장애 상황에도 유연성을 확보할 수 있다.

표 2-1은 트랜스포메이션과 액션에 해당하는 일부 예시이다.

표 2-1 스파크 연산 중 트랜스포메이션과 액션들

트랜스포메이션	액션
orderBy()	show()
groupBy()	take()
filter()	count()
select()	collect()
join()	save()

액션과 트랜스포메이션들은 스파크 쿼리 계획이 만들어지는 데에 도움을 주며 다음 장에서 다룰 것이다. 하나의 쿼리 계획 안의 어떤 것도 액션이 호출되기 전에는 실행되지 않는다. 다음의 파이썬과 스칼라 예제에서 두 개의 트랜스포메이션 read()와 filter()와 하나의 액션 count()를 보게 될 것이다. 액션은 쿼리 실행 계획의 일부로서 기록된 모든 트랜스포메이션들의 실행을 시작하게 한다. 이 예제에서는 filtered.count()가 입력되기 전까지는 아무것도 셀에서 실제로 실행되지 않는다.

```
# 파이썬 예제
>>> strings = spark.read.text("../README.md")
>>> filtered = strings.filter(strings.value.contains("Spark"))
>>> filtered.count()
20
```

```
// 스칼라 예제
scala> import org.apache.spark.sql.functions._
scala> val strings = spark.read.text("../README.md")
scala> val filtered = strings.filter(col("value").contains("Spark"))
scala> filtered.count()
res5: Long = 20
```

좁은/넓은 트랜스포메이션

얘기한 것처럼 트랜스포메이션은 스파크가 지연 평가하는 연산 종류이다. 지연 연산 개념의 큰 이득은 스파크가 연산 쿼리를 분석하고 어디를 최적화할지 알 수 있다는 점이다. 이 최적화는 조인이나 파이프라이닝이 될 수도 있고 연산들을 한 스테이지로 합치거나 반대로 어떤 연산이 셔플이나 클러스터 데이터 교환이 필요한지 파악해 나누거나 하는 식으로 이루어질 수 있다.

트랜스포메이션은 **좁은**narrow 의존성과 **넓은**wide 의존성으로 분류할 수 있다. 하나의 입력 파티션을 연산하여 하나의 결과 파티션을 내놓는 트랜스포메이션은 어느 것이든 **좁은** 트랜스포메이션이다. 예를 들어 앞의 예제에서 `filter()`와 `contains()`는 하나의 파티션을 처리하여 데이터 교환 없이 결과 파티션을 생성해 내므로 좁은 트랜스포메이션이라고 할 수 있다.

하지만 `groupBy()`나 `orderBy()`는 스파크가 **넓은** 트랜스포메이션을 수행하게 하는데, 이는 다른 파티션으로부터 데이터를 읽어 들여서 합치고 디스크에 쓰는 등의 일을 하기 때문이다.

그림 2-7은 두 종류의 의존성에 대해 보여준다.

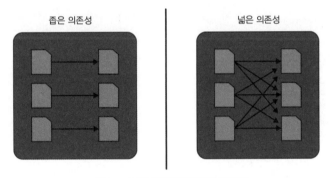

그림 2-7 좁은 의존성 대 넓은 의존성

스파크 UI

스파크는 **그래픽 유저 인터페이스**graphical user interface, GUI[12]를 써서 스파크 애플리케이션을 살펴볼 수 있게 해주며 다양한 레벨(잡, 스테이지, 태스크 레벨)에서 확인 가능하다. 스파크가 배포된 방식에 맞춰 드라이버가 웹 UI를 띄우게 되며 기본적으로 4040 포트를 사용하는데 여기서 다음과 같은 다양한 수치와 내용을 볼 수 있다.

• 스케줄러의 스테이지와 태스크 목록

---

12 https://spark.apache.org/docs/3.0.0-preview/web-ui.html

- RDD 크기와 메모리 사용의 요약
- 환경 정보
- 실행 중인 이그제큐터 정보
- 모든 스파크 SQL 쿼리

로컬 모드에서는 웹 브라우저를 써서 **http://localhost:4040** 혹은 머신의 주소를 통해 이 인터페이스에 접근할 수 있다.

spark-shell을 띄운다면 초기 출력에 4040 포트로 접근할 수 있는 주소가 출력된다.

아까의 파이썬 예제가 어떻게 잡, 스테이지, 태스크들로 바뀌는지 살펴보자. DAG가 어떻게 보이는지 확인하고 싶으면 웹 UI에서 'DAG Visualization'을 클릭하면 된다. 그림 2-8에서 드라이버가 잡과 스테이지를 생성한 것을 볼 수 있다.

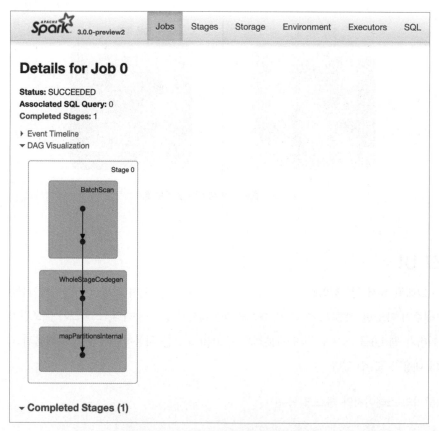

그림 2-8 DAG 간단한 파이썬 예제에 대한 DAG

스테이지 안에서 각각의 연산은 파란 박스로 표시된다. 스테이지 0은 하나의 태스크로 구성된다. 만약 태스크가 여러 개라면, 모두 병렬로 실행될 것이다. 그림 2-9에서처럼 Stage 탭에서 각 스테이지의 자세한 상황을 볼 수 있다.

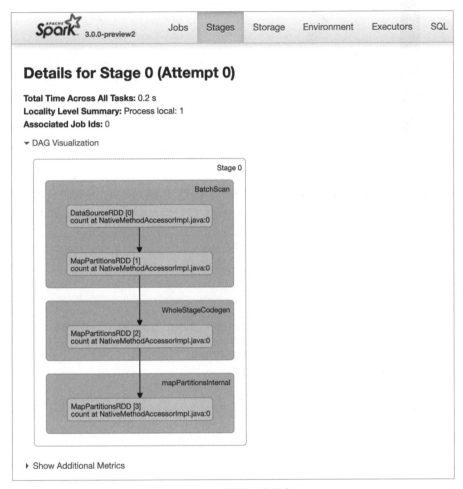

그림 2-9 스테이지 0의 상세도

스파크 UI에 대한 자세한 내용은 7장에서 다룰 것이다. 지금은 UI가 스파크 내부의 작업에 대한 디버깅과 검사 도구로서 현미경 역할을 한다는 것만 알아두자.

데이터브릭스 커뮤니티 에디션

데이터브릭스는 관리형 아파치 스파크 플랫폼을 클라우드에서 제공하는 회사이다. 로컬 머신에서 로컬 모드로 실행하는 것 말고 이 책의 많은 예제들을 데이터브릭스 커뮤니티 에디션을 써서 실행해볼 수 있다(그림 2-10). 아파치 스파크를 배우는 도구로서 커뮤니티 에디션은 살펴볼 만한 많은 예제와 가이드를 갖고 있다. 파이썬, R, 스칼라, SQL에서 자신만의 노트북을 쓸 수도 있고, 다른 주피터 같은 노트북을 읽어 들일 수도 있다.

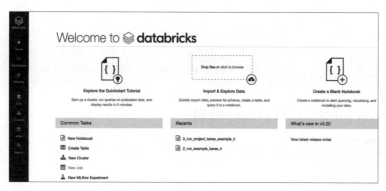

그림 2-10 데이터브릭스 커뮤니티 에디션

계정 가입을 위해서는 https://databricks.com/try로 가서 무료 사용 안내를 따라 하면 된다. 한번 등록하면 깃 허브 저장소(https://github.com/databricks/LearningSparkV2)에서 이 책의 노트북을 읽어 들일 수 있다.

첫 번째 단독 애플리케이션

스파크에 익숙해지는 것을 돕기 위해 스파크 배포판에는 각각의 컴포넌트를 위한 예제 애플리케이션 몇 가지가 들어 있다. 스파크 설치 디렉터리에서 **examples** 디렉터리를 살펴보고 어떤 것이 있는지 한번 살펴보기 바란다.

로컬 머신의 스파크 설치 디렉터리 밑에는 여러 자바나 스칼라 예제 프로그램 중 하나를 골라 실행시킬 수 있도록 bin/run-example <클래스> [인자] 형태의 명령이 제공된다. 예를 들어,

```
$ ./bin/run-example JavaWordCount README.md
```

이 명령은 **README.md** 안에 있는 각 단어 목록과 개수를 INFO 메시지로 화면에 뿌려 준다(단어 세기는 분산 컴퓨팅 분야의 'Hello, World' 프로그램이라고 할 수 있다).

쿠키 몬스터를 위한 M&M 세기

앞 예제에서는 파일의 단어를 세어보았다. 파일이 너무 큰 경우 데이터를 작은 조각들로 나눠 클러스터에 분산하고, 우리가 작성한 스파크 프로그램이 각 파티션의 단어를 세는 태스크를 분산 처리한 후 최종적으로 단어 개수 결과를 집계해 되돌려 주게 될 것이다. 하지만 이 예제는 약간 뻔한 감이 있다.

유사한 문제를 해결해보자. 하지만 더욱 큰 데이터에 스파크의 분산 기능과 데이터 프레임 API를 쓸 것이다. 이 프로그램에서 사용된 API들은 이후의 장들에서 다루게 되므로 지금은 양해해 주기 바란다.

이 책의 저자 중에는 M&M을 사용하여 쿠키를 굽는 것을 좋아하는 데이터 과학자가 있으며, 그녀는 머신러닝과 데이터 과학 과정을 수강하는 미국의 여러 주state 출신 학생들에게 상으로 이 쿠키들을 자주 주곤 한다. 하지만 그녀는 데이터 중심주의자이기 때문에 서로 다른 주에 사는 학생들에게 적절한 비율로 M&M의 색깔이 주어지는지 확인해 보고 싶어 한다(그림 2-11).

그림 2-11 색깔에 따른 M&M 분배[13]

10만 개 이상의 데이터를 갖고 있는 파일을 읽어 들여서(각 라인은 주, M&M 색깔, 개수를 갖고 있다) 색깔과 주별로 집계하는 스파크 프로그램을 작성해보자. 이 집계된 결과는 각 주별로 학생들이 어떤 색깔의 M&M을 좋아하는지 알려줄 것이다. 완전한 파이썬 프로그램은 예제 2-1에 있다.

예제 2-1 M&M 개수 집계 (파이썬 버전)

```python
# 필요한 라이브러리들을 불러온다.
# 파이썬을 쓰므로 SparkSession과 관련 함수들을 PySpark 모듈에서 불러온다.
import sys

from pyspark.sql import SparkSession

if __name__ == "__main__":
    if len(sys.argv) != 2:
        print("Usage: mnmcount <file>", file=sys.stderr)
        sys.exit(-1)

    # SparkSession API를 써서 SparkSession 객체를 만든다.
    # 존재하지 않으면 객체를 생성한다.
    # JVM마다 SparkSession 객체는 하나만 존재할 수 있다.
    spark = (SparkSession
```

13 https://qz.com/918008/the-color-distribution-of-mms-as-determined-by-a-phd-in-statistics/

```python
    .builder
    .appName("PythonMnMCount")
    .getOrCreate())
# 명령행 인자에서 M&M 데이터가 들어 있는 파일 이름을 얻는다.
mnm_file = sys.argv[1]
# 스키마 추론과 쉼표로 구분된 칼럼 이름이 제공되는 헤더가 있음을
# 지정해 주고 CSV 포맷으로 파일을 읽어 들여 데이터 프레임에 저장한다.
mnm_df = (spark.read.format("csv")
    .option("header", "true")
    .option("inferSchema", "true")
    .load(mnm_file))

# 데이터 프레임 고수준 API를 사용하고 RDD는 전혀 쓰지 않는다는 점에 주목하자.
# 일부 스파크 함수들은 동일한 객체를 되돌려 주므로 함수 호출을 체이닝할 수 있다.
# 1. 데이터 프레임에서 "State", "Color", "Count" 필드를 읽는다.
# 2. 각 주별로, 색깔별로 그룹화하기 원하므로 groupBy()를 사용한다.
# 3. 그룹화된 주/색깔별로 모든 색깔별 집계를 한다.
# 4. 역순으로 orderBy() 한다.
count_mnm_df = (mnm_df
    .select("State", "Color", "Count")
    .groupBy("State", "Color")
    .sum("Count")
    .orderBy("sum(Count)", ascending=False))
# 모든 주와 색깔별로 결과를 보여준다.
# show()는 액션이므로 위의 쿼리 내용들이 시작되게 된다는 점에 주목하자.
count_mnm_df.show(n=60, truncate=False)
print("Total Rows = %d" % (count_mnm_df.count()))
# 위 코드는 모든 주에 대한 집계를 계산한 것이지만
# 만약 특정 주에 대한 데이터, 예를 들면 캘리포니아(CA)에 대해
# 보기를 원한다면?
# 1. 데이터 프레임에서 모든 줄을 읽는다.
# 2. CA주에 대한 것만 걸러낸다.
# 3. 위에서 했던 것처럼 주와 색깔별로 groupBy() 한다
# 4. 각 색깔별로 카운트를 합친다.
# 5. orderBy()로 역순 정렬
# 필터링을 통해 캘리포니아의 결과만 찾아낸다.
ca_count_mnm_df = (mnm_df
    .select("State", "Color", "Count")
    .where(mnm_df.State == "CA")
    .groupBy("State", "Color")
    .sum("Count")
    .orderBy("sum(Count)", ascending=False))
# 캘리포니아의 집계 결과를 보여준다.
# 위와 마찬가지로 show()는 전체 연산 실행을 발동하는 액션이다.
ca_count_mnm_df.show(n=10, truncate=False)
# SparkSession을 멈춘다.
spark.stop()
```

선호하는 편집기를 써서 **mmcount.py**라는 이름의 파일을 만들어 위 파이썬 코드를 입력하고 이 책의 깃허브 저장소[14]에서 **mnm_dataset.csv**를 다운로드해 **bin** 디렉터리의 submit-spark 스크립트로 스파크 잡을 제출한다. SPARK_HOME 환경변수는 로컬 머신의 스파크 설치 디렉터리의 루트 레벨 경로로 지정해 준다.

앞의 코드는 데이터 프레임 API를 이용하여 고수준 DSL 쿼리가 동작하는 것처럼 데이터를 읽어 들인다. 다음 장에서 이를 포함한 다른 API들까지 다룰 것이며 지금은 RDD API와는 다르게 어떻게 하는지가 아니라 무엇을 할지만 써주면 되는 그 명료성과 단순성을 눈여겨보기 바란다. 아주 대단한 기능이다!

콘솔에서 정신 없는 INFO 메시지 출력을 없애고 싶다면 **log4j.properties.template** 파일을 **conf/log4j.properties**로 카피해 놓고 log4j.rootCategory=WARN을 지정해준다.

파이썬 API를 사용한 첫 번째 스파크 잡을 제출해보자(코드가 어떤 일을 하는지는 예제 2-1의 인라인 주석을 참고하기 바란다).

```
$SPARK_HOME/bin/spark-submit mnmcount.py data/mnm_dataset.csv

+-----+------+-----+
|State|Color |Count|
+-----+------+-----+
|   TX|   Red|   20|
|   NV|  Blue|   66|
|   CO|  Blue|   79|
|   OR|  Blue|   71|
|   WA|Yellow|   93|
+-----+------+-----+
only showing top 5 rows

+-----+------+----------+
|State|Color |sum(Count)|
+-----+------+----------+
|   CA|Yellow|    100956|
|   WA| Green|     96486|
|   CA| Brown|     95762|
|   TX| Green|     95753|
|   TX|   Red|     95404|
|   CO|Yellow|     95038|
|   NM|   Red|     94699|
|   OR|Orange|     94514|
|   WY| Green|     94339|
|   NV|Orange|     93929|
|   TX|Yellow|     93819|
```

---

14 https://github.com/databricks/LearningSparkV2

```
|  CO|  Green|    93724|
|  CO|  Brown|    93692|
|  CA|  Green|    93505|
|  NM|  Brown|    93447|
|  CO|   Blue|    93412|
|  WA|    Red|    93332|
|  WA|  Brown|    93082|
|  WA|Yellow|    92920|
|  NM|Yellow|    92747|
|  NV|  Brown|    92478|
|  TX|Orange|    92315|
|  AZ|  Brown|    92287|
|  AZ|  Green|    91882|
|  WY|    Red|    91768|
|  AZ|Orange|    91684|
|  CA|    Red|    91527|
|  WA|Orange|    91521|
|  NV|Yellow|    91390|
|  UT|Orange|    91341|
|  NV|Green |    91331|
|  NM|Orange|    91251|
|  NM|  Green|    91160|
|  WY|   Blue|    91002|
|  UT|    Red|    90995|
|  CO|Orange|    90971|
|  AZ|Yellow|    90946|
|  TX|  Brown|    90736|
|  OR|   Blue|    90526|
|  CA|Orange|    90311|
|  OR|    Red|    90286|
|  NM|   Blue|    90150|
|  AZ|    Red|    90042|
|  NV|   Blue|    90003|
|  UT|   Blue|    89977|
|  AZ|   Blue|    89971|
|  WA|   Blue|    89886|
|  OR|  Green|    89578|
|  CO|    Red|    89465|
|  NV|    Red|    89346|
|  UT|Yellow|    89264|
|  OR|  Brown|    89136|
|  CA|   Blue|    89123|
|  UT|  Brown|    88973|
|  TX|   Blue|    88466|
|  UT|  Green|    88392|
|  OR|Yellow|    88129|
|  WY|Orange|    87956|
|  WY|Yellow|    87800|
|  WY|  Brown|    86110|
+-----+------+----------+
```

```
Total Rows = 60
+-----+------+----------+
|State|Color |sum(Count)|
+-----+------+----------+
|   CA|Yellow|    100956|
|   CA| Brown|     95762|
|   CA| Green|     93505|
|   CA|   Red|     91527|
|   CA|Orange|     90311|
|   CA|  Blue|     89123|
+-----+------+----------+
```

일단 각 주별, 색깔별 합계를 볼 수 있으며 이어서 캘리포니아(CA)에 대한 결과만이 출력된다(노란색을 선호하는).

동일한 스파크 프로그램을 스칼라 버전으로 하고 싶다면? 스칼라에서도 API는 유사하다. 스칼라에서도 그렇고, 지원 언어를 통틀어 일부 문법적 차이를 빼면 그 동질성은 잘 지켜지고 있다. 예제 2-2가 그 스칼라 버전이므로 참고해 보자. 다음 절에서는 어떻게 빌드하고 실행하는지 보여줄 것이다.

예제 2-2 M&M 개수 집계(스칼라 버전)

```scala
package main.scala.chapter2

import org.apache.spark.sql.SparkSession
import org.apache.spark.sql.functions._

/**
 * 사용법 : MnMcount <MnM 데이터세트 파일>
 */
object MnMcount {
  def main(args: Array[String]) {
    val spark = SparkSession
      .builder
      .appName("MnMCount")
      .getOrCreate()

    if (args.length < 1) {
      print("Usage: MnMcount <mnm_file_dataset>")
      sys.exit(1)
    }
    // 데이터세트 파일 이름을 받아 온다.
    val mnmFile = args(0)
    // 파일을 읽어 스파크 데이터 프레임에 넣는다.
    val mnmDF = spark.read.format("csv")
      .option("header", "true")
      .option("inferSchema", "true")
```

```scala
    .load(mnmFile)
  // groupBy로 주별, 색깔별로 모두 집계하여 orderBy로 역순 정렬한다
  val countMnMDF = mnmDF
    .select("State", "Color", "Count")
    .groupBy("State", "Color")
    .sum("Count")
    .orderBy(desc("sum(Count)"))
  // 모든 주별, 색깔별로 결과를 보여준다
  countMnMDF.show(60)
  println(s"Total Rows = ${countMnMDF.count()}")
  println()
  // 캘리포니아 결과만을 필터링한다
  val caCountMnNDF = mnmDF
    .select("State", "Color", "Count")
    .where(col("State") === "CA")
    .groupBy("State", "Color")
    .sum("Count")
    .orderBy(desc("sum(Count)"))
  // 캘리포니아 결과를 출력한다
  caCountMnNDF.show(10)
  // SparkSession을 정지한다.
  spark.stop()
  }
}
```

스칼라로 만든 단독 애플리케이션 빌드하기

이제 sbtScala Build Tool[15]로 스칼라 스파크 프로그램을 어떻게 빌드하는지 살펴보자.

 파이썬은 인터프리터 언어라 컴파일 과정은 필요 없기 때문에(물론 파이썬 언어도 바이트 코드 컴파일이 가능해서 .pyc라는 파일을 만들어 낸다) 여기서 이 과정은 다루지 않는다. 자바 스파크 프로그램을 위해 메이븐Maven을 어떻게 사용하는지에 대해서는 아파치 스파크 사이트의 문서를 참고하기 바란다.[16] 간결한 설명을 위해 책에서는 주로 파이썬과 스칼라 예제만을 다룬다!

build.sbt는 Makefile[17]처럼 스칼라 컴파일러가 사용자의 스칼라 관련 작업, 예를 들면 jar 파일 생성, 패키징, 의존성 관리, 디렉터리 지정 등을 어떻게 처리할지 기술해 놓은 명세 파일이다. 여러분의 M&M 코드를 위해서는 다음의 간단한 sbt 파일을 쓸 것이다(예제 2-3).

---

15 https://www.scala-sbt.org/

16 https://spark.apache.org/developer-tools.html

17 [옮긴이] 리눅스/유닉스에서 C/C++용으로 주로 쓰는 컴파일 명세 파일이다. 소스 코드 파일명 목록과 컴파일에 필요한 명령어, 옵션 등이 기술되어 있고 한번 작성해 놓으면 명령어 한번으로 전체 컴파일, 패키징, 컴파일 결과물 삭제 등이 가능하다. 이런 도구가 생산성에 중요한 이유는 컴파일을 쉽게 하는 것 외에도 전체 컴파일 시 이전 실행 때와 소스 파일의 타임스탬프를 비교하여 변경이 없는 파일은 컴파일하지 않게 함으로써 반복적인 빌드 시간을 줄여 주기 때문이다.

예제 2-3 sbt 빌드 파일

```
// 프로그램 이름
name := "main/scala/chapter2"
// 이 프로그램의 버전
version := "1.0"
// 스칼라 버전
scalaVersion := "2.12.10"¹⁸
// 스파크 라이브러리 의존성들
libraryDependencies ++= Seq(
    "org.apache.spark" %% "spark-core" % "3.1.1",
    "org.apache.spark" %% "spark-sql"  % "3.1.1"
)
```

JDK_{Java Development Kit}[19]와 sbt가 이미 설치되어 있고 JAVA_HOME과 SPARK_HOME 환경변수도 설정되어 있다면 명령어 하나로 스파크 애플리케이션을 빌드할 수 있다.

```
$ sbt clean package
[info] Updated file /Users/julesdamji/gits/LearningSparkV2/chapter2/scala/
project/build.properties: set sbt.version to 1.2.8
[info] Loading project definition from /Users/julesdamji/gits/LearningSparkV2/
chapter2/scala/project
[info] Updating
[info] Done updating.
...
[info] Compiling 1 Scala source to /Users/julesdamji/gits/LearningSparkV2/
chapter2/scala/target/scala-2.12/classes ...
[info] Done compiling.
[info] Packaging /Users/julesdamji/gits/LearningSparkV2/chapter2/scala/target/
scala-2.12/main-scala-chapter2_2.12-1.0.jar ...
[info] Done packaging.
[success] Total time: 6 s, completed Jan 11, 2020, 4:11:02 PM
```

빌드가 성공적이라면 이제 스칼라 버전의 M&M 세기 예제를 다음처럼 실행할 수 있다.

```
$SPARK_HOME/bin/spark-submit --class main.scala.chapter2.MnMcount target/scala-2.12/main-
scala-chapter2_2.12-1.0.jar data/mnm_dataset.csv²⁰
…
…

+-----+------+----------+
|State| Color|sum(Count)|
```

18　[옮긴이] spark 3.1까지는 scala 2.12를 지원하지만, spark 3.2부터는 scala 2.13을 지원한다.

19　https://java.com/en/download/help/download_options.html

20　[옮긴이] 맨 앞의 $는 프롬프트가 아니라 환경변수를 사용하는 것임을 알리는 표시이므로 반드시 입력해야 한다. 헷갈리지 않도록 하자.

```
+-----+------+----------+
|  CA|Yellow|    100956|
|  CA| Brown|     95762|
|  CA| Green|     93505|
|  CA|   Red|     91527|
|  CA|Orange|     90311|
|  CA|  Blue|     89123|
+-----+------+----------+
```

결과는 파이썬 버전 실행 때와 동일하다. 시도해보기 바란다.

이제 결과가 나왔으므로 우리의 데이터 과학자 필자들은 이 데이터를 사용하여 더욱 행복하게, 수업하는 주마다 어떤 색깔의 M&M을 써서 쿠키를 구울지 결정할 수 있을 것이다.

요약

이 장에서는 간단한 세 단계를 거쳐 아파치 스파크를 시작하기 위해 필요한 과정들을 마쳤다(프레임워크 다운로드, 스칼라나 파이스파크 셸과 친해지기, 고수준 스파크 애플리케이션 개념과 용어 이해하기). 트랜스포메이션과 액션을 써서 스파크 애플리케이션을 작성해 봄으로써 전체 과정을 빠르게 훑어보았으며 스파크 UI로 잡, 스테이지, 태스크를 분석하는 것을 간략히 소개했다.

마지막으로 짧은 예제를 통해 상위 수준 정형화 API를 써서 무슨 일을 할지 스파크에게 알려주는 것을 보여주었고, 다음 장에서 이 API들을 좀 더 살펴볼 것이다.

3

아파치 스파크의
정형화 API

이 장에서는 아파치 스파크에 정형화된 구조structure를 추가하게 된 주된 동기와 그 동기가 어떻게 상위 수준 API(데이터 프레임과 데이터세트) 개발로 이어졌는지, 스파크 2.x에서 컴포넌트들 간에 통일성을 확립했는지 등을 둘러볼 것이다. 그리고 덧붙여 정형화 상위 수준 API를 떠받치고 있는 스파크 SQL 엔진에 대해서도 살펴본다.

스파크 SQL[1]이 초기 스파크 1.x 릴리스에서 처음 소개되고, 이어서 스파크 1.3에서 SchemaRDD[2] 클래스의 후속으로 데이터 프레임[3]이 나왔을 때 필자는 스파크의 구조를 처음 경험하였다. 스파크 SQL은 SQL과 유사한 문법을 가진 고수준의 표현력 높은 연산 기능들을 보여주면서 이후의 릴리스들에서 더욱 탄탄한 기반의 구조를 다지게 된 데이터 프레임으로, 스파크 연산에서 뛰어난 성능을 보여주는 길을 닦았다.

하지만 새로운 정형화 API에 대해 이야기하기 전에, 간단한 RDD 프로그래밍 API 모델을 살짝 들여다봄으로써 정형적 모델 이전의 스파크의 모습을 살펴보자.

---

1 https://spark.apache.org/releases/spark-release-1-1-0.html

2 https://spark.apache.org/docs/1.1.0/api/java/org/apache/spark/sql/SchemaRDD.html

3 https://databricks.com/blog/2015/02/02/an-introduction-to-json-support-in-spark-sql.html

스파크: RDD의 아래에는 무엇이 있는가

RDD[4]는 스파크에서 가장 기본적인 추상적 부분이다. RDD에는 세 가지의 핵심 특성이 있다.

- 의존성dependency
- 파티션(지역성 정보 포함)
- 연산 함수: Partition $\Rightarrow$ Iterator[T]

세 가지 모두 모든 고수준 기능들이 기반으로 하는 기본 RDD 프로그래밍 API 모델에는 필수적이다. 우선 어떤 입력을 필요로 하고 현재의 RDD가 어떻게 만들어지는지 스파크에게 가르쳐 주는 **의존성** dependency이 필요하다. 결과를 새로 만들어야 하는 경우에 스파크는 이 의존성 정보를 참고하고 연산을 다시 반복해서 RDD를 다시 만들 수 있다. 이 특성이 RDD에 유연성을 부여한다.

둘째로 **파티션**partition은 스파크에게 작업을 나눠서 이그제큐터들에 분산해 파티션별로 병렬 연산할 수 있는 능력을 부여한다. 그리고 예를 들어 HDFS에서 파일을 읽는다든가 하는 등의 경우, 스파크는 지역성 정보를 사용하여 각 이그제큐터가 가까이 있는 데이터를 처리할 수 있는 이그제큐터에게 우선적으로 작업을 보낼 것이다.

그리고 마지막으로 RDD는 RDD에 저장되는 데이터를 Iterator[T] 형태로 만들어 주는 **연산 함수** compute function를 갖고 있다.

단순하면서도 우아하지만, 이 원조 모델에는 아직 몇 가지 문제가 있었다. 일단 연산 함수나 연산식 자체가 스파크에 투명하지 않았다. 다시 말하면, 사용자가 연산 함수 안에서 무얼 하는지 스파크가 알 수 없었다. 조인을 수행하든, 필터링을 수행하든, 선택이든 집계든 스파크에는 람다 표현식으로만 보였다. 다른 문제는 Iterator[T] 데이터 타입이 파이썬 RDD에서 불투명했다는 점이다. 스파크에서는 단지 파이썬 기본 객체로만 인식이 가능했다.

덧붙여 스파크가 함수에서의 연산이나 표현식을 검사하지 못하다 보니 최적화할 방법이 없었다. 마지막으로 스파크는 위에서 T로 표시한 타입에 대한 정보가 전혀 없었다. 스파크에게는 그냥 알 수 없는 타입일 뿐이고, 그 타입의 객체 안에서 어떤 타입의 칼럼에 접근한다고 해도 스파크가 알 수 없었다. 그러므로 스파크가 할 수 있는 것은 어떤 데이터 압축 테크닉도 적용하지 못하고, 그 정체를 알 수 없는 객체를 바이트 뭉치로 직렬화해 쓰는 것뿐이었다.

이런 불투명함은 스파크가 연산 순서를 재정렬해 효과적인 질의 계획으로 바꾸는 능력을 방해했다.

---

4   https://www.usenix.org/system/files/conference/nsdi12/nsdi12-final138.pdf

그럼 그에 대한 해법은 무엇이었을까?

스파크의 구조 확립

스파크 2.x는 스파크 구조 확립을 위한 핵심 개념들을 도입했다. 하나는 데이터 분석을 통해 찾은 일상적인 패턴들을 써서 연산을 표현했다는 것이다. 이 패턴들은 필터링, 선택, 집합연산, 집계, 평균, 그룹화 같은 고수준 연산으로 표현되었다. 이는 명료함과 단순함을 더해주었다.

이런 구분은 DSL에서 일반적인 연산 집합을 사용함으로써 더 좁혀졌다. DSL에서 이런 연산들을 사용하면서 지원 언어(자바, 파이썬, 스칼라, R, SQL)에서의 API 사용이 가능해지고 이 연산자들은 스파크에게 데이터로 무엇을 작업하고 싶은지, 결과로 무엇을 원하는지 알려줄 수 있게 되었으며 이 덕분에 실행을 위한 효율적인 플랜 작성이 가능해졌다.

그리고 마지막 구조화 핵심 개념은 SQL의 테이블이나 스프레드시트[5]처럼, 지원하는 정형화 데이터 타입을 써서 데이터를 표 형태로 구성할 수 있게 되었다는 것이다(곧 다룰 것이다).

그런데, 이런 '구조'가 왜 좋다는 것인가?

핵심적인 장점과 이득

구조를 갖추면 스파크 컴포넌트를 통틀어 더 나은 성능과 공간 효율성 등 많은 이득을 얻을 수 있다. 나중에 데이터 프레임이나 데이터세트 API 사용을 다루면서 이런 이득에 대해서도 얘기하겠지만 지금은 다른 장점들인 표현성, 단순성, 구성 용이성, 통일성 등에 집중하겠다.

우선 간단한 예제와 함께 표현성과 구성 용이성을 먼저 살펴보자. 다음 예제에서 우리는 각 이름별로 모든 나이들을 모아서 그룹화하고, 나이의 평균을 구하려고 하며 이는 데이터 분석과 탐색 분야에서 꽤 일반적인 패턴이다. 만약 저수준의 RDD API 패턴을 써서 이를 하려고 하면 코드는 다음과 같을 것이다.

```
# 파이썬 예제
#  (name, age) 형태의 튜플로 된 RDD를 생성한다.
dataRDD = sc.parallelize([("Brooke", 20), ("Denny", 31), ("Jules", 30),
    ("TD", 35), ("Brooke", 25)])
# 집계와 평균을 위한 람다 표현식과 함께 map과 reduceByKey 트랜스포메이션을 사용한다.
```

---

5   옮긴이 MS 엑셀 같은 종류의 프로그램

```
agesRDD = (dataRDD
  .map(lambda x: (x[0], (x[1], 1)))
  .reduceByKey(lambda x, y: (x[0] + y[0], x[1] + y[1]))
  .map(lambda x: (x[0], x[1][0]/x[1][1])))
```

스파크에게 **어떻게** 키를 집계하고 평균 계산을 하는지 람다 함수로 알려주는 이 코드가 한눈에 이해하기에는 언뜻 복잡하고 어렵다는 점에 이의는 없을 것이다. 다시 말하면 저 코드는 스파크에게 쿼리를 계산하는 과정을 직접적으로 지시하고 있다. 이는 의도가 전달되지 않기 때문에 스파크에게는 매우 분명하지 않아 보인다. 게다가 스칼라에서 동일한 일을 하는 RDD 코드는 파이썬과는 매우 다르게 보일 것이다.[6]

반면에, 동일한 질의를 고수준 DSL 연산자들과 데이터 프레임 API를 써서, 즉 스파크에게 **무엇을 할지**를 알려준다면? 아래 코드를 살펴보자.

```
# 파이썬 예제
from pyspark.sql import SparkSession
from pyspark.sql.functions import avg
# SparkSession으로부터 데이터 프레임을 만든다
spark = (SparkSession
  .builder
  .appName("AuthorsAges")
  .getOrCreate())
# 데이터 프레임 생성
data_df = spark.createDataFrame([("Brooke", 20), ("Denny", 31), ("Jules", 30),
("TD", 35), ("Brooke", 25)], ["name", "age"])
# 동일한 이름으로 그룹화하여 나이별로 계산해 평균을 구한다.
avg_df = data_df.groupBy("name").agg(avg("age"))
# 최종 실행 결과를 보여준다.
avg_df.show()
```

```
+------+--------+
|  name|avg(age)|
+------+--------+
|Brooke|    22.5|
| Jules|    30.0|
|    TD|    35.0|
| Denny|    31.0|
+------+--------+
```

---

6 [옮긴이] 람다식을 쓰는 문법이 서로 다르니 매우 다르게 보일 수밖에 없다. 하지만 역시나 이해하기에는 어려울 것이라는 의미를 담고 있다.

이 버전의 코드는 상위 수준 DSL 연산자와 API를 써서 스파크에게 무엇을 할지를 알려주므로 훨씬 더 표현력이 높으며 이전 버전보다 간단하다. 실제로 이런 연산자들을 차용해 쿼리를 작성해왔다. 그리고 스파크는 이런 쿼리를 파악해서 사용자의 의도를 이해할 수 있기 때문에 효과적인 실행을 위해 연산들을 최적화하거나 적절하게 재배열할 수 있다. 스파크는 정확하게 우리가 원하는 것을 알고 있다. 사람들을 이름별로 그룹화하고, 나이들을 합쳐서 이름별로 평균을 계산한다. 이런 식으로 하나의 단순한 쿼리를 작성하듯이 상위 수준 연산자들을 써서 연산을 구성할 수 있다. 아주 명료하지 않은가?

어떤 사람들은 이런 식으로 순서나 정형화를 사용하는 일반적이거나 반복적인 데이터 분석 패턴과 대응되는 상위 수준 DSL 연산자만 쓰는 것이 컴파일러를 활용하고 질의가 내부적으로 동작하는 방식을 제어하는 개발자의 능력을 제한한다고 주장할 수도 있다. 하지만 사용 방식이 이런 정형화인 패턴에만 고정되는 것은 아니므로 안심해도 좋다. 여러분은 언제든 필요하면 비정형적인 하위 수준의 RDD API를 쓸 수 있다. 하지만 아마 그럴 일은 별로 없을 것이다.

읽기가 간단하다는 것 말고도 스파크의 상위 수준 API는 컴포넌트들과 언어를 통틀어 일관성을 갖고 있다. 예를 들어 아래의 스칼라 코드는 앞의 파이썬 코드와 똑같은 일을 하면서도 형태도 비슷해 보인다.

```scala
// 스칼라 예제
import org.apache.spark.sql.functions.avg
import org.apache.spark.sql.SparkSession
// SparkSession으로 데이터 프레임을 만든다.
val spark = SparkSession
    .builder
    .appName("AuthorsAges")
    .getOrCreate()
// 이름과 나이의 데이터 프레임을 생성한다.
val dataDF = spark.createDataFrame(Seq(("Brooke", 20), ("Brooke", 25), ("Denny", 31),
    ("Jules", 30), ("TD", 35))).toDF("name", "age")
// 동일한 이름으로 그룹화하여 나이별로 계산해 평균을 구한다.
val avgDF = dataDF.groupBy("name").agg(avg("age"))
// 최종 실행 결과를 보여준다.
avgDF.show()
```

```
+------+--------+
| name|avg(age)|
+------+--------+
|Brooke|    22.5|
| Jules|    30.0|
|    TD|    35.0|
| Denny|    31.0|
+------+--------+
```

NOTE 일부 DSL 연산자들은 이미 SQL로 친숙한 셀렉트, 필터링, 그룹핑, 집계 같은 것들처럼 관계형 연산을 수행한다.

개발자들이 중요시하는 이런 단순성이나 표현력은 상위 수준 구조화 API 위에 구축된 스파크 SQL 엔진 덕택에 가능한 것이다. 우리가 일관적인 API를 쓸 수 있는 것도 모든 스파크 컴포넌트 기반에 이 엔진이 존재하는 덕택인 것이다. 정형화 스트리밍에서 쓰든, MLlib에서 쓰든 질의를 데이터 프레임에 대해 사용하면 언제나 정형화인 데이터 형태로 데이터 프레임에서 변환하고 연산한다. 이 장의 뒷부분에서 스파크 SQL 엔진에 대해 좀 더 가까이서 살펴볼 예정이지만 지금은 자주 쓰이는 연산들을 위한 API와 DSL이 데이터 분석에서 어떻게 쓰이는지부터 살펴보자.

데이터 프레임 API

구조, 포맷 등 몇몇 특정 연산 등에 있어서 판다스 데이터 프레임에 영향을 받은 스파크 데이터 프레임은 이름 있는 칼럼과 스키마를 가진 분산 인메모리 테이블처럼 동작하며, 각 칼럼은 다음과 같은 특정한 데이터 타입을 가질 수 있다(정수integer, 문자열string, 배열array, 맵map, 실수real, 날짜date, 타임스탬프timestamp 등). 사람이 보는 형태로는 스파크 데이터 프레임은 하나의 표처럼 보인다. 표 3-1에 예제가 있다.

표 3-1 데이터 프레임의 표 형태 포맷

Id (Int)	First (String)	Last (String)	Url (String)	Published (Date)	Hits (Int)	Campaigns (List[String])
1	Jules	Damji	https://tinyurl.1	1/4/2016	4535	[twitter, LinkedIn]
2	Brooke	Wenig	https://tinyurl.2	5/5/2018	8908	[twitter, LinkedIn]
3	Denny	Lee	https://tinyurl.3	6/7/2019	7659	[web, twitter, FB, LinkedIn]
4	Tathagata	Das	https://tinyurl.4	5/12/2018	10568	[twitter, FB]
5	Matei	Zaharia	https://tinyurl.5	5/14/2014	40578	[web, twitter, FB, LinkedIn]
6	Reynold	Xin	https://tinyurl.6	3/2/2015	25568	[twitter, LinkedIn]

데이터가 구조화된 표 형태로 시각화되면 이해하기도 쉽고, 일반적인 연산 형태에서 행과 열 형태로 작업해야 할 때 작업하기도 편하다. 2장에서의 내용을 돌이켜보면, 데이터 프레임은 불변성을 지니며 스파크는 그에 대한 모든 변경 내역(계보)를 보관한다. 즉, 이전 버전의 내용들을 보존한 채로도 칼럼의 이름이나 타입을 추가하거나 바꿀 수 있다. 데이터 프레임에서 이름이 붙은 칼럼과 연관 데이터 타입은 스키마에 선언할 수 있다.

스키마 안에 직접 정의해보기 전에 스파크에서 쓸 수 있는 일반적이고 정형화된 데이터 타입들부터 살펴보자. 그리고 표 3-1의 데이터를 사용하여 스키마로 데이터 프레임을 생성하는 과정을 보여줄 것이다.

스파크의 기본 데이터 타입

지원하는 프로그래밍 언어와 맞게 스파크는 기본적인 내부 데이터 타입을 지원한다. 이 타입들은 스파크 애플리케이션에서 선언할 수도 있고, 스키마에서 정의할 수도 있다. 예를 들어 스칼라에서는, 어떤 칼럼 이름이 String, Byte, Long, Map 등의 타입 중 하나가 되도록 선언하거나 정의할 수 있다. 아래에 스파크 데이터 타입과 연계된 변수 이름들을 정의해 보았다.

```
$SPARK_HOME/bin/spark-shell
scala> import org.apache.spark.sql.types._
import org.apache.spark.sql.types._
scala> val nameTypes = StringType
nameTypes: org.apache.spark.sql.types.StringType.type = StringType
scala> val firstName =nameTypes
firstName: org.apache.spark.sql.types.StringType.type = StringType
scala> val lastName =nameTypes
lastName: org.apache.spark.sql.types.StringType.type = StringType
```

표 3-2에 스파크에서 지원하는 기본적인 데이터 타입을 나열했다. DecimalType을 빼고는 모두 DataTypes[7] 클래스에 속해 있는 하위 타입들이다.

표 3-2 **스파크의 기본 스칼라 데이터 타입**

데이터 타입	스칼라에서 할당되는 값	초기 생성 API
ByteType	Byte	DataTypes.ByteType
ShortType	Short	DataTypes.ShortType
IntegerType	Integer	DataTypes.IntegerType
LongType	Long	DataTypes.LongType
FloatType	Float	DataTypes.FloatType
DoubleType	Double	DataTypes.DoubleType
StringType	String	DataTypes.StringType
BooleanType	Boolean	DataTypes.BooleanType
DecimalType	java.math.BigDecimal	DecimalType

---

7   https://spark.apache.org/docs/latest/api/java/org/apache/spark/sql/types/DataTypes.html

스파크는 유사하게 파이썬 기본 데이터 타입[8]도 표 3-3에 나온 것처럼 지원한다.

표 3-3 스파크의 기본 파이썬 데이터 타입

데이터 타입	파이썬에서 할당되는 값	초기 생성 API
ByteType	int	DataTypes.ByteType
ShortType	int	DataTypes.ShortType
IntegerType	int	DataTypes.IntegerType
LongType	int	DataTypes.LongType
FloatType	float	DataTypes.FloatType
DoubleType	float	DataTypes.DoubleType
StringType	str	DataTypes.StringType
BooleanType	bool	DataTypes.BooleanType
DecimalType	decimal.Decimal	DecimalType

스파크의 정형화 타입과 복합 타입

복합 데이터 분석을 위해서는 단순하거나 기본적인 데이터 타입을 쓰진 않을 것이다. 아마 대상 데이터는 복합적이고 간혹 자체적 구조를 따로 갖고 있거나 내부적으로 반복될 것이며, 스파크는 이런 데이터 타입도 다룰 수 있다. 이런 타입들은 맵map, 배열array, 구조체struct, 날짜date, 타임스탬프timestamp, 필드field 등 다양한 타입을 갖고 있으며 표 3-4에 스파크가 지원하는 스칼라의 정형화인 데이터 타입들이 있다.

표 3-4 스파크의 스칼라 정형화 데이터 타입

데이터 타입	스칼라에서 할당되는 값	초기 생성 API
BinaryType	Array[Byte]	DataTypes.BinaryType
TimestampType	java.sql.Timestamp	DataTypes.TimestampType
DateType	java.sql.Date	DataTypes.DateType
ArrayType	scala.collection.Seq	DataTypes.createArrayType(ElementType)
MapType	scala.collection.Map	DataTypes.createMapType(keyType, valueType)
StructType	org.apache.spark.sql.Row	StructType(ArrayType[fieldTypes])
StructField	해당 필드와 맞는 값의 타입	StructField(name, dataType, [nullable])

스파크에서 지원하는 파이썬에서의 동일한 정형화 데이터 타입들은 표 3-5에 나열되어 있다.

---

8 https://spark.apache.org/docs/latest/api/python/reference/pyspark.sql.html#data-types

표 3-5 스파크의 파이썬 정형화 데이터 타입

데이터 타입	스칼라에서 할당되는 값	초기 생성 API
BinaryType	bytearray	BinaryType()
TimestampType	datetime.datetime	TimestampType()
DateType	datetime.date	DateType()
ArrayType	list, tuple, array 중	ArrayType(datatype, [nullable])
MapType	dict	MapType(keyType, valueType, [nullable])
StructType	list 혹은 tuple	StructType([fields])
StructField	해당 필드와 맞는 값의 타입	StructField(name, dataType, [nullable])

이 표들은 지원하는 다양한 타입들을 보여주지만 실제 데이터를 위한 스키마를 정의할 때 어떻게 이런 타입들이 연계되어 오는지를 아는 것이 훨씬 중요하다.

스키마와 데이터 프레임 만들기

스파크에서 **스키마**schema는 데이터 프레임을 위해 칼럼 이름과 연관된 데이터 타입을 정의한 것이다. 가장 빈번하게는, 스키마는 외부 데이터 소스에서 구조화된 데이터를 읽어 들일 때 쓰이게 된다(다음 장에서 자세히 볼 것이다). 읽을 때 스키마를 가져오는 방식과 달리 미리 스키마를 정의하는 것은 세 가지 장점이 있다.

- 스파크가 데이터 타입을 추측해야 하는 책임을 덜어 준다.
- 스파크가 스키마를 확정하기 위해 파일의 많은 부분을 읽어 들이려고 별도의 잡을 만드는 것을 방지한다. 데이터 파일이 큰 경우, 이는 비용과 시간이 많이 드는 작업이다.
- 데이터가 스키마와 맞지 않는 경우, 조기에 문제를 발견할 수 있다.

그러므로 데이터 소스에서 큰 파일을 읽어야 한다면 가능한 한 반드시 스키마를 미리 지정해 두기를 권장한다. 간단한 시연을 위해 표 3-1의 데이터를 위한 스키마를 정의해보고 그것을 사용해 데이터 프레임을 생성해보겠다.

스키마를 정의하는 두 가지 방법

스파크는 두 가지 방법으로 스키마를 정의할 수 있도록 해 준다. 하나는 프로그래밍 스타일로 정의하는 것이며, 다른 방법은 좀 더 단순하고 읽기 쉬운 방법인데 DDLdata definition language[9]을 사용하는 것이다.

9 　[옮긴이] SQL에서 create table 등 데이터 스키마를 정의하고 조작하는 부분에 해당하는 문법을 의미한다.

세 개의 이름이 붙은 칼럼을 가진 데이터 프레임을 위한 스키마를 프로그래밍 스타일로 정의하려면 스파크 데이터 프레임 API를 쓰면 된다. 예를 들면,

```scala
// 스칼라 예제
import org.apache.spark.sql.types._
val schema = StructType(Array(StructField("author", StringType, false),
  StructField("title", StringType, false),
  StructField("pages", IntegerType, false)))
```

```python
# 파이썬 예제
from pyspark.sql.types import *
schema = StructType([StructField("author", StringType(), False),
  StructField("title", StringType(), False),
  StructField("pages", IntegerType(), False)])
```

DDL을 써서 동일한 스키마를 정의하는 것은 더욱 간단하다.

```scala
// 스칼라 예제
val schema = "author STRING, title STRING, pages INT"
```

```python
# 파이썬 예제
schema = "author STRING, title STRING, pages INT"
```

어떤 방식이든 원하는 쪽으로 스파크를 정의할 수 있다. 이후 예제들에서 양쪽 다 사용하게 될 것이다.

```python
# 파이썬 예제
from pyspark.sql import SparkSession

# DDL을 써서 스키마를 정의한다.
schema = "'Id' INT, 'First' STRING, 'Last' STRING, 'Url' STRING,
  'Published' STRING, 'Hits' INT, 'Campaigns' ARRAY<STRING>"

# 기본 데이터 생성
data = [[1, "Jules", "Damji", "https://tinyurl.1", "1/4/2016", 4535, ["twitter",
"LinkedIn"]],
       [2, "Brooke","Wenig", "https://tinyurl.2", "5/5/2018", 8908, ["twitter",
"LinkedIn"]],
       [3, "Denny", "Lee", "https://tinyurl.3", "6/7/2019", 7659, ["web", "twitter", "FB",
"LinkedIn"]],
       [4, "Tathagata", "Das", "https://tinyurl.4", "5/12/2018", 10568, ["twitter", "FB"]],
       [5, "Matei","Zaharia", "https://tinyurl.5", "5/14/2014", 40578, ["web", "twitter",
```

```
"FB", "LinkedIn"]],
      [6, "Reynold", "Xin", "https://tinyurl.6", "3/2/2015", 25568,
["twitter", "LinkedIn"]]
    ]

# 메인 프로그램
if __name__ == "__main__":
    # SparkSession 생성
    spark = (SparkSession
      .builder
      .appName("Example-3_6")
      .getOrCreate())
    # 위에 정의했던 스키마로 데이터 프레임 생성
    blogs_df = spark.createDataFrame(data, schema)
    # 데이터 프레임 내용을 보여준다. 위에서 만든 데이터를 보여주게 된다.
    blogs_df.show()
    # 데이터 프레임 처리에 사용된 스키마를 출력한다.
    print(blogs_df.printSchema())
```

콘솔에서 이 프로그램을 실행하면 다음과 같은 결과를 출력한다.

```
$ spark-submit Example-3_6.py
+---+---------+-------+-----------------+---------+-----+--------------------+
| Id|    First|   Last|              Url|Published| Hits|           Campaigns|
+---+---------+-------+-----------------+---------+-----+--------------------+
|  1|    Jules|  Damji|https://tinyurl.1| 1/4/2016| 4535| [twitter, LinkedIn]|
|  2|   Brooke|  Wenig|https://tinyurl.2| 5/5/2018| 8908| [twitter, LinkedIn]|
|  3|    Denny|    Lee|https://tinyurl.3| 6/7/2019| 7659|[web, twitter, FB...|
|  4|Tathagata|    Das|https://tinyurl.4|5/12/2018|10568|        [twitter, FB]|
|  5|    Matei|Zaharia|https://tinyurl.5|5/14/2014|40578|[web, twitter, FB...|
|  6|  Reynold|    Xin|https://tinyurl.6| 3/2/2015|25568| [twitter, LinkedIn]|
+---+---------+-------+-----------------+---------+-----+--------------------+


root
 |-- Id: integer (nullable = false)
 |-- First: string (nullable = false)
 |-- Last: string (nullable = false)
 |-- Url: string (nullable = false)
 |-- Published: string (nullable = false)
 |-- Hits: integer (nullable = false)
 |-- Campaigns: array (nullable = false)
 |    |-- element: string (containsNull = true)
```

이 스키마를 코드의 다른 부분에서 사용하기 원한다면, 단순히 blogs_df.schema를 호출하면 스키마 정의를 다음처럼 리턴해준다.

```
StructType(List(StructField("Id",IntegerType,false),
StructField("First",StringType,false),
StructField("Last",StringType,false),
StructField("Url",StringType,false),
StructField("Published",StringType,false),
StructField("Hits",IntegerType,false),
StructField("Campaigns",ArrayType(StringType,true),false)))
```

보는 것처럼 데이터 프레임의 형태는 표 3-1에 있는 각각의 데이터 타입과 스키마 결과와 일치한다.

직접 데이터를 입력하지 않고 JSON 파일에서 데이터를 읽어 들인다고 해도 스키마 정의는 동일할 것이다. 데이터를 JSON 파일에서 읽어 들이는 동일한 코드를 스칼라 예제로 살펴보자.

```
// 스칼라 예제
package main.scala.chapter3

import org.apache.spark.sql.SparkSession
import org.apache.spark.sql.types._

object Example3_7 {
 def main(args: Array[String]) {

   val spark = SparkSession
     .builder
     .appName("Example-3_7")
     .getOrCreate()

   if (args.length <= 0) {
    println("usage Example3_7 <file path to blogs.json>")
    System.exit(1)
   }
   // JSON 파일 경로를 얻는다.
   val jsonFile = args(0)
   // 코드로 스키마를 정의한다
   val schema = StructType(Array(StructField("Id", IntegerType, false),
     StructField("First", StringType, false),
     StructField("Last", StringType, false),
     StructField("Url", StringType, false),
     StructField("Published", StringType, false),
     StructField("Hits", IntegerType, false),
     StructField("Campaigns", ArrayType(StringType), false)))

   // JSON 파일을 읽어 미리 정의한 스키마로 데이터 프레임을 생성한다.
   val blogsDF = spark.read.schema(schema).json(jsonFile)
   // 데이터 프레임 내용을 보여준다.
   blogsDF.show(false)
   // 스키마를 프린트한다.
  println(blogsDF.printSchema)
```

```
   println(blogsDF.schema)
 }
}
```

당연하지만, 결과는 파이썬 프로그램과 차이가 없다.

```
+---+---------+-------+----------------+---------+-----+--------------------------+
|Id |First    |Last   |Url             |Published|Hits |Campaigns                 |
+---+---------+-------+----------------+---------+-----+--------------------------+
|1  |Jules    |Damji  |https://tinyurl.1|1/4/2016 |4535 |[twitter, LinkedIn]       |
|2  |Brooke   |Wenig  |https://tinyurl.2|5/5/2018 |8908 |[twitter, LinkedIn]       |
|3  |Denny    |Lee    |https://tinyurl.3|6/7/2019 |7659 |[web, twitter, FB, LinkedIn]|
|4  |Tathagata|Das    |https://tinyurl.4|5/12/2018|10568|[twitter, FB]             |
|5  |Matei    |Zaharia|https://tinyurl.5|5/14/2014|40578|[web, twitter, FB, LinkedIn]|
|6  |Reynold  |Xin    |https://tinyurl.6|3/2/2015 |25568|[twitter, LinkedIn]       |
+---+---------+-------+----------------+---------+-----+--------------------------+

root
 |-- Id: integer (nullable = true)
 |-- First: string (nullable = true)
 |-- Last: string (nullable = true)
 |-- Url: string (nullable = true)
 |-- Published: string (nullable = true)
 |-- Hits: integer (nullable = true)
 |-- Campaigns: array (nullable = true)
 |    |-- element: string (containsNull = true)

StructType(StructField(Id,IntegerType,true),
    StructField(First,StringType,true),
    StructField(Last,StringType,true),
    StructField(Url,StringType,true),
    StructField(Published,StringType,true),
    StructField(Hits,IntegerType,true),
    StructField(Campaigns,ArrayType(StringType,true),true))
```

이제 어떻게 구조화된 데이터와 스키마를 데이터 프레임에서 이용하는지 알게 됐으니 데이터 프레임의 칼럼column과 로우row, 그리고 데이터 프레임 API로 동작할 때 이들이 어떤 식으로 적용되는지 살펴보자.

칼럼과 표현식

앞에서 언급했던 것처럼, 데이터 프레임에서 이름이 정해진 칼럼들은 개념적으로 판다스나 R에서의 데이터 프레임이나 RDBMS 테이블의 칼럼과 유사하게 어떤 특정한 타입의 필드를 나타내는 개념이다. 사용자는 이름으로 칼럼들을 나열해 볼 수도 있고, 관계형 표현이나 계산식 형태의 표현식으로

그 값들에 연산을 수행할 수 있다. 스파크가 지원하는 언어들에서 칼럼은 공개public 메소드를 가진 객체로 표현된다(**칼럼** 타입으로 표현된다).

또한 논리식이나 수학 표현식을 칼럼에 사용할 수도 있다. 예를 들면, columnName이 스파크가 지원하는 타입일 때(integer, string 등) expr("columnName * 5")이라든가 (expr("colum nName - 5") > col(anothercolumnName)) 같은 방식으로 단순한 표현식을 만들 수 있다. expr()은 pyspark.sql.functions(파이썬)과 org.apache.spark.sql.functions(스칼라) 패키지의 일부이다. 그 패키지의 다른 함수들처럼 expr()도 스파크가 결과를 계산해 표현식으로 해석할 수 있는 인자를 받는다.

> 스칼라, 자바, 파이썬은 모두 칼럼과 연관된 공개 메서드들[10]을 갖고 있다. col과 Column에 대한 스파크 문서를 나중에 한번 참고하도록 하자. Column은 객체의 이름이며 col()은 Column을 되돌려 주는 내장 함수이다.

스파크에서 칼럼으로 무엇을 할 수 있는지 몇 가지 예제를 살펴보자. 각 예제와 결과가 같이 표시되어 있다.

```scala
// 스칼라 예제
scala> import org.apache.spark.sql.functions._
scala> blogsDF.columns
res0: Array[String] = Array(Id, First, Last, Url, Published, Hits, Campaigns)

// col으로 특정 칼럼에 접근하면 Column 타입을 되돌려 준다.
scala> blogsDF.col("Id")
res1: org.apache.spark.sql.Column = Id

// 값 계산을 위한 표현식 사용
scala> blogsDF.select(expr("Hits * 2")).show(2)
// 혹은 col을 사용한 계산
scala> blogsDF.select(col("Hits") * 2).show(2)


+----------+
|(Hits * 2)|
+----------+
|      9070|
|     17816|
+----------+

// 블로그 우수 방문자를 계산하기 위한 식 표현
//이 코드는 뒤의 식에 맞는 값으로 "Big Hitters"라는 이름의 새로운 칼럼을 추가한다.
blogsDF.withColumn("Big Hitters", (expr("Hits > 10000"))).show()
```

---

10 https://spark.apache.org/docs/latest/api/python/reference/api/pyspark.sql.Column.html?highlight=column#pyspark.sql.Column

```
+---+--------+-------+-----------------+---------+-----+--------------------+----------+
|Id |  First |  Last |              Url|Published| Hits|           Campaigns|Big Hitters|
+---+--------+-------+-----------------+---------+-----+--------------------+----------+
|  1|   Jules|  Damji|https://tinyurl.1| 1/4/2016| 4535|  [twitter, LinkedIn]|     false|
|  2|  Brooke|  Wenig|https://tinyurl.2| 5/5/2018| 8908|  [twitter, LinkedIn]|     false|
|  3|   Denny|    Lee|https://tinyurl.3| 6/7/2019| 7659|[web, twitter, FB...]|     false|
|  4|Tathagata|    Das|https://tinyurl.4|5/12/2018|10568|        [twitter, FB]|      true|
|  5|   Matei|Zaharia|https://tinyurl.5|5/14/2014|40578|[web, twitter, FB...]|      true|
|  6| Reynold|    Xin|https://tinyurl.6| 3/2/2015|25568|  [twitter, LinkedIn]|      true|
+---+--------+-------+-----------------+---------+-----+--------------------+----------+
```

```
// 세 칼럼을 연결하여 새로운 칼럼을 만들고 그 칼럼을 보여준다.
blogsDF
   .withColumn("AuthorsId", (concat(expr("First"), expr("Last"), expr("Id"))))
   .select(col("AuthorsId"))
   .show(4)
```

```
+-------------+
|    AuthorsId|
+-------------+
|   JulesDamji1|
|  BrookeWenig2|
|     DennyLee3|
|TathagataDas4|
+-------------+
```

```
// 이 문장들은 모두 동일한 결과를 보여주며 표현만 약간씩 다르다.
blogsDF.select(expr("Hits")).show(2)
blogsDF.select(col("Hits")).show(2)
blogsDF.select("Hits").show(2)
```

```
+----+
|Hits|
+----+
|4535|
|8908|
+----+
```

```
// "Id" 칼럼값에 따라 역순으로 정렬한다.
blogsDF.sort(col("Id").desc).show()
blogsDF.sort($"Id".desc).show()
```

```
+---+--------+-------+-----------------+---------+-----+--------------------+
|Id |  First |  Last |              Url|Published| Hits|           Campaigns|
+---+--------+-------+-----------------+---------+-----+--------------------+
|  6| Reynold|    Xin|https://tinyurl.6| 3/2/2015|25568|  [twitter, LinkedIn]|
|  5|   Matei|Zaharia|https://tinyurl.5|5/14/2014|40578|[web, twitter, FB...]|
|  4|Tathagata|    Das|https://tinyurl.4|5/12/2018|10568|        [twitter, FB]|
|  3|   Denny|    Lee|https://tinyurl.3| 6/7/2019| 7659|[web, twitter, FB...]|
|  2|  Brooke|  Wenig|https://tinyurl.2| 5/5/2018| 8908|  [twitter, LinkedIn]|
|  1|   Jules|  Damji|https://tinyurl.1| 1/4/2016| 4535|  [twitter, LinkedIn]|
+---+--------+-------+-----------------+---------+-----+--------------------+
```

마지막 예제에서 blogs_df.sort(col("Id").desc)라는 표현식과 blogs_df.sort($"Id".desc)는 동일하다. 두 가지 모두 Id라는 이름의 칼럼으로 데이터 프레임을 정렬한다. 전자는 명시적으로 col("Id")이라는 함수를 써서 Column 객체를 리턴하는 반면, 후자는 칼럼 이름 앞에 $를 붙여서 표현하는데 이는 Id라는 이름의 칼럼을 Column 타입으로 변환해 주는 스파크의 함수이다.[11]

 여기서는 겉만 건드려보았고, 칼럼 객체의 몇 가지 메서드만 사용해보았다. 완전한 공개 메서드 목록은 스파크 문서[12]를 참고하도록 하자.

데이터 프레임의 Column 객체는 단독으로 존재할 수는 없다. 각 칼럼은 한 레코드의 로우의 일부분이며 모든 로우가 합쳐져서 하나의 데이터 프레임을 구성한다. 이 장의 나중에 스칼라에서 Dataset[Row] 형태로 실제로 존재하는 것을 보게 될 것이다.

로우

스파크에서 하나의 행은 일반적으로 하나 이상의 칼럼을 갖고 있는 로우row 객체[13]로 표현된다. 각 칼럼은 동일한 칼럼 타입일 수도 있고(예를 들면, 정수나 문자열) 혹은 다른 타입들일 수도 있다(정수, 문자열, 맵, 배열 등). Row는 스파크의 객체이고 순서가 있는 필드 집합 객체이므로 스파크의 지원 언어들에서 각 필드를 0부터 시작하는 인덱스로 접근한다.

```
// 스칼라 예제
import org.apache.spark.sql.Row
// Row 객체 생성
val blogRow = Row(6, "Reynold", "Xin", "https://tinyurl.6", 255568, "3/2/2015",
    Array("twitter", "LinkedIn"))
// 인덱스로 개별 아이템에 접근한다.
blogRow(1)
res62: Any = Reynold
```

```
# 파이썬 예제
>>> from pyspark.sql import Row
>>> blog_row = Row(6, "Reynold", "Xin", "https://tinyurl.6", 255568, "3/2/2015",
["twitter", "LinkedIn"])
# 인덱스로 개별 아이템에 접근한다.
```

---

11 옮긴이 첨언하면 이는 숫자 앞에 붙는 마이너스처럼 단항 연산자의 역할과 비슷하며, 스칼라에서는 연산자에 원하는 기능을 함수로 프로그래 밍해 넣을 수 있는 연산자 오버로딩의 기능이 있다. 즉, 연산자도 함수이다.

12 https://spark.apache.org/docs/latest/api/scala/org/apache/spark/sql/Column.html

13 https://spark.apache.org/docs/latest/api/scala/org/apache/spark/sql/Row.html

```
blog_row[1]
'Reynold'
```

Row 객체들은 빠른 탐색을 위해 데이터 프레임으로 만들어 사용하기도 한다.

```
# 파이썬
rows = [Row("Matei Zaharia", "CA"), Row("Reynold Xin", "CA")]
authors_df = spark.createDataFrame(rows, ["Authors", "State"])
authors_df.show()
```

```
// 스칼라
val rows = Seq(("Matei Zaharia", "CA"), ("Reynold Xin", "CA"))
val authorsDF = rows.toDF("Author", "State")
authorsDF.show()
```

```
+-------------+-----+
|      Authors|State|
+-------------+-----+
|Matei Zaharia|   CA|
|  Reynold Xin|   CA|
+-------------+-----+
```

실제로는 앞에서 보여준 것처럼 파일에서 데이터 프레임을 읽어 들여야 하는 상황이 더욱 일반적일 것이다. 대부분의 경우 파일들은 규모가 크기 때문에 스키마를 미리 지정해 사용하는 것이 데이터 프레임 작성에 훨씬 더 빠르고 효율적인 방법이다.

대규모의 분산 데이터 프레임을 만든 다음에는 거기에 일반적인 데이터 조작을 실행하게 될 것이다. 정형화 API로 상위 수준 관계형 연산들을 수행할 수 있는 스파크 작업들에 대해 살펴보자.

자주 쓰이는 데이터 프레임 작업들

데이터 프레임에서 일반적인 데이터 작업을 수행하려면 우선 구조화된 데이터를 갖고 있는 데이터 소스에서 데이터 프레임으로 로드를 해야 한다. 스파크는 이를 위해 DataFrameReader[14]라는 이름의 인터페이스를 제공하며 이는 JSON, CSV, 파케이Parquet, 텍스트, 에이브로, ORC 같은 다양한 포맷의 데이터 소스에서 데이터를 읽어 데이터 프레임으로 갖고 오게 해 준다. 동일하게 특정 포맷의 데이터 소스에 데이터 프레임의 데이터를 써서 내보내기 위해서는 DataFrameWriter[15]를 쓴다.

---

14 https://spark.apache.org/docs/latest/api/python/reference/api/pyspark.sql.DataFrameReader.csv.html?highlight=dataframereader

15 https://spark.apache.org/docs/latest/api/scala/org/apache/spark/sql/DataFrameWriter.html

DataFrameReader와 DataFrameWriter 사용하기

이런 식으로 고수준의 추상화가 되어 있고 다양한 NoSQL 제품이나 RDBMS, 아파치 카프카Kafka나 키네시스Kinesis 등의 광범위한 데이터 소스에 연결할 수 있는 커뮤니티의 공헌 덕에 스파크에서 데이터를 읽고 쓰는 작업은 쉬운 편이다.

시작을 위해 샌프란시스코San Francisco 소방서 호출 데이터를 담고 있는 큰 CSV 파일 하나를 읽어보자.[16] 앞에서 얘기했듯이 이 파일을 위해 스키마를 지정하고 **DataFrameReader** 클래스를 써서 스파크에게 원하는 것을 얘기해줄 것이다. 이 파일은 28개의 칼럼과 4,380,660개 이상의 레코드가 있기 때문에[17] 스파크가 스키마를 추측하게 두는 것보다 미리 지정해 주는 것이 훨씬 효과적이다.

> 스키마를 미리 지정하고 싶지 않다면, 스파크가 적은 비용으로 샘플링해서 스키마를 추론할 수 있게 할 수는 있다. 예를 들면 다음처럼 samplingRatio 옵션을 적용하는 것이 가능하다:
>
> ```scala
> // 스칼라
> val sampleDF = spark
>  .read
>  .option("samplingRatio", 0.001)
>  .option("header", true)
>  .csv("""/databricks-datasets/learning-spark-v2/ sf-fire/sf-fire-calls.csv""")
> ```

어떻게 하는지 살펴보겠다.

```python
# 파이썬에서 스키마를 정의한다.
from pyspark.sql.types import *
# 프로그래밍적인 방법으로 스키마를 정의한다.
fire_schema = StructType([StructField('CallNumber', IntegerType(), True),
                StructField('UnitID', StringType(), True),
                StructField('IncidentNumber', IntegerType(), True),
                StructField('CallType', StringType(), True),
                StructField('CallDate', StringType(), True),
                StructField('WatchDate', StringType(), True),
                StructField('CallFinalDisposition', StringType(), True),
                StructField('AvailableDtTm', StringType(), True),
                StructField('Address', StringType(), True),
                StructField('City', StringType(), True),
                StructField('Zipcode', IntegerType(), True),
                StructField('Battalion', StringType(), True),
                StructField('StationArea', StringType(), True),
                StructField('Box', StringType(), True),
                StructField('OriginalPriority', StringType(), True),
```

---

16 공개 데이터는 https://www.oreilly.com/에서 받아 볼 수 있다.

17 원본 데이터는 60개 이상의 칼럼이 있다. 일부 필요 없는 칼럼과 null이나 잘못된 값을 갖고 있는 데이터를 제거하고 'Delay' 칼럼을 추가했다.

```
                StructField('Priority', StringType(), True),
                StructField('FinalPriority', IntegerType(), True),
                StructField('ALSUnit', BooleanType(), True),
                StructField('CallTypeGroup', StringType(), True),
                StructField('NumAlarms', IntegerType(), True),
                StructField('UnitType', StringType(), True),
                StructField('UnitSequenceInCallDispatch', IntegerType(), True),
                StructField('FirePreventionDistrict', StringType(), True),
                StructField('SupervisorDistrict', StringType(), True),
                StructField('Neighborhood', StringType(), True),
                StructField('Location', StringType(), True),
                StructField('RowID', StringType(), True),
                StructField('Delay', FloatType(), True)])

# DataFrameReader 인터페이스로 CSV 파일을 읽는다.
sf_fire_file = "/databricks-datasets/learning-spark-v2/sf-fire/sf-fire-calls.csv" fire_df =
spark.read.csv(sf_fire_file, header=True, schema=fire_schema)
```

```
 // 스칼라에서도 유사하다.
val fireSchema = StructType(Array(StructField("CallNumber", IntegerType, true),
                StructField("UnitID", StringType, true),
                StructField("IncidentNumber", IntegerType, true),
                StructField("CallType", StringType, true),
                StructField("Location", StringType, true),
                ...
                ...
                StructField("Delay", FloatType, true)))

// CSV DataFrameReader로 파일을 읽는다.
val sfFireFile="/databricks-datasets/learning-spark-v2/sf-fire/sf-fire-calls.csv"
val fireDF = spark.read.schema(fireSchema)
    .option("header", "true")
    .csv(sfFireFile)
```

spark.read.csv() 함수는 CSV 파일을 읽어서 row 객체와 스키마에 맞는 타입의 이름 있는 칼럼들로 이루어진 데이터 프레임을 되돌려 준다.

데이터 프레임을 외부 데이터 소스에 원하는 포맷으로 쓰려면 DataFrameWriter 인터페이스를 사용할 수 있다. DataFrameReader와 마찬가지로 다양한 데이터 소스[18]를 지원한다. 기본 포맷은 인기 있는 칼럼 지향 포맷인 파케이이며 데이터 압축에 스내피snappy 압축을 쓴다. 만약 데이터 프레임이 파케이로 쓰여졌다면 스키마는 파케이 메타데이터의 일부로 보존될 수 있다. 이런 경우에는 데이터 프레임으로 읽어 들일 때 수동으로 스키마를 적용할 필요가 없다.

---

18 https://spark.apache.org/docs/latest/api/python/reference/api/pyspark.sql.DataFrameWriter.parquet.html?highlight=dataframewriter

데이터 프레임을 파케이 파일이나 SQL 테이블로 저장하기

일반적으로 많이 하는 데이터 작업으로, 데이터를 탐색하고 변환한 후 파케이 포맷이나 SQL 테이블로 데이터를 저장하는 것이다. 변환된 데이터 프레임을 저장하는 것은 읽는 것만큼 쉽다. 예를 들면 데이터를 읽은 후 작업하던 데이터 프레임을 저장하고 싶으면 다음처럼 하면 된다.

```scala
// 스칼라에서 파케이로 저장
val parquetPath = ...
fireDF.write.format("parquet").save(parquetPath)
```

```python
# 파이썬에서 파케이로 저장
parquet_path = ...
fire_df.write.format("parquet").save(parquet_path)
```

혹은 하이브 메타스토어에 메타데이터로 등록되는 테이블로 저장할 수 있다(관리managed/ 비관리 unmanaged/ 테이블, 메타스토어, 데이터 프레임 등에 대해서는 다음 장에서 다루겠다).

```scala
// 스칼라에서 테이블로 저장
val parquetTable = ... // 테이블 이름
fireDF.write.format("parquet").saveAsTable(parquetTable)
```

```python
# 파이썬 예제
parquet_table = ... # 테이블 이름
fire_df.write.format("parquet").saveAsTable(parquet_table)
```

데이터를 읽은 후에 수행하는 몇 가지 일반적인 작업들을 따라가보자.

트랜스포메이션과 액션

이제 메모리에 샌프란시스코 소방서 호출 데이터로 구성된 분산 데이터 프레임을 갖고 있으므로, 개발자로서 먼저 하게 될 것은 칼럼들이 어떻게 구성되어 있는지 살펴보는 것이다. 타입은 제대로 되어 있는지? 혹시 다른 타입으로 변환해야 하는 칼럼이 있는지? null을 가지는 값들이 있는지?

2장의 '트랜스포메이션, 액션, 지연 평가'에서 트랜스포메이션과 액션이 데이터 프레임 작업에 어떻게 쓰이는지와 몇 가지 일반적인 예제를 보았을 것이다. 이들을 이용해서 현재의 샌프란시스코 소방서 데이터에서 어떤 것들을 알아낼 수 있는가?

프로젝션과 필터

프로젝션projection은 관계형 DB 식으로 말하면 필터를 이용해 특정 관계 상태와 매치되는 행들만 되돌려 주는 방법이다. 스파크에서 프로젝션은 select() 메서드로 수행하는 반면, 필터는 filter()나 where() 메서드로 표현된다. 이 테크닉들을 써서 우리가 가진 샌프란시스코 소방서 데이터를 특정한 관점에서 살펴볼 수 있다.

```python
# 파이썬 예제
few_fire_df = (fire_df
  .select("IncidentNumber", "AvailableDtTm", "CallType")
  .where(col("CallType") != "Medical Incident"))
few_fire_df.show(5, truncate=False)
```

```scala
// 스칼라 예제
val fewFireDF = fireDF
  .select("IncidentNumber", "AvailableDtTm", "CallType")
  .where($"CallType" =!= "Medical Incident")
fewFireDF.show(5, false)
```

```
+--------------+----------------------+--------------+
|IncidentNumber|AvailableDtTm         |CallType      |
+--------------+----------------------+--------------+
|2003235       |01/11/2002 01:47:00 AM|Structure Fire|
|2003235       |01/11/2002 01:51:54 AM|Structure Fire|
|2003235       |01/11/2002 01:47:00 AM|Structure Fire|
|2003235       |01/11/2002 01:47:00 AM|Structure Fire|
|2003235       |01/11/2002 01:51:17 AM|Structure Fire|
+--------------+----------------------+--------------+
only showing top 5 rows
```

만약 화재 신고로 기록된 CallType 종류가 몇 가지인지 알고 싶다면? 아래의 간단한 질의로 이 작업이 가능하다.

```python
# 파이썬 예제, countDistinct()를 써서 신고 타입의 개수를 되돌려 준다.
from pyspark.sql.functions import *
(fire_df
  .select("CallType")
  .where(col("CallType").isNotNull())
  .agg(countDistinct("CallType").alias("DistinctCallTypes"))
  .show())
```

```
// 스칼라 예제
import org.apache.spark.sql.functions._
fireDF
  .select("CallType")
  .where(col("CallType").isNotNull)
  .agg(countDistinct('CallType) as 'DistinctCallTypes)
  .show()


+-----------------+
|DistinctCallTypes|
+-----------------+
|               32|
+-----------------+
```

아래의 질의로는 null이 아닌 신고 타입의 목록을 알아낼 수 있다.

```
# 파이썬 예제, 모든 행에서 null이 아닌 개별 CallType을 추출한다.
(fire_df
    .select("CallType")
    .where(col("CallType").isNotNull())
    .distinct()
    .show(10, False))
```

```
// 스칼라 예제
fireDF
    .select("CallType")
    .where($"CallType".isNotNull())
    .distinct()
    .show(10, false)

Out[20]: 32
```

```
+----------------------------------+
|CallType                          |
+----------------------------------+
|Elevator / Escalator Rescue       |
|Marine Fire                       |
|Aircraft Emergency                |
|Confined Space / Structure Collapse|
|Administrative                    |
|Alarms                            |
|Odor (Strange / Unknown)          |
|Lightning Strike (Investigation)  |
|Citizen Assist / Service Call     |
|HazMat                            |
```

```
+----------------------------------+
only showing top 10 rows
```

칼럼의 이름 변경 및 추가 삭제

간혹 스타일이나 컨벤션 준수의 이유로, 혹은 가독성이나 간결성을 위해 특정 칼럼의 이름을 바꿔야 할 때가 있다. 샌프란시스코 소방서 데이터세트의 원본 칼럼 이름들은 공백을 갖고 있었다. 예를 들면, IncidentNumber 칼럼의 원래 이름은 Incident Number였다. 칼럼 이름에 포함되는 공백들은 (이런 것이 금지된) 파케이 파일 포맷으로 써야 한다면 더욱 문제가 될 수 있다.

일단은 앞에서 했던 것처럼, StructField를 써서 스키마 내에서 원하는 칼럼 이름들을 지정하면 결과 데이터 프레임에서 원하는 대로 칼럼 이름이 출력된다.[19]

다른 방법으로는 withColumnRenamed() 함수를 써서 원하는 이름으로 변경할 수 있다. 예를 들어 Delay 칼럼을 ResponseDelayedinMins라는 이름으로 바꾼 후 5분 이상 걸린 응답시간만 출력해보자.

```python
# 파이썬 예제
new_fire_df = fire_df.withColumnRenamed("Delay", "ResponseDelayedinMins")
(new_fire_df
  .select("ResponseDelayedinMins")
  .where(col("ResponseDelayedinMins") > 5)
  .show(5, False))
```

```scala
// 스칼라 예제
val newFireDF = fireDF.withColumnRenamed("Delay", "ResponseDelayedinMins")
newFireDF
  .select("ResponseDelayedinMins")
  .where($"ResponseDelayedinMins" > 5)
  .show(5, false)
```

이렇게 하면 바뀐 칼럼 이름으로 볼 수 있다.

```
+---------------------+
|ResponseDelayedinMins|
+---------------------+
|5.233333 |
|6.9333334 |
```

---

19 [옮긴이] 이는 데이터 소스의 칼럼 이름을 무시하고 원하는 이름으로 읽어 오는 경우이므로 흔히 생각하는 칼럼 이름 '변경'과는 조금 의미가 다를 수 있다.

```
|6.116667 |
|7.85 |
|77.333336 |
+---------------------+
only showing top 5 rows
```

 데이터 프레임 변형은 변경 불가 방식으로 동작하므로 withColumnRenamed()로 칼럼 이름을 변경할 때는, 기존 칼럼 이름을 갖고 있는 원본을 유지한 채로 칼럼 이름이 변경된 새로운 데이터 프레임을 받아 오게 된다.

칼럼의 내용이나 타입을 바꾸는 것은 데이터 탐색 시 흔한 작업 중의 하나다. 어떤 경우 데이터 자체가 너무 가공되지 않았거나, 깔끔하지 못하거나, 그 타입이 관계형 연산자에 인자로 넘겨주기에는 적합하지 않은 경우들이 있다. 예를 들어 샌프란시스코 소방서 데이터의 CallDate, WatchDate, AlarmDtTm 칼럼들은 스파크에서 지원하고 트랜스포메이션이나 액션(예: 날짜나 시간 기반 데이터 분석)에서 다루기 편리한 유닉스 타임스탬프나 SQL의 date 타입이 아니라 문자열 타입이다.

그럼 어떻게 이를 좀 더 쓸 만한 타입으로 변환할 수 있을까? 상위 수준 API 함수들 덕에 이는 꽤 간단한 편이다. spark.sql.functions 패키지에는 아래에서 사용할 to_timestamp()나 to_date() 같은 to/from - date/timestamp 이름의 함수들이 존재한다.

```python
# 파이썬 예제
fire_ts_df = (new_fire_df
    .withColumn("IncidentDate", to_timestamp(col("CallDate"), "MM/dd/yyyy"))
    .drop("CallDate")
    .withColumn("OnWatchDate", to_timestamp(col("WatchDate"), "MM/dd/yyyy"))
    .drop("WatchDate")
    .withColumn("AvailableDtTS", to_timestamp(col("AvailableDtTm"), "MM/dd/yyyy hh:mm:ss
a"))
    .drop("AvailableDtTm"))

# 변환된 칼럼들을 가져온다.
(fire_ts_df
    .select("IncidentDate", "OnWatchDate", "AvailableDtTS")
    .show(5, False))
```

```scala
// 스칼라 예제
val fireTsDF = newFireDF
    .withColumn("IncidentDate", to_timestamp(col("CallDate"), "MM/dd/yyyy"))
    .drop("CallDate")
    .withColumn("OnWatchDate", to_timestamp(col("WatchDate"), "MM/dd/yyyy"))
    .drop("WatchDate")
```

```
    .withColumn("AvailableDtTS", to_timestamp(col("AvailableDtTm"), "MM/dd/yyyy hh:mm:ss
a"))
    .drop("AvailableDtTm")

// 변환된 칼럼을 가져온다.
fireTsDF
.select("IncidentDate", "OnWatchDate", "AvailableDtTS")
.show(5, false)
```

이 질의 코드는 꽤 많은 일을 담고 있다. 어떤 일들을 하고 있는지 분석해보자.

1. 기존 칼럼의 데이터 타입을 문자열에서 스파크에서 지원하는 타임스탬프 타입으로 변환한다.

2. "MM/dd/yyyy"나 "MM/dd/yyyy hh:mm:ss a" 같은 적절한 포맷 문자열로 새로운 시간 표시 포맷을 지정해 사용한다.

3. 새로운 데이터 타입으로 변환 후, 예전 칼럼은 drop()으로 삭제하고 새로운 칼럼은 withColumn() 함수의 첫 번째 인자의 이름으로 덧붙인다.

4. 새로이 수정된 데이터 프레임을 fire_ts_df 변수에 담는다.

이 결과에는 세 개의 새로운 칼럼들이 생긴다.

```
+-------------------+-------------------+-------------------+
|IncidentDate       |OnWatchDate        |AvailableDtTS      |
+-------------------+-------------------+-------------------+
|2002-01-11 00:00:00|2002-01-10 00:00:00|2002-01-11 01:58:43|
|2002-01-11 00:00:00|2002-01-10 00:00:00|2002-01-11 02:10:17|
|2002-01-11 00:00:00|2002-01-10 00:00:00|2002-01-11 01:47:00|
|2002-01-11 00:00:00|2002-01-10 00:00:00|2002-01-11 01:51:54|
|2002-01-11 00:00:00|2002-01-10 00:00:00|2002-01-11 01:47:00|
+-------------------+-------------------+-------------------+
```

이제 수정된 날짜/시간 칼럼을 가지게 되었으므로 이후에 데이터 탐색을 할 때는 spark.sql.
functions에서 dayofmonth(), dayofyear(), dayofweek() 같은 함수들을 써서 질의할 수 있다. 그리고 지난 7일 동안 기록된 통화 수를 확인할 수 있었다. 또는 이 쿼리를 사용하여 데이터세트에 몇 년 동안의 소방서 호출이 포함되어 있는지 확인할 수 있다.

```python
# 파이썬 예제
(fire_ts_df
    .select(year('IncidentDate'))
    .distinct()
    .orderBy(year('IncidentDate'))
    .show())
```

```
// 스칼라 예제
fireTsDF
    .select(year($"IncidentDate"))
    .distinct()
    .orderBy(year($"IncidentDate"))
    .show()
```

```
+-----------------+
|year(IncidentDate)|
+-----------------+
|             2000|
|             2001|
|             2002|
|             2003|
|             2004|
|             2005|
|             2006|
|             2007|
|             2008|
|             2009|
|             2010|
|             2011|
|             2012|
|             2013|
|             2014|
|             2015|
|             2016|
|             2017|
|             2018|
+-----------------+
```

지금까지 여러 가지 일반적인 데이터 작업들을 수행해보았다. 데이터 프레임 읽기/쓰기, 스키마 정의 및 데이터 프레임 읽을 때 적용하기, 데이터 프레임을 파케이나 테이블로 저장하기, 기존 데이터 프레임에서 특정 칼럼을 프로젝션 혹은 필터링하기, 칼럼을 수정하거나 이름을 변경하거나 삭제하기 등.

마지막으로 해볼 일반적인 작업은 데이터를 칼럼의 어떤 값들끼리 그룹화하고 단순하게는 개수를 세는 것처럼 집합 연산aggregation을 하는 것이다. 이 그루핑-카운팅 패턴은 프로젝션이나 필터링만큼이나 일상적으로 쓰인다. 시작해보자.

집계연산

가장 흔한 타입의 신고가 무엇인지, 혹은 가장 전화가 많았던 우편번호가 무엇인지 알고 싶다면 어떻게 해야 할까? 이런 종류의 질문들은 데이터 분석과 탐색에서 매우 흔하다.

groupBy(), orderBy(), count()와 같이 데이터 프레임에서 쓰는 일부 트랜스포메이션과 액션은 칼럼 이름으로 집계해서 각각 개수를 세어주는 기능을 제공한다.

 자주 혹은 반복적으로 질의할 필요가 있는 규모가 큰 데이터 프레임에서는 캐싱을 해서 이득을 얻을 수도 있다. 데이터 프레임 캐싱 전략과 이득에 대해서는 나중에 다룰 예정이다.

우선 첫 번째 질문을 알아보자. 가장 흔한 형태의 신고는 무엇인가?

```python
# 파이썬 예제
(fire_ts_df
    .select("CallType")
    .where(col("CallType").isNotNull())
    .groupBy("CallType")
    .count()
    .orderBy("count", ascending=False)
    .show(n=10, truncate=False))
```

```scala
// 스칼라 예제
fireTsDF
    .select("CallType")
    .where(col("CallType").isNotNull)
    .groupBy("CallType")
    .count()
    .orderBy(desc("count"))
    .show(10, false)
```

```
+-----------------------------------+-------+
|CallType                           |count  |
+-----------------------------------+-------+
|Medical Incident                   |2843475|
|Structure Fire                     |578998 |
|Alarms                             |483518 |
|Traffic Collision                  |175507 |
|Citizen Assist / Service Call      |65360  |
|Other                              |56961  |
|Outside Fire                       |51603  |
|Vehicle Fire                       |20939  |
|Water Rescue                       |20037  |
|Gas Leak (Natural and LP Gases)    |17284  |
+-----------------------------------+-------+
```

결과에서 가장 일반적인 신고 타입은 구급 신고medical incident라고 결론 낼 수 있다.

데이터 프레임 API는 collect() 함수를 제공하지만 극단적으로 큰 데이터 프레임에서는 메모리 부족 예외out-of-memory, OOM를 발생시킬 수 있기 때문에 자원도 많이 쓰고 위험하다. 드라이버에 결과 숫자 하나만 전달하는 count()와는 달리 collect()는 전체 데이터 프레임 혹은 데이터세트의 모든 Row 객체 모음을 되돌려 준다. 몇 개의 Row 결과만 보고 싶다면 최초 n개의 Row 객체만 되돌려 주는 take(n) 함수를 쓰는 것이 훨씬 나을 것이다.

그 외 일반적인 데이터 프레임 연산들

그동안 보아온 것들 외에도 데이터 프레임 API는 min(), max(), sum(), avg() 등 이름만으로 알 수 있을 만한 통계 함수들을 지원한다. 이것들을 이용하여 샌프란시스코 소방서 데이터를 어떻게 연산하는지 몇 가지 예제를 살펴보자.

아래에서 경보 횟수의 합, 응답시간 평균, 모든 신고에 대한 최소/최장 응답시간 등을 계산하면서 파이스파크 함수들을 파이썬 식으로 가져다 썼으므로 내장 파이썬 함수들과는 충돌하지 않는다.[20]

```python
# 파이썬 예제
import pyspark.sql.functions as F
(fire_ts_df
    .select(F.sum("NumAlarms"), F.avg("ResponseDelayedinMins"),
    F.min("ResponseDelayedinMins"), F.max("ResponseDelayedinMins"))
    .show())
```

```scala
//스칼라 예제
import org.apache.spark.sql.{functions => F}
fireTsDF
    .select(F.sum("NumAlarms"), F.avg("ResponseDelayedinMins"),
    F.min("ResponseDelayedinMins"), F.max("ResponseDelayedinMins"))
    .show()
```

```
+--------------+-----------------------+-----------------------+---------+
|sum(NumAlarms)|avg(ResponseDelayedinMins)|min(ResponseDelayedinMins)|max(...) |
+--------------+-----------------------+-----------------------+---------+
|       4403441|         3.902170335891614|          0.016666668|1879.6167|
+--------------+-----------------------+-----------------------+---------+
```

데이터 과학 작업에서 일반적으로 쓰이는 좀 더 고수준의 요구사항을 만족하려면 stat(), describe(), correlation(), covariance(), sampleBy(), approxQuantile(), frequentItems() 등의 API 문서를 읽어 보기 바란다.

---

20 [옮긴이] 파이썬은 특정 모듈을 import할 필요 없는 기본 함수로 sum(), min(), max() 등이 존재한다.

앞에서 본 것처럼 데이터 프레임의 고차원 API와 DSL 연산자들을 쓰면 쉽게 표현력이 우수한 질의를 구성하고 연결할 수 있다. 만약 RDD로 똑같이 하려고 한다면 가독성이나 투명성이 몹시 떨어질 것이다.

종단 간 데이터 프레임 예제

탐색적 데이터 분석, ETL이나 우리가 했던 샌프란시스코 소방서 공공 데이터 작업에는 보았던 것들 외에도 많은 가능성이 있다.

간결성을 위해 모든 예제를 여기 게재하진 않으나 이 책의 깃허브 저장소[21]에서 이 데이터세트를 이용해 예제를 모두 해볼 수 있는 파이썬과 스칼라 노트북을 제공한다. 그 노트북들은 프레임 API와 DSL의 관계형 연산들을 써서 데이터 아래 흔히 생길 수 있는 일반적인 의문들에 대해 답을 찾아 준다.

- 2018년에 왔던 신고 전화들의 모든 유형은 어떤 것이었는가?
- 2018년에 신고 전화가 가장 많았던 달은 언제인가?
- 2018년에 가장 많은 신고가 들어온 샌프란시스코 지역은 어디인가?
- 2018년에 가장 응답 시간이 늦었던 지역은 어디인가?
- 2018년에 어떤 주에서 신고가 제일 많았는가?
- 지역, 우편번호, 신고 숫자 간에 상관관계가 있는가?
- 이 데이터를 어떻게 파케이 파일이나 SQL 테이블로 저장하고 다시 읽을 수 있는가?

지금까지 정형화 API 중 하나인 데이터 프레임 API에 대해 넓게 다루어 보았으며, 이는 이 책의 나중에 다룰 스파크 MLlib과 정형화 스트리밍 컴포넌트로 확장된다.

다음으로는 초점을 데이터세트 API로 옮겨 두 가지의 API가 스파크 프로그래밍을 하는 개발자들에게 어떻게 일원화되고 정형화된 인터페이스를 제공하는지 살펴볼 것이다.

데이터세트 API

이 장의 앞쪽에서 본 것처럼 스파크 2.0에서는 개발자들이 한 종류의 API만 알면 되게 하기 위해 데이터 프레임과 데이터세트 API를 유사한 인터페이스를 갖도록 정형화 API로 일원화했다.[22] 그림 3-1처럼 데이터세트는 **정적 타입**typed API와 **동적 타입**untyped API의 두 특성을 모두 가진다.[23]

---

21 https://github.com/databricks/LearningSparkV2
22 https://databricks.com/blog/2016/01/04/introducing-apache-spark-datasets.html
23 https://databricks.com/blog/2016/07/14/a-tale-of-three-apache-spark-apis-rdds-dataframes-and-datasets.html

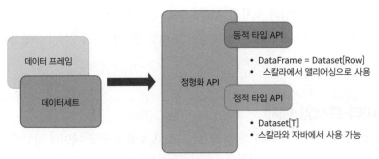

그림 3-1 아파치 스파크의 정형화 API[24]

개념적으로 스칼라의 데이터 프레임은 공용 객체의 모음인 Dataset[Row]의 다른 이름이라고 생각할
수 있으며, Row는 서로 다른 타입의 값을 저장할 수 있는 포괄적 JVM 객체라고 보면 된다. 반면 데이
터세트는 스칼라에서 엄격하게 타입이 정해진 JVM 객체의 집합이며, 이 객체는 자바에서는 클래스라
고 볼 수 있다. 혹은, 스파크 문서의 데이터세트에 대한 내용[25]에 따르면 다음과 같다.

> 함수형/관계형 작업에서 병렬적으로 변형 가능한, 작업 분야에 특화된 객체들의 묶음이며 엄격하게 타입을
> 가짐. (스칼라의) 각 데이터세트는 동시에 데이터 프레임이라고 불리는 동적 타입 뷰를 가지며 이는 Row 타입의
> 데이터세트다.

정적 타입 객체, 동적 타입 객체, 포괄적인 Row

스파크가 지원하는 언어들에서 데이터세트는 자바와 스칼라에서 통용되며, 반대로 파이썬과 R에서
는 데이터 프레임만 사용 가능하다. 이는 파이썬과 R이 컴파일 시 타입의 안전을 보장하는 언어가 아
니기 때문이다. 다시 말하면 타입은 동적으로 추측되거나 컴파일할 때가 아닌, 실행 시에 정해진다.
이 명제의 역은 스칼라와 자바에서 참이다. 즉, 타입은 변수와 객체에 컴파일 시점에 연결된다. 그런
데 스칼라에서 DataFrame은 타입 제한이 없는 Dataset[Row]의 단순한 다른 이름일 뿐이다. 표 3-6
은 간단하게 이 내용을 정리한 것이다.

표 3-6 스파크에서 타입을 가지는 객체와 타입이 없는 객체

언어	정적/동적 타입 기본 추상화 객체	타입 여부
스칼라	Dataset[T]와 DataFrame(Dataset[Row]의 앨리어싱)	양쪽 모두 가능
자바	Dataset<T>	정적 타입
파이썬	DataFrame	포괄적 Row 객체를 사용한 동적 타입
R	DataFrame	포괄적 Row 객체를 사용한 동적 타입

24 　[옮긴이] 스칼라에서는 타입에 임의의 이름을 붙일 수 있는 앨리어싱 기능이 존재하며 DataFrame은 Dataset[Row] 타입의 앨리어싱으로 존재한다.
　　그러므로 DataFrame은 자바에서는 아예 존재하지 않으며, DataFrameReader 클래스 등의 경우 결과를 무조건 Dataset〈Row〉로 받아야 한다.
25 　https://spark.apache.org/docs/latest/api/scala/org/apache/spark/sql/Dataset.html

Row는 스파크의 포괄적 객체 타입이며 (배열처럼) 인덱스를 사용하여 접근할 수 있으며 다양한 타입의 값들을 담을 수 있다. 내부적으로 스파크는 표 3-2와 표 3-3에 있는 타입들로 바꿔서 쓸 수 있게 Row 객체를 변환한다. 예를 들어 Row 안에 있는 Int 타입은 스칼라나 자바와 파이썬에서 각각 적절하게 IntegerType이나 IntegerType()으로 변환될 것이다.

```
// 스칼라 예제
import org.apache.spark.sql.Row
val row = Row(350, true, "Learning Spark 2E", null)
```

```
# 파이썬 예제
from pyspark.sql import Row
row = Row(350, True, "Learning Spark 2E", None)
```

Row 객체에 공개되어 있는 **게터**getter류 함수들에 인덱스를 사용해 개별 필드에 접근할 수 있다.

```
// 스칼라 예제
row.getInt(0)
res23: Int = 350
row.getBoolean(1)
res24: Boolean = true
row.getString(2)
res25: String = Learning Spark 2E
```

```
# 파이썬 예제
row[0]
Out[13]: 350
row[1]
Out[14]: True
row[2]
Out[15]: 'Learning Spark 2E'
```

반면 정적 객체들은 JVM에서 실제 자바 클래스나 스칼라 클래스가 된다. 그러므로 데이터세트의 각 아이템들은 곧바로 하나의 JVM 객체가 되어 쓸 수 있다.[26]

---

26 [옮긴이] 이 경우는 Dataset은 분산 처리된다는 것을 제외하고 개념적으로 자바(혹은 스칼라의) List 객체와 크게 다를 바 없다. 실제로 Dataset[String]이나 List⟨String⟩이나 'String 객체의 모음'이라는 대전제는 차이가 없다.

데이터세트 생성

데이터 소스에서 데이터 프레임을 만들 때처럼, 데이터세트를 만들 때에도 해당 스키마를 알아야 한다. 다시 말하면 데이터 타입들을 모두 알고 있어야 한다. JSON이나 CSV 데이터라면 스키마 추론이 가능하겠지만 대용량 데이터에서는 이런 작업은 비용 지향적이다(쉽게 말해 품이 많이 든다). 스칼라에서 데이터세트를 만들 때 결과 데이터세트가 쓸 스키마를 지정하는 가장 쉬운 방법은 스칼라의 케이스 클래스case class를 사용하는 것이다. 자바라면 자바빈JavaBean 클래스를 쓸 수 있다(6장에서 자바빈 클래스와 스칼라의 케이스 클래스에 대해 좀 더 깊이 다룰 것이다).

스칼라: 케이스 클래스

자신만의 특화된 객체를 데이터세트로 초기화해서 만들고 싶으면 스칼라에서 케이스 클래스를 정의해서 만들 수 있다. 예제로, IoTInternet of Things 디바이스에서 JSON 파일(나중에 이 파일을 이번 절의 전체 예제에 쓸 것이다)을 읽어 들인 묶음을 살펴보자.

해당 파일은 아래와 같은 형태의 JSON 문자열로 된 라인들을 갖고 있다.

```
{"device_id": 198164, "device_name": "sensor-pad-198164owomcJZ", "ip": "80.55.20.25",
"cca2": "PL", "cca3": "POL", "cn": "Poland", "latitude": 53.080000, "longitude": 18.620000,
"scale": "Celsius", "temp": 21, "humidity": 65, "battery_level": 8, "c02_level": 1408,"lcd":
"red", "timestamp" :1458081226051}
```

각 JSON 엔트리를 특화 객체인 DeviceIoTData로 만들기 위해 다음과 같은 스칼라 케이스 클래스를 정의할 수 있다.

```
case class DeviceIoTData (battery_level: Long, c02_level: Long, cca2: String, cca3: String,
cn: String, device_id: Long, device_name: String, humidity: Long, ip: String, latitude:
Double, lcd: String, longitude: Double, scale:String, temp: Long, timestamp: Long)
```

케이스 클래스를 정의한 이후에는 파일을 읽어서 Dataset[Row]를 Dataset[DeviceIoTData]로 바꾸는 데에 사용 가능하다(페이지에 맞게 결과는 일부 생략).

```
// 스칼라 예제
val ds = spark.read
    .json("/databricks-datasets/learning-spark-v2/iot-devices/iot_devices.json")
    .as[DeviceIoTData]

ds: org.apache.spark.sql.Dataset[DeviceIoTData] = [battery_level...]

ds.show(5, false)
```

```
+-------------|---------|----|----|-------------|---------|---+
|battery_level|c02_level|cca2|cca3|cn           |device_id|...|
+-------------|---------|----|----|-------------|---------|---+
|8            |868      |US  |USA |United States|1        |...|
|7            |1473     |NO  |NOR |Norway       |2        |...|
|2            |1556     |IT  |ITA |Italy        |3        |...|
|6            |1080     |US  |USA |United States|4        |...|
|4            |931      |PH  |PHL |Philippines  |5        |...|
+-------------|---------|----|----|-------------|---------|---+
only showing top 5 rows
```

데이터세트에서 가능한 작업들

데이터 프레임에서 트랜스포메이션이나 액션들을 수행했던 것처럼, 데이터세트에서도 그런 것들이 가능하다. 사용하는 함수 종류에 따라 결과는 다양할 것이다.

```
// 스칼라 예제
val filterTempDS = ds.filter(d => d.temp > 30 && d.humidity > 70)

filterTempDS: org.apache.spark.sql.Dataset[DeviceIoTData] = [battery_level...]

filterTempDS.show(5, false)
```

```
+-------------|---------|----|----|-------------|---------|---+
|battery_level|c02_level|cca2|cca3|cn           |device_id|...|
+-------------|---------|----|----|-------------|---------|---+
|0            |1466     |US  |USA |United States|17       |...|
|9            |986      |FR  |FRA |France       |48       |...|
|8            |1436     |US  |USA |United States|54       |...|
|4            |1090     |US  |USA |United States|63       |...|
|4            |1072     |PH  |PHL |Philippines  |81       |...|
+-------------|---------|----|----|-------------|---------|---+
only showing top 5 rows
```

이 질의에서 데이터세트의 함수인 filter()에 인자로 함수를 사용하였다. 이 필터 함수는 여러 개의 형태를 갖고 있는 오버로딩된 함수이며 위에서 사용한 버전의 시그니처는 filter(func: (T) > Boolean): Dataset[T]이고, 인자로 람다 함수 func: (T) > Boolean를 받는다.

람다 함수의 인자는 DeviceIoTData의 JVM 객체다. 그러므로 사용자는 스칼라 클래스나 자바빈 클래스에서 사용하듯이 점(.) 기호를 사용하여 개별 데이터 필드에 접근이 가능하다.

데이터 프레임에서 주목할 다른 점은 `filter()` 작업을 SQL에 대한 깊은 지식 없이도 SQL과 유사한 DSL 연산으로 표현할 수도 있다는 것이다(앞의 소방서 예제에서 본 적이 있을 것이다). 책의 데이터세트 사용에 있어서는 스칼라나 자바 코드로 언어 원형의 표현을 사용할 것이다.

여기 좀 더 적은 데이터로 실행한 다른 예제가 있다.

```scala
// 스칼라 예제
case class DeviceTempByCountry(
    temp: Long, device_name: String, device_id: Long, cca3: String)
val dsTemp = ds
    .filter { d => d.temp > 25 }
    .map { d => (d.temp, d.device_name, d.device_id, d.cca3) }
    .toDF("temp", "device_name", "device_id", "cca3")
    .as[DeviceTempByCountry]
dsTemp.show(5, false)
```

```
+----+--------------------+---------+----+
|temp|device_name         |device_id|cca3|
+----+--------------------+---------+----+
|34  |meter-gauge-1xbYRYcj |1        |USA |
|28  |sensor-pad-4mzWkz   |4        |USA |
|27  |sensor-pad-6al7RTAobR|6        |USA |
|27  |sensor-pad-8xUD6pzsQI|8        |JPN |
|26  |sensor-pad-10BsywSYUF|10       |USA |
+----+--------------------+---------+----+
only showing top 5 rows
```

혹은 데이터세트의 첫 번째 열만 확인해볼 수도 있다.

```scala
val device = dsTemp.first()
println(device)

device: DeviceTempByCountry =
DeviceTempByCountry(34,meter-gauge-1xbYRYcj,1,USA)
```

다른 방법으로는 동일한 질의를 칼럼 이름을 써서 Dataset[DeviceTempByCountry]에 캐스팅할 수도 있다.

```scala
// 스칼라 예제
val dsTemp2 = ds
  .select($"temp", $"device_name", $"device_id", $"device_id", $"cca3")
  .where("temp > 25")
  .as[DeviceTempByCountry]
```

두 질의가 특정 필드만 가져와서 동일한 결과를 생성한다는 점에서, 의미적으로 select()는 이전 쿼리에서 map() 사용과 같은 일을 한다.

복습해 보자면 데이터세트에서 우리가 수행할 수 있는 작업들은 데이터 프레임에서와 유사한 filter(), map(), groupBy(), select(), take() 등이 있다. 어떤 면에서 데이터세트는 앞서 말한 함수들의 형태나 컴파일 타임 안전성을 보장한다는 점에서 RDD와 유사하지만 훨씬 읽기 쉬우며 객체 지향 프로그래밍 인터페이스를 갖고 있다.

데이터세트가 사용되는 동안은 하부의 스파크 SQL 엔진이 JVM 객체의 생성, 변환, 직렬화, 역직렬화를 담당한다. 그리고 데이터세트 인코더의 도움을 받아 자바의 오프힙[27] 메모리 관리 또한 하게 된다(데이터세트와 메모리 관리는 6장에서 더 이야기할 것이다).

시작부터 끝까지 다룬 데이터세트 예제

이번의 데이터세트 예제에서는 IoT 데이터세트를 써서 데이터 프레임 예제에서처럼 데이터 탐색 분석, ETL 등의 데이터 작업을 해 보게 될 것이다. 이 데이터는 작은 분량이고 실제 데이터는 아니지만 어차피 여기서의 핵심 목표는 데이터 프레임으로 했던 것처럼 데이터세트로 원하는 질의를 표현하는 방법과 질의를 가독성 있게 표현하는 법 정도이다.

다시 말하지만 모든 예제 코드를 책에서 보여주지는 않지만 깃허브 저장소[28]의 노트북에서 모두 찾을 수 있다. 그 노트북에서는 데이터세트로 수행할 수 있는 일반적인 작업들을 다루고 있다. 여기서는 데이터세트 API를 써서 다음과 같은 것들을 해볼 것이다.

- 지정 수준 이하로 배터리 잔량이 내려가 문제가 생긴 디바이스 찾기
- 높은 이산화탄소 배출량으로 문제가 되는 나라들 판별
- 기온, 배터리 잔량, 이산화탄소, 습도의 최소·최대량 계산
- 평균 기온·이산화탄소·습도·나라별로 정렬하고 그룹화하기

데이터 프레임 vs 데이터세트

이제까지 독자들은 아마 '왜' 그리고 '언제' 데이터 프레임이나 데이터세트를 쓰는 건지 궁금해하고 있을 수도 있겠다. 많은 경우 어느 쪽이든 사용하는 언어에 따라 둘 중 하나가 쓰이게 되지만 일부 상황에서는 한쪽이 더 선호되는 경우가 있다. 이제 몇 가지 예시를 제시해보면 다음과 같다.

---

27 [옮긴이] GC에 의해 관리되는 기본 힙 메모리 이외의 영역이다. 훨씬 성능은 빠르지만 주의해서 관리해 주어야 한다.

28 https://github.com/databricks/LearningSparkV2/

- 스파크에게 **어떻게 하는지**가 아니라 **무엇을 해야 하는지** 말하고 싶으면 데이터 프레임이나 데이터 세트를 사용한다.
- 풍부한 표현과 높은 수준의 추상화 및 DSL 연산을 원한다면 데이터 프레임이나 데이터세트를 사용한다.
- 컴파일 타임에 엄격한 타입 체크를 원하며 특정한 Dataset[T]를 위해 여러 개의 케이스 클래스를 만드는 것에 부담이 없다면 데이터세트를 사용한다.
- 자신의 작업이 높은 수준의 표현력, 필터, 맵, 집계, 평균과 합계 계산, SQL 질의, 칼럼 지향 접근, 반정형화된 데이터에 대한 관계형 연산 등이 필요하다면 데이터 프레임이나 데이터세트를 사용한다.
- 자신의 작업이 SQL과 유사한 질의를 쓰는 관계형 변환을 필요로 한다면 데이터 프레임을 사용한다.
- 만약 인코더Encoder를 써서 프로젝트 텅스텐의 직렬화 능력을 통한 이득을 보고 싶다면 데이터세트를 사용한다.[29]
- 일원화, 코드 최적화, 스파크 컴포넌트들 사이에서의 API 단순화 등을 원한다면 데이터 프레임을 사용한다.
- R 사용자라면, 데이터 프레임을 써야 한다.
- 파이썬 사용자라면 데이터 프레임을 쓰되, 제어권을 좀 더 갖고 싶으면 RDD로 바꿔 사용한다.
- 공간/속도의 효율성을 원하면 데이터 프레임을 사용한다.
- 실행 시에 발생하는 에러를 찾기보다 컴파일 시에 발생하는 에러를 찾고 싶다면 그림 3-2를 보고 적절한 API를 선택한다.

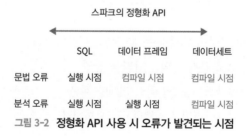

스파크의 정형화 API

	SQL	데이터 프레임	데이터세트
문법 오류	실행 시점	컴파일 시점	컴파일 시점
분석 오류	실행 시점	실행 시점	컴파일 시점

그림 3-2 **정형화 API 사용 시 오류가 발견되는 시점**

언제 RDD를 사용하는가

아마 또 이런 의문이 들 것이다. RDD는 이제 이류 시민으로 전락한 것인가? 곧 폐지되는 것인가? 대답은 절대 '아니요'이다. 스파크 2.x나 3.x에서의 개발은 RDD보다는 데이터 프레임 인터페이스와 시맨틱에 집중되겠지만 RDD API에 대한 지원은 계속 이루어질 것이다.

---

29 https://databricks.com/session/demystifying-dataframe-and-dataset

RDD 사용을 고려해보아야 할 만한 시나리오는 다음과 같이 몇 가지가 있다.

- RDD를 사용하도록 작성된 서드파티 패키지를 사용한다.
- 데이터 프레임과 데이터세트에서 얻을 수 있는 코드 최적화, 효과적인 공간 사용, 퍼포먼스의 이득을 포기할 수 있다.
- 스파크가 **어떻게** 질의를 수행할지 정확하게 지정해 주고 싶다.

추가적으로 데이터세트나 데이터 프레임에서 RDD로 가기 위해서는 단순한 API 함수인 `df.rdd`만 호출하면 된다(하지만 이 호출은 변환 비용이 발생하니 꼭 필요하지 않으면 지양해야 한다). 다음 절에서 얘기하겠지만 결국 데이터 프레임과 데이터세트는 RDD에 기반해서 만들어졌고 전체 단계 코드 생성 중에 최소화된 RDD 코드로 분해된다.

마지막으로, 이전 절에서는 스파크의 정형화 API가 개발자들에게 쉽고 친근한 API를 써서 표현력 뛰어난 질의를 조합해 정형화 데이터를 다룰 수 있는 직관적인 방법을 일깨워주었다. 다시 말하면 고수준 연산자들로 스파크에게 **어떻게 할지**가 아닌 **무엇을 할지**를 알려주며, 이는 질의를 만들고 간소한 코드를 생성해 주는 가장 효과적인 방법이라고 할 수 있다.

이렇게 효과적인 질의를 구축하고 간소한 코드를 생성하는 과정이 스파크 SQL 엔진이 하는 일이다. 이것이 그동안 보아온 정형화 API 아래에 숨겨진 본질이라고 할 수 있다. 그 엔진을 좀 더 깊이 살펴보자.

스파크 SQL과 하부의 엔진

프로그래밍 레벨에서 스파크 SQL은 개발자들이 스키마를 가진 정형화 데이터에 ANSI SQL 2003 호환 질의를 사용할 수 있게 해 준다. 스파크 1.3에서의 도입 이후 스파크 SQL은 많은 고수준 정형화 기능들이 구축되도록 해 준 방대한 엔진으로 진화해 왔다. SQL 같은 질의를 수행하게 해 주는 것 외에도 스파크 SQL 엔진은 다음과 같은 일을 한다.

- 스파크 컴포넌트들을 통합하고 데이터 프레임/데이터 세트가 자바, 스칼라, 파이썬 R 등으로 정형화 데이터 관련 작업을 단순화할 수 있도록 추상화를 해 준다.
- 아파치 하이브 메타스토어와 테이블에 접근한다.
- 정형화된 파일 포맷 (JSON, CSV, 텍스트, 에이브로, 파케이, ORC 등)에서 스키마와 정형화 데이터를 읽고 쓰며 데이터를 임시 테이블로 변환한다.
- 빠른 데이터 탐색을 할 수 있도록 대화형 스파크 SQL 셸을 제공한다.

- 표준 데이터베이스 JDBC/ODBC 커넥터를 통해 외부의 도구들과 연결할 수 있는 중간 역할을 한다.
- 최종 실행을 위해 최적화된 질의 계획과 JVM을 위한 최적화된 코드를 생성한다.

그림 3-3은 스파크 SQL이 위의 것들을 수행하기 위해 상호 작용하는 컴포넌트들을 보여준다.

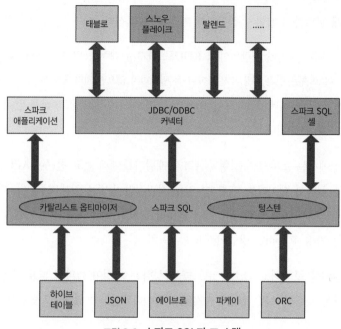

그림 3-3 스파크 SQL과 그 스택

스파크 SQL 엔진의 핵심에는 카탈리스트 옵티마이저와 텅스텐 프로젝트가 있다. 이들은 함께 상위 수준의 데이터 프레임과 데이터세트 API 및 SQL 쿼리 등을 지원한다. 텅스텐에 대해서는 6장에서 이야기할 것이며 지금은 옵티마이저에 대해서 자세히 살펴보자.

카탈리스트 옵티마이저

카탈리스트 옵티마이저는 연산 쿼리를 받아 실행 계획으로 변환한다. 이 과정은 그림 3-4에서 보는 것처럼 네 단계의 변환 과정을 거친다.[30]

1. 분석
2. 논리적 최적화
3. 물리 계획 수립
4. 코드 생성

---

30 https://databricks.com/blog/2015/04/13/deep-dive-into-spark-sqls-catalyst-optimizer.html

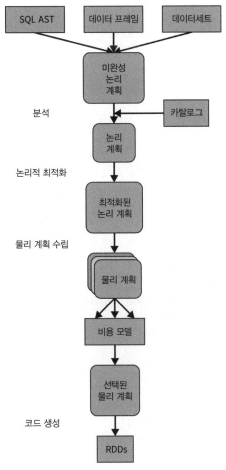

그림 3-4 스파크 연산의 4단계 여정

예를 들어 2장의 M&M 예제에서 나온 쿼리 중 하나를 사용해보자. 아래에 나올 코드는 두 가지 모두 동일한 과정을 거쳐 최종적으로는 유사한 실행 계획과 실행을 위한 바이트 코드를 생성하게 될 것이다. 다시 말하면 사용하는 언어에 상관없이 사용자가 실행한 작업은 동일한 여정을 거쳐 같은 바이트 코드에 결과적으로 이르게 된다.

```
# 파이썬 예제
count_mnm_df = (mnm_df
    .select("State", "Color", "Count")
    .groupBy("State", "Color")
    .agg(count("Count")
    .alias("Total"))
    .orderBy("Total", ascending=False))
```

```
-- SQL 예제
SELECT State, Color, Count, sum(Count) AS Total
FROM MNM_TABLE_NAME
GROUP BY State, Color, Count
ORDER BY Total DESC
```

파이썬 코드가 거치게 되는 다른 스테이지들을 보려면 데이터 프레임에서 `count_mnm_df.explain(True)` 함수를 실행하면 된다. 혹은 스칼라에서는 `df.queryExecution.logical`이나 `df.queryExecution.optimizedPlan`을 실행하면 된다(7장에서는 스파크 튜닝 및 디버깅, 그리고 질의 계획을 어떻게 읽는지에 대해 좀 더 얘기할 것이다). 이 결과는 다음과 같다.

```
count_mnm_df.explain(True)

== Parsed Logical Plan ==
'Sort ['Total DESC NULLS LAST], true
+- Aggregate [State#10, Color#11], [State#10, Color#11, count(Count#12) AS...]
   +- Project [State#10, Color#11, Count#12]
      +- Relation[State#10,Color#11,Count#12] csv

== Analyzed Logical Plan ==
State: string, Color: string, Total: bigint
Sort [Total#24L DESC NULLS LAST], true
+- Aggregate [State#10, Color#11], [State#10, Color#11, count(Count#12) AS...]
   +- Project [State#10, Color#11, Count#12]
      +- Relation[State#10,Color#11,Count#12] csv

== Optimized Logical Plan ==
Sort [Total#24L DESC NULLS LAST], true
+- Aggregate [State#10, Color#11], [State#10, Color#11, count(Count#12) AS...]
   +- Relation[State#10,Color#11,Count#12] csv

== Physical Plan ==
*(3) Sort [Total#24L DESC NULLS LAST], true, 0
+- Exchange rangepartitioning(Total#24L DESC NULLS LAST, 200)
   +- *(2) HashAggregate(keys=[State#10, Color#11], functions=[count(Count#12)],
output=[State#10, Color#11, Total#24L])
      +- Exchange hashpartitioning(State#10, Color#11, 200)
         +- *(1) HashAggregate(keys=[State#10, Color#11],
functions=[partial_count(Count#12)], output=[State#10, Color#11, count#29L])
            +- *(1)FileScan csv [State#10,Color#11,Count#12] Batched: false,
Format: CSV, Location:
InMemoryFileIndex[file:/Users/jules/gits/LearningSpark2.0/chapter2/py/src/...
dataset.csv], PartitionFilters: [], PushedFilters: [], ReadSchema: struct<State:string,Color:
string,Count
int>
```

다른 데이터 프레임 연산 예제를 살펴보자. 다음 스칼라 코드는 내부의 엔진이 논리적/물리적 계획을 최적화하는 유사한 과정을 거치게 된다.

```
// 스칼라 예제
// 파케이 테이블에서 읽어 온 users 데이터 프레임
val usersDF = ...
// 파케이 테이블에서 읽어 온 events 데이터 프레임
val eventsDF = ...
// 두 데이터 프레임을 조인한다.
val joinedDF = users
    .join(events, users("id") === events("uid"))
    .filter(events("date") > "2015-01-01")
```

초반 분석 단계를 지난 후 질의 계획은 그림 3-5에서 보는 것처럼 변환 및 최적화된다.

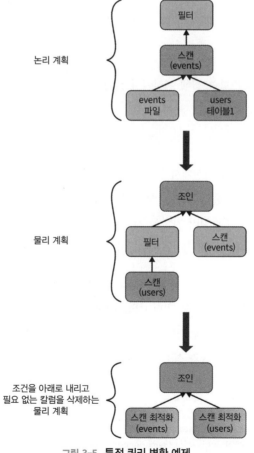

그림 3-5 특정 쿼리 변환 예제

네 단계의 쿼리 최적화 과정을 각각 따라가 보자.

1단계: 분석

스파크 SQL 엔진은 SQL이나 데이터 프레임 쿼리를 위한 추상 문법 트리abstract syntax tree, AST[31] 생성으로 시작한다. 초기 단계에서는 어떤 칼럼이나 테이블 이름이든 칼럼, 데이터 타입, 함수, 테이블, 데이터베이스 이름 목록을 갖고 있는 스파크 SQL의 프로그래밍 인터페이스인 Catalog 객체로 접근하여 가져올 수 있다. 이 과정이 성공적으로 끝나면 쿼리는 다음 단계로 넘어간다.

2단계: 논리적 최적화

그림 3-4에서 본 것처럼, 이 단계는 내부적으로 두 가지 단계로 이루어진다. 표준적인 규칙을 기반으로 하는 최적화 접근 방식을 적용하면서 카탈리스트 옵티마이저는 먼저 여러 계획들을 수립한 다음 비용 기반 옵티마이저cost based optimizer, CBO[32]를 써서 각 계획에 비용을 책정한다. 이 계획들은 연산 트리들로 배열된다(그림 3-5처럼). 예를 들면 이 트리들은 조건절 하부 배치, 칼럼 걸러내기, 불리언 Boolean 연산 단순화 등을 포함한다. 이 논리 계획은 물리 계획 수립의 입력 데이터가 된다.

3단계: 물리 계획 수립

이 단계에서 스파크 SQL은 스파크 실행 엔진에서 선택된 논리 계획을 바탕으로 대응되는 물리적 연산자를 사용해 최적화된 물리 계획을 생성한다.

4단계: 코드 생성

쿼리 최적화의 마지막 단계는 각 머신에서 실행할 효율적인 자바 바이트 코드를 생성하는 것을 포함한다. 스파크 SQL은 메모리에 올라와 있는 데이터 집합을 다루므로 스파크는 실행 속도를 높이기 위한 코드 생성을 위해 최신 컴파일러 기술을 사용할 수 있다. 다시 말하면 스파크는 컴파일러처럼 동작한다.[33] 포괄whole-stage 코드 생성을 가능하게 하는 프로젝트 텅스텐이 여기서 역할을 하게 된다.

그럼 포괄 코드 생성은 무엇인가? 이는 물리적 쿼리 최적화 단계로 전체 쿼리를 하나의 함수로 합치면서 가상 함수 호출이나 중간 데이터를 위한 CPU 레지스터 사용을 없애버린다. 스파크 2.0에서 도입된 2세대 텅스텐 엔진은 이 접근 방식을 최종 실행 시 콤팩트한 RDD 코드를 생성하는 데 사용되었다. 이런 간결한 전략은 CPU 효율과 성능[34]을 극적으로 높였다.

---

31 https://en.wikipedia.org/wiki/Abstract_syntax_tree

32 https://databricks.com/blog/2017/08/31/cost-based-optimizer-in-apache-spark-2-2.html

33 https://databricks.com/blog/2016/05/23/apache-spark-as-a-compiler-joining-a-billion-rows-per-second-on-a-laptop.html

34 https://databricks.com/blog/2016/05/23/apache-spark-as-a-compiler-joining-a-billion-rows-per-second-on-a-laptop.html

그동안 스파크 SQL의 동작에 대해 개념적인 수준에서 이야기해보았으며 그 두 가지 핵심 컴포넌트인 카탈리스트 옵티마이저와 프로젝트 텅스텐을 다루었다. 내부의 기술적 동작에 대한 설명은 이 책의 범위를 넘어서지만 호기심을 가진 사람들에게는 관련해서 기술적인 논의를 깊이 다룬 문서들이 있으니 참고해 보기를 권한다.

요약

이 장에서는 스파크에 있어서 정형화의 역사와 이점에 대해 둘러보는 것을 시작으로 스파크의 정형화 API에 대해 깊이 다루어보았다. 일상적인 데이터 작업들과 코드 예제를 통해 상위 수준의 데이터 프레임 및 데이터세트 API가 하위 수준의 RDD API에 비해 훨씬 표현력이 높고 직관적이라는 것을 살펴보았다. 규모가 큰 데이터를 더 쉽게 처리할 수 있도록 설계된 정형화 API는 일반적인 데이터 작업들을 위해 각 연산에 필수적인 함수들을 제공하며 사용자의 코드의 간결성과 표현력을 높여 준다.

또한 우리는 독자들의 상황에 맞추어 어느 때에 RDD, 데이터 프레임, 데이터세트를 사용할지 각각 살펴보았다.

마지막으로는 스파크 SQL 엔진의 주 컴포넌트인 카탈리스트 옵티마이저와 프로젝트 텅스텐이 상위 수준의 정형화 API와 DSL 함수들을 어떻게 지원하는지 내부를 들여다보았다. 이미 보았듯이, 스파크 지원 언어 중 어떤 것을 사용하든 스파크 쿼리는 논리/물리 계획 수립에서 최종 코드 생성까지 동일한 최적화 과정을 거치게 된다.

이 장의 개념과 코드 예제들은 다음 두 장에서도 기본적으로 기반 작업으로 깔려 있는 채로 데이터 프레임, 데이터세트, 스파크 SQL 사이의 유연한 상호 운용성에 대해 더욱 깊이 다루어 볼 것이다.

CHAPTER

스파크 SQL과 데이터 프레임: 내장 데이터 소스 소개

이전 장에서는 우리는 스파크에서 구조에 대한 진화와 정당성에 관해 설명하였다. 특히 우리는 어떻게 스파크 SQL 엔진이 상위 수준의 데이터 프레임과 데이터세트를 위하여 통합된 기반을 제공하는지에 대해 논의하였다. 이제 데이터 프레임에 대하여 계속 논의를 이어가며 스파크 SQL과 어떻게 상호 작용하는지 살펴보겠다.

이번 장과 다음 장에서는 스파크 SQL이 그림 4-1에 보이는 외부 구성요소들과 어떻게 소통하는지에 대해 알아보도록 하자.

특히 스파크 SQL은 다음과 같은 특징을 갖는다.

- 3장에서 살펴본 상위 수준의 정형화 API가 엔진으로 제공된다.
- 다양한 정형 데이터를 읽거나 쓸 수 있다(예: JSON, 하이브 테이블, Parquet, Avro, ORC, CSV).
- 태블로Tableau, 파워BIPower BI, 탈렌드Talend와 같은 외부 비즈니스 인텔리전스business intelligence, BI의 데이터 소스나 MySQL 및 PostgreSQL과 같은 RDBMS의 데이터를 JDBC/ODBC 커넥터를 사용하여 쿼리할 수 있다.
- 스파크 애플리케이션에서 데이터베이스 안에 테이블 또는 뷰로 저장되어 있는 정형 데이터와 소통할 수 있도록 프로그래밍 인터페이스를 제공한다.
- SQL 쿼리를 정형 데이터에 대해 실행할 수 있는 대화형 셸을 제공한다.
- ANSI SQL: 2003[1] 호환 명령 및 HiveQL[2]을 지원한다.

---

1   https://en.wikipedia.org/wiki/SQL:2003
2   https://spark.apache.org/docs/latest/sql-data-sources-hive-tables.html

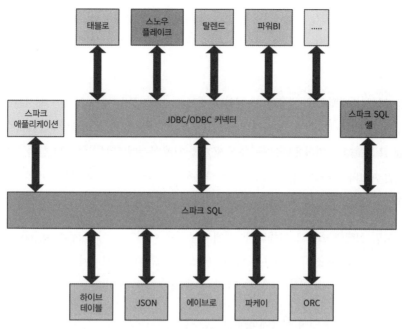

그림 4-1 **스파크 SQL 커넥터와 데이터 소스**

그럼 스파크 애플리케이션에서 어떻게 스파크 SQL을 사용할 수 있는지 알아보자.

스파크 애플리케이션에서 스파크 SQL 사용하기

스파크 2.0에서 소개된 SparkSession은 정형화 API로 스파크를 프로그래밍하기 위한 통합된 진입점 unified entry point[3]을 제공한다. 스파크의 기능에 접근할 수 있는 SparkSession을 사용하면 쉽게 클래스를 가져오고 코드에서 인스턴스를 생성할 수 있다.

SQL 쿼리를 실행하기 위해선 `spark`라고 선언된 SparkSession 인스턴스에서 `spark.sql("SELECT * FROM myTableName")`과 같은 `sql()` 함수를 사용한다. 이러한 방식으로 실행된 모든 spark.sql 쿼리는 원하는 경우 추가 스파크 작업을 수행할 수 있도록 데이터 프레임을 반환한다. 이 작업은 3장에서 살펴본 종류와 이 장과 다음 장에서 배울 내용이다.

기본 쿼리 예제

이 섹션에서는 날짜, 지연, 거리, 출발지, 목적지 등 미국 항공편에 대한 데이터가 포함된 항공사 정시 운항 능력 및 비행 지연 원인 데이터세트[4]에 대한 몇 가지 쿼리의 예를 살펴보려 한다. 이 데이터

---

3   https://databricks.com/blog/2016/08/15/how-to-use-sparksession-in-apache-spark-2-0.html

4   https://catalog.data.gov/dataset/airline-on-time-performance-and-causes-of-flight-delays

는 백만 개 이상의 레코드가 있는 CSV 파일로 제공된다. 스키마를 사용하여 제공된 데이터를 데이터 프레임으로 읽고, 데이터 프레임을 임시 뷰(임시 뷰에 대해서는 곧 설명하겠다)로 등록하여 SQL로 쿼리할 수 있다.

쿼리 예제는 코드 스니펫으로 제공되며, 책의 깃허브GitHub 저장소[5]에는 여기에 제시된 모든 코드가 포함된 파이썬 및 스칼라 노트북을 사용할 수 있다. 이 예제들에서는 스파크 애플리케이션에서 어떻게 spark.sql 프로그래밍 인터페이스[6]를 통해 SQL을 사용하는지 맛보기를 제공한다. 선언적 특징의 데이터 프레임 API와 유사한 이 인터페이스를 사용하면 스파크 애플리케이션에서 정형 데이터를 쿼리할 수 있다.

일반적으로 독립 실행형 스파크 애플리케이션에서는 다음 예제와 같이 SparkSession 인스턴스를 수동으로 생성한다. 그러나 스파크 셸(또는 데이터브릭스 노트북)에서는 사용자를 위해 SparkSession이 자동 생성되고 spark라는 적절한 이름의 변수를 통해 액세스할 수 있다.

데이터세트를 임시 뷰로 읽어서 시작해보자.

```scala
// 스칼라 예제
import org.apache.spark.sql.SparkSession
val spark = SparkSession
  .builder
  .appName("SparkSQLExampleApp")
  .getOrCreate()

// 데이터세트 경로
val csvFile = "/databricks-datasets/learning-spark-v2/flights/departuredelays.csv"

// 읽고 임시뷰를 생성
// 스키마 추론(더 큰 파일의 경우 스키마를 지정해주도록 하자)
val df = spark.read.format("csv")
  .option("inferSchema", "true")
  .option("header", "true")
  .load(csvFile)
// 임시뷰 생성
df.createOrReplaceTempView("us_delay_flights_tbl")
```

```python
# 파이썬 예제
from pyspark.sql import SparkSession
#SparkSessipon 생성
```

5   https://github.com/databricks/LearningSparkV2

6   https://spark.apache.org/sql

```
spark = (SparkSession
  .builder
  .appName("SparkSQLExampleApp")
  .getOrCreate())
# 데이터세트 경로
csv_file = "/databricks-datasets/learning-spark-v2/flights/departuredelays.csv"

# 읽고 임시뷰를 생성
# 스키마 추론(더 큰 파일의 경우 스키마를 지정해주도록 하자)
df = (spark.read.format("csv")
  .option("inferSchema", "true")
  .option("header", "true")
  .load(csv_file))
df.createOrReplaceTempView("us_delay_flights_tbl")
```

 만약 스키마를 지정하고 싶다면, DDL 형태의 문자열을 사용하면 된다. 예를 들어:

```
// 스칼라 예제
val schema = "date STRING, delay INT, distance INT,
 origin STRING, destination STRING"
```

```
# 파이썬 예제
schema = "'date' STRING, 'delay' INT, 'distance' INT,
 'origin' STRING, 'destination' STRING"
```

이제 임시뷰를 사용할 수 있고, 스파크 SQL을 사용하여 SQL 쿼리를 실행할 수 있다. 이 쿼리들은 MySQL이나 PostgreSQL의 테이블에 사용하는 SQL과 다르지 않다. 여기서 요점은 스파크 SQL이 ANSI:2003과 호환되는 SQL 인터페이스를 제공하고, SQL과 데이터 프레임 간에 상호 운용성을 보여준다는 점이다.

이 미국 항공편 운항 지연 데이터세트는 5개의 칼럼을 가지고 있다.

- date(날짜) 칼럼은 02-19 09:25 AM으로 매핑되는 02190925와 같은 문자열을 포함하고 있다.
- delay(지연) 칼럼은 계획된 도착시간과 실제 도착시간의 차이를 분으로 제공한다. 조기 도착의 경우 음수로 표기된다.
- distance(비행거리) 칼럼은 마일 단위로 출발지와 도착지의 거리를 제공한다.
- origin(출발지) 칼럼은 출발지의 IATA 공항 코드가 포함된다.
- destination(도착지) 칼럼은 도착지의 IATA 공항 코드가 포함된다.

이를 염두에 두고 이 데이터세트에 몇 가지 예제 쿼리를 시도해보자.

먼저 비행거리가 1,000마일 이상인 모든 항공편을 찾아보자.

```
spark.sql("""SELECT distance, origin, destination
FROM us_delay_flights_tbl WHERE distance > 1000
ORDER BY distance DESC""").show(10)
```

```
+--------+------+-----------+
|distance|origin|destination|
+--------+------+-----------+
|4330    |HNL   |JFK        |
|4330    |HNL   |JFK        |
|4330    |HNL   |JFK        |
|4330    |HNL   |JFK        |
|4330    |HNL   |JFK        |
|4330    |HNL   |JFK        |
|4330    |HNL   |JFK        |
|4330    |HNL   |JFK        |
|4330    |HNL   |JFK        |
|4330    |HNL   |JFK        |
+--------+------+-----------+
only showing top 10 rows
```

결괏값에서 보여주는 것과 같이 가장 긴 비행은 호놀룰루HNL와 뉴욕JFK이었다. 다음으로 샌프란시스코SFO와 시카고ORD 간 2시간 이상 지연이 있었던 모든 항공편을 찾아보자.

```
spark.sql("""SELECT date, delay, origin, destination
FROM us_delay_flights_tbl
WHERE delay > 120 AND ORIGIN = 'SFO' AND DESTINATION = 'ORD'
ORDER by delay DESC""").show(10)
```

```
+--------+-----+------+-----------+
|date    |delay|origin|destination|
+--------+-----+------+-----------+
|02190925|1638 |SFO   |ORD        |
|01031755|396  |SFO   |ORD        |
|01022330|326  |SFO   |ORD        |
|01051205|320  |SFO   |ORD        |
|01190925|297  |SFO   |ORD        |
|02171115|296  |SFO   |ORD        |
|01071040|279  |SFO   |ORD        |
|01051550|274  |SFO   |ORD        |
|03120730|266  |SFO   |ORD        |
|01261104|258  |SFO   |ORD        |
+--------+-----+------+-----------+
only showing top 10 rows
```

이 두 도시 간에 서로 다른 날짜에도 상당히 많은 지연 항공편이 있었던 것으로 보인다. (연습으로 date 칼럼을 읽을 수 있는 포맷으로 변경하고, 가장 흔하게 지연이 발생한 날짜나 달을 찾아보자. 항공 지연이 겨울 또는 휴일과 관련된 것인가?)

SQL의 CASE 절을 사용하는 좀 더 복잡한 쿼리를 시도해보자. 다음 예에서는 출발지와 목적지에 관계없이 모든 미국 항공편에 매우 긴 지연(> 6시간), 긴 지연(2~6시간) 등의 지연에 대한 표시를 레이블로 지정하려 한다. 사람이 읽을 수 있도록 Flight_Delays라는 새 칼럼으로 해당 레이블을 추가하자.

```
spark.sql("""SELECT delay, origin, destination,
        CASE
            WHEN delay > 360 THEN 'Very Long Delays'
            WHEN delay >= 120 AND delay <= 360 THEN 'Long Delays'
            WHEN delay >= 60 AND delay < 120 THEN 'Short Delays'
            WHEN delay > 0 AND delay < 60 THEN 'Tolerable Delays'
            WHEN delay = 0 THEN 'No Delays'
            ELSE 'Early'
        END AS Flight_Delays
        FROM us_delay_flights_tbl
        ORDER BY origin, delay DESC""").show(10)
```

```
+-----+------+-----------+-------------+
|delay|origin|destination|Flight_Delays|
+-----+------+-----------+-------------+
|333  |ABE   |ATL        |Long Delays  |
|305  |ABE   |ATL        |Long Delays  |
|275  |ABE   |ATL        |Long Delays  |
|257  |ABE   |ATL        |Long Delays  |
|247  |ABE   |DTW        |Long Delays  |
|247  |ABE   |ATL        |Long Delays  |
|219  |ABE   |ORD        |Long Delays  |
|211  |ABE   |ATL        |Long Delays  |
|197  |ABE   |DTW        |Long Delays  |
|192  |ABE   |ORD        |Long Delays  |
+-----+------+-----------+-------------+
only showing top 10 rows
```

데이터 프레임 및 데이터세트 API와 마찬가지로 spark.sql 인터페이스를 사용하면 이전 장에서 알아본 것과 같은 일반적인 데이터 분석 작업을 수행할 수 있다. 계산은 스파크 SQL 엔진에서 동일한 과정을 거치며(자세한 내용은 3장의 '카탈리스트 옵티마이저' 참고) 동일한 결과를 제공한다.

위의 3가지 쿼리는 모두 동등한 데이터 프레임 API 쿼리로 표현될 수 있다. 예를 들어 첫 번째 쿼리는 파이썬 데이터 프레임에서 다음과 같이 표현될 수 있다.

```
# 파이썬 예제
from pyspark.sql.functions import col, desc
(df.select("distance", "origin", "destination")
  .where(col("distance") > 1000)
  .orderBy(desc("distance"))).show(10)

# 또는
(df.select("distance", "origin", "destination")
  .where("distance > 1000")
  .orderBy("distance", ascending=False).show(10))
```

이것은 앞서 본 SQL 쿼리와 같은 결과를 나타낸다.

```
+--------+------+-----------+
|distance|origin|destination|
+--------+------+-----------+
|4330    |HNL   |JFK        |
|4330    |HNL   |JFK        |
|4330    |HNL   |JFK        |
|4330    |HNL   |JFK        |
|4330    |HNL   |JFK        |
|4330    |HNL   |JFK        |
|4330    |HNL   |JFK        |
|4330    |HNL   |JFK        |
|4330    |HNL   |JFK        |
|4330    |HNL   |JFK        |
+--------+------+-----------+
only showing top 10 rows
```

연습으로 데이터 프레임 API를 사용하여 다른 두 SQL 쿼리 또한 변환해보자.

이 예제에서 볼 수 있듯이 스파크 SQL 인터페이스를 사용하여 데이터를 쿼리하는 것은 관계형 데이터베이스 테이블에 일반 SQL 쿼리를 작성하는 것과 유사하다. 쿼리는 SQL로 되어 있음에도 가독성과 의미론에서 데이터 프레임 API 작업과 유사함을 느낄 수 있다. 이것은 3장에서 접하였으며 다음 장에서 더 자세히 살펴볼 예정이다.

이전의 예제에서 본 것과 같이 정형 데이터를 쿼리할 수 있도록 스파크는 메모리와 디스크상에서 뷰와 테이블의 생성 및 관리를 해야 하는 복잡한 작업들을 관리한다. 그렇다면 이제 다음 주제인 테이블과 뷰를 생성하고 관리하는 방법으로 넘어가보자.

SQL 테이블과 뷰

테이블은 데이터를 가진다. 스파크는 각 테이블과 해당 데이터에 관련된 정보인 스키마, 설명, 테이블명, 데이터베이스명, 칼럼명, 파티션, 실제 데이터의 물리적 위치 등의 메타데이터를 가지고 있다. 이 모든 정보는 중앙 메타스토어에 저장된다.

스파크는 스파크 테이블만을 위한 별도 메타스토어를 생성하지 않고 기본적으로는 /user/hive/warehouse에 있는 아파치 하이브 메타스토어를 사용하여 테이블에 대한 모든 메타데이터를 유지한다. 그러나 스파크 구성 변수 spark.sql.warehouse.dir을 로컬 또는 외부 분산 저장소로 설정하여 다른 위치로 기본 경로를 변경할 수 있다.

관리형 테이블과 비관리형 테이블

스파크는 **관리형**managed과 **비관리형**unmanaged이라는 두 가지 유형의 테이블을 만들 수 있다. 관리형 테이블의 경우 스파크는 메타데이터와 파일 저장소의 데이터를 모두 관리한다. 파일 저장소는 로컬 파일 시스템 또는 HDFS거나 Amazon S3 및 Azure Blob과 같은 객체 저장소일 수도 있다. **비관리형** 테이블의 경우에는 스파크는 오직 메타데이터만 관리하고 카산드라와 같은 외부 데이터 소스[7]에서 데이터를 직접 관리한다.

관리형 테이블을 사용하면 스파크는 모든 것을 관리하기 때문에 DROP TABLE <테이블명>과 같은 SQL 명령은 메타데이터와 실제 데이터를 모두 삭제한다. 반면에 비관리형 테이블의 경우에는 동일한 명령이 실제 데이터는 그대로 두고 메타데이터만 삭제하게 된다. 다음 섹션에서 관리 및 비관리형 테이블을 만드는 방법에 대한 몇 가지 예를 살펴보자.

SQL 데이터베이스와 테이블 생성하기

테이블은 데이터베이스 안에 존재한다. 기본적으로 스파크는 **default** 데이터베이스 안에 테이블을 생성한다. 사용자의 데이터베이스를 새로 생성하고 싶다면, 스파크 애플리케이션이나 노트북에서 SQL 명령어를 실행할 수 있다. 미국 항공 지연 데이터를 사용하여 관리형 및 비관리형 테이블을 모두 생성해보자. 시작하기에 앞서 learn_spark_db라는 데이터베이스를 생성하고 스파크에게 해당 데이터베이스를 사용하겠다고 알려줘야 한다.

```
// 스칼라 및 파이썬 예제
spark.sql("CREATE DATABASE learn_spark_db")
spark.sql("USE learn_spark_db")
```

---

7   https://docs.databricks.com/data/data-sources/index.html

이 시점부터는 애플리케이션에서 실행되는 어떠한 명령어든 learn_spark_db 데이터베이스 안에서 생성되고 상주하게 된다.

관리형 테이블 생성하기

learn_spark_db 데이터베이스 안에 관리형 테이블을 생성하기 위해 아래와 같은 SQL을 수행할 수 있다.

```
// 스칼라 및 파이썬 예제
spark.sql("CREATE TABLE managed_us_delay_flights_tbl (date STRING, delay INT,
  distance INT, origin STRING, destination STRING)")
```

또한 데이터 프레임 API를 아래와 같이 사용하여 같은 명령을 수행할 수 있다.

```
# 파이썬 예제
# 미국 항공편 지연 CSV 파일 경로
csv_file = "/databricks-datasets/learning-spark-v2/flights/departuredelays.csv"
# 앞의 예제에서 정의된 스키마
schema="date STRING, delay INT, distance INT, origin STRING, destination STRING"
flights_df = spark.read.csv(csv_file, schema=schema)
flights_df.write.saveAsTable("managed_us_delay_flights_tbl")
```

이 두 명령문은 learn_spark_db 데이터베이스 안에 us_delay_flights라는 관리형 테이블을 생성한다.

비관리형 테이블 생성하기

반면에 스파크 애플리케이션에서 접근 가능한 파일 저장소에 있는 파케이, CSV 및 JSON 파일 포맷의 데이터 소스로부터 비관리형 테이블을 생성할 수 있다.

CSV 파일과 같은 데이터 소스로부터 비관리형 테이블을 생성하기 위해서는 SQL에서 다음과 같은 명령어를 사용한다.

```
spark.sql("""
  CREATE TABLE us_delay_flights_tbl (
    date STRING,
    delay INT,
    distance INT,
    origin STRING,
    destination STRING
)
USING csv OPTIONS (PATH '/databricks-datasets/learning-spark-
v2/flights/departuredelays.csv')
""")
```

그리고 데이터 프레임 API에서는 다음과 같은 명령어를 사용한다.

```
(flights_df
  .write
  .option("path", "/tmp/data/us_flights_delay")
  .saveAsTable("us_delay_flights_tbl"))
```

 이 예제들을 살펴볼 수 있도록 책의 깃허브 저장소[8]에 파이썬과 스칼라 예제 노트북들을 생성해놓았다.

뷰 생성하기

테이블을 생성하는 것 외에도 스파크는 기존 테이블을 토대로 뷰를 만들 수 있다. 뷰는 전역(해당 클러스터의 모든 SparkSession에서 볼 수 있음) 또는 세션 범위(단일 SparkSession에서만 볼 수 있음)일 수 있으며 일시적으로 스파크 애플리케이션이 종료되면 사라진다.

뷰 생성[9]은 데이터베이스 내에서 테이블을 생성할 때와 유사한 구문을 사용한다. 뷰를 생성한 후에는 테이블처럼 쿼리할 수 있다. 뷰는 테이블과 달리 실제로 데이터를 소유하지 않기 때문에 스파크 애플리케이션이 종료되면 테이블은 유지되지만 뷰는 사라진다.

SQL을 사용하여 기존 테이블에서 뷰를 생성할 수 있다. 예를 들어, 미국 비행 지연 데이터에서 뉴욕JFK 및 샌프란시스코SFO가 출발지인 공항이 있는 하위 데이터세트에 대해서만 작업하려는 경우 다음 쿼리는 해당 테이블의 일부로 전역 임시 뷰 및 일반 임시 뷰를 생성한다.

```
-- SQL 예제
CREATE OR REPLACE GLOBAL TEMP VIEW us_origin_airport_SFO_global_tmp_view AS
  SELECT date, delay, origin, destination FROM us_delay_flights_tbl WHERE
  origin = 'SFO';

CREATE OR REPLACE TEMP VIEW us_origin_airport_JFK_tmp_view AS
  SELECT date, delay, origin, destination FROM us_delay_flights_tbl WHERE
  origin = 'JFK'
```

다음과 같은 데이터 프레임 API를 통해 같은 결과를 도출할 수 있다.

---

8   https://github.com/databricks/LearningSparkV2

9   https://docs.databricks.com/spark/latest/spark-sql/language-manual/sql-ref-syntax-ddl-create-view.html#id1

```
# 파이썬 예제
df_sfo = spark.sql("SELECT date, delay, origin, destination FROM
  us_delay_flights_tbl WHERE origin = 'SFO'")
df_jfk = spark.sql("SELECT date, delay, origin, destination FROM
  us_delay_flights_tbl WHERE origin = 'JFK'")

# Create a temporary and global temporary view
df_sfo.createOrReplaceGlobalTempView("us_origin_airport_SFO_global_tmp_view")
df_jfk.createOrReplaceTempView("us_origin_airport_JFK_tmp_view")
```

이러한 뷰를 생성한 후에는 테이블에 대해 수행하는 것처럼 쿼리를 실행할 수 있다. 스파크는 global_temp라는 전역 임시 데이터베이스에 전역 임시 뷰를 생성하므로 해당 뷰에 액세스할 때는 global_temp.<view_name> 접두사를 사용해야 한다. 예를 들면 다음과 같다.

```
-- SQL 예제
SELECT * FROM global_temp.us_origin_airport_SFO_global_tmp_view
```

반면에 일반 임시 뷰는 global_temp 접두사 없이 접근할 수 있다.

```
-- SQL 예제
SELECT * FROM us_origin_airport_JFK_tmp_view
```

```
// 스칼라 및 파이썬 예제
spark.read.table("us_origin_airport_JFK_tmp_view")
// 또는
spark.sql("SELECT * FROM us_origin_airport_JFK_tmp_view")
```

또한 테이블처럼 뷰도 드롭할 수 있다.

```
-- SQL 예제
DROP VIEW IF EXISTS us_origin_airport_SFO_global_tmp_view;
DROP VIEW IF EXISTS us_origin_airport_JFK_tmp_view
```

```
// 스칼라 및 파이썬 예제
spark.catalog.dropGlobalTempView("us_origin_airport_SFO_global_tmp_view")
spark.catalog.dropTempView("us_origin_airport_JFK_tmp_view")
```

임시 뷰 vs 전역 임시 뷰

임시 뷰와 **전역 임시 뷰**는 크게 차이가 없기 때문에 스파크를 처음 접하는 개발자들 사이에서 약간 혼란스러울 수 있다. 임시 뷰는 스파크 애플리케이션 내의 단일 SparkSession에 연결된다. 반면에 전역 임시 뷰는 스파크 애플리케이션 내의 여러 SparkSession에서 볼 수 있다. 사용자는 단일 스파크 애플리케이션 내에서 여러 SparkSession[10]을 만들 수 있다. 이러한 경우를 예를 들면 동일한 하이브 메타스토어 구성을 공유하지 않는 두 개의 서로 다른 SparkSession에서 같은 데이터에 액세스하고 결합하고자 할 때 이 점은 유용하게 사용될 수 있다.

메타데이터 보기

앞서 언급했듯이 스파크는 각 관리형 및 비관리형 테이블에 대한 메타데이터를 관리한다. 이는 메타데이터 저장을 위한 스파크 SQL의 상위 추상화 모듈인 **카탈로그**[11]에 저장된다. 이 카탈로그는 스파크 2.x에서 새롭게 확장된 기능으로 데이터베이스, 테이블 및 뷰와 관련된 메타데이터를 검사한다. Spark 3.0은 외부 **카탈로그**를 사용하도록 개선되었다(12장에서 간략하게 설명).

예를 들어 스파크 애플리케이션 내에서 SparkSession 변수인 spark를 만들고 다음과 같은 함수를 통해 저장된 모든 메타데이터에 액세스할 수 있다.

```
// 스칼라 및 파이썬 예제
spark.catalog.listDatabases()
spark.catalog.listTables()
spark.catalog.listColumns("us_delay_flights_tbl")
```

책의 깃허브 저장소[12]로부터 노트북을 가지고 와서 사용해보자.

SQL 테이블 캐싱하기

다음 장에서 테이블 캐싱 전략에 대해 설명할 것이지만 여기서는 데이터 프레임처럼 SQL 테이블과 뷰 또한 캐시 및 언캐싱을 할 수 있다는 것을 언급하고자 한다. 게다가 Spark 3.0[13]에서는 테이블을 LAZY로 지정할 수 있다. 즉, 테이블을 바로 캐싱하지 않고 처음 사용되는 시점에서 캐싱한다.

```
-- SQL 예제
CACHE [LAZY] TABLE <table-name>
UNCACHE TABLE <table-name>
```

---

10 https://www.waitingforcode.com/apache-spark-sql/multiple-sparksession-one-sparkcontext/read#mutliple_SparkSessions_use_cases

11 https://spark.apache.org/docs/latest/api/scala/org/apache/spark/sql/catalog/Catalog.html

12 https://github.com/databricks/LearningSparkV2

13 https://spark.apache.org/docs/latest/sql-ref-syntax-aux-cache-cache-table.html

테이블을 데이터 프레임으로 읽기

데이터 엔지니어는 주로 일반적인 데이터 수집과 ETL 프로세스의 일부로 데이터 파이프라인을 구축한다. 애플리케이션의 다운스트림에서 사용할 수 있도록 스파크 SQL 데이터베이스 및 테이블을 정리된 데이터로 로드한다.

사용할 준비가 된 기존 데이터베이스 learn_spark_db와 테이블 us_delay_flights_tbl이 있다고 가정해 보자. 외부 JSON 파일에서 읽는 대신 SQL을 사용하여 테이블을 쿼리하고 반환된 결과를 데이터 프레임에 저장할 수 있다.

```scala
// 스칼라 예제
val usFlightsDF = spark.sql("SELECT * FROM us_delay_flights_tbl")
val usFlightsDF2 = spark.table("us_delay_flights_tbl")
```

```python
# 파이썬 예제
us_flights_df = spark.sql("SELECT * FROM us_delay_flights_tbl")
us_flights_df2 = spark.table("us_delay_flights_tbl")
```

이제 기존 스파크 SQL 테이블에서 읽은 가공된 데이터 프레임을 가지게 되었다. 스파크의 내장 데이터 소스를 사용하면 다양한 파일 형식과 상호 작용할 수 있는 유연함 덕택에 다른 형식으로도 데이터를 읽을 수 있다.

데이터 프레임 및 SQL 테이블을 위한 데이터 소스

그림 4-1에 표시된 것처럼 스파크 SQL은 다양한 데이터 소스에 대한 인터페이스를 제공한다. 또한 데이터 소스 API[14]를 사용하여 이러한 데이터 소스로부터 데이터를 읽고 쓸 수 있도록 일반적인 함수들을 제공한다.

이 섹션에서는 이러한 데이터 소스와 관련된 특정 옵션과 함께 기본 제공 데이터 소스,[15] 사용 가능한 파일 형식, 데이터 로드 및 쓰기 방법에 대해 설명한다. 하지만 먼저 서로 다른 데이터 소스 간에 의사소통하는 방법을 제공하는 상위 수준 데이터 소스 API인 DataFrameReader 및 DataFrameWriter를 자세히 살펴보자.

---

14 https://databricks.com/blog/2015/01/09/spark-sql-data-sources-api-unified-data-access-for-the-spark-platform.html
15 https://spark.apache.org/docs/latest/sql-data-sources.html#data-sources

DataFrameReader

DataFrameReader[16]는 데이터 소스에서 데이터 프레임으로 데이터를 읽기 위한 핵심 구조이다. 이것은 정의된 형식과 권장되는 사용 패턴이 있다.

```
DataFrameReader.format(args).option("key", "value").schema(args).load()
```

함수를 함께 연결하는 이 패턴은 스파크에서 일반적으로 사용되며 가독성이 높다. 이는 3장에서 살펴본 일반적인 데이터 분석 형식이다.

오직 SparkSession 인스턴스를 통해서만 이 DataFrameReader에 액세스할 수 있다. 즉, DataFrameReader의 인스턴스를 개별적으로 만들 수는 없다. 인스턴스 핸들을 얻기 위해서는 다음을 사용해라.

```
SparkSession.read
// or
SparkSession.readStream
```

read는 정적 데이터 소스에서 DataFrame으로 읽기 위해 DataFrameReader에 대한 핸들을 반환하는 반면, readStream은 스트리밍 소스에서 읽을 인스턴스를 반환한다(이 책의 후반부에서 정형화 스트리밍에 대해 다룰 것이다).

DataFrameReader의 공용 함수에 대한 인수는 각각 다른 값을 사용한다. 표 4-1은 지원하는 인수의 하위 집합을 나열하여 보여준다.

표 4-1 DataFrameReader 함수, 인수 및 옵션

함수	인수	설명
format()	"parquet", "csv", "txt", "json", "jdbc", "orc", "avro" 등	이 함수를 지정하지 않으면 기본값은 파케이 또는 spark.sql.sources.default에 지정된 항목으로 설정된다.
option()	("mode", {PERMISSIVE | FAILFAST | DROPMALFORMED }) ("inferSchema", {true | false}) ("path", "path_file_data_source")	일련의 키/값 쌍 및 옵션이다. 스파크 문서[17]에는 몇 가지 예가 나와 있으며 다양한 모드와 그 동작에 대해 설명한다. 기본 모드는 PERMISSIVE이다. "inferSchema" 및 "mode" 옵션은 JSON 및 CSV 파일 형식에만 적용된다.
schema()	DDL 문자열 또는 StructType, 예: 'A INT, B STRING' 또는 StructType(...)	JSON 또는 CSV 형식의 경우 option() 함수에서 스키마를 유추하도록 지정할 수 있다. 일반적으로 모든 타입에 대한 스키마를 제공하면 로드 속도가 빨라지고 데이터가 예상 스키마에 부합하도록 보장할 수 있다.

---

16 https://spark.apache.org/docs/latest/api/scala/org/apache/spark/sql/DataFrameReader.html

17 https://spark.apache.org/docs/latest/api/python/reference/api/pyspark.sql.DataFrameReader.csv.html?highlight=dataframereader

표 4-1 DataFrameReader 함수, 인수 및 옵션(계속)

함수	인수	설명
load()	"/path/to/data/source"	데이터 소스의 경로이다. option("path", "...")에 지정된 경우 비워 둘 수 있다.

이 책에서는 인수와 옵션의 다른 모든 조합을 다 열거하지는 않겠지만, 파이썬, 스칼라, R 및 자바에 대한 문서[18]는 제안과 지침을 제공한다. 여기서는 그중 몇 가지의 예제만 확인해보자.

```scala
// 스칼라 예제
// 파케이 사용
val file = "/databricks-datasets/learning-spark-v2/flights/summary-
  data/parquet/2010-summary.parquet"
val df = spark.read.format("parquet").load(file)
// 파케이 사용; 파케이가 기본 설정인 경우 format("parquet")은 생략할 수 있다.
val df2 = spark.read.load(file)
// CSV 사용
val df3 = spark.read.format("csv")
  .option("inferSchema", "true")
  .option("header", "true")
  .option("mode", "PERMISSIVE")
  .load("/databricks-datasets/learning-spark-v2/flights/summary-data/csv/*")
// JSON 사용
val df4 = spark.read.format("json")
  .load("/databricks-datasets/learning-spark-v2/flights/summary-data/json/*")
```

일반적으로 정적 파케이 데이터 소스에서 읽을 때는 스키마가 필요하지 않다. 파케이 메타데이터는 보통 스키마를 포함하므로 스파크에서 스키마를 파악할 수 있다. 그러나 스트리밍 데이터 소스의 경우에는 스키마를 제공해야 한다(8장에서 스트리밍 데이터 소스에서 읽는 방법을 다룰 것이다).

파케이는 효율적이고 칼럼 기반 스토리지를 사용하며 빠른 압축 알고리즘을 사용하기 때문에 스파크의 기본이자 선호하는 데이터 소스이다. 나중에 카탈리스트 옵티마이저를 더 심층적으로 다룰 때 추가 이점(예: 칼럼 기반 푸시다운[19])을 확인할 수 있다.

DataFrameWriter

DataFrameWriter[20]는 DataFrameReader와 반대의 작업, 즉 지정된 내장 데이터 소스에 데이터를 저장하거나 쓰는 작업을 수행한다. DataFrameReader와 달리 SparkSession이 아닌 저장하려는 데이터 프레임에서 인스턴스에 액세스가 가능하다. 권장되는 사용 형식은 다음과 같다.

---

18 https://spark.apache.org/docs/latest/sql-data-sources-load-save-functions.html#manually-specifying-options
19 [옮긴이] 칼럼 기반 파일 포맷의 경우 전체 데이터를 읽지 않고 특정 칼럼만을 선택적으로 읽을 수 있는 기능
20 https://spark.apache.org/docs/latest/api/scala/org/apache/spark/sql/DataFrameWriter.html

```
DataFrameWriter.format(args)
  .option(args)
  .bucketBy(args)
  .partitionBy(args)
  .save(path)

DataFrameWriter.format(args).option(args).sortBy(args).saveAsTable(table)
```

인스턴스 핸들을 가져오려면 다음을 사용한다.

```
DataFrame.write
// or
DataFrame.writeStream
```

DataFrameWriter의 각 함수에 대한 인수도 서로 다른 값을 사용한다. 표 4-2에 지원되는 인수의 하위 집합과 함께 이러한 인수를 나열하고 있다.

표 4-2 DataFrameWriter 함수, 인수 및 옵션

함수	인수	설명
format()	"parquet", "csv", "txt", "json", "jdbc","orc","avro" 등.	이 방법을 지정하지 않으면 기본값은 파케이 또는 spark.sql.sources.default에 지정된 항목으로 설정된다.
option()	("mode", {append ¦ overwrite ¦ ignore ¦ error or errorifexists}) ("mode", {SaveMode.Overwrite ¦ SaveMode.Append, Save Mode.Ignore, SaveMode.ErrorIfExists}) ("path", "path_to_write_to")	일련의 키/값 쌍 및 옵션이다. 스파크 문서[21]에는 몇 가지 예가 나와 있으며 이것은 오버로딩된 함수이다. 기본 모드 옵션은 error 또는 errorifexists와 SaveMode이다. ErrorifExists는 데이터가 이미 있는 경우 런타임에서 예외를 발생시킨다.
bucketBy()	(numBuckets, col, col..., coln)	버킷 개수 및 버킷 기준 칼럼 이름이다. 파일 시스템에서 하이브의 버킷팅 체계를 사용한다.
save()	"/path/to/data/source"	데이터 소스의 경로이다. option("path", "...")에 지정된 경우 비어 있을 수 있다.
saveAsTable()	"table_name"	저장할 테이블이다.

다음은 함수 및 인수 사용을 설명하는 간단한 예제이다.

```
// 스칼라 예제
// JSON 사용
val location = ...
df.write.format("json").mode("overwrite").save(location)
```

---

21 https://spark.apache.org/docs/latest/api/python/reference/api/pyspark.sql.DataFrameWriter.mode.html?highlight=dataframewriter

파케이

스파크의 기본 데이터 소스인 파케이[22]로 데이터 소스 탐색을 시작해보자. 많은 빅데이터 처리 프레임 워크 및 플랫폼에서 지원되고 널리 사용되는 파케이는 다양한 I/O 최적화(예: 저장 공간을 절약하고 데 이터 칼럼에 대한 빠른 액세스를 허용하는 압축)를 제공하는 오픈소스 칼럼 기반 파일 형식이다.

이러한 최적화와 효율성 때문에 데이터를 변환하고 정리한 후 파케이 형식으로 데이터 프레임을 저 장하여 다운스트림에서 사용하는 것이 좋다(파케이는 또한 델타 레이크Delta Lake의 기본 테이블 오픈 형식 이기도 하며 9장에서 다룰 예정이다).

파케이 파일을 데이터 프레임으로 읽기

파케이 파일[23]은 데이터 파일, 메타데이터, 여러 압축 파일 및 일부 상태 파일이 포함된 디렉터리 구조 에 저장된다. 푸터footer의 메타데이터에는 파일 형식의 버전, 스키마, 경로 등의 칼럼 데이터가 포함 된다.

예를 들어 파케이 파일의 디렉터리에는 다음과 같은 파일 집합이 포함될 수 있다.

```
_SUCCESS
_committed_1799640464332036264
_started_1799640464332036264
part-00000-tid-1799640464332036264-91273258-d7ef-4dc7-<...>-c000.snappy.parquet
```

디렉터리에 여러 개의 **part-XXXX** 압축 파일이 있을 수 있다(여기에 표시된 이름은 페이지에 맞게 줄임).

파케이 파일을 데이터 프레임으로 읽으려면 형식과 경로를 지정하기만 하면 된다.

```scala
// 스칼라 예제
val file = """/databricks-datasets/learning-spark-v2/flights/summary-data/
  parquet/2010-summary.parquet/"""
val df = spark.read.format("parquet").load(file)
```

```python
# 파이썬 예제
file = """/databricks-datasets/learning-spark-v2/flights/summary-data/ parquet/
  2010-summary.parquet/"""
df = spark.read.format("parquet").load(file)
```

---

22 https://spark.apache.org/docs/latest/sql-data-sources-parquet.html
23 https://github.com/apache/parquet-format#file-format

파케이가 메타데이터의 일부로 저장하기 때문에, 스트리밍 데이터 소스에서 읽는 경우가 아니면 스키마를 제공할 필요가 없다.

파케이 파일을 Spark SQL 테이블로 읽기

파케이 파일을 스파크 데이터 프레임으로 읽을 뿐만 아니라 SQL을 사용하여 스파크 SQL 비관리형 테이블 또는 뷰를 직접 만들 수도 있다.

```
-- SQL 예제
CREATE OR REPLACE TEMPORARY VIEW us_delay_flights_tbl
    USING parquet
    OPTIONS (
      path "/databricks-datasets/learning-spark-v2/flights/summary-data/parquet/
      2010-summary.parquet/" )
```

테이블이나 뷰를 만든 후에는 이전 예제에서 본 것처럼 SQL을 사용하여 데이터를 데이터 프레임으로 읽을 수 있다.

```
// 스칼라 예제
spark.sql("SELECT * FROM us_delay_flights_tbl").show()
```

```
# 파이썬 예제
spark.sql("SELECT * FROM us_delay_flights_tbl").show()
```

이 두 작업은 모두 동일한 결과를 반환한다.

```
+-----------------+-------------------+-----+
|DEST_COUNTRY_NAME|ORIGIN_COUNTRY_NAME|count|
+-----------------+-------------------+-----+
|United States    |Romania            |1    |
|United States    |Ireland            |264  |
|United States    |India              |69   |
|Egypt            |United States      |24   |
|Equatorial Guinea|United States      |1    |
|United States    |Singapore          |25   |
|United States    |Grenada            |54   |
|Costa Rica       |United States      |477  |
|Senegal          |United States      |29   |
|United States    |Marshall Islands   |44   |
+-----------------+-------------------+-----+
only showing top 10 rows
```

데이터 프레임을 파케이 파일로 쓰기

데이터 프레임을 테이블 또는 파일로 쓰거나 저장하는 것은 스파크에서 일반적인 작업이다. 데이터 프레임을 작성하려면 이 장의 앞부분에서 설명한 DataFrameWriter에 대한 함수와 인수를 사용하여 파케이 파일을 저장할 위치를 제공하면 된다. 예를 들면 다음과 같다.

```scala
// 스칼라 예제
df.write.format("parquet")
  .mode("overwrite")
  .option("compression", "snappy")
  .save("/tmp/data/parquet/df_parquet")
```

```python
# 파이썬 예제
(df.write.format("parquet")
  .mode("overwrite")
  .option("compression", "snappy")
  .save("/tmp/data/parquet/df_parquet"))
```

 파케이가 기본 파일 형식임을 기억한다.

format() 함수가 없어도 데이터 프레임은 파케이 파일로 저장한다.

이렇게 하면 지정된 경로에 압축된 파케이 파일 집합이 생성된다. 여기서 압축 방식으로 snappy를 사용했으므로 snappy 압축 파일이 생성될 것이다. 간결하게 하기 위해 예제는 하나의 파일만 생성했으나 일반적으로 12개 정도의 파일이 생성될 수 있다.

```
-rw-r--r-- 1 jules wheel 0 May 19 10:58 _SUCCESS
-rw-r--r-- 1 jules wheel 966 May 19 10:58 part-00000-<...>-c000.snappy.parquet
```

스파크 SQL 테이블에 데이터 프레임 쓰기

SQL 테이블에 데이터 프레임을 쓰는 것은 파일에 쓰는 것만큼 쉽다. save() 대신 saveAsTable()을 사용하면 us_delay_flights_tbl이라는 관리형 테이블이 생성된다.

```scala
// 스칼라 예제
df.write
  .mode("overwrite")
  .saveAsTable("us_delay_flights_tbl")
```

```
# 파이썬 예제
(df.write
  .mode("overwrite")
  .saveAsTable("us_delay_flights_tbl"))
```

요약하자면 파케이는 스파크에서 선호되는 기본 내장 데이터 소스 파일 형식이며, 다른 많은 프레임 워크에서도 채택되었다. ETL 및 데이터 수집 프로세스에서 이 형식을 사용하는 것을 추천한다.

JSON

JSONJavaScript Object Notation도 널리 사용되는 데이터 형식이다. XML에 비해 읽기 쉽고, 구문을 분석하기 쉬운 형식으로 각광받았으며 단일 라인 모드와 다중 라인 모드[24]의 두 가지 대표적인 표현 형식이 있다. 스파크에서는 두 모드가 모두 지원된다.

단일 라인 모드에서 각 라인은 단일 JSON 개체[25]를 나타내는 반면, 다중 라인 모드에서는 전체 라인 객체는 단일 JSON 개체를 구성한다. 이 모드에서 읽으려면 option() 함수에서 multiLine을 true로 설정해야 한다.

JSON 파일을 데이터 프레임으로 읽기

파케이에서와 동일한 방식을 사용하여 JSON 파일을 데이터 프레임으로 읽을 수 있다. format() 함수에서 "json"을 지정하기만 하면 된다.

```
// 스칼라 예제
val file = "/databricks-datasets/learning-spark-v2/flights/summary-data/json/*"
val df = spark.read.format("json").load(file)
```

```
# 파이썬 예제
file = "/databricks-datasets/learning-spark-v2/flights/summary-data/json/*"
df = spark.read.format("json").load(file)
```

스파크 SQL 테이블로 JSON 파일 읽기

파케이에서 했던 것처럼 JSON 파일에서 SQL 테이블을 만들 수도 있다.

---

24 https://docs.databricks.com/data/data-sources/read-json.html

25 http://jsonlines.org/

```
-- SQL 예제
CREATE OR REPLACE TEMPORARY VIEW us_delay_flights_tbl
    USING json
    OPTIONS (
      path /databricks-datasets/learning-spark-v2/flights/summary-data/json/*"
    )
```

테이블이 생성되면 SQL을 사용하여 데이터를 데이터 프레임으로 읽을 수 있다.

```
// 스칼라 및 파이썬 예제
spark.sql("SELECT * FROM us_delay_flights_tbl").show()
```

```
+-----------------+-------------------+-----+
|DEST_COUNTRY_NAME|ORIGIN_COUNTRY_NAME|count|
+-----------------+-------------------+-----+
|United States    |Romania            |15   |
|United States    |Croatia            |1    |
|United States    |Ireland            |344  |
|Egypt            |United States      |15   |
|United States    |India              |62   |
|United States    |Singapore          |1    |
|United States    |Grenada            |62   |
|Costa Rica       |United States      |588  |
|Senegal          |United States      |40   |
|Moldova          |United States      |1    |
+-----------------+-------------------+-----+
only showing top 10 rows
```

데이터 프레임을 JSON 파일로 쓰기

데이터 프레임을 JSON 파일로 저장하는 것은 간단하다. 적절한 DataFrameWriter 함수 및 인수를 지정하고 JSON 파일을 저장할 위치를 제공하면 된다.

```
// 스칼라 예제
df.write.format("json")
  .mode("overwrite")
  .option("compression", "snappy")
  .save("/tmp/data/json/df_json")
```

```
# 파이썬 예제
(df.write.format("json")
  .mode("overwrite")
```

```
  .option("compression", "snappy")
  .save("/tmp/data/json/df_json"))
```

이렇게 하면 압축된 JSON 파일들이 포함된 디렉터리가 지정된 경로에 생성된다.

```
-rw-r--r-- 1 jules wheel 0 May 16 14:44 _SUCCESS
-rw-r--r-- 1 jules wheel 71 May 16 14:44 part-00000-<...>-c000.json
```

JSON 데이터 소스 옵션

표 4-3은 DataFrameReader[26] 및 DataFrameWriter[27]에 대한 일반적인 JSON 옵션을 설명한다. 더 많은 옵션에 대한 목록은 문서를 참고하도록 하자.

표 4-3 DataFrameReader 및 DataFrameWriter에 대한 JSON 옵션

속성명	값	의미	목적
compression	none, uncompressed, bzip2, deflate, gzip, lz4, 또는 snappy	이 압축 코덱을 쓰기 시에 사용할 수 있다. 읽기 시에는 오직 파일 확장명에서만 압축 및 코덱을 탐지할 수 있다.	쓰기
dateFormat	yyyy-MM-dd 또는 DateTimeFormatter	이 형식을 사용하거나 Java의 DateTimeFormatter에서 제공하는 모든 형식을 사용할 수 있다.	읽기/쓰기
multiLine	true, false	다중 라인 모드를 사용한다. 기본값은 false(단일 라인 모드)이다.	읽기
allowUnquoted FieldNames	true, false	따옴표로 묶이지 않은 JSON 필드 이름을 허용한다. 기본값은 false이다.	읽기

CSV

일반 텍스트 파일로 널리 사용되는 이 파일 형식은 쉼표로 각 데이터 또는 필드를 구분하며, 쉼표로 구분된 각 줄은 레코드를 나타낸다. 쉼표가 기본 구분 기호이지만 만약 쉼표가 데이터의 일부인 경우 다른 구분 기호를 사용하여 필드를 분리할 수 있다. 일반적으로 많이 사용되는 스프레드시트는 CSV 파일을 생성할 수 있기 때문에 데이터 및 비즈니스 분석가들 사이에서 널리 사용되는 형식이기도 하다.

CSV 파일을 데이터 프레임으로 읽기

다른 내장 데이터 소스와 마찬가지로 DataFrameReader의 함수 및 인수를 사용하여 CSV 파일을 데이터 프레임으로 읽을 수 있다.

---

26 https://spark.apache.org/docs/latest/api/python/reference/api/pyspark.sql.DataFrameReader.json.html?highlight=dataframereader

27 https://spark.apache.org/docs/latest/api/python/reference/api/pyspark.sql.DataFrameWriter.json.html?highlight=dataframewriter

```
// 스칼라 예제
val file = "/databricks-datasets/learning-spark-v2/flights/summary-data/csv/*"
val schema = "DEST_COUNTRY_NAME STRING, ORIGIN_COUNTRY_NAME STRING, count INT"

val df = spark.read.format("csv")
  .schema(schema)
  .option("header", "true")
  .option("mode", "FAILFAST")             // 에러 발생 시 종료
  .option("nullValue", "")                // 모든 null 데이터를 따옴표로 교체
  .load(file)
```

```
# 파이썬 예제
file = "/databricks-datasets/learning-spark-v2/flights/summary-data/csv/*"
schema = "DEST_COUNTRY_NAME STRING, ORIGIN_COUNTRY_NAME STRING, count INT"
df = (spark.read.format("csv")
  .option("header", "true")
  .schema(schema)
  .option("mode", "FAILFAST")             # 에러 발생 시 종료
  .option("nullValue", "")                # 모든 null 데이터를 따옴표로 교체
  .load(file))
```

CSV 파일을 스파크 SQL 테이블로 읽기

CSV 데이터 소스에서 SQL 테이블을 생성하는 것은 파케이 또는 JSON을 사용하는 것과 다르지 않다.

```
-- SQL 예제
CREATE OR REPLACE TEMPORARY VIEW us_delay_flights_tbl
    USING csv
    OPTIONS (
      path "/databricks-datasets/learning-spark-v2/flights/summary-data/csv/*",
      header "true",
      inferSchema "true",
      mode "FAILFAST"
    )
```

테이블을 생성한 후에는 이전과 같이 SQL을 사용하여 데이터 프레임으로 데이터를 읽을 수 있다.

```
// 스칼라 및 파이썬 예제
spark.sql("SELECT * FROM us_delay_flights_tbl").show(10)
```

```
+-----------------+-------------------+-----+
|DEST_COUNTRY_NAME|ORIGIN_COUNTRY_NAME|count|
+-----------------+-------------------+-----+
```

```
|United States    |Romania          |1     |
|United States    |Ireland          |264   |
|United States    |India            |69    |
|Egypt            |United States    |24    |
|Equatorial Guinea|United States    |1     |
|United States    |Singapore        |25    |
|United States    |Grenada          |54    |
|Costa Rica       |United States    |477   |
|Senegal          |United States    |29    |
|United States    |Marshall Islands |44    |
+-----------------+-----------------+-----+
only showing top 10 rows
```

데이터 프레임을 CSV 파일로 쓰기

데이터 프레임을 CSV 파일로 저장하는 것은 간단하다. 적절한 DataFrameWriter 함수 및 인수를 지정하고 CSV 파일을 저장할 위치를 제공한다.

```
// 스칼라 예제
df.write.format("csv").mode("overwrite").save("/tmp/data/csv/df_csv")
```

```
# 파이썬 예제
df.write.format("csv").mode("overwrite").save("/tmp/data/csv/df_csv")
```

이렇게 하면 지정된 위치에 여러 압축된 파일로 채워진 폴더가 생성된다.

```
-rw-r--r-- 1 jules wheel 0 May 16 12:17 _SUCCESS
-rw-r--r-- 1 jules wheel 36 May 16 12:17 part-00000-251690eb-<...>-c000.csv
```

CSV 데이터 소스 옵션

표 4-4에서는 DataFrameReader[28] 및 DataFrameWriter[29]에 대한 몇 가지 일반적인 CSV 옵션을 설명한다. CSV 파일은 복잡할 수 있으므로 다양한 옵션을 사용할 수 있다. 더 많은 옵션에 대한 목록은 문서를 참고한다.

---

28 https://spark.apache.org/docs/latest/api/python/reference/api/pyspark.sql.DataFrameReader.csv.html?highlight=dataframereader
29 https://spark.apache.org/docs/latest/api/python/reference/api/pyspark.sql.DataFrameWriter.csv.html?highlight=dataframewriter

표 4-4 DataFrameReader 및 DataFrameWriter에 대한 CSV 옵션

속성명	값	의미	목적
compression	none, bzip2, deflate, gzip, lz4, snappy	이 압축 코덱을 쓰기 시에 사용할 수 있다. 읽기 시에는 오직 파일 확장명에서만 압축 및 코덱을 탐지할 수 있다.	쓰기
dateFormat	yyyy-MM-dd or DateTimeFormatter	이 형식을 사용하거나 Java의 DateTimeFormatter에서 제공하는 모든 형식을 사용할 수 있다.	읽기/쓰기
multiLine	true, false	다중 라인 모드를 사용한다. 기본값은 false(단일 라인 모드)다.	읽기
inferSchema	true, false	true일 경우 스파크가 칼럼 데이터 유형을 결정한다. 기본값은 false다.	읽기
sep	Any character	레코드에서 칼럼 값을 구분하기 위해 이 문자를 사용한다. 기본 구분 기호는 쉼표(,)다.	읽기/쓰기
escape	Any character	따옴표를 이스케이프하려면 이 문자를 사용한다. 기본값은 /다.	읽기/쓰기
header	true, false	첫 번째 줄이 각 칼럼명을 나타내는 헤더인지 여부를 나타낸다. 기본값은 false다.	읽기/쓰기

에이브로

스파크 2.4[30]에 내장된 데이터 소스로 소개된 에이브로 형식(Avro)[31]은 특히 아파치 카프카[32]에서 메시지를 직렬화 및 역직렬화할 때 사용된다. 또한 이 형식은 JSON에 대한 직접 매핑, 속도와 효율성, 많은 프로그래밍 언어에 사용할 수 있는 바인딩을 포함한 많은 이점을 제공한다.

에이브로 파일을 데이터 프레임으로 읽기

DataFrameReader를 사용하여 에이브로 파일을 데이터 프레임으로 읽는 것은 이 섹션에서 설명했던 다른 데이터 소스에서 사용하는 방식과 다르지 않다.

```
// 스칼라 예제
val df = spark.read.format("avro")
 .load("/databricks-datasets/learning-spark-v2/flights/summary-data/avro/*")
df.show(false)
```

```
# 파이썬 예제
df = (spark.read.format("avro")
  .load("/databricks-datasets/learning-spark-v2/flights/summary-data/avro/*"))
df.show(truncate=False)
```

---

30 https://databricks.com/blog/2018/11/30/apache-avro-as-a-built-in-data-source-in-apache-spark-2-4.html

31 https://docs.databricks.com/data/data-sources/read-avro.html

32 https://www.confluent.io/blog/avro-kafka-data/

```
+-----------------+-------------------+-----+
|DEST_COUNTRY_NAME|ORIGIN_COUNTRY_NAME|count|
+-----------------+-------------------+-----+
|United States    |Romania            |1    |
|United States    |Ireland            |264  |
|United States    |India              |69   |
|Egypt            |United States      |24   |
|Equatorial Guinea|United States      |1    |
|United States    |Singapore          |25   |
|United States    |Grenada            |54   |
|Costa Rica       |United States      |477  |
|Senegal          |United States      |29   |
|United States    |Marshall Islands   |44   |
+-----------------+-------------------+-----+
only showing top 10 rows
```

에이브로 파일을 스파크 SQL 테이블로 읽기

에이브로 데이터 소스를 사용하여 SQL 테이블을 생성하는 것 또한 파케이, JSON 및 CSV를 사용하는 것과 크게 다르지 않다.

```
-- SQL 예제
CREATE OR REPLACE TEMPORARY VIEW episode_tbl
    USING avro
    OPTIONS (
      path "/databricks-datasets/learning-spark-v2/flights/summary-data/avro/*"
    )
```

테이블을 생성한 후에는 SQL을 사용하여 데이터 프레임으로 데이터를 읽을 수 있다.

```
// 스칼라 예제
spark.sql("SELECT * FROM episode_tbl").show(false)
```

```
# 파이썬 예제
spark.sql("SELECT * FROM episode_tbl").show(truncate=False)
```

```
+-----------------+-------------------+-----+
|DEST_COUNTRY_NAME|ORIGIN_COUNTRY_NAME|count|
+-----------------+-------------------+-----+
|United States    |Romania            |1    |
|United States    |Ireland            |264  |
|United States    |India              |69   |
|Egypt            |United States      |24   |
```

```
|Equatorial Guinea|United States      |1    |
|United States    |Singapore          |25   |
|United States    |Grenada            |54   |
|Costa Rica       |United States      |477  |
|Senegal          |United States      |29   |
|United States    |Marshall Islands   |44   |
+-----------------+-------------------+-----+
only showing top 10 rows
```

데이터 프레임을 에이브로 파일로 쓰기

데이터 프레임을 에이브로 파일로 쓰는 것은 역시 간단하다. 평소와 같이 적절한 `DataFrameWriter`
함수 및 인수를 지정하고 에이브로 파일을 저장할 위치를 제공하면 된다.

```scala
// 스칼라 예제
df.write
  .format("avro")
  .mode("overwrite")
  .save("/tmp/data/avro/df_avro")
```

```python
# 파이썬 예제
(df.write
  .format("avro")
  .mode("overwrite")
  .save("/tmp/data/avro/df_avro"))
```

지정된 위치에 압축 파일들로 채워진 폴더를 생성한다.

```
-rw-r--r-- 1 jules wheel 0 May 17 11:54 _SUCCESS
-rw-r--r-- 1 jules wheel 526 May 17 11:54 part-00000-ffdf70f4-<...>-c000.avro
```

에이브로 데이터 소스 옵션

표 4-5는 `DataFrameReader`과 `DataFrameWriter`에 대한 몇 가지 일반적인 옵션에 대해 설명한다. 더
많은 옵션에 대한 목록은 문서[33]를 참고한다.

---

33 https://spark.apache.org/docs/latest/sql-data-sources-avro.html

표 4-5 DataFrameReader과 DataFrameWriter에 대한 에이브로 옵션

속성명	값	의미	목적
avroSchema	None	사용자가 JSON 형식으로 제공할 수 있는 에이브로 스키마이다. 데이터 타입과 레코드의 필드명은 입력되는 에이브로 데이터나 카탈리스트 데이터(스파크의 내부 데이터 타입)와 일치해야 한다. 그렇지 않을 시 읽기/쓰기 작업이 실패한다.	읽기/쓰기
recordName	topLevel Record	에이브로 사양에 필요한 쓰기 결과의 최상위 레코드명이다.	쓰기
recordNamespace	" "	쓰기 결과에 네임스페이스를 기록한다.	쓰기
ignoreExtension	True	이 옵션을 실행하면 확장자가 .avro인지 여부에 관계없이 모든 파일을 읽어 들인다. 그렇지 않으면 .avro 확장자가 없는 파일은 무시된다.	읽기
compression	snappy	쓰기에 사용할 압축 코덱을 지정할 수 있다. 현재 지원되는 코덱은 uncompressed, deflate, bzip2 및 xz가 있다. 이 옵션을 설정하지 않으면 spark.sql.avro.compression.codec의 값이 기본값으로 설정된다.	쓰기

ORC

또 다른 최적화된 칼럼 기반 파일 형식으로 Spark 2.x는 벡터화된 ORC 리더[34]를 지원한다. 두 가지 Spark 설정으로 어떤 ORC 구현체를 사용할지 지정할 수 있다. spark.sql.orc.impl을 native로 설정하고 spark.sql.orc.enableVectorizedReader를 true로 설정하면 스파크는 벡터화된 ORC 리더를 사용한다. 벡터화된 리더[35]는 한 번에 한 행을 읽는 것이 아닌 행 블록(블록당 1,024개)을 읽어 작업을 간소화하고 검색, 필터, 집계 및 조인과 같은 집중적인 작업에 대한 CPU 사용량을 줄인다.

SQL 명령에서 USING HIVE OPTIONS (fileFormat 'ORC')을 통해 생성된 하이브 ORC SerDe(직렬화 및 역직렬화) 테이블의 경우, 스파크 구성 파라미터인 spark.sql.hive.convertMetastoreOrc가 true 로 설정되었을 때 벡터화된 리더가 사용된다.

ORC 파일을 데이터 프레임으로 읽기

ORC 벡터화 리더를 사용하여 데이터 프레임으로 데이터를 읽는 것 또한 일반적인 DataFrameReader 함수 및 옵션을 사용하면 된다.

```scala
// 스칼라 예제
val file = "/databricks-datasets/learning-spark-v2/flights/summary-data/orc/*"
val df = spark.read.format("orc").load(file)
df.show(10, false)
```

---

34 https://spark.apache.org/docs/latest/sql-data-sources-orc.html

35 https://cwiki.apache.org/confluence/display/Hive/Vectorized+Query+Execution

```
# 파이썬 예제
file = "/databricks-datasets/learning-spark-v2/flights/summary-data/orc/*"
df = spark.read.format("orc").option("path", file).load()
df.show(10, False)
```

```
+-----------------+-------------------+-----+
|DEST_COUNTRY_NAME|ORIGIN_COUNTRY_NAME|count|
+-----------------+-------------------+-----+
|United States    |Romania            |1    |
|United States    |Ireland            |264  |
|United States    |India              |69   |
|Egypt            |United States      |24   |
|Equatorial Guinea|United States      |1    |
|United States    |Singapore          |25   |
|United States    |Grenada            |54   |
|Costa Rica       |United States      |477  |
|Senegal          |United States      |29   |
|United States    |Marshall Islands   |44   |
+-----------------+-------------------+-----+
only showing top 10 rows
```

스파크 SQL 테이블로 ORC 파일 읽기

ORC 데이터 소스에서 SQL 뷰를 생성할 때도 파케이, JSON, CSV 또는 에이브로와 동일하다.

```
-- SQL 예제
CREATE OR REPLACE TEMPORARY VIEW us_delay_flights_tbl
    USING orc
    OPTIONS (
      path "/databricks-datasets/learning-spark-v2/flights/summary-data/orc/*"
    )
```

테이블이 생성되면 평소와 같이 SQL을 사용하여 데이터를 데이터 프레임으로 읽을 수 있다.

```
// 스칼라 및 파이썬 예제
spark.sql("SELECT * FROM us_delay_flights_tbl").show()
```

```
+-----------------+-------------------+-----+
|DEST_COUNTRY_NAME|ORIGIN_COUNTRY_NAME|count|
+-----------------+-------------------+-----+
|United States    |Romania            |1    |
|United States    |Ireland            |264  |
```

```
|United States     |India           |69   |
|Egypt             |United States   |24   |
|Equatorial Guinea|United States   |1    |
|United States     |Singapore       |25   |
|United States     |Grenada         |54   |
|Costa Rica        |United States   |477  |
|Senegal           |United States   |29   |
|United States     |Marshall Islands|44   |
+----------------+------------------+-----+
only showing top 10 rows
```

데이터 프레임을 ORC 파일로 쓰기

데이터를 읽고 변환이 이루어진 데이터 프레임을 DataFrameWriter 함수를 사용하여 다시 쓰는 것도 역시 간단하다.

```
// 스칼라 예제
df.write.format("orc")
  .mode("overwrite")
  .option("compression", "snappy")
  .save("/tmp/data/orc/df_orc")
```

```
# 파이썬 예제
(df.write.format("orc")
  .mode("overwrite")
  .option("compression", "snappy")
  .save("/tmp/data/orc/flights_orc"))
```

결과는 지정된 위치로 압축 ORC 파일이 포함된 폴더가 생성된다.

```
-rw-r--r-- 1 jules wheel 0 May 16 17:23 _SUCCESS
-rw-r--r-- 1 jules wheel 547 May 16 17:23 part-00000-<...>-c000.snappy.orc
```

이미지

커뮤니티는 스파크 2.4에서 텐서플로와 파이토치와 같은 딥러닝 및 머신러닝 프레임워크를 지원하기 위해 새로운 데이터 소스인 이미지 파일[36]을 도입했다. 컴퓨터 비전 기반 머신러닝 애플리케이션의 경우 이미지 데이터 세트를 로드하고 처리하는 것이 중요하다.

---

36 https://databricks.com/blog/2018/12/10/introducing-built-in-image-data-source-in-apache-spark-2-4.html

이미지 파일을 데이터 프레임으로 읽기

이전 모든 파일 형식과 마찬가지로 DataFrameReader 함수 및 옵션을 사용하여 다음과 같이 이미지 파일을 읽을 수 있다.

```
// 스칼라 예제
import org.apache.spark.ml.source.image

val imageDir = "/databricks-datasets/learning-spark-v2/cctvVideos/train_images/"
val imagesDF = spark.read.format("image").load(imageDir)

imagesDF.printSchema

imagesDF.select("image.height", "image.width", "image.nChannels", "image.mode",
  "label").show(5, false)
```

```
# 파이썬 예제
from pyspark.ml import image

image_dir = "/databricks-datasets/learning-spark-v2/cctvVideos/train_images/"
images_df = spark.read.format("image").load(image_dir)
images_df.printSchema()
```

```
root
|-- image: struct (nullable = true)
|    |-- origin: string (nullable = true)
|    |-- height: integer (nullable = true)
|    |-- width: integer (nullable = true)
|    |-- nChannels: integer (nullable = true)
|    |-- mode: integer (nullable = true)
|    |-- data: binary (nullable = true)
|-- label: integer (nullable = true)
```

```
images_df.select("image.height", "image.width", "image.nChannels", "image.mode",
  "label").show(5, truncate=False)
```

```
+------+-----+---------+----+-----+
|height|width|nChannels|mode|label|
+------+-----+---------+----+-----+
|288   |384  |3        |16  |0    |
|288   |384  |3        |16  |1    |
|288   |384  |3        |16  |0    |
```

```
|288   |384  |3        |16  |0    |
|288   |384  |3        |16  |0    |
+------+-----+---------+----+-----+
only showing top 5 rows
```

이진 파일

스파크 3.0은 이진 파일에 대한 지원[37]을 데이터 소스로 추가했다. DataFrameReader는 각 이진 파일을 파일의 원본 내용와 메타데이터를 포함하는 단일 데이터 프레임 행(레코드)으로 변환한다. 이진 파일 데이터 소스는 다음과 같은 열이 있는 데이터 프레임을 생성한다.

- **경로**: StringType
- **수정시간**: TimestampType
- **길이**: LongType
- **내용**: BinaryType

데이터 프레임으로 이진 파일 읽기

이진 파일을 읽으려면 데이터 소스 형식을 binaryFile로 지정해야 한다. 데이터 소스 옵션인 pathGlobFilter를 사용하여 파티션 검색 동작을 유지하면서 지정된 전역 패턴과 일치하는 경로로 파일을 로드할 수 있다. 예를 들어 다음 코드는 파티션된 디렉터리에서 모든 JPG 파일을 읽는다.

```scala
// 스칼라 예제
val path = "/databricks-datasets/learning-spark-v2/cctvVideos/train_images/"
val binaryFilesDF = spark.read.format("binaryFile")
  .option("pathGlobFilter", "*.jpg")
  .load(path)
binaryFilesDF.show(5)
```

```python
# 파이썬 예제
path = "/databricks-datasets/learning-spark-v2/cctvVideos/train_images/"
binary_files_df = (spark.read.format("binaryFile")
  .option("pathGlobFilter", "*.jpg")
  .load(path))
binary_files_df.show(5)
```

---

37 https://spark.apache.org/docs/latest/sql-data-sources-binaryFile.html

데이터 프레임 및 SQL 테이블을 위한 데이터 소스 117

```
+-------------------+-------------------+------+--------------------+-----+
|             path  |  modificationTime |length|             content|label|
+-------------------+-------------------+------+--------------------+-----+
|file:/Users/jules...|2020-02-12 12:04:24| 55037|[FF D8 FF E0 00 1...|    0|
|file:/Users/jules...|2020-02-12 12:04:24| 54634|[FF D8 FF E0 00 1...|    1|
|file:/Users/jules...|2020-02-12 12:04:24| 54624|[FF D8 FF E0 00 1...|    0|
|file:/Users/jules...|2020-02-12 12:04:24| 54505|[FF D8 FF E0 00 1...|    0|
|file:/Users/jules...|2020-02-12 12:04:24| 54475|[FF D8 FF E0 00 1...|    0|
+-------------------+-------------------+------+--------------------+-----+
only showing top 5 rows
```

디렉터리에서 파티션 데이터 검색을 무시하려면 recursiveFileLookup 을 "true"로 설정할 수 있다.

```scala
// 스칼라 예제
val binaryFilesDF = spark.read.format("binaryFile")
  .option("pathGlobFilter", "*.jpg")
  .option("recursiveFileLookup", "true")
  .load(path)
binaryFilesDF.show(5)
```

```python
# 파이썬 예제
binary_files_df = (spark.read.format("binaryFile")
  .option("pathGlobFilter", "*.jpg")
  .option("recursiveFileLookup", "true")
  .load(path))
binary_files_df.show(5)
```

```
+-------------------+-------------------+------+--------------------+
|             path  |  modificationTime |length|             content|
+-------------------+-------------------+------+--------------------+
|file:/Users/jules...|2020-02-12 12:04:24| 55037|[FF D8 FF E0 00 1...|
|file:/Users/jules...|2020-02-12 12:04:24| 54634|[FF D8 FF E0 00 1...|
|file:/Users/jules...|2020-02-12 12:04:24| 54624|[FF D8 FF E0 00 1...|
|file:/Users/jules...|2020-02-12 12:04:24| 54505|[FF D8 FF E0 00 1...|
|file:/Users/jules...|2020-02-12 12:04:24| 54475|[FF D8 FF E0 00 1...|
+-------------------+-------------------+------+--------------------+
only showing top 5 rows
```

recursiveFileLookup 옵션이 "true"로 설정된 경우 label 칼럼이 존재하지 않는다.

현재는 이진 파일 데이터 소스가 데이터 프레임에서 다시 원래 파일 형식으로 쓰는 것을 지원하지 않는다.

이 섹션에서는 지원되는 다양한 파일 형식에서 데이터 프레임으로 데이터를 읽는 방법에 대해 살펴보았다. 또한 기존 내부 데이터 소스에서 임시 뷰 및 테이블을 생성하는 방법도 확인하였다. 데이터 프레임 API를 사용하든 SQL을 사용하든 쿼리 결과는 동일하다. 이 책의 깃허브 저장소[38]에서 제공하는 노트북에서는 이러한 쿼리 중 일부를 수행해볼 수 있을 것이다.

요약

이 장에서는 데이터 프레임 API와 스파크 SQL 간의 상호 운용성에 대해 살펴보았다. 특히 스파크 SQL을 사용하여 다음과 같은 이점을 얻을 수 있었다.

- 스파크 SQL 및 데이터 프레임 API를 사용하여 관리형 및 비관리형 테이블을 생성할 수 있다.
- 다양한 내장 데이터 소스 및 파일 형식을 읽고 쓸 수 있다.
- 스파크 SQL 테이블 또는 뷰로 저장된 정형화 데이터에 spark.sql 프로그래밍 인터페이스를 사용하여 SQL 쿼리를 실행할 수 있다.
- 스파크 **카탈로그**를 통해 테이블 및 뷰와 관련된 메타데이터를 검사할 수 있다.
- DataFrameWriter 및 DataFrameReader API를 사용할 수 있다.

이 장의 코드 예제와 책의 깃허브 저장소[39]에서 제공되는 노트북을 통해 데이터 프레임 및 스파크 SQL을 사용하는 방법을 알 수 있을 것이다. 이 맥락에서 계속해서 다음 장에서는 스파크가 그림 4-1에 표시된 외부 데이터 소스와 상호 작용하는 방법을 좀 더 자세히 살펴보도록 하자. 데이터 프레임 API와 스파크 SQL 간의 상호 운용성 및 변환에 대한 좀 더 심층적인 예를 볼 수 있을 것이다.

---

38 https://github.com/databricks/LearningSparkV2
39 https://github.com/databricks/LearningSparkV2

5

스파크 SQL과 데이터 프레임: 외부 데이터 소스와 소통하기

이전 장에서는 스파크의 기본 제공 데이터 소스와 상호 작용하는 방법을 살펴보았다. 또한 데이터 프레임 API와 스파크 SQL과의 상호 운용성에 대해서도 자세히 살펴보았다. 이 장에서는 스파크 SQL이 외부 구성요소와 상호 작용하는 방법에 중점을 둘 것이다. 특히 스파크 SQL을 사용하여 다음을 수행하는 방법에 대해 살펴보자.

- 아파치 하이브 및 아파치 스파크 모두에 대해 사용자 정의 함수를 사용한다.
- JDBC 및 SQL 데이터베이스, PostgreSQL, MySQL, 태블로, 애저 코스모스 DB 및 MS SQL 서버와 같은 외부 데이터 원본과 연결한다.
- 단순하거나 복잡한 유형, 고차 함수 그리고 일반적인 관계 연산자를 사용하여 작업한다.

또한 스파크 SQL을 사용하여 스파크에 쿼리하기 위해 스파크 SQL 셸, 비라인Beeline 및 태블로와 같은 몇 가지 다른 옵션을 살펴보려 한다.

스파크 SQL과 아파치 하이브

스파크 SQL은 관계형 처리와 스파크의 함수형 프로그래밍 API를 통합하는 아파치 스파크의 기본 구성 요소이다. 이것은 샤크Shark 이전에 했던 작업[1]을 기원으로 한다. 샤크는 원래 아파치 스파크[2] 위에 하이브 코드베이스를 기반으로 구축되었으며 하둡 시스템에서 최초의 대화형 SQL 쿼리 엔진 중 하나

---

1   https://amplab.cs.berkeley.edu/wp-content/uploads/2015/03/SparkSQLSigmod2015.pdf
2   현재 스파크 SQL 엔진은 더 이상 하이브 코드를 사용하지 않는다.

가 되었다. 이는 엔터프라이즈 데이터웨어하우스만큼 빠르고, 하이브/맵리듀스만큼 확장이 가능하다는 두 가지 장점[3]을 모두 가질 수 있다는 것을 보여주었다.

스파크 SQL을 사용하면 스파크 프로그래머는 더 빠른 성능 및 관계형 프로그래밍(예: 선언적 쿼리 및 최적화된 스토리지)의 이점을 활용할 수 있을 뿐만 아니라 복잡한 분석 라이브러리(예: 머신러닝)를 호출할 수 있다. 이전 장에서 설명했듯이 아파치 스파크 2.x부터 SparkSession은 스파크에서 데이터를 다루기 위한 단일 통합 진입점을 제공한다.

사용자 정의 함수

아파치 스파크는 대량의 내장 함수를 제공하기도 하지만, 데이터 엔지니어와 데이터 과학자도 자신의 기능을 정의할 수 있는 유연성 또한 제공한다. 이를 **사용자 정의 함수**user-defined function, UDF라고 한다.

스파크 SQL UDF

사용자만의 고유한 파이스파크 또는 스칼라 UDF를 생성하는 이점은 사용자(또는 다른 사용자)도 스파크 SQL 안에서 이를 사용할 수 있다는 것이다. 예를 들어 데이터 분석가가 머신러닝 모델의 내부를 이해하지 않고도 스파크 SQL에서 예측 결과를 쿼리할 수 있도록 데이터 과학자는 해당 모델을 UDF로 생성할 수 있다.

다음은 스파크 SQL UDF를 만드는 간단한 예다. UDF는 세션별로 작동하며 기본 메타 스토어에서는 유지되지 않는다.

```scala
// 스칼라 예제
// 큐브 함수 생성
val cubed = (s: Long) => s * s * s

// UDF로 등록
spark.udf.register("cubed", cubed)

// 임시 뷰 생성
spark.range(1, 9).createOrReplaceTempView("udf_test")
```

```python
# 파이썬 예제
from pyspark.sql.types import LongType

# 큐브 함수 생성
def cubed(s):
```

---

3 https://databricks.com/blog/2014/07/01/shark-spark-sql-hive-on-spark-and-the-future-of-sql-on-spark.html

```
  return s * s * s

# UDF로 등록
spark.udf.register("cubed", cubed, LongType())

# 임시 뷰 생성
spark.range(1, 9).createOrReplaceTempView("udf_test")
```

이제 스파크 SQL을 사용하여 다음 cubed () 함수들을 실행할 수 있다.

```
// 스칼라 및 파이썬 예제
// 큐브 UDF를 사용하여 쿼리
spark.sql("SELECT id, cubed(id) AS id_cubed FROM udf_test").show()
```

```
+---+--------+
| id|id_cubed|
+---+--------+
|  1|       1|
|  2|       8|
|  3|      27|
|  4|      64|
|  5|     125|
|  6|     216|
|  7|     343|
|  8|     512|
+---+--------+
```

스파크 SQL에서 평가 순서 및 null 검사

스파크 SQL(SQL, 데이터 프레임 API 및 데이터세트 API 포함)은 하위 표현식의 평가 순서를 보장하지 않는다. 예를 들어, 다음 쿼리는 s is NOT NULL 절이 strlen(s) 1절 이전에 실행된다는 것을 보장하지 않는다.

```
spark.sql("SELECT s FROM test1 WHERE s IS NOT NULL AND strlen(s) > 1")
```

따라서 적절한 null 검사를 수행하려면 다음을 수행하는 것이 좋다.

1. UDF 자체가 null을 인식하도록 만들고 UDF 내부에서 null 검사를 수행한다.
2. IF 또는 CASE WHEN 식을 사용하여 null 검사를 수행하고 조건 분기에서 UDF를 호출한다.

판다스 UDF로 파이스파크 UDF 속도 향상 및 배포

파이스파크 UDF 사용과 관련하여 기존의 일반적인 문제 중 하나는 스칼라 UDF보다 성능이 느리다는 점이다. 이는 파이스파크 UDF가 JVM과 파이썬 사이의 데이터 이동을 필요로 해서 비용이 많이 들었기 때문이다. 이 문제를 해결하기 위해 판다스 UDF[4](벡터화된 UDF라고도 함)가 아파치 스파크 2.3 의 일부로 도입되었다. 판다스 UDF는 아파치 애로우Arrow[5]를 사용하여 데이터를 전송하고 판다스는 해당 데이터로 작업을 한다. `pandas_udf` 키워드를 데코레이터로 사용하여 판다스 UDF를 정의하거 나 함수 자체를 래핑할 수 있다. 아파치 애로우 형식에 포함된 데이터라면 이미 파이썬 프로세스에서 사용할 수 있는 형식이므로 더 이상 데이터를 직렬화나 피클pickle할 필요가 없다. 행마다 개별 입력 에 대해 작업하는 대신 판다스 시리즈 또는 데이터 프레임에서 작업(즉, 벡터화된 실행)한다.

판다스 UDF는 파이썬 3.6 이상 기반의 아파치 스파크 3.0에서 두 가지 API 범주인 판다스 UDF 및 판다스 함수 API로 분할[6]되었다.

판다스 UDF

아파치 스파크 3.0에서 판다스 UDF는 Pandas.Series, pandas.DataFrame, Tuple 및 Iterator와 같은 파이썬 유형 힌트로 판다스 UDF 유형을 유추한다. 이전에는 각 판다스 UDF 유형을 수동 으로 정의하고 지정해야 했으나, 현재 판다스 UDF에서는 시리즈와 시리즈, 시리즈 반복자와 시리 즈 반복자, 다중 시리즈 반복자와 시리즈 반복자, 시리즈와 스칼라(단일값)를 파이썬 유형 힌트로 지원한다.

판다스 함수 API

판다스 함수 API를 사용하면 입력과 출력이 모두 판다스 인스턴스인 파이스파크 데이터 프레임 에 로컬 파이썬 함수를 직접 적용할 수 있다. 스파크 3.0의 경우 판다스 함수 API는 그룹화된 맵, 맵, 공동 그룹화된 맵을 지원한다.

자세한 내용은 12장의 '파이썬 타입 힌트를 이용한 판다스 UDF 재설계'를 참고한다.

다음은 스파크 3.0[7]용 스칼라 판다스 UDF의 예다.

```
# 파이썬 예제
# 판다스 가져오기
import pandas as pd

# Import various pyspark SQL functions including pandas_udf
from pyspark.sql.functions import col, pandas_udf
```

---

4 https://databricks.com/blog/2017/10/30/introducing-vectorized-udfs-for-pyspark.html
5 https://arrow.apache.org/blog/2017/07/26/spark-arrow/
6 https://databricks.com/blog/2020/05/20/new-pandas-udfs-and-python-type-hints-in-the-upcoming-release-of-apache-spark-3-0.html
7 Spark 2.3, 2.4 및 3.0 간에 판다스 UDF로 작업할 때 약간 차이가 있을 수 있다.

```
from pyspark.sql.types import LongType

# 큐브 함수 선언
def cubed(a: pd.Series) -> pd.Series:
    return a * a * a

# 큐브 함수에 대한 판다스 UDF 생성
cubed_udf = pandas_udf(cubed, returnType=LongType())
```

앞의 코드 예제에서는 **큐브** 연산을 수행하는 cubed()라는 함수를 선언한다. 이것은 판다스 UDF를 만들기 위해 추가적인 cubed_udf = pandas_udf() 호출이 있는 일반적인 판다스 함수이다.

큐브 계산을 위해 간단한 판다스 시리즈(x에 대해 정의됨)로 로컬 함수 cubed()를 적용해보자.

```
# 판다스 시리즈 생성
x = pd.Series([1, 2, 3])

# 로컬 판다스 데이터를 실행하는 pandas_udf에 대한 함수
print(cubed(x))

결과는 아래와 같다.
 0    1
 1    8
 2   27
dtype: int64
```

이제 스파크 데이터 프레임으로 전환해보자. 이 함수를 다음과 같이 벡터화된 스파크 UDF로 실행할 수 있다.

```
# 스파크 데이터 프레임 생성, 'spark'는 기존의 sparkSession과 같다.
df = spark.range(1, 4)

# 벡터화된 스파크 UDF를 함수로 실행
df.select("id", cubed_udf(col("id"))).show()
```

결과는 아래와 같다.

```
+---+---------+
| id|cubed(id)|
+---+---------+
|  1|        1|
|  2|        8|
|  3|       27|
```

```
+---+---------+
```

이전 로컬 함수는 오직 스파크 드라이버에서만 실행되는 판다스 함수였으나, 로컬 함수와 달리 벡터
화된 UDF를 사용할 때 스파크 작업이 실행된다. 이는 스파크 UI에서 이 `pandas_udf` 함수의 단계를
더 확실하게 확인할 수 있다(그림 5-1).

 판다스 UDF에 대한 자세한 내용은 판다스 사용자 정의 함수 문서[8]를 참고하도록 하자.

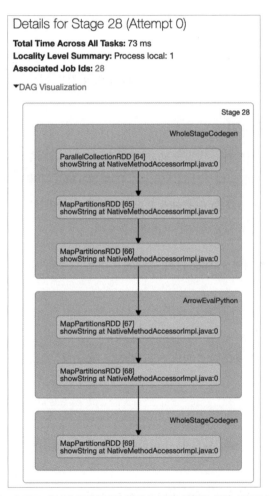

그림 5-1   스파크 데이터 프레임에서 판다스 UDF 실행을 위한 스파크 UI 단계

---

8   https://docs.databricks.com/spark/latest/spark-sql/udf-python-pandas.html

많은 스파크 작업과 마찬가지로 이 작업은 parallelize()로 시작하여 로컬 데이터(애로우 바이너리 배치)를 이그제큐터로 보내고 애로우 바이너리 배치를 스파크의 내부 데이터 형식으로 변환하는 mapPartitions()를 호출하여 스파크 작업자에게 배포할 수 있다. 성능의 기본 단계를 나타내는 여러 WholeStageCodegen 단계가 존재한다(프로젝트 텅스텐의 전체 단계 코드 생성[9] 덕분에 CPU 효율성과 성능이 크게 향상되었다). 그러나 이 경우에는 판다스 UDF가 실행되고 있음을 식별하는 것은 ArrowEvalPython 단계이다.

스파크 SQL 셸, 비라인 및 태블로로 쿼리하기

스파크 SQL 셸, 비라인Beeline CLI 유틸리티, 태블로 및 파워 BI와 같은 리포팅 툴을 포함하여 아파치 스파크를 쿼리하는 다양한 메커니즘이 있다.

이 섹션에는 태블로에 대한 지침이 포함되어 있다. 파워 BI의 경우에는 문서[10]를 참고하도록 하자.

스파크 SQL 셸 사용하기

스파크 SQL 쿼리를 실행하는 쉬운 방법은 spark-sql CLI이다. 이 유틸리티는 로컬 모드에서 하이브 메타스토어 서비스와 통신하는 대신 스리프트Thrift JDBC/ODBC 서버[11](일명 **스파크 스리프트 서버** 또는 **STS**)와는 통신하지 않는다. STS를 사용하면 JDBC/ODBC 클라이언트가 아파치 스파크에서 JDBC 또는 ODBC 프로토콜을 통해 SQL 쿼리를 실행할 수 있다.

스파크 SQL CLI를 시작하려면 $SPARK_HOME 폴더에서 다음 명령을 실행한다.

```
./bin/spark-sql
```

셸을 시작한 후에는 이를 사용하여 스파크 SQL 쿼리를 대화 형식으로 수행할 수 있다. 아래에서 몇 가지 예를 살펴보도록 하자.

테이블 만들기

새롭고 영구적인 스파크 SQL 테이블을 생성하려면 다음 명령어를 실행한다.

```
spark-sql> CREATE TABLE people (name STRING, age INT);
```

---

9   https://databricks.com/blog/2016/05/23/apache-spark-as-a-compiler-joining-a-billion-rows-per-second-on-a-laptop.html

10 https://docs.microsoft.com/en-gb/azure/databricks/integrations/bi/power-bi

11 https://jaceklaskowski.gitbooks.io/mastering-spark-sql/content/spark-sql-thrift-server.html

결괏값은 파일 위치(/user/hive/warehouse/people)뿐만 아니라 스파크 SQL 테이블인 people 생성에 대해 유사해야 한다.

```
20/01/11 22:42:16 WARN HiveMetaStore: Location: file:/user/hive/warehouse/people
specified for non-external table:people
Time taken: 0.63 seconds
```

테이블에 데이터 삽입하기

다음과 유사한 명령문을 실행하여 스파크 SQL 테이블에 데이터를 삽입할 수 있다.

```
INSERT INTO people SELECT name, age FROM ...
```

기존 테이블이나 파일에서 데이터를 로드하는 데 의존하지 않으므로 INSERT... VALUES문을 사용하여 테이블에 데이터를 삽입할 수 있다. 아래 세 명령어는 people 테이블에 세 개인 데이터(알려져 있는 이름과 나이)를 삽입한다.

```
spark-sql> INSERT INTO people VALUES ("Michael", NULL);
Time taken: 1.696 seconds
spark-sql> INSERT INTO people VALUES ("Andy", 30);
Time taken: 0.744 seconds
spark-sql> INSERT INTO people VALUES ("Samantha", 19);
Time taken: 0.637 seconds
spark-sql>
```

스파크 SQL 쿼리 실행하기

이제 테이블에 데이터가 있으므로 이에 대해 스파크 SQL 쿼리를 실행할 수 있다. 먼저 메타스토어에 있는 테이블을 살펴보도록 하자.

```
spark-sql> SHOW TABLES;
default people false
Time taken: 0.016 seconds, Fetched 1 row(s)
```

다음으로, 테이블에 있는 20세 미만의 사람들이 몇 명인지 알아보자.

```
spark-sql> SELECT * FROM people WHERE age < 20;
Samantha 19
Time taken: 0.593 seconds, Fetched 1 row(s)
```

또한 나이를 지정하지 않은 개인이 누구인지 살펴보자.

```
spark-sql> SELECT name FROM people WHERE age IS NULL;
Michael
Time taken: 0.272 seconds, Fetched 1 row(s)
```

비라인 작업

아파치 하이브로 작업한 적이 있다면 하이브서버2에 대해 하이브QL 쿼리를 실행하기 위한 유틸리티인 비라인[12] 커맨드라인 툴에 익숙할 것이다. 비라인은 SQLLine CLI[13]를 기반으로 하는 JDBC 클라이언트다. 이 동일한 유틸리티를 사용하여 스파크 스리프트 서버에 대해 스파크 SQL 쿼리를 실행할 수 있다. 현재 구현된 스리프트 JDBC/ODBC 서버는 하이브 1.2.1의 하이브서버2에 해당한다. 스파크 또는 하이브 1.2.1과 함께 제공되는 아래의 비라인 스크립트를 사용하여 JDBC 서버를 테스트할 수 있다.

스리프트 서버 시작하기

스파크 스리프트 JDBC/ODBC 서버를 시작하려면 $SPARK_HOME 폴더에서 다음 명령을 실행하도록 하자.

```
./sbin/start-thriftserver.sh
```

> 스파크 드라이버와 워커를 아직 시작하지 않은 경우 start-thriftserver.sh 실행 전에 다음 명령을 먼저 실행하자:
>
> ```
> ./sbin/start-all.sh
> ```

비라인을 통해 스리프트 서버에 연결하기

비라인을 사용하여 스리프트 JDBC/ODBC 서버를 테스트하려면 다음 명령을 실행하자.

```
./bin/beeline
```

그런 다음 비라인을 구성하여 로컬 스리프트 서버에 연결한다.

```
!connect jdbc:hive2://localhost:10000
```

---

12 https://cwiki.apache.org/confluence/display/Hive/HiveServer2+Clients#HiveServer2Clients-Beeline%E2%80%93CommandLineShell
13 http://sqlline.sourceforge.net

기본적으로 비라인은 비보안 모드_{non-secure mode}이다. 따라서 사용자 이름은 로그인 계정(예: user@learningspark.org)이고 비밀번호는 비어 있다.

비라인으로 스파크 SQL 쿼리 실행하기

여기에서는 비라인에서 하이브 쿼리를 실행하는 방법과 유사하게 스파크 SQL 쿼리를 실행할 수 있다. 다음은 몇 가지 샘플 쿼리와 그 출력이다.

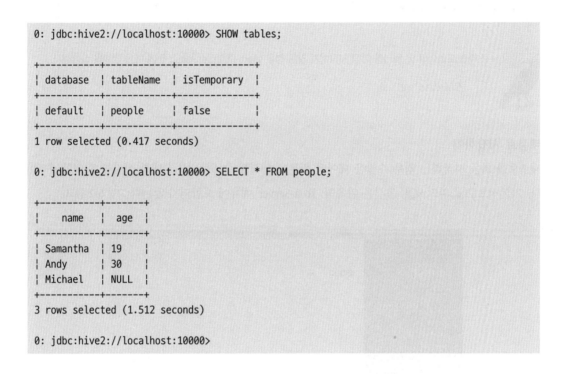

```
0: jdbc:hive2://localhost:10000> SHOW tables;

+-----------+-----------+-------------+
| database  | tableName | isTemporary |
+-----------+-----------+-------------+
| default   | people    | false       |
+-----------+-----------+-------------+
1 row selected (0.417 seconds)

0: jdbc:hive2://localhost:10000> SELECT * FROM people;

+-----------+------+
|   name    | age  |
+-----------+------+
| Samantha  | 19   |
| Andy      | 30   |
| Michael   | NULL |
+-----------+------+
3 rows selected (1.512 seconds)

0: jdbc:hive2://localhost:10000>
```

스리프트 서버 중지하기

완료되면 다음 명령을 사용하여 스리프트 서버를 중지할 수 있다.

```
./sbin/stop-thriftserver.sh
```

태블로로 작업하기

비라인 또는 스파크 SQL CLI를 통해 쿼리를 실행하는 것과 유사하게 스리프트 JDBC/ODBC 서버를 통해 선호하는 BI 도구를 스파크 SQL에 연결할 수 있다. 이 섹션에서는 태블로 데스크탑(버전 2019.2)을 로컬 아파치 스파크 인스턴스에 연결하는 방법을 보여준다.

태블로의 스파크 ODBC[14] 드라이버 버전 1.2.0 이상이 이미 설치되어 있어야 한다. 태블로 2018.1 이상을 설치(또는 업그레이드)한 경우, 이 드라이버가 이미 설치되어 있어야 한다.

스리프트 서버 시작하기

스파크 스리프트 JDBC/ODBC 서버를 시작하려면 $SPARK_HOME 폴더에서 다음 명령을 실행하자.

```
./sbin/start-thriftserver.sh
```

스파크 드라이버 및 워커를 아직 시작하지 않은 경우 start-thriftserver.sh 전에 다음 명령을 실행하자.

```
./sbin/start-all.sh
```

태블로 시작하기

태블로를 처음 시작하는 경우 수많은 데이터 원본에 연결할 수 있는 연결 대화 상자를 확인할 수 있다. 기본적으로 스파크 SQL 옵션은 왼쪽의 'To a Server' 메뉴에 포함되지 않는다(그림 5-2 참고).

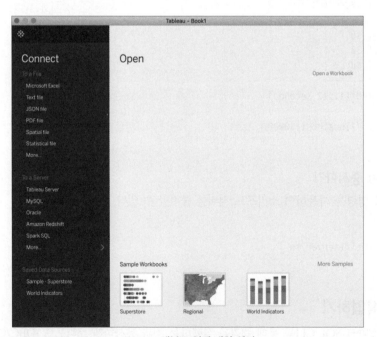

그림 5-2 태블로 연결 대화 상자

---

14 https://help.tableau.com/current/pro/desktop/en-us/examples_sparksql.htm

스파크 SQL 옵션에 액세스하려면 해당 목록 하단의 More...를 클릭한 다음 그림 5-3과 같이 기본 패널에 나타나는 목록에서 스파크 SQL을 선택한다.

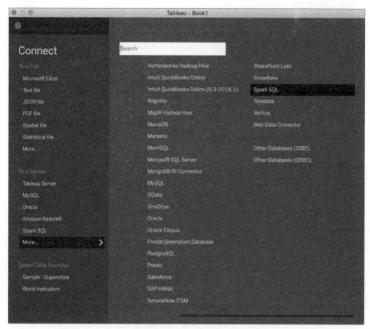

그림 5-3 More...>Spark SQL을 선택하여 스파크 SQL에 연결

그러면 스파크 SQL 대화 상자가 나타난다(그림 5-4). 로컬 아파치 스파크 인스턴스에 연결할 때는 다음 매개 변수와 함께 비보안 사용자 이름 인증 모드를 사용할 수 있다.

- 서버: localhost
- 포트: 10000(기본값)
- 유형: SparkThriftServer(기본값)
- 인증: 사용자 이름
- 사용자 이름: 로그인(예: user@learningspark.org)
- SSL 필요: 선택하지 않음

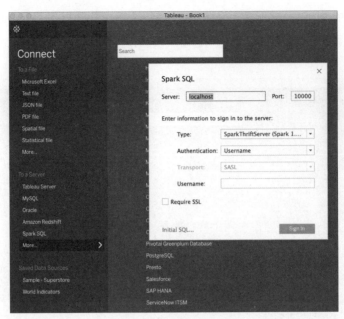

그림 5-4 스파크 SQL 대화 상자

스파크 SQL 데이터 원본에 성공적으로 연결되면 그림 5-5와 유사한 데이터 소스 연결 보기가 표시된다.

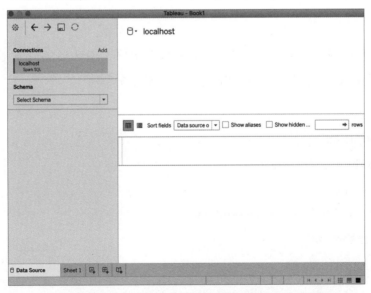

그림 5-5 로컬 스파크 인스턴스에 연결된 태블로 데이터 원본 연결 보기

왼쪽의 스키마 선택 드롭 다운 메뉴에서 '기본값'을 선택한다. 그런 다음 쿼리하려는 테이블의 이름을
입력한다(그림 5-6 참고). 돋보기 아이콘을 클릭하면 사용 가능한 테이블의 전체 목록을 볼 수 있다.

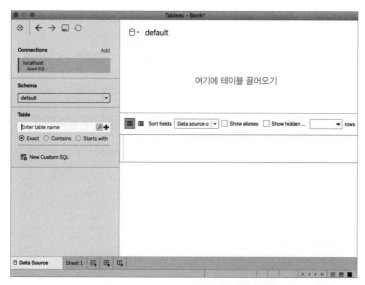

그림 5-6 쿼리 대상 스키마 및 테이블 선택

 태블로를 사용하여 스파크 SQL 데이터베이스에 연결하는 방법에 대하여 더 자세한 내용은 태블로의 스파크
SQL 문서[15] 및 데이터브릭스 태블로 문서[16]를 참고하도록 하자.

테이블명으로 **people**을 입력한 다음 왼쪽에서 기본 대화 상자('여기에 테이블 끌어오기'로 표시된 공간)로
테이블을 끌어다 놓는다. 그림 5-7과 같은 것이 보일 것이다.

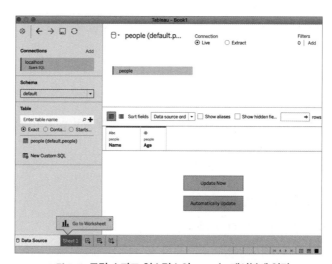

그림 5-7 로컬 스파크 인스턴스의 people 테이블에 연결

---

15 https://help.tableau.com/current/pro/desktop/en-us/examples_sparksql.htm

16 https://docs.databricks.com/integrations/bi/tableau.html

지금 업데이트를 클릭하면 태블로에서 스파크 SQL 데이터 원본에 쿼리를 시작한다(그림 5-8).

이제 다른 테이블 데이터 원본처럼 스파크 데이터 원본이나 조인 테이블 등에 대해 쿼리를 실행할 수 있다.

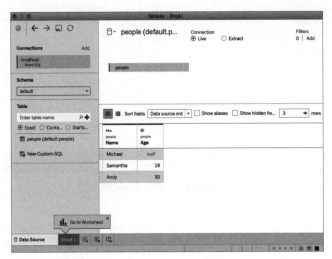

그림 5-8 로컬 스파크 데이터 원본에 쿼리하는 태블로 워크시트 테이블 뷰

스리프트 서버 중지

완료되면 다음 명령을 사용하여 스리프트 서버를 중지할 수 있다.

```
./sbin/stop-thriftserver.sh
```

외부 데이터 소스

이 섹션에서는 JDBC 및 SQL 데이터베이스부터 시작하여 스파크 SQL을 사용하여 외부 데이터 소스에 연결하는 방법에 중점을 둘 것이다.

JDBC 및 SQL 데이터베이스

스파크 SQL에는 JDBC[17]를 사용하여 다른 데이터베이스에서 데이터를 읽을 수 있는 데이터 소스 API가 포함되어 있다. 결과를 데이터 프레임으로 반환할 때 이러한 데이터 소스 쿼리를 단순화하므로 스파크 SQL의 모든 이점(성능 및 다른 데이터 소스와 조인할 수 있는 기능 포함)을 제공한다.

---

17 https://spark.apache.org/docs/latest/sql-data-sources-jdbc.html

시작하려면 JDBC 데이터 소스에 대한 JDBC 드라이버를 지정해야 하며 스파크 클래스 경로에 있어야 한다. $SPARK_HOME 폴더에서 다음과 같은 명령을 실행한다.

```
./bin/spark-shell --driver-class-path $database.jar --jars $database.jar
```

데이터 소스 API를 사용하여 원격 데이터베이스의 테이블을 데이터 프레임 또는 스파크 SQL 임시 뷰로 로드할 수 있다. 사용자는 데이터 소스 옵션에서 JDBC 연결 속성을 지정할 수 있다. 표 5-1에는 스파크가 지원하는 더 많은 일반적인 연결 속성(대소문자 구분 안 함)이 포함되어 있다.

표 5-1 **공통 연결 속성**

속성명	설명
user, password	일반적으로 이러한 속성은 데이터 원본에 로그인하기 위한 연결 속성으로 제공된다.
url	JDBC 연결 URL, 예: jdbc:postgresql://localhost/test?user=fred&password=secret.
dbtable	읽거나 쓸 JDBC 테이블이다. dbtable과 query 옵션을 동시에 지정할 수 없다.
query	아파치 스파크에서 데이터를 읽는 데 사용되는 쿼리(예: SELECT 칼럼1, 칼럼2, ..., 칼럼N FROM [테이블|서브쿼리])). query와 dbtable 옵션을 동시에 지정할 수 없다.
driver	지정한 URL에 연결하는 데 사용할 JDBC 드라이버의 클래스 이름이다.

연결 속성의 전체 목록은 스파크 SQL 문서[18]를 참고한다.

파티셔닝의 중요성

스파크 SQL과 JDBC 외부 소스 간에 많은 양의 데이터를 전송할 때 데이터 소스를 분할하는 것이 중요하다. 모든 데이터가 하나의 드라이버 연결을 통해 처리되므로 추출 성능을 포화 상태로 만들고 성능을 크게 저하시킬 수 있을 뿐 아니라 소스 시스템의 리소스를 포화 상태로 만들 수 있다. 이러한 JDBC 속성은 선택 사항이지만 대규모 작업의 경우 표 5-2에 표시된 속성을 사용하는 것이 좋다.

표 5-2 **파티셔닝 연결 속성**

속성명	설명
numPartitions	테이블 읽기 및 쓰기에서 병렬 처리를 위해 사용할 수 있는 최대 파티션 수이다. 이것은 또한 최대 동시 JDBC 연결 수를 결정한다.
partitionColumn	외부 소스를 읽을 때 partitionColumn은 파티션을 결정하는 데 사용되는 칼럼이다. 참고로 partitionColumn은 숫자, 날짜 또는 타임스탬프 칼럼이어야 한다.
lowerBound	파티션 크기에 대한 파티션 열의 최솟값을 설정한다.
upperBound	파티션 크기에 대한 파티션 열의 최댓값을 설정한다.

---

18 https://spark.apache.org/docs/latest/sql-data-sources-jdbc.html#jdbc-to-other-databases

이러한 속성이 작동하는 방식을 이해하는 데 도움이 되는 예[19]로 다음 설정을 사용한다고 가정해보자.

- numPartitions:10
- lowerBound:1000
- upperBound:10000

그러면 파티션 크기는 1,000이 되고 10개의 파티션이 생성된다. 이것은 다음 10개의 쿼리를 실행하는 것과 동일하다(각 파티션에 대해 하나씩).

- SELECT * FROM table WHERE partitionColumn BETWEEN 1000 and 2000
- SELECT * FROM table WHERE partitionColumn BETWEEN 2000 and 3000
- ...
- SELECT * FROM table WHERE partitionColumn BETWEEN 9000 and 10000

모든 것을 포괄하는 것은 아니지만, 이러한 속성을 사용할 때 주의해야 할 몇 가지 힌트는 다음과 같다.

- numPartitions의 좋은 시작점은 스파크 워커 수의 배수를 사용하는 것이다. 예를 들어 스파크 워커 노드가 4개 있는 경우 파티션 4개 또는 8개로 시작할 수 있다. 그러나 소스 시스템이 읽기 요청을 얼마나 잘 처리할 수 있는지도 확인해야 한다. 처리 윈도우가 있는 시스템의 경우 소스 시스템에 대한 동시 요청 수를 최대화할 수 있다. 처리 윈도우가 없는 시스템(예: 데이터를 지속적으로 처리하는 OLTP 시스템)의 경우 소스 시스템의 포화를 방지하기 위해 동시 요청 수를 줄여야 한다.
- 처음에는 최소 및 최대 partitionColumn의 실제 값을 기준으로 lowerBound 및 upperBound를 기반으로 계산한다. 예를 들어 {numPartitions : 10, lowerBound : 1000, upperBound : 10000}을 선택했지만 모든 값이 2000에서 4000 사이인 경우 10개의 쿼리 중 2개(각 파티션에 대해 하나씩)만 모든 작업을 수행한다. 이 시나리오에서 더 나은 구성은 {numPartitions : 10, lowerBound : 2000, upperBound : 4000}이 될 것이다.
- 데이터 스큐를 방지하기 위해 균일하게 분산될 수 있는 partitionColumn을 선택해야 한다. 예를 들어 partitionColumn의 대부분이 2500이고 {numPartitions : 10, lowerBound : 1000, upperBound : 10000}이면 대부분의 작업은 2000에서 3000 사이의 값을 요청하는 작업에 의해 수행될 것이다. 이러한 경우 기존 partitionColumn 대신 다른 partitionColumn을 사용하거나 가능한 경우 파티션을 더 균등하게 분산하기 위해 새 항목(아마도 여러 칼럼값의 해시)을 생성하도록 한다.

---

19 https://stackoverflow.com/questions/41085238/what-is-the-meaning-of-partitioncolumn-lowerbound-upperbound-numpartitions-pa/41085557#41085557

PostgreSQL

PostgreSQL 데이터베이스에 연결하려면 메이븐[20]에서 JDBC jar를 빌드하거나 다운로드한 후에 클래스 경로에 추가한다. 그런 다음 해당 jar를 지정하여 스파크 셸(spark-shell 또는 pyspark)을 시작한다.

```
bin/spark-shell --jars postgresql-42.2.6.jar
```

다음 예제는 스칼라에서 스파크 SQL 데이터 소스 API 및 JDBC를 사용하여 PostgreSQL 데이터베이스에서 로드하고 저장하는 방법을 보여준다.

```scala
// 스칼라 예제
// 읽기 방법 1: 로드 함수를 사용하여 JDBC 소스로부터 데이터를 로드
val jdbcDF1 = spark
  .read
  .format("jdbc")
  .option("url", "jdbc:postgresql:[DBSERVER]")
  .option("dbtable", "[SCHEMA].[TABLENAME]")
  .option("user", "[USERNAME]")
  .option("password", "[PASSWORD]")
  .load()

// 읽기 방법 2: jdbc 함수를 사용하여 JDBC 소스로부터 데이터를 로드
// 연결 속성 생성
import java.util.Properties
val cxnProp = new Properties()
cxnProp.put("user", "[USERNAME]")
cxnProp.put("password", "[PASSWORD]")

// 연결 속성을 사용하여 데이터를 로드
val jdbcDF2 = spark
  .read
  .jdbc("jdbc:postgresql:[DBSERVER]", "[SCHEMA].[TABLENAME]", cxnProp)

// 쓰기 방법 1: 저장 함수를 사용하여 JDBC 소스에 데이터를 저장
jdbcDF1
  .write
  .format("jdbc")
  .option("url", "jdbc:postgresql:[DBSERVER]")
  .option("dbtable", "[SCHEMA].[TABLENAME]")
  .option("user", "[USERNAME]")
  .option("password", "[PASSWORD]")
  .save()
```

---

20   https://mvnrepository.com/artifact/org.postgresql/postgresql

```
// 쓰기 방법 2: jdbc 함수를 사용하여 JDBC 소스에 데이터를 저장

jdbcDF2.write
  .jdbc(s"jdbc:postgresql:[DBSERVER]", "[SCHEMA].[TABLENAME]", cxnProp)
```

그리고 아래는 파이스파크로 하는 방법이다.

```python
# 파이썬 예제
# 읽기 방법 1: 로드 함수를 사용하여 JDBC 소스로부터 데이터를 로드
jdbcDF1 = (spark
  .read
  .format("jdbc")
  .option("url", "jdbc:postgresql://[DBSERVER]")
  .option("dbtable", "[SCHEMA].[TABLENAME]")
  .option("user", "[USERNAME]")
  .option("password", "[PASSWORD]")
  .load())

# 읽기 방법 2: jdbc 함수를 사용하여 JDBC 소스로부터 데이터를 로드
jdbcDF2 = (spark
  .read
  .jdbc("jdbc:postgresql://[DBSERVER]", "[SCHEMA].[TABLENAME]",
    properties={"user": "[USERNAME]", "password": "[PASSWORD]"}))

# 쓰기 방법 1: 저장 함수를 사용하여 JDBC 소스에 데이터를 저장
(jdbcDF1
  .write
  .format("jdbc")
  .option("url", "jdbc:postgresql://[DBSERVER]")
  .option("dbtable", "[SCHEMA].[TABLENAME]")
  .option("user", "[USERNAME]")
  .option("password", "[PASSWORD]")
  .save())

# 쓰기 방법 2: jdbc 함수를 사용하여 JDBC 소스에 데이터를 저장
(jdbcDF2
  .write
  .jdbc("jdbc:postgresql:[DBSERVER]", "[SCHEMA].[TABLENAME]",
    properties={"user": "[USERNAME]", "password": "[PASSWORD]"}))
```

MySQL

MySQL 데이터베이스에 연결하려면 메이븐[21] 또는 MySQL[22]에서 JDBC jar를 빌드하거나 다운로드한

---

21 https://mvnrepository.com/artifact/mysql/mysql-connector-java
22 https://mvnrepository.com/artifact/mysql/mysql-connector-java

후에(후자가 더 쉽다!) 클래스 경로에 추가한다. 그런 다음 해당 jar를 지정하여 스파크 셸spark-shell 또는 pyspark을 시작한다.

```
bin/spark-shell --jars mysql-connector-java_8.0.16-bin.jar
```

다음 예제는 스칼라에서 스파크 SQL 데이터 소스 API 및 JDBC를 사용하여 MySQL 데이터베이스에서 데이터를 로드하고 저장하는 방법을 보여준다.

```
// 스칼라 예제
// 로드 함수를 사용하여 JDBC 소스로부터 데이터를 로드
val jdbcDF = spark
  .read
  .format("jdbc")
  .option("url", "jdbc:mysql://[DBSERVER]:3306/[DATABASE]")
  .option("driver", "com.mysql.jdbcDriver")
  .option("dbtable", "[TABLENAME]")
  .option("user", "[USERNAME]")
  .option("password", "[PASSWORD]")
  .load()

// 저장 함수를 사용하여 JDBC 소스에 데이터를 저장
jdbcDF
  .write
  .format("jdbc")
  .option("url", "jdbc:mysql://[DBSERVER]:3306/[DATABASE]")
  .option("driver", "com.mysql.jdbc.Driver")
  .option("dbtable", "[TABLENAME]")
  .option("user", "[USERNAME]")
  .option("password", "[PASSWORD]")
  .save()
```

그리고 아래는 파이스파크로 하는 방법이다.

```
# 파이썬 예제
# 로드 함수를 사용하여 JDBC 소스로부터 데이터를 로드
jdbcDF = (spark
  .read
  .format("jdbc")
  .option("url", "jdbc:mysql://[DBSERVER]:3306/[DATABASE]")
  .option("driver", "com.mysql.jdbcDriver")
  .option("dbtable", "[TABLENAME]")
  .option("user", "[USERNAME]")
  .option("password", "[PASSWORD]")
  .load())
```

```
# 저장 함수를 사용하여 JDBC 소스에 데이터를 저장
(jdbcDF
  .write
  .format("jdbc")
  .option("url", "jdbc:mysql://[DBSERVER]:3306/[DATABASE]")
  .option("driver", "com.mysql.jdbcDriver")
  .option("dbtable", "[TABLENAME]")
  .option("user", "[USERNAME]")
  .option("password", "[PASSWORD]")
  .save())
```

애저 코스모스 DB

애저 코스모스 DB 데이터베이스에 연결하려면 메이븐[23] 또는 깃허브[24]에서 JDBC jar를 빌드하거나 다운로드하고 클래스 경로에 추가한다. 그런 다음이 jar를 지정하여 스칼라 또는 파이스파크 셸을 시작한다(이 예제는 스파크 2.4를 사용하고 있음).

```
bin/spark-shell --jars azure-cosmosdb-spark_2.4.0_2.11:1.3.5-uber.jar
```

--packages를 사용하여 스파크 패키지[25]에서 메이븐 좌표를 사용하여 커넥터를 끌어오는 옵션도 있다.

```
export PKG="com.microsoft.azure:azure-cosmosdb-spark_2.4.0_2.11:1.3.5"
bin/spark-shell --packages $PKG
```

다음 예제에서는 스칼라 및 파이스파크에서 스파크 SQL 데이터 소스 API 및 JDBC를 사용하여 애저 코스모스 DB 데이터베이스에서 데이터를 로드하고 저장하는 방법을 보여준다. 코스모스 DB 내의 다양한 인덱스를 사용하려면 query_custom 구성을 사용하는 것이 일반적이다.

```
// 스칼라 예제
// 필요한 라이브러리 가져오기
import com.microsoft.azure.cosmosdb.spark.schema._
import com.microsoft.azure.cosmosdb.spark._
import com.microsoft.azure.cosmosdb.spark.config.Config

// 애저 코스모스 DB로부터 데이터 로드
// 컬렉션에 대한 연결 구성
val query = "SELECT c.colA, c.coln FROM c WHERE c.origin = 'SEA'"
```

---

23 https://search.maven.org/search?q=azure-cosmosdb-spark
24 https://github.com/Azure/azure-cosmosdb-spark
25 https://spark-packages.org

```scala
val readConfig = Config(Map(
  "Endpoint" -> "https://[ACCOUNT].documents.azure.com:443/",
  "Masterkey" -> "[MASTER KEY]",
  "Database" -> "[DATABASE]",
  "PreferredRegions" -> "Central US;East US2;",
  "Collection" -> "[COLLECTION]",
  "SamplingRatio" -> "1.0",
  "query_custom" -> query
))

// azure-cosmosdb-spark를 통해 연결하여 스파크 데이터 프레임 생성
val df = spark.read.cosmosDB(readConfig)
df.count

// 애저 코스모스 DB에 데이터 저장
// 싱크 컬렉션에 연결 설정
val writeConfig = Config(Map(
  "Endpoint" -> "https://[ACCOUNT].documents.azure.com:443/",
  "Masterkey" -> "[MASTER KEY]",
  "Database" -> "[DATABASE]",
  "PreferredRegions" -> "Central US;East US2;",
  "Collection" -> "[COLLECTION]",
  "WritingBatchSize" -> "100"
))

//애저 코스모스 DB에 데이터 프레임 업서트(Upsert) 하기
import org.apache.spark.sql.SaveMode
df.write.mode(SaveMode.Overwrite).cosmosDB(writeConfig)
```

```python
# 파이썬 예제
# 애저 코스모스 DB로부터 데이터 로드
# 설정 읽기
query = "SELECT c.colA, c.coln FROM c WHERE c.origin = 'SEA'"
readConfig = {
  "Endpoint" : "https://[ACCOUNT].documents.azure.com:443/",
  "Masterkey" : "[MASTER KEY]",
  "Database" : "[DATABASE]",
  "preferredRegions" : "Central US;East US2",
  "Collection" : "[COLLECTION]",
  "SamplingRatio" : "1.0",
  "schema_samplesize" : "1000",
  "query_pagesize" : "2147483647",
  "query_custom" : query
}

# azure-cosmosdb-spark를 통해 연결하여 스파크 데이터 프레임 생성
df = (spark
  .read
  .format("com.microsoft.azure.cosmosdb.spark")
```

```
  .options(**readConfig)
  .load())

# 비행 수 카운트
df.count()

# 애저 코스모스 DB에 데이터 저장
# 설정 쓰기
writeConfig = {
  "Endpoint" : "https://[ACCOUNT].documents.azure.com:443/",
  "Masterkey" : "[MASTER KEY]",
  "Database" : "[DATABASE]",
  "Collection" : "[COLLECTION]",
  "Upsert" : "true"
}

# 애저 코스모스 DB에 데이터 프레임 업서트 하기
(df.write
  .format("com.microsoft.azure.cosmosdb.spark")
  .options(**writeConfig)
  .save())
```

자세한 내용은 애저 코스모스 DB 문서[26]를 참고한다.

MS SQL 서버

MS SQL 서버 데이터베이스에 연결하려면 JDBC jar[27]를 다운로드하고 클래스 경로에 추가한다. 그런 다음 jar를 지정하여 스칼라 또는 파이스파크 셸을 시작한다.

```
bin/spark-shell --jars mssql-jdbc-7.2.2.jre8.jar
```

다음 예제는 스칼라 및 파이스파크에서 스파크 SQL 데이터 소스 API 및 JDBC를 사용하여 MS SQL 서버 데이터베이스에서 데이터를 로드하고 저장하는 방법을 보여준다.

```
// 스칼라 예제
// JDBC 소스로부터 데이터를 로드
// jdbcUrl 설정
val jdbcUrl = "jdbc:sqlserver://[DBSERVER]:1433;database=[DATABASE]"

// 파라미터를 보관하기 위한 Properties() 객체를 생성
// 사용자 이름과 비밀번호를 직접 전달하지 않고 JDBC URL을 생성할 수 있음
val cxnProp = new Properties()
```

---

26 https://github.com/Azure/azure-cosmosdb-spark

27 https://docs.microsoft.com/en-us/sql/connect/jdbc/download-microsoft-jdbc-driver-for-sql-server?view=sql-server-2017

```
cxnProp.put("user", "[USERNAME]")
cxnProp.put("password", "[PASSWORD]")
cxnProp.put("driver", "com.microsoft.sqlserver.jdbc.SQLServerDriver")

// 연결 속성을 사용하여 데이터를 로드
val jdbcDF = spark.read.jdbc(jdbcUrl, "[TABLENAME]", cxnProp)

// JDBC 소스에 데이터를 저장
jdbcDF.write.jdbc(jdbcUrl, "[TABLENAME]", cxnProp)
```

```
# 파이썬 예제
# jdbcUrl 설정
jdbcUrl = "jdbc:sqlserver://[DBSERVER]:1433;database=[DATABASE]"

# JDBC 소스로부터 데이터를 로드
jdbcDF = (spark
  .read
  .format("jdbc")
  .option("url", jdbcUrl)
  .option("dbtable", "[TABLENAME]")
  .option("user", "[USERNAME]")
  .option("password", "[PASSWORD]")
  .load())

# JDBC 소스에 데이터를 저장
(jdbcDF
  .write
  .format("jdbc")
  .option("url", jdbcUrl)
  .option("dbtable", "[TABLENAME]")
  .option("user", "[USERNAME]")
  .option("password", "[PASSWORD]")
  .save())
```

기타 외부 데이터 소스

아파치 스파크가 연결할 수 있는 많은 외부 데이터 소스 중 일부만 소개하였다. 그 밖에 인기 있는 데이터 소스는 다음과 같다.

- 아파치 카산드라[28]
- 스노우플레이크[29]
- 몽고DB[30]

---

28 https://github.com/datastax/spark-cassandra-connector
29 https://docs.snowflake.com/en/user-guide/spark-connector.html
30 https://www.mongodb.com/docs/spark-connector/master/

데이터 프레임 및 스파크 SQL의 고차 함수

복잡한 데이터 유형은 단순한 데이터 유형의 결합이기 때문에 직접 조작하고자 하는 생각이 들 수 있다. 여기에 두 가지의 복잡한 데이터 유형을 조작하는 일반적인 방법[31]이 있다.

- 중첩된 구조를 개별 행으로 분해하고 일부 함수를 적용한 다음 중첩된 구조를 다시 만드는 방법
- 사용자 정의 함수 구축

이러한 접근 방식은 문제를 표 형식으로 생각할 수 있다는 이점이 있다. 일반적으로 get_json_object(), from_json(), to_json(), breakfast(), selectExpr()과 같은 유틸리티 함수[32]를 사용하는 것을 포함하지만 이에 국한되지는 않는다. 이 두 가지 방법을 자세히 살펴보도록 하자.

방법 1: 분해 및 수집

이 중첩된 SQL문에서 먼저 explode(values)를 사용하여 values 내의 각 요소에 대한 새로운 행(id 포함)을 만든다.

```sql
-- In SQL
SELECT id, collect_list(value + 1) AS values
FROM  (SELECT id, EXPLODE(values) AS value
        FROM table) x
GROUP BY id
```

collect_list()가 중복된 개체 목록을 반환하지만 GROUP BY문에는 셔플 작업이 필요하다. 즉, 재수집된 배열의 순서가 원래 배열의 순서와 반드시 동일하지는 않다. 값은 여러 차원(정말 넓거나 매우 긴 배열)이 될 수 있고, GROUP BY를 수행하므로 이 접근 방식은 매우 비쌀 수 있다.

방법 2: 사용자 정의 함수

동일한 작업(values의 각 요소에 1을 더함)을 수행하기 위해 map()을 사용하여 각 요소(값)를 반복하고 더하기 작업을 수행하는 UDF를 생성할 수도 있다.

```scala
// 스칼라 예제
def addOne(values: Seq[Int]): Seq[Int] = {
```

---

31 https://databricks.com/blog/2018/11/16/introducing-new-built-in-functions-and-higher-order-functions-for-complex-data-types-in-apache-spark.html

32 https://databricks.com/blog/2017/06/13/five-spark-sql-utility-functions-extract-explore-complex-data-types.html

```
    values.map(value => value + 1)
}
val plusOneInt = spark.udf.register("plusOneInt", addOne(_: Seq[Int]): Seq[Int])
```

그런 다음 Spark SQL에서 이 UDF를 다음과 같이 사용할 수 있다.

```
spark.sql("SELECT id, plusOneInt(values) AS values FROM table").show()
```

이는 정렬 문제가 없기 때문에 explode() 및 collect_list()를 사용하는 것보다 낫지만, 직렬화 및 역직렬화 프로세스 자체는 비용이 많이 들 수 있다. 그러나 collect_list()를 사용하면 실행자들이 대용량 데이터에 대한 메모리 부족 문제를 경험할 수 있는 반면, UDF를 사용하면 이러한 문제가 완화될 수 있다는 점도 유념해야 한다.

복잡한 데이터 유형을 위한 내장 함수

이러한 잠재적으로 비용이 많이 드는 기술을 사용하는 대신, 복잡한 데이터 유형에 대해 아파치 스파크 2.4 이상 버전에 포함된 내장 함수를 사용할 수 있다. 표 5-3(배열 유형) 및 표 5-4(맵 유형)에 더 일반적인 항목들이 나열되어 있다. 전체 목록은 데이터브릭스 문서[33]를 참고한다.

표 5-3 **배열 유형 함수**

함수/설명	쿼리	결과
array_distinct(array<T>): array<T> 배열 내의 중복을 제거	SELECT array_distinct(array(1, 2, 3, null, 3));	[1,2,3,null]
array_intersect(array<T>, array<T>): array<T> 중복되지 않은 두 배열의 교차점을 반환	SELECT array_inter sect(array(1, 2, 3), array(1, 3, 5));	[1,3]
array_union(array<T>, array<T>): array<T> 중복 항목 없이 두 배열의 결합을 반환	SELECT array_union(array(1, 2, 3), array(1, 3, 5));	[1,2,3,5]
array_except(array<T>, array<T>): array<T> 배열1에는 존재하나 배열2에 존재하지 않는 요소를 중복 없이 반환	SELECT array_except(array(1, 2, 3), array(1, 3, 5));	[2]
array_join(array<String>, String[,String]):String 구분 기호를 사용하여 배열 요소를 연결	SELECT array_join(array('hello', 'world'), ' ');	hello world
array_max(array<T>): T Null값은 건너뛰고, 배열 내의 최댓값을 반환	SELECT array_max(array(1, 20, null, 3));	20

---

33 https://spark.apache.org/docs/2.4.0/api/sql/index.html

표 5-3 배열 유형 함수(계속)

함수/설명	쿼리	결과
array_min(array\<T>): T Null값은 건너뛰고, 배열 내의 최솟값을 반환	SELECT array_min(array(1, 20, null, 3));	1
array_position(array\<T>, T): Long Long 타입의 배열이 주어졌을 때 가장 첫 번째 인덱스의 요소를 반환	SELECT array_position(array(3, 2, 1), 1);	3
array_remove(array\<T>, T): array\<T> 지정된 배열에서 지정된 요소와 동일한 모든 요소를 제거	SELECT array_remove(array(1, 2, 3, null, 3), 3);	[1,2,null]
arrays_overlap(array\<T>, array\<T>): array\<T> 배열1에 하나 이상의 null이 아닌 요소가 배열2에도 있는 경우 true를 반환	SELECT arrays_overlap(array(1, 2, 3), array(3, 4, 5));	true
array_sort(array\<T>): array\<T> 입력된 배열을 오름차순으로 정렬하고 Null 요소는 배열의 끝에 위치	SELECT array_sort(array('b', 'd', null, 'c', 'a'));	["a","b","c","d",null]
concat(array\<T>, ...): array\<T> 문자열, 바이너리, 배열 등을 연결	SELECT concat(array(1, 2, 3), array(4, 5), array(6));	[1,2,3,4,5,6]
flatten(array\<array\<T>>): array\<T> 배열 안의 배열들을 단일 배열로 플랫화	SELECT flatten(array(array(1, 2), array(3, 4)));	[1,2,3,4]
array_repeat(T, Int): array\<T> 지정된 요소가 포함된 배열을 지정한 횟수만큼 반환	SELECT array_repeat('123', 3);	["123","123","123"]
reverse(array\<T>): array\<T> 문자열의 역순 또는 배열에서 요소의 역순을 반환	SELECT reverse(array(2, 1, 4, 3));	[3,4,1,2]
sequence(T, T[, T]): array\<T> 단계별로 시작부터 끝을 포함한 일련의 요소를 생성	SELECT sequence(1, 5); SELECT sequence(5, 1); SELECT sequence(to_date('2018-01-01'), to_date('2018-03-01'), inter val 1 month);	[1,2,3,4,5] [5,4,3,2,1] ["2018-01-01", "2018-02-01", "2018-03-01"]
shuffle(array\<T>): array\<T> 주어진 배열의 무작위 순열을 반환	SELECT shuffle(array(1, 20, null, 3));	[null,3,20,1]
slice(array\<T>, Int, Int): array\<T> 주어진 배열에서 지정된 길이의 지정된 인덱스(인덱스가 음수인 경우 끝에서 카운트)에서 시작하는 하위 집합을 반환	SELECT slice(array(1, 2, 3, 4), -2, 2);	[3,4]
array_zip(array\<T>, array\<U>, ...): array\<struct\<T, U, ...>> 병합된 구조 배열을 반환	SELECT arrays_zip(array(1, 2), array(2, 3), array(3, 4));	[{"0":1,"1":2,"2":3}, {"0":2,"1":3,"2":4}]

표 5-3 배열 유형 함수(계속)

함수/설명	쿼리	결과
element_at(array<T>, Int): T / 지정된 (1 기반) 인덱스에서 지정된 배열의 요소를 반환	SELECT element_at(array(1, 2, 3), 2);	2
cardinality(array<T>): Int 지정된 배열 또는 맵의 크기를 반환	SELECT cardinality(array('b', 'd', 'c', 'a'));	4

표 5-4 맵 함수

함수/설명	쿼리	결과
map_form_arrays(array<K>, array<V>): map<K, V> 주어진 키/값 배열 쌍에서 맵을 생성하여 반환. 키의 요소는 null을 허용하지 않음	SELECT map_from_arrays(array(1.0, 3.0), array('2', '4'));	{"1.0":"2", "3.0":"4"}
map_from_entries(array<struct<K, V>>): map<K, V> 주어진 배열에서 생성된 맵을 반환	SELECT map_from_entries(array(struct(1, 'a'), struct(2, 'b')));	{"1":"a", "2":"b"}
map_concat(map<K, V>, ...): map<K, V> 입력된 맵의 결합을 반환	SELECT map_concat(map(1, 'a', 2, 'b'), map(2, 'c', 3, 'd'));	{"1":"a", "2":"c","3":"d"}
element_at(map<K, V>, K): V 주어진 키에 대한 값을 반환하거나 키가 맵에 없는 경우 null을 반환	SELECT element_at(map(1, 'a', 2, 'b'), 2);	b
cardinality(array<T>): Int 지정된 배열 또는 맵의 크기를 반환	SELECT cardinality(map(1, 'a', 2, 'b'));	2

고차 함수

앞서 언급한 내장 함수 외에도 익명 람다 함수를 인수로 사용하는 고차 함수가 있다. 고차 함수의 예는 다음과 같다.

```
-- SQL 예제
transform(values, value -> lambda expression)
```

transform() 함수는 **배열**values과 익명 함수(**람다** 표현식)를 입력으로 사용한다. 이 함수는 각 요소에 익명 함수를 적용한 다음, 결과를 출력 배열에 할당함으로써 새로운 배열을 투명하게 생성한다(UDF 접근 방식과 유사하지만 더 효율적이다).

몇 가지 예를 실행할 수 있도록 샘플 데이터 세트를 생성해보자.

```
# 파이썬 예제
from pyspark.sql.types import *
schema = StructType([StructField("celsius", ArrayType(IntegerType()))])

t_list = [[35, 36, 32, 30, 40, 42, 38]], [[31, 32, 34, 55, 56]]
t_c = spark.createDataFrame(t_list, schema)
t_c.createOrReplaceTempView("tC")

# 데이터 프레임 출력
t_c.show()

// 스칼라 예제
// Create DataFrame with two rows of two arrays (tempc1, tempc2)
val t1 = Array(35, 36, 32, 30, 40, 42, 38)
val t2 = Array(31, 32, 34, 55, 56)
val tC = Seq(t1, t2).toDF("celsius")
tC.createOrReplaceTempView("tC")

// 데이터 프레임 출력
tC.show()
```

결과는 아래와 같다.

```
+--------------------+
|             celsius|
+--------------------+
|[35, 36, 32, 30, ...|
|[31, 32, 34, 55, 56]|
+--------------------+
```

앞의 데이터 프레임을 사용하면 다음과 같은 고차 함수 쿼리를 실행할 수 있다.

transform()

```
transform(array<T>, function<T, U>): array<U>
```

transform() 함수는 입력 배열의 각 요소에 함수를 적용하여 배열을 생성한다(map() 함수와 유사).

```
// 스칼라 및 파이썬 예제
// 온도의 배열에 대해 섭씨를 화씨로 계산
spark.sql("""
SELECT
  celsius
, transform(celsius, t -> ((t * 9) div 5) + 32) AS fahrenheit
```

```
FROM tC
""").show()
```

```
+--------------------+--------------------+
|            celsius|          fahrenheit|
+--------------------+--------------------+
|[35, 36, 32, 30, ...|[95, 96, 89, 86, ...|
|[31, 32, 34, 55, 56]|[87, 89, 93, 131,...|
+--------------------+--------------------+
```

filter()

```
filter(array<T>, function<T, Boolean>): array<T>
```

filter() 함수는 입력한 배열의 요소 중 부울 함수가 **참**인 요소만으로 구성된 배열을 생성한다.

```
// 스칼라 및 파이썬 예제
// 온도의 배열에 대해 섭씨 38도 이상을 필터
spark.sql("""
SELECT celsius,
 filter(celsius, t -> t > 38) AS high
  FROM tC
""").show()
```

```
+--------------------+--------+
|            celsius|    high|
+--------------------+--------+
|[35, 36, 32, 30, ...|[40, 42]|
|[31, 32, 34, 55, 56]|[55, 56]|
+--------------------+--------+
```

exists()

```
exists(array<T>, function<T, V, Boolean>): Boolean
```

입력한 배열의 요소 중 불린 함수를 만족시키는 것이 존재하면 exists() 함수는 **참**을 반환한다.

```
// 스칼라 및 파이썬 예제
// 온도의 배열에 섭씨 38도의 온도가 있는가?
```

```
spark.sql("""
SELECT celsius,
       exists(celsius, t -> t = 38) as threshold
  FROM tC
""").show()
```

```
+--------------------+---------+
|             celsius|threshold|
+--------------------+---------+
|[35, 36, 32, 30, ...|     true|
|[31, 32, 34, 55, 56]|    false|
+--------------------+---------+
```

aggregate()

```
aggregate(array<T>, B, function<B, T, B>, function<B, R>)
```

aggregate() 함수는 function<B, T, B>를 사용하여 요소를 버퍼 B에 병합하고 최종 버퍼에 마무리 fuction<B, R>을 적용하여 배열의 요소를 단일값으로 줄인다.

```
// 스칼라 및 파이썬 예제
// 온도의 평균을 계산하고 화씨로 변환
spark.sql("""
SELECT celsius,
       aggregate(
           celsius,
           0,
           (t, acc) -> t + acc,
           acc -> (acc div size(celsius) * 9 div 5) + 32
         ) as avgFahrenheit
  FROM tC
""").show()
```

```
+--------------------+-------------+
|             celsius|avgFahrenheit|
+--------------------+-------------+
|[35, 36, 32, 30, ...|           96|
|[31, 32, 34, 55, 56]|          105|
+--------------------+-------------+
```

일반적인 데이터 프레임 및 스파크 SQL 작업

스파크 SQL의 기능 중 일부는 데이터 프레임의 다양한 기능(비형식의 데이터세트 작업으로 알려진)에서 유래된다. 작업 목록은 매우 광범위하며 다음을 포함한다.

- 집계 함수
- 수집 함수
- 날짜/시간 함수
- 수학 함수
- 기타 함수
- 비집계 함수
- 정렬 함수
- 문자열 함수
- UDF 함수
- 윈도우 함수

전체 목록은 스파크 SQL 문서[34]를 참고한다.

이 장에서는 다음과 같은 일반적인 관계형 연산에 초점을 맞출 것이다.

- 결합과 조인
- 윈도우
- 수정

이러한 데이터 프레임 작업을 수행하기 위해 먼저 일부 데이터를 준비해야 한다. 다음 코드 예제에서는 아래와 같은 작업을 수행할 것이다.

1. 두 개의 파일을 가져와서 두 개의 데이터 프레임을 만든다. 하나는 공항(airportsna) 정보 데이터이고 다른 하나는 미국 비행 지연(departureDelays) 데이터이다.
2. expr()을 사용하여 delay(지연) 및 distance(거리) 칼럼을 STRING에서 INT로 변환한다.
3. 데모 예제에 집중할 수 있도록 작은 테이블 foo를 만든다. 여기에는 작은 시간 범위 동안 시애틀(SEA)에서 출발하여 샌프란시스코(SFO)에 도착하는 3개의 항공편에 대한 정보만 포함되어 있다.

그럼 시작해보자.

---

34 https://spark.apache.org/docs/latest/api/sql/index.html

```scala
// 스칼라 예제
import org.apache.spark.sql.functions._

// 파일 경로 설정
val delaysPath =
  "/databricks-datasets/learning-spark-v2/flights/departuredelays.csv"
val airportsPath =
  "/databricks-datasets/learning-spark-v2/flights/airport-codes-na.txt"

// 공항 데이터세트를 읽어 오기
val airports = spark.read
  .option("header", "true")
  .option("inferschema", "true")
  .option("delimiter", "\t")
  .csv(airportsPath)
airports.createOrReplaceTempView("airports_na")

// 출발 지연 데이터세트를 읽어 오기
val delays = spark.read
  .option("header", "true")
  .csv(delaysPath)
  .withColumn("delay", expr("CAST(delay as INT) as delay"))
  .withColumn("distance", expr("CAST(distance as INT) as distance"))
delays.createOrReplaceTempView("departureDelays")

// 임시 작은 테이블 생성
val foo = delays.filter(
  expr("""origin == 'SEA' AND destination == 'SFO' AND
      date LIKE '01010%' AND delay > 0"""))
foo.createOrReplaceTempView("foo")
```

```python
# 파이썬 예제
# 파일 경로 설정
from pyspark.sql.functions import expr
tripdelaysFilePath =
  "/databricks-datasets/learning-spark-v2/flights/departuredelays.csv"
airportsnaFilePath =
  "/databricks-datasets/learning-spark-v2/flights/airport-codes-na.txt"

# 공항 데이터세트를 읽어 오기
airportsna = (spark.read
  .format("csv")
  .options(header="true", inferSchema="true", sep="\t")
  .load(airportsnaFilePath))

airportsna.createOrReplaceTempView("airports_na")

# 출발 지연 데이터세트를 읽어 오기
departureDelays = (spark.read
```

```
  .format("csv")
  .options(header="true")
  .load(tripdelaysFilePath))

departureDelays = (departureDelays
  .withColumn("delay", expr("CAST(delay as INT) as delay"))
  .withColumn("distance", expr("CAST(distance as INT) as distance")))

departureDelays.createOrReplaceTempView("departureDelays")

# 임시 작은 테이블 생성
foo = (departureDelays
  .filter(expr("""origin == 'SEA' AND destination == 'SFO' and
    date like '01010%' and delay > 0""")))
foo.createOrReplaceTempView("foo")
```

departureDelays 데이터 프레임에는 130만 이상의 항공편에 대한 데이터가 포함되어 있는 반면 foo 데이터 프레임에는 다음 출력에 나와 있는 것처럼 특정 시간 범위 안의 SEA에서 SFO까지의 항공편에 대한 3개의 행만 포함된다.

```
// 스칼라 및 파이썬 예제
spark.sql("SELECT * FROM airports_na LIMIT 10").show()

+-----------+-----+-------+----+
|       City|State|Country|IATA|
+-----------+-----+-------+----+
| Abbotsford|   BC| Canada| YXX|
|   Aberdeen|   SD|    USA| ABR|
|    Abilene|   TX|    USA| ABI|
|      Akron|   OH|    USA| CAK|
|    Alamosa|   CO|    USA| ALS|
|     Albany|   GA|    USA| ABY|
|     Albany|   NY|    USA| ALB|
|Albuquerque|   NM|    USA| ABQ|
| Alexandria|   LA|    USA| AEX|
|  Allentown|   PA|    USA| ABE|
+-----------+-----+-------+----+

spark.sql("SELECT * FROM departureDelays LIMIT 10").show()

+--------+-----+--------+------+-----------+
|    date|delay|distance|origin|destination|
+--------+-----+--------+------+-----------+
|01011245|    6|     602|   ABE|        ATL|
|01020600|   -8|     369|   ABE|        DTW|
|01021245|   -2|     602|   ABE|        ATL|
|01020605|   -4|     602|   ABE|        ATL|
```

```
|01031245|  -4|     602|   ABE|       ATL|
|01030605|   0|     602|   ABE|       ATL|
|01041243|  10|     602|   ABE|       ATL|
|01040605|  28|     602|   ABE|       ATL|
|01051245|  88|     602|   ABE|       ATL|
|01050605|   9|     602|   ABE|       ATL|
+--------+-----+--------+------+----------+

spark.sql("SELECT * FROM foo").show()

+--------+-----+--------+------+-----------+
|    date|delay|distance|origin|destination|
+--------+-----+--------+------+-----------+
|01010710|   31|     590|   SEA|        SFO|
|01010955|  104|     590|   SEA|        SFO|
|01010730|    5|     590|   SEA|        SFO|
+--------+-----+--------+------+-----------+
```

다음 섹션에서는 이 데이터를 사용하여 결합, 조인 및 윈도우 예제를 실행할 것이다.

Union

아파치 스파크의 일반적인 패턴은 동일한 스키마를 가진 두 개의 서로 다른 데이터 프레임을 함께 결합하는 것이다. 이는 union() 함수를 사용하여 수행할 수 있다.

```scala
// 스칼라 예제
// 두 테이블 결합
val bar = delays.union(foo)
bar.createOrReplaceTempView("bar")
bar.filter(expr("""origin == 'SEA' AND destination == 'SFO'
AND date LIKE '01010%' AND delay > 0""")).show()
```

```python
# 파이썬 예제
# 두 테이블 결합
bar = departureDelays.union(foo)
bar.createOrReplaceTempView("bar")

# 결합된 결과 보기(특정 시간 범위에 대한 SEA와 SFO를 필터)
bar.filter(expr("""origin == 'SEA' AND destination == 'SFO'
AND date LIKE '01010%' AND delay > 0""")).show()
```

bar 데이터 프레임은 foo와 delays의 결합이다. 동일한 필터링 기준을 사용하면 bar 데이터 프레임이 생성되고 예상했던 대로 foo 데이터가 중복된 것을 볼 수 있다.

```
-- In SQL
spark.sql("""
SELECT *
  FROM bar
 WHERE origin = 'SEA'
       AND destination = 'SFO'
       AND date LIKE '01010%'
       AND delay > 0
""").show()
```

```
+--------+-----+--------+------+-----------+
|    date|delay|distance|origin|destination|
+--------+-----+--------+------+-----------+
|01010710|   31|     590|   SEA|        SFO|
|01010955|  104|     590|   SEA|        SFO|
|01010730|    5|     590|   SEA|        SFO|
|01010710|   31|     590|   SEA|        SFO|
|01010955|  104|     590|   SEA|        SFO|
|01010730|    5|     590|   SEA|        SFO|
+--------+-----+--------+------+-----------+
```

Join

일반적인 데이터 프레임 작업은 두 개의 데이터 프레임(또는 테이블)을 함께 조인하는 것이다. 기본적으로 스파크 SQL 조인은 inner join이며 옵션은 inner, cross, outer, full, full_outer, left, left_outer, right, right_outer, left_semi 및 left_anti이다. 자세한 정보는 문서[35]에서 확인할 수 있다(이는 파이썬뿐 아니라 스칼라에도 적용 가능).

다음 코드 예제는 airportsna와 foo 데이터 프레임 간의 inner join의 기본을 수행한다.

```
// 스칼라 예제
foo.join(
  airports.as('air),
  $"air.IATA" === $"origin"
).select("City", "State", "date", "delay", "distance", "destination").show()
```

```
# 파이썬 예제
# 출발 지연 데이터(foo)와 공항 정보의 조인
foo.join(
```

---

[35] https://spark.apache.org/docs/latest/api/python/reference/api/pyspark.sql.DataFrame.join.html?highlight=dataframe%20join#pyspark. sql.DataFrame.join

일반적인 데이터 프레임 및 스파크 SQL 작업

```
    airportsna,
    airportsna.IATA == foo.origin
).select("City", "State", "date", "delay", "distance", "destination").show()
```

```
-- SQL 예제
spark.sql("""
SELECT a.City, a.State, f.date, f.delay, f.distance, f.destination
  FROM foo f
  JOIN airports_na a
    ON a.IATA = f.origin
""").show()
```

앞의 코드를 사용하면 공항 데이터 프레임의 도시 및 주 정보에 결합된 foo 데이터 프레임의 날짜, 지연, 거리 및 목적지 정보를 볼 수 있다.

```
+-------+-----+--------+-----+--------+-----------+
|   City|State|    date|delay|distance|destination|
+-------+-----+--------+-----+--------+-----------+
|Seattle|   WA|01010710|   31|     590|        SFO|
|Seattle|   WA|01010955|  104|     590|        SFO|
|Seattle|   WA|01010730|    5|     590|        SFO|
+-------+-----+--------+-----+--------+-----------+
```

윈도우

윈도우 함수[36]는 일반적으로 윈도우(입력 행의 범위) 행의 값을 사용하여 다른 행의 형태로 값 집합을 반환한다. 윈도우 함수를 사용하면 모든 입력 행에 대해 단일값을 반환하면서 행 그룹에 대해 작업할 수 있다. 이 섹션에서는 dense_rank() 윈도우 함수를 사용하는 방법을 보여줄 것이다. 표 5-5에 나와 있는 것처럼 그 밖에 많은 기능도 존재한다.

표 5-5 윈도우 함수

	SQL	데이터 프레임 API
랭킹 함수	rank()	rank()
	dense_rank()	denseRank()
	percent_rank()	percentRank()
	ntile()	ntile()
	row_number()	rowNumber()

---

36 https://databricks.com/blog/2015/07/15/introducing-window-functions-in-spark-sql.html

표 5-5 윈도우 함수(계속)

	SQL	데이터 프레임 API
분석 함수	cume_dist()	cumeDist()
	first_value()	firstValue()
	last_value()	lastValue()
	lag()	lag()
	lead()	lead()

다음 쿼리에서는 시애틀SEA, 샌프란시스코SFO 및 뉴욕JFK에서 출발하여 특정 목적지 위치로 이동하는 항공편에서 기록된 TotalDelays(sum(Delay)로 계산되는)에 대한 검토부터 시작하겠다.

```
-- SQL 예제
DROP TABLE IF EXISTS departureDelaysWindow;

CREATE TABLE departureDelaysWindow AS
SELECT origin, destination, SUM(delay) AS TotalDelays
  FROM departureDelays
 WHERE origin IN ('SEA', 'SFO', 'JFK')
   AND destination IN ('SEA', 'SFO', 'JFK', 'DEN', 'ORD', 'LAX', 'ATL')
 GROUP BY origin, destination;

SELECT * FROM departureDelaysWindow
```

```
+------+-----------+-----------+
|origin|destination|TotalDelays|
+------+-----------+-----------+
|   JFK|        ORD|       5608|
|   SEA|        LAX|       9359|
|   JFK|        SFO|      35619|
|   SFO|        ORD|      27412|
|   JFK|        DEN|       4315|
|   SFO|        DEN|      18688|
|   SFO|        SEA|      17080|
|   SEA|        SFO|      22293|
|   JFK|        ATL|      12141|
|   SFO|        ATL|       5091|
|   SEA|        DEN|      13645|
|   SEA|        ATL|       4535|
|   SEA|        ORD|      10041|
|   JFK|        SEA|       7856|
|   JFK|        LAX|      35755|
|   SFO|        JFK|      24100|
|   SFO|        LAX|      40798|
|   SEA|        JFK|       4667|
+------+-----------+-----------+
```

이러한 각 출발 공항에 대해 가장 많은 지연이 발생한 3개의 목적지를 찾으려면 어떻게 해야 하는가? 다음과 같이 각 출발지에 대해 세 가지의 다른 쿼리를 실행한 다음 결과를 통합하여 이에 대한 답을 얻을 수 있다.

```sql
-- SQL 예제
SELECT origin, destination, SUM(TotalDelays) AS TotalDelays
 FROM departureDelaysWindow
 WHERE origin = '[ORIGIN]'
 GROUP BY origin, destination
 ORDER BY SUM(TotalDelays) DESC
 LIMIT 3
```

여기서 [ORIGIN]은 JFK, SEA 및 SFO의 세 가지 다른 출발지이다.

그러나 더 나은 접근 방식으로는 dense_rank()와 같은 윈도우 함수를 사용하여 다음과 같이 계산할 수 있다.

```sql
-- SQL 예제
spark.sql("""
SELECT origin, destination, TotalDelays, rank
  FROM (
     SELECT origin, destination, TotalDelays,
       dense_rank() OVER (PARTITION BY origin ORDER BY TotalDelays DESC) AS rank
       FROM departureDelaysWindow
  ) t
WHERE rank <= 3
""").show()
```

```
+------+-----------+-----------+----+
|origin|destination|TotalDelays|rank|
+------+-----------+-----------+----+
|   SEA|        SFO|      22293|   1|
|   SEA|        DEN|      13645|   2|
|   SEA|        ORD|      10041|   3|
|   SFO|        LAX|      40798|   1|
|   SFO|        ORD|      27412|   2|
|   SFO|        JFK|      24100|   3|
|   JFK|        LAX|      35755|   1|
|   JFK|        SFO|      35619|   2|
|   JFK|        ATL|      12141|   3|
+------+-----------+-----------+----+
```

dense_rank() 윈도우 함수를 사용하면 세 출발지 도시에 대해 지연이 가장 심한 목적지가 다음과 같음을 빠르게 확인할 수 있다.

- 시애틀SEA: 샌프란시스코SFO, 덴버DEN, 시카고ORD
- 샌프란시스코SFO: 로스앤젤레스LAX, 시카고ORD, 뉴욕JFK
- 뉴욕JFK: 로스앤젤레스LAX, 샌프란시스코SFO, 애틀랜타ATL

각 윈도우 그룹은 단일 이그제큐터에서 실행될 수 있어야 하며 실행 중에는 단일 파티션으로 구성된다는 점에 유의해야 한다. 그러므로 쿼리가 제한되지 않는지 확인해야 한다(예: 윈도우 크기 제한).

수정

또 다른 일반적인 작업은 데이터 프레임을 **수정**modification하는 것이다. 데이터 프레임 자체는 변경할 수 없지만 예를 들어 다른 열을 사용하여 새롭고 다른 데이터 프레임을 만드는 작업을 통해 수정할 수 있다(이전 장에서 언급한 것과 같이 기본 RDD는 스파크 작업에 대한 데이터 계보가 있는지 확인하기 위해 변경할 수 없다는 점을 기억하자). 이전의 작은 데이터 프레임을 예제로 시작해보자.

```
// 스칼라 및 파이썬 예제
foo.show()
```

```
+--------+-----+--------+------+-----------+
|    date|delay|distance|origin|destination|
+--------+-----+--------+------+-----------+
|01010710|   31|     590|   SEA|        SFO|
|01010955|  104|     590|   SEA|        SFO|
|01010730|    5|     590|   SEA|        SFO|
+--------+-----+--------+------+-----------+
```

열 추가

foo 데이터 프레임에 새 칼럼을 추가하려면 withColumn() 함수를 사용한다.

```
// 스칼라 예제
import org.apache.spark.sql.functions.expr
val foo2 = foo.withColumn(
        "status",
        expr("CASE WHEN delay <= 10 THEN 'On-time' ELSE 'Delayed' END")
    )
```

```
# 파이썬 예제
from pyspark.sql.functions import expr
foo2 = (foo.withColumn(
        "status",
        expr("CASE WHEN delay <= 10 THEN 'On-time' ELSE 'Delayed' END")
    ))
```

새로 생성된 foo2 데이터 프레임에는 원래 foo 데이터 프레임의 데이터와 CASE문으로 정의된 추가적인 status 칼럼이 있다.

```
// 스칼라 및 파이썬 예제
foo2.show()
```

```
+--------+-----+--------+------+-----------+-------+
|    date|delay|distance|origin|destination| status|
+--------+-----+--------+------+-----------+-------+
|01010710|   31|     590|   SEA|        SFO|Delayed|
|01010955|  104|     590|   SEA|        SFO|Delayed|
|01010730|    5|     590|   SEA|        SFO|On-time|
+--------+-----+--------+------+-----------+-------+
```

열 삭제

열을 삭제하려면 drop() 함수를 사용해야 한다. 예제로 이전 섹션에서 추가한 status 칼럼이 있으므로 delay 칼럼을 제거해보도록 하자.

```
// 스칼라 예제
val foo3 = foo2.drop("delay")
foo3.show()
```

```
# 파이썬 예제
foo3 = foo2.drop("delay")
foo3.show()
```

```
+--------+--------+------+-----------+-------+
|    date|distance|origin|destination| status|
+--------+--------+------+-----------+-------+
|01010710|     590|   SEA|        SFO|Delayed|
|01010955|     590|   SEA|        SFO|Delayed|
```

```
|01010730|     590|   SEA|         SFO|On-time|
+--------+--------+------+-----------+-------+
```

칼럼명 바꾸기

withColumnRenamed() 함수를 사용하여 칼럼명을 바꿀 수 있다.

```
// 스칼라 예제
val foo4 = foo3.withColumnRenamed("status", "flight_status")
foo4.show()
```

```
# 파이썬 예제
foo4 = foo3.withColumnRenamed("status", "flight_status")
foo4.show()
```

```
+--------+--------+------+-----------+-------------+
|    date|distance|origin|destination|flight_status|
+--------+--------+------+-----------+-------------+
|01010710|     590|   SEA|        SFO|      Delayed|
|01010955|     590|   SEA|        SFO|      Delayed|
|01010730|     590|   SEA|        SFO|      On-time|
+--------+--------+------+-----------+-------------+
```

피벗

데이터로 작업할 때는 로우와 칼럼을 바꿔야 하는 경우가 있다(예: 데이터 **피벗**pivot).[37] 이 개념을 설명하기 위해 몇 가지 데이터를 살펴보자.

```
-- SQL 예제
SELECT destination, CAST(SUBSTRING(date, 0, 2) AS int) AS month, delay
  FROM departureDelays
 WHERE origin = 'SEA'
```

```
+-----------+-----+-----+
|destination|month|delay|
+-----------+-----+-----+
|        ORD|    1|   92|
|        JFK|    1|   -7|
```

---

37 https://databricks.com/blog/2018/11/01/sql-pivot-converting-rows-to-columns.html

```
|       DFW|    1|   -5|
|       MIA|    1|   -3|
|       DFW|    1|   -3|
|       DFW|    1|    1|
|       ORD|    1|  -10|
|       DFW|    1|   -6|
|       DFW|    1|   -2|
|       ORD|    1|   -3|
+----------+-----+-----+
only showing top 10 rows
```

피벗을 사용하면 month 칼럼에 이름을 배치할 수 있을 뿐만 아니라(1과 2 대신 각각 Jan과 Feb를 표시할 수 있음) 목적지 및 월별 지연에 대한 집계 계산(이 경우 평균 및 최대)을 수행할 수 있다.

```
-- SQL 예제
SELECT * FROM (
SELECT destination, CAST(SUBSTRING(date, 0, 2) AS int) AS month, delay
  FROM departureDelays WHERE origin = 'SEA'
)
PIVOT (
  CAST(AVG(delay) AS DECIMAL(4, 2)) AS AvgDelay, MAX(delay) AS MaxDelay
  FOR month IN (1 JAN, 2 FEB)
)
ORDER BY destination
```

```
+-----------+------------+------------+------------+------------+
|destination|JAN_AvgDelay|JAN_MaxDelay|FEB_AvgDelay|FEB_MaxDelay|
+-----------+------------+------------+------------+------------+
|        ABQ|       19.86|         316|       11.42|          69|
|        ANC|        4.44|         149|        7.90|         141|
|        ATL|       11.98|         397|        7.73|         145|
|        AUS|        3.48|          50|       -0.21|          18|
|        BOS|        7.84|         110|       14.58|         152|
|        BUR|       -2.03|          56|       -1.89|          78|
|        CLE|       16.00|          27|        null|        null|
|        CLT|        2.53|          41|       12.96|         228|
|        COS|        5.32|          82|       12.18|         203|
|        CVG|       -0.50|           4|        null|        null|
|        DCA|       -1.15|          50|        0.07|          34|
|        DEN|       13.13|         425|       12.95|         625|
|        DFW|        7.95|         247|       12.57|         356|
|        DTW|        9.18|         107|        3.47|          77|
|        EWR|        9.63|         236|        5.20|         212|
|        FAI|        1.84|         160|        4.21|          60|
|        FAT|        1.36|         119|        5.22|         232|
```

```
|      FLL|       2.94|        54|        3.50|        40|
|      GEG|       2.28|        63|        2.87|        60|
|      HDN|      -0.44|        27|       -1.89|        78|
+----------+-----------+----------+-----------+----------+
only showing top 20 rows
```

요약

이 장에서는 스파크 SQL이 외부 구성 요소와 어떻게 상호 작용하는지 살펴보았다. 판다스 UDF를 포함한 사용자 정의 함수 생성에 대해 논의하고 스파크 SQL 쿼리(스파크 SQL 셸, 비라인 및 태블로 포함)를 실행하기 위한 몇 가지 옵션을 제시했다. 그런 다음 스파크 SQL을 사용하여 SQL 데이터베이스, PostgreSQL, MySQL, 태블로, 애저 코스모스 DB, MS SQL 서버 등과 같은 다양한 외부 데이터 원본과 연결하는 방법에 대한 예제를 제공했다.

또한 복잡한 데이터 유형을 위한 스파크의 내장 함수를 살펴보고, 고차 함수 작업에 대한 몇 가지 예를 제공했다. 마지막으로 몇 가지 일반적인 관계 연산자를 논의하고 데이터 프레임 작업을 선택하는 방법을 보여주었다.

다음 장에서는 데이터 세트로 작업하는 방법, 강력한 유형의 작업이 주는 이점, 사용 시기와 이유를 살펴보도록 하자.

6

스파크 SQL과 데이터세트

4장과 5장에서는 스파크 SQL과 데이터 프레임 API에 대하여 다루었다. 어떻게 내부 및 외부의 데이터 소스와 연결할 수 있는지에 대해 살펴보았고, 스파크 SQL 엔진에 대해서도 알아보았으며, SQL과 데이터 프레임 간에 어떻게 상호 작용하는지, 뷰와 테이블은 어떻게 생성하고 관리하는지, 그리고 고급 데이터 프레임과 SQL 변환에 대해서도 배웠다.

3장에서는 간단하게 데이터세트 API에 대해 소개하였고, 데이터세트(강하게 형식화된 분산 컬렉션)이 스파크에서 어떻게 생성되고 저장되며, 직렬화 및 역직렬화되는지에 대해 살펴보았다.

이번 장에서는 데이터세트를 이해하기 위해 좀 더 내부를 살펴보도록 하자. 자바와 스칼라에서 데이터세트로 어떻게 작업하는지, 데이터세트 구조를 고수준 API의 한 부분으로 수용하기 위해서 스파크가 메모리를 어떻게 관리하는지, 그리고 데이터세트 사용과 관련된 비용에 대해 알아보자.

자바와 스칼라를 위한 단일 API

3장(그림 3-1과 표 3-6)에서 배운 것과 같이, 데이터세트는 강력한 형식의 객체를 위하여 통합되고 단일화된 API를 제공한다. 스파크에서 지원하는 언어 중에서 오직 스칼라와 자바만이 강력하게 형식화된 타입으로 지정된다. 반면에 파이썬과 R은 형식화되지 않은 타입의 데이터 프레임 API를 지원하고 있다.

데이터세트는 데이터 프레임 API에서 익숙하게 사용되는 DSL 연산자나 함수형 프로그래밍을 사용하여 병렬로 작동할 수 있는 도메인별 형식화된 객체다.

단일화된 API 덕분에 자바 개발자는 더이상 뒤처질 위험이 없다. 예를 들어, 스칼라의 `groupBy()`, `flatMap()`, `map()`, 및 `filter()` API에 대한 향후에 제공될 인터페이스나 동작 변경은 공통된 단일 인터페이스이기 때문에 자바에서도 동일하게 구현될 것이기 때문이다.

데이터세트를 위한 스칼라 케이스 클래스와 자바빈

3장(표 3-2)을 기억한다면, 스파크는 `StringType`, `BinaryType`, `IntegerType`, `BooleanType` 및 `MapType` 같은 내부적 데이터 타입을 가지고 있으며, 스파크 작업 중에 스칼라 및 자바의 언어별 데이터 타입에 원활하게 매핑하는 데 사용된다. 이 매핑은 인코더를 통해 수행되며, 그것에 대해서는 이 장 후반부에서 얘기하겠다.

`Dataset[T]`를 생성하기 위해서, 여기서 T는 스칼라에서 형식화된 객체이기 때문에 객체를 정의하는 `case class`가 필요하다.[1] 3장에서 사용한 예제 데이터를 사용하여 아파치 스파크에 대해 작성하는 블로거에 대한 수백만 개의 항목이 포함된 다음과 같은 형식의 JSON 파일이 있다고 가정해 보자.

```
{id: 1, first: "Jules", last: "Damji", url: "https://tinyurl.1", date:
"1/4/2016", hits: 4535, campaigns: {"twitter", "LinkedIn"}},
...
{id: 87, first: "Brooke", last: "Wenig", url: "https://tinyurl.2", date:
"5/5/2018", hits: 8908, campaigns: {"twitter", "LinkedIn"}}
```

분산된 `Dataset[Bloggers]`를 생성하려면 먼저 스칼라 객체로 구성된 각 개별 필드를 정의하는 스칼라 케이스 클래스를 정의해야 한다. 이 케이스 클래스는 입력된 객체 `Bloggers`의 청사진 또는 스키마 역할을 한다.

```scala
// 스칼라 예제
case class Blogger(
  id: Int, first: String, last: String, url: String, date: String, hits: Int, campaigns:
Array[String])
```

이제 데이터 원본에서 파일을 읽을 수 있다.

```scala
val bloggers = "../data/bloggers.json"
val bloggersDS = spark
    .read
```

---

[1] https://docs.scala-lang.org/tour/case-classes.html

```
    .format("json")
    .option("path", bloggers)
    .load()
    .as[Blogger]
```

분산 데이터 컬렉션 결과의 각 행은 **Blogger** 유형으로 정의된다.

마찬가지로 자바에서 유형의 자바빈 클래스를 생성한 다음 인코더를 사용하여 **Dataset<Blogger>**를 생성할 수 있다.

```
// 자바 예제
import org.apache.spark.sql.Encoders;
import java.io.Serializable;

public class Blogger implements Serializable {
    private int id;
    private String first;
    private String last;
    private String url;
    private String date;
    private int hits;
    private List<String> campaigns;

    // JavaBean getters and setters
    int getID() { return id; }
    void setID(int i) { id = i; }
    String getFirst() { return first; }
    void setFirst(String f) { first = f; }
    String getLast() { return last; }
    void setLast(String l) { last = l; }
    String getURL() { return url; }
    void setURL (String u) { url = u; }
    String getDate() { return date; }
    Void setDate(String d) { date = d; }
    int getHits() { return hits; }
    void setHits(int h) { hits = h; }

List<String> getCampaigns() { return campaigns; }
void setCampaigns(List<String> c) { campaigns = c; }
}

// 인코더 생성
Encoder<Blogger> BloggerEncoder = Encoders.bean(Blogger.class);
String bloggers = "../bloggers.json";
Dataset<Blogger> bloggersDS = spark
  .read
  .format("json")
  .option("path", bloggers)
```

```
  .load()
  .as(BloggerEncoder);
```

보다시피, 스칼라 및 자바에서 데이터세트를 만들려면 읽고 있는 행에 대한 모든 개별 칼럼 이름과 유형을 알아야 하기 때문에 사전에 먼저 고려해야 한다. 스파크가 스키마를 유추하도록 할 수 있는 데이터 프레임과 달리 데이터세트 API에서는 미리 데이터 유형을 정의하고, 케이스 클래스 또는 자바 빈 클래스가 스키마와 일치해야 한다.

 스칼라 케이스 클래스 또는 자바 클래스 정의의 필드 이름은 데이터 원본의 순서와 일치해야 한다. 데이터의 각 행에 대한 칼럼명은 클래스의 해당 이름에 자동으로 매핑되고 유형은 자동으로 보존된다.

필드 이름이 입력한 데이터와 일치하는 경우 기존 스칼라 케이스 클래스 또는 자바빈 클래스를 사용할 수 있다. 데이터세트 API로 작업하는 것은 데이터 프레임으로 작업하는 것만큼 쉽고 간결하며 선언적이다. 대부분의 데이터세트 변환에서는 이전 장에서 학습한 것과 동일한 관계 연산자를 사용할 수 있다.

샘플 데이터세트를 작업하는 몇 가지 측면을 살펴보자.

데이터세트 작업

샘플 데이터세트를 생성하는 한 가지 간단하고 동적인 방법은 SparkSession 인스턴스를 사용하는 것이다. 이 시나리오에서는 설명을 위해 uid(사용자의 고유 ID), unname(임의 생성된 사용자 이름 문자열), usage[서버 또는 서비스 사용 시간(분)]의 세 가지 필드가 있는 스칼라 객체를 동적으로 생성한다.

샘플 데이터 생성

먼저 몇 가지 샘플 데이터를 생성해보자.

```
// 스칼라 예제
import scala.util.Random._
// 데이터세트를 위한 케이스 클래스
case class Usage(uid: Int, uname: String, usage: Int)
val r = new scala.util.Random(42)
// 스칼라 Usage 클래스의 1000개 인스턴스 생성
// 데이터를 즉시 생성
val data = for (i <- 0 to 1000)
  yield (Usage(i, "user-" + r.alphanumeric.take(5).mkString(""),
  r.nextInt(1000)))
// Usage 형태의 데이터세트 생성
```

```
val dsUsage = spark.createDataset(data)
dsUsage.show(10)
```

```
+---+----------+-----+
|uid|     uname|usage|
+---+----------+-----+
|  0|user-Gpi2C|  525|
|  1|user-DgXDi|  502|
|  2|user-M66yO|  170|
|  3|user-xTOn6|  913|
|  4|user-3xGSz|  246|
|  5|user-2aWRN|  727|
|  6|user-EzZY1|   65|
|  7|user-ZlZMZ|  935|
|  8|user-VjxeG|  756|
|  9|user-iqf1P|    3|
+---+----------+-----+
only showing top 10 rows
```

아이디어는 비슷하지만 자바에서는 명시적 **인코더**를 사용해야 한다(스칼라에서 스파크는 암시적으로 처리함).

```java
// 자바 예제
import org.apache.spark.sql.Encoders;
import org.apache.commons.lang3.RandomStringUtils;
import java.io.Serializable;
import java.util.Random;
import java.util.ArrayList;
import java.util.List;

// 자바빈으로 자바 클래스 생성
public class Usage implements Serializable {
    int uid;                // user id
    String uname;           // username
    int usage;              // usage

    public Usage() {
    }
    public Usage(int uid, String uname, int usage) {
        this.uid = uid;
        this.uname = uname;
        this.usage = usage;
    }

    // JavaBean getters and setters
    public int getUid() { return this.uid; }
    public void setUid(int uid) { this.uid = uid; }
```

```
    public String getUname() { return this.uname; }
    public void setUname(String uname) { this.uname = uname; }
    public int getUsage() { return this.usage; }
    public void setUsage(int usage) { this.usage = usage; }

    public Usage() {
    }

    public String toString() {
        return "uid: '" + this.uid + "', uame: '" + this.uname + "',
        usage: '" + this.usage + "'";
    }
}

// 명시적 인코더 생성
Encoder<Usage> usageEncoder = Encoders.bean(Usage.class);
Random rand = new Random();
rand.setSeed(42);
List<Usage> data = new ArrayList<Usage>()

// 자바 Usage 클래스의 1000개 인스턴스 생성
for (int i = 0; i < 1000; i++) {
  data.add(
    new Usage(i,
        "user" + RandomStringUtils.randomAlphanumeric(5),
        rand.nextInt(1000)
    )
  );
    }

// Usage 형태의 데이터세트 생성
Dataset<Usage> dsUsage = spark.createDataset(data, usageEncoder);
```

 무작위 시드 알고리즘이 다를 수 있기 때문에 스칼라와 자바 사이에 생성된 데이터세트가 다를 것이다. 따라서 스칼라와 자바의 쿼리 결과는 서로 다르다.

이제 생성된 데이터세트인 dsUsage가 있으므로 이전 장에서 수행한 몇 가지 일반적인 변환을 수행해 보도록 하자.

샘플 데이터 변환

데이터세트는 도메인별 객체의 강력하게 정형화된 컬렉션임을 기억해야 한다. 이러한 객체는 함수적인 또는 관계적인 연산을 사용하여 병렬로 변환할 수 있다. 이러한 변환의 예로는 map(), reduce(), filter(), select(), aggregate()가 있다. 고차 함수[2]의 예로서, 이러한 방법은 람다, 클로저 또는 함수를 인수로 사용하고 결과를 반환할 수 있다. 따라서, 그들은 함수형 프로그래밍[3]에 잘 적응한다.

스칼라는 함수형 프로그래밍 언어이고, 최근에는 람다, 함수형 인수, 클로저가 자바에도 추가되었다. 스파크에서 고차 함수를 몇 가지 사용해보고 앞에서 생성한 샘플 데이터와 함께 함수형 프로그래밍 구조를 사용해보겠다.

고차 함수 및 함수형 프로그래밍

간단한 예를 들어 filter()를 사용하여 사용량이 900분을 초과하는 dsUsage 데이터세트의 모든 사용자를 반환해 보자. 이것을 수행하는 한 가지 방법은 다음과 같은 filter() 함수에 대한 인수로 함수 표현식을 사용하는 것이다.

```
// 스칼라 예제
import org.apache.spark.sql.functions._
dsUsage
  .filter(d => d.usage > 900)
  .orderBy(desc("usage"))
  .show(5, false)
```

또 다른 방법은 함수를 정의하고 해당 함수를 filter() 함수의 인수로 제공하는 것이다.

```
def filterWithUsage(u: Usage) = u.usage > 900
dsUsage.filter(filterWithUsage(_)).orderBy(desc("usage")).show(5)
```

```
+---+----------+-----+
|uid|     uname|usage|
+---+----------+-----+
|561|user-5n2xY|  999|
|113|user-nnAXr|  999|
|605|user-NL6c4|  999|
|634|user-L0wci|  999|
|805|user-LX27o|  996|
+---+----------+-----+
only showing top 5 rows
```

첫 번째 경우에는 filter() 방법에 대한 인수로 람다 식 {d.usage > 900}을 사용한 반면, 두 번째 경우에는 def filterWithUsage(u: Usage) = u.dump > 900을 사용하여 스칼라 함수를 정의하였다.

---

2 https://en.wikipedia.org/wiki/First-class_function#Higher-order_functions:_passing_functions_as_arguments
3 https://en.wikipedia.org/wiki/Functional_programming

두 경우 모두 filter() 함수는 분산된 데이터세트에서 Usage 객체의 각 행에 반복되어 람다 식을 적용하거나 함수를 실행하여 값이 참인 행에 대해 새로운 Usage 데이터세트를 반환하게 된다(방법 서명에 대한 자세한 내용은 스칼라 문서[4]를 참고한다).

자바에서 필터링할 인수는 FilterFunctiont<T>[5] 유형이다. 이것은 익명 인라인 또는 명명된 함수를 사용하여 정의할 수 있다. 이 예에서는 이름으로 함수를 정의하고 변수 f에 할당한다. filter()에 이 함수를 적용하면 필터 조건이 참인 모든 행이 포함된 새 데이터세트가 반환된다.

```
// 자바 예제
// 자바 필터 함수 정의
FilterFunction<Usage> f = new FilterFunction<Usage>() {
    public boolean call(Usage u) {
        return (u.usage > 900);
    }
};

// 함수를 사용하여 필터를 수행하고 결과를 내림차순으로 정렬
dsUsage.filter(f).orderBy(col("usage").desc()).show(5);
```

```
+---+----------+-----+
|uid|     uname|usage|
+---+----------+-----+
|67 |user-qCGvZ|997  |
|878|user-J2HUU|994  |
|668|user-pz2Lk|992  |
|750|user-0zWqR|991  |
|242|user-g0kF6|989  |
+---+----------+-----+
only showing top 5 rows
```

모든 람다 또는 함수 인수가 불린값으로 평가해야 하는 것은 아니며 계산된 값도 반환할 수 있다. 고차 함수 map()을 사용하여 이 예를 들어보자. 여기서 우리의 목표는 특정 임계치를 초과하여 사용한 사용자에 대해 사용 비용을 알아내어 분당 특별 가격을 제공하는 것이다.

```
// 스칼라 예제
// if-then-else 람다식을 사용하여 값을 계산
dsUsage.map { u =>
  if (u.usage > 750) u.usage * 0.1
  else u.usage * 0.50
```

---

4   https://spark.apache.org/docs/latest/api/scala/org/apache/spark/sql/Dataset.html

5   https://spark.apache.org/docs/latest/api/java/org/apache/spark/api/java/function/FilterFunction.html

```
}
.show(5, false)
// 사용량을 계산하는 함수를 정의
def computeCostUsage(usage: Int): Double = {
  if (usage > 750) usage * 0.15 else usage * 0.50
}
// map()에 인자로서 함수를 사용
dsUsage.map(u => computeCostUsage(u.usage)).show(5, false)
+------+
|value |
+------+
|262.5 |
|251.0 |
|85.0  |
|136.95|
|123.0 |
+------+
only showing top 5 rows
```

자바에서 map()을 사용하려면 MapFunction<T>[6]를 정의해야 한다. 익명 클래스 또는 MapFunction<T>을 상속받는 정의된 클래스일 수 있다. 이 예에서는 인라인, 즉 함수 내부에서 정의하여 사용할 것이다.

```
// 자바 예제
// 인라인 MapFunction 정의
dsUsage.map((MapFunction<Usage, Double>) u -> {
    if (u.usage > 750)
        return u.usage * 0.15;
    else
        return u.usage * 0.50;
}, Encoders.DOUBLE()).show(5); // 인코더를 명시적으로 지정할 필요가 있다.
+------+
|value |
+------+
|65.0  |
|114.45|
|124.0 |
|132.6 |
|145.5 |
+------+
only showing top 5 rows
```

비록 우리가 사용 비용에 대한 값을 계산했지만, 우리는 계산값이 어떤 사용자와 연관되어 있는지 모른다. 어떻게 이러한 정보를 얻을 수 있을까?

---

6 https://spark.apache.org/docs/latest/api/java/org/apache/spark/api/java/function/MapFunction.html

단계는 간단하다.

1. 추가 필드를 사용하여 스칼라 케이스 클래스 또는 자바빈 클래스인 UsageCost를 생성한다.
2. 비용을 계산하는 함수를 정의하여 map() 함수에 사용한다.

스칼라에서는 다음과 같다.

```
// 스칼라 예제
// cost 필드를 포함한 새로운 케이스 클래스 생성
case class UsageCost(uid: Int, uname: String, usage: Int, cost: Double)

// Usage를 인수로 사용하여 사용 비용을 계산
// 새로운 UsageCost 객체 반환
def computeUserCostUsage(u: Usage): UsageCost = {
  val v = if (u.usage > 750) u.usage * 0.15 else u.usage * 0.50
  UsageCost(u.uid, u.uname, u.usage, v)
}

// 기존 데이터세트에 map()을 사용
dsUsage.map(u => computeUserCostUsage(u)).show(5)

+---+----------+-----+------+
|uid|     uname|usage|  cost|
+---+----------+-----+------+
|  0|user-Gpi2C|  525| 262.5|
|  1|user-DgXDi|  502| 251.0|
|  2|user-M66yO|  170|  85.0|
|  3|user-xTOn6|  913|136.95|
|  4|user-3xGSz|  246| 123.0|
+---+----------+-----+------+
only showing top 5 rows
```

이제 우리는 map() 변환의 함수에 의해 계산된 새로운 열, 비용을 가진 변환된 데이터 세트와 다른 모든 열을 가지고 있다.

마찬가지로, Java에서 각 사용자와 관련된 비용을 원할 경우 자바빈 클래스 UsageCost 및 MapFunction<T>을 정의해야 한다. 전체 자바빈 예는 책의 깃허브 저장소를 참고하고 여기에서는 간략하게 인라인 MapFunction<T>만 보여주도록 할 것이다.

```
// 자바 예제
// 자바빈 클래스를 위한 인코더 생성
Encoder<UsageCost> usageCostEncoder = Encoders.bean(UsageCost.class);
```

```
// 데이터에 map() 함수를 적용
dsUsage.map( (MapFunction<Usage, UsageCost>) u -> {
    double v = 0.0;
    if (u.usage > 750) v = u.usage * 0.15;
    else v = u.usage * 0.50;
    return new UsageCost(u.uid, u.uname,u.usage, v);
});

usageCostEncoder).show(5);

+------+---+----------+-----+
|  cost|uid|     uname|usage|
+------+---+----------+-----+
|  65.0|  0|user-xSyzf|  130|
|114.45|  1|user-iOI72|  763|
| 124.0|  2|user-QHRUk|  248|
| 132.6|  3|user-8GTjo|  884|
| 145.5|  4|user-U4cU1|  970|
+------+---+----------+-----+
only showing top 5 rows
```

고차 함수 및 데이터세트 사용에 대해 몇 가지 주의해야 할 사항이 있다.

- 입력된 JVM 객체를 함수에 대한 인수로 사용하고 있다.

- 읽기 쉽게 만드는 (객체 지향 프로그래밍에서) 도트 표기법을 사용하여 형식화된 JVM 객체 내의 개별 필드에 액세스한다.

- 일부 기능 및 람다 시그니처는 형안전type-safe이 보장되어 컴파일 시점 오류 감지를 보장하고 스파크에게 어떤 데이터 유형, 어떤 작업을 수행할지 지시할 수 있다.

- 코드는 람다 표현식의 자바 또는 스칼라 언어 기능을 사용하여 읽기 쉽고, 표현적이며, 간결하다.

- 스파크는 자바나 스칼라의 고차 함수 생성자가 없이도 map()이나 filter()와 동등한 기능을 제공하므로 데이터세트 또는 데이터 프레임에서 함수형 프로그래밍을 사용할 필요가 없다. 대신 조건부 DSL 연산자나 SQL 표현식(예: dsUsage.filter("usage > 900") 또는 dsUsage($"usage" > 900)을 사용할 수 있다(자세한 정보는 뒷부분의 '데이터세트 사용 비용'을 참고하도록 하자).

- 데이터세트의 경우 데이터 유형에 대한 JVM과 스파크의 내부 이진 형식 간에 데이터를 효율적으로 변환하는 메커니즘인 인코더를 사용한다(뒷부분의 '데이터 집합 인코더'에 자세히 설명되어 있다).

 고차 함수 및 함수형 프로그래밍은 스파크 데이터세트에만 있는 것이 아니고 데이터 프레임과 함께 사용할 수도 있다. 데이터 프레임은 Dataset[Row]이며, 여기서 Row는 다양한 유형의 필드를 저장할 수 있는 일반 비정형 JVM 객체이다. 메서드 시그니처는 행에서 작동하는 식 또는 함수를 사용한다. 이는 각 행의 데이터 유형이 식 또는 함수에 대한 입력값이 될 수 있음을 의미한다.

데이터 프레임을 데이터세트로 변환

쿼리 및 구조의 강력한 유형 확인을 위해 데이터 프레임을 데이터세트로 변환할 수 있다. 기존 데이터 프레임 df를 SomeCaseClass 유형의 데이터 집합으로 변환하려면 df.as[SomeCaseClass] 표기법을 사용하면 된다. 이러한 예는 다음과 같다.

```
// 스칼라 예제
val bloggersDS = spark
  .read
  .format("json")
  .option("path", "/data/bloggers/bloggers.json")
  .load()
  .as[Blogger]
```

spark.read.format("json")은 DataFrame<Row>를 반환한다. 이 행은 스칼라에서 Dataset[Row]의 형식 별칭이다. .as[Blogger]를 사용하면 스파크가 이 장 뒷부분에서 설명하게 될 인코더를 사용하여 스파크의 내부 메모리 표현에서 JVM Blogger 객체로 직렬화/역직렬화하도록 지시한다.

데이터세트 및 데이터 프레임을 위한 메모리 관리

스파크는 집중적인 인메모리 분산 빅데이터 엔진으로, 메모리를 효율적으로 사용하는 것은 실행 속도[7]에 큰 영향을 미친다. 스파크 릴리스 역사를 보면 스파크의 메모리 사용은 엄청나게 진화[8]하였다.

- Spark 1.0은 메모리 스토리지, 직렬화 및 역직렬화에 RDD 기반 자바 객체를 사용하였다. 이는 리소스 측면에서 비용이 많이 들고 속도가 느렸다. 또한, 스토리지가 **자바 힙**에 할당되었기 때문에 대규모 데이터세트에 대한 JVM의 가비지 컬렉션garbage collection, GC에 좌우되었다.

- 스파크 1.x에 도입된 프로젝트 텅스텐[9]의 두드러진 특징 중 하나는 오프셋과 포인터를 사용하여 오프 힙 메모리에 데이터세트와 데이터 프레임을 배치하는 새로운 내부 행 기반 형식이었다. 스파크는 **인코더**라고 불리는 효율적인 메커니즘을 사용하여 JVM과 내부 텅스텐 포맷 사이를 직렬화하고 역직렬화한다. 오프 힙에 메모리를 직접 할당한다는 것은 스파크가 GC에 의해 받는 영향을 줄일 수 있다는 것을 의미한다.

---

7   스파크가 메모리를 관리하는 방법에 대한 자세한 내용은 텍스트와 프레젠테이션 '아파치 스파크 메모리 관리(Apache Spark Memory Management)(https://www.youtube.com/watch?v=dPHrykZL8Cg)' 및 '스파크를 베어 메탈에 가깝게 하는 프로젝트 텅스텐 심층 분석(Deep Dive into Project Tungsten Bringing Spark Closer to Bare Metal)(https://www.youtube.com/watch?v=5ajs8EIPWGI)'을 참고하도록 하자.

8   https://spoddutur.github.io/spark-notes/deep_dive_into_storage_formats.html

9   https://databricks.com/blog/2015/04/28/project-tungsten-bringing-spark-closer-to-bare-metal.html

- 스파크 2.x는 전체 단계 코드 생성 및 벡터화된 칼럼 기반 메모리 레이아웃을 특징으로 하는 2세대 텅스텐 엔진[10]을 도입했다. 최신 컴파일러의 아이디어와 기술을 기반으로 제작된 이 새로운 버전은 빠른 병렬 데이터 액세스를 위하여 '단일 명령, 다중 데이터(SIMD)' 접근 방식의 최신 CPU 및 캐시 아키텍처를 활용했다.

데이터 집합 인코더

인코더는 오프 힙 메모리의 데이터를 스파크의 내부 텅스텐 포맷에서 JVM 자바 오브젝트로 변환한다. 즉, 스파크의 내부 형식에서 원시 데이터 유형을 포함한 JVM 객체로 데이터세트 객체를 직렬화하고 역직렬화한다. 예를 들어, Encoder[T]는 스파크의 내부 텅스텐 형식에서 Dataset[T]로 변환된다.

스파크는 원시 유형(예: String, Integer, Long), 스칼라 케이스 클래스 및 자바빈에 대한 인코더를 자동으로 생성할 수 있는 내장 지원 기능을 가지고 있다. 자바와 크리오Kryo 직렬화, 역직렬화에 비교했을 때 스파크 인코더는 상당히 빠르다.[11]

이전 자바 예에서 인코더를 명시적으로 생성했었다.

```
Encoder<UsageCost> usageCostEncoder = Encoders.bean(UsageCost.class);
```

그러나 스칼라의 경우에는 스파크가 이러한 효율적인 변환을 위해 바이트 코드를 자동으로 생성한다. 스파크의 내부 텅스텐 행 기반 형식을 살펴보자.

스파크의 내부 형식과 자바 객체 형식 비교

자바 객체에는 헤더 정보, 해시 코드, 유니코드 정보 등 큰 오버헤드가 있다. 'abcd'와 같은 간단한 자바 문자열도 예상하는 4바이트 대신 48바이트의 스토리지를 사용한다. 예를 들어 MyClass(Int, String, String) 객체를 생성할 오버헤드를 상상해보자.

스파크는 데이터세트 또는 데이터 프레임을 위한 JVM 기반 객체를 생성하는 대신 **오프 힙** 자바 메모리를 할당하여 데이터를 레이아웃하고, 인코더를 사용하여 데이터를 메모리 내 표현에서 JVM 객체로 변환한다. 예를 들어, 그림 6-1은 JVM 객체 MyClass(Int, String, String)가 내부적으로 저장되는 방식을 보여준다.

---

10 https://databricks.com/blog/2016/05/23/apache-spark-as-a-compiler-joining-a-billion-rows-per-second-on-a-laptop.html
11 https://databricks.com/blog/2016/01/04/introducing-apache-spark-datasets.html

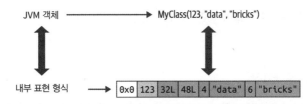

그림 6-1 스파크가 관리하는 연속 오프 힙 Java 메모리에 저장된 JVM 객체

데이터가 이러한 인접한 방식으로 저장되고 포인터 산술과 오프셋을 통해 액세스할 수 있을 때, 인코더는 데이터를 빠르게 직렬화하거나 역직렬화할 수 있다. 이것은 무슨 의미일까?

직렬화 및 역직렬화

분산 컴퓨팅에서는 새로운 개념이 아니며, 클러스터 내의 컴퓨터 노드들 사이에서 데이터가 네트워크를 통해 자주 이동하며, **직렬화 및 역직렬화**serialization and deserialization, SerDe는 송신자에 의해 이진 표시 또는 형식으로 **인코딩**(직렬화)되고 수신자에 의해 바이너리 형식에서 해당 데이터 형식 객체로 디코딩(역직렬화)되는 프로세스이다.

예를 들어, 그림 6-1의 JVM 객체 MyClass를 스파크 클러스터의 노드 간에 공유해야 하는 경우, 송신자는 이를 바이트 배열로 직렬화하고 수신자는 이를 다시 MyClass 유형의 JVM 객체로 직렬화한다.

JVM에는 자체 자바 직렬화기와 역직렬화기가 내장되어 있지만, 이전 섹션에서 보듯이 힙 메모리에서 JVM에 의해 생성된 자바 객체가 비대하기 때문에 비효율적이고 느리다.

이러한 부분이 데이터세트 인코더에서는 다음과 같은 사항으로 개선된다.

- 스파크의 내부 텅스텐 이진 형식(그림 6-1 및 6-2 참고)은 자바 힙 메모리 밖에 객체를 저장하나, 데이터 사이즈가 작아 공간을 적게 차지한다.
- 인코더는 메모리 주소와 오프셋이 있는 간단한 포인터 계산을 사용하여 메모리를 가로질러 빠르게 직렬화할 수 있다(그림 6-2).
- 수신 단부에서 인코더는 스파크의 내부 표현으로 이진 표현을 빠르게 역직렬화할 수 있기 때문에 JVM의 가비지 컬렉션의 일시 중지로 인한 방해를 받지 않는다.

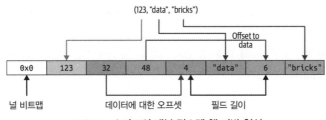

그림 6-2 스파크의 내부 텅스텐 행 기반 형식

하지만, 다음에 논의해야 할 것과 같이 좋은 것에는 항상 대가가 따른다.

데이터세트 사용 비용

3장 '데이터 프레임 vs 데이터세트'에서는 데이터세트 사용의 몇 가지 이점을 간략히 설명했지만, 이러한 이점은 비용이 든다. 앞 절에서 언급한 바와 같이, 데이터세트이 람다 또는 함수형 인수를 사용하는 `filter()`, `map()` 또는 `flatMap()`과 같은 고차 함수에 전달될 때 스파크 내부의 텅스텐 형식에서 JVM 객체로 역직렬화하는 비용이 발생한다.

스파크에 인코더가 도입되기 전에 사용된 다른 직렬화 방법들과 비교하여, 이 비용은 경미하고 감수할 만하다. 그러나 대규모 데이터 세트와 많은 쿼리에 걸쳐 이러한 비용이 발생하며 성능에 영향을 미칠 수 있다.

비용 절감 전략

과도한 직렬화 및 역직렬화를 완화하기 위한 한 가지 전략은 쿼리에서 DSL 표현을 사용하고 람다를 고차 함수에 대한 인수로 과도하게 사용하여 익명성을 높이는 것을 피하는 것이다. 람다는 런타임까지 카탈리스트 옵티마이저에서 익명이며 명확하지 않기 때문에 이를 사용하면 사용자가 수행하는 작업을 효율적으로 식별할 수 없으므로(스파크에게 **무엇을 하라고** 지시하지 않음) 쿼리를 최적화할 수 없다 (3장 '카탈리스트 옵티마이저' 참고).

두 번째 전략은 직렬화 및 역직렬화가 최소화되도록 쿼리를 함께 연결하는 것이다. 쿼리를 함께 연결하는 것은 스파크에서 일반적이다.

간단한 예를 들어 설명해보겠다. 스칼라 케이스 클래스로 정의되는 `Person` 데이터세트가 있다고 가정해보자.

```
// 스칼라 예제
case class Person(id: Integer, firstName: String, middleName: String, lastName: String,
gender: String, birthDate: String, ssn: String, salary: String)
```

함수형 프로그래밍을 사용하여 이 데이터세트에 쿼리의 세트를 실행하고 싶다.

무의식적으로 직렬화 및 역직렬화의 비용을 반복적으로 발생시키는 방식으로 쿼리를 비효율적으로 구성하는 경우를 살펴보자.

```
import java.util.Calendar
import org.apache.spark.sql.SQLImplicits
val earliestYear = Calendar.getInstance.get(Calendar.YEAR) - 40

personDS

  // 40세 이상 사람 모두: 람다-1
  .filter(x => x.birthDate.split("-")(0).toInt > earliestYear)

  // 80000달러 이상 버는 사람 모두
  .filter($"salary" > 80000)

  // 성이 J로 시작하는 사람 모두: 람다-2
  .filter(x => x.lastName.startsWith("J"))

  // 이름이 D로 시작하는 사람 모두
  .filter($"firstName".startsWith("D"))
  .count()
```

그림 6-3에서 볼 수 있듯이, 람다에서 DSL로 이동할 때마다(filter($"salary" > 8000)) Person JVM 객체를 직렬화하고 역직렬화하는 비용이 발생된다.

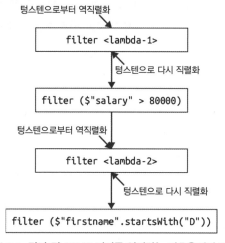

그림 6-3 람다 및 DSL로 쿼리를 연결하는 비효율적인 방법

반대로 다음 쿼리는 DSL만 사용하고 람다를 사용하지 않았다. 결과적으로, 훨씬 더 효율적이다. 전체 합성 및 체인 쿼리에 대해서는 직렬화/역직렬화가 필요하지 않다.

```
personDS
  .filter(year($"birthDate") > earliestYear) // 40세 이상 사람 모두
  .filter($"salary" > 80000) // 80000달러 이상 버는 사람 모두
```

```
.filter($"lastName".startsWith("J")) // 성이 J로 시작하는 사람 모두
.filter($"firstName".startsWith("D")) // 이름이 D로 시작하는 사람 모두
.count()
```

이 책의 깃허브 저장소[12]에서는 궁금한 사람들을 위해 이 장에 대한 노트의 두 가지 실행 시간에 대한 차이를 제공한다.

요약

이 장에서는 자바 및 스칼라의 데이터세트 관련 사용법에 대해 자세히 설명하였다. 스파크가 통합된 고차원의 API의 일부인 데이터세트 구성을 수용하기 위해 어떻게 메모리를 관리하는지를 알아보았으며, 데이터세트 사용과 관련된 일부 비용을 고려하였고, 이러한 비용을 줄이는 방법을 알아보았다. 스파크에서 자바와 스칼라의 함수형 프로그래밍 구조를 사용하는 방법도 보여주었다.

마지막으로, 우리는 인코더가 스파크의 내부 텅스텐 이진 형식에서 JVM 객체로 직렬화하고 역직렬화하는 방법을 간단히 살펴보았다.

다음 챕터에서는 효율적인 I/O 전략, 스파크 구성 최적화 및 튜닝을 통해 스파크를 최적화하는 방법과 스파크 애플리케이션을 디버깅하는 동안 어떤 특성과 신호를 찾아야 하는지 살펴보겠다.

---

12 https://github.com/databricks/LearningSparkV2

CHAPTER

7

스파크 애플리케이션의
최적화 및 튜닝

앞 장에서는 자바와 스칼라에서 데이터세트로 어떻게 작업하는지에 대해 상세하게 다루었다. 또한 통합된 상위 수준 API의 일부로 생성된 데이터세트를 스파크가 메모리에 어떻게 올리는지에 대해 살펴보았으며 데이터세트를 사용하는 데 대한 비용 및 그 비용을 어떻게 줄일 수 있는지에 대해 고민해보았다.

게다가 그 비용을 줄이는 데 있어서 우리는 스파크를 어떻게 최적화하고 튜닝할지도 고민해야 한다. 이 장에서는 최적화와 관련된 설정 내용들에 대해 논의하고 스파크의 조인 전략들에 대해 살펴보며 스파크 UI 내용을 분석하고 나쁜 상태에 대한 단서를 찾는 방법에 대해 알아본다.

효율적으로 스파크를 최적화 및 튜닝하기

스파크는 튜닝[1]을 위한 많은 설정 항목들을 갖고 있지만 이 책에서는 가장 중요하고 자주 사용되는 일부의 설정들만 다룰 것이다. 기능별로 구분된 전체 리스트를 보려면 공식 문서[2]를 숙독하기 바란다.

아파치 스파크 설정 확인 및 세팅

스파크 설정을 확인하고 설정하는 데는 세 가지 방법이 있다. 첫 번째는 설정 파일들을 통한 방법이다. 배포한 $SPARK_HOME 디렉터리(스파크가 설치된 곳)에는 여러 설정 파일들이 있다. conf/spark-defaults.conf.template, conf/log4j.properties.template, conf/spark-env.sh.template 같은 파

---

1   https://spark.apache.org/docs/latest/tuning.html
2   https://spark.apache.org/docs/latest/configuration.html

일들이다. 이 파일들에 있는 기본값을 변경한 뒤 .template 부분을 지우고 저장하면 스파크에 새로운 값을 사용한다고 알려주게 된다.

 conf/spark-defaults.conf 파일의 설정을 바꾸면 설정이 스파크 클러스터와 그 클러스터에 제출되는 모든 스파크 애플리케이션에 적용된다

두 번째 방법은 스파크 애플리케이션 안에서 혹은 다음처럼 명령 행에서 애플리케이션을 spark-submit으로 제출할 때 --conf 옵션을 써서 직접 설정하는 것이다.

```
spark-submit --conf spark.sql.shuffle.partitions=5 --conf "spark.executor.memory=2g" --class
main.scala.chapter7.SparkConfig_7_1 jars/main- scala-chapter7_2.12-1.0.jar
```

스파크 애플리케이션 안에서는 다음처럼 설정할 수 있다.

```scala
// 스칼라 예제
import org.apache.spark.sql.SparkSession

def printConfigs(session: SparkSession) = {
    // 설정값을 받아 옴
    val mconf = session.conf.getAll
    // 설정값 출력
    for (k <- mconf.keySet) println(s"${k} -> ${mconf(k)}\n")
}

def main(args: Array[String]) = {
  // 세션 생성
  val spark = SparkSession.builder
    .config("spark.sql.shuffle.partitions", 5)
    .config("spark.executor.memory", "2g")
    .master("local[*]")
    .appName("SparkConfig")
    .getOrCreate()

  printConfigs(spark)
  spark.conf.set("spark.sql.shuffle.partitions",
    spark.sparkContext.defaultParallelism)
  println(" ****** Setting Shuffle Partitions to Default Parallelism")
  printConfigs(spark)
}
```

출력은 다음과 같다(내용은 환경에 따라 다를 수 있음).

```
spark.driver.host -> 10.8.154.34
spark.driver.port -> 55243
spark.app.name -> SparkConfig
spark.executor.id -> driver
spark.master -> local[*]
spark.executor.memory -> 2g
spark.app.id -> local-1580162894307
spark.sql.shuffle.partitions -> 5
```

세 번째 방법은 스파크 셸에서 프로그래밍 인터페이스를 통한 방법이다. 스파크에서의 다른 모든 것과 마찬가지로 API는 스파크와 상호 작용을 하기 위한 가장 근본적인 방법이다. SparkSession 객체를 쓰면 대부분의 스파크 설정에 접근할 수 있다.

예를 들어 스파크 REPL[3]에서 이 스칼라 코드를 실행해보면 스파크가 로컬 모드로 실행된 호스트의 스파크 설정들을 볼 수 있다.

```
// 스칼라 예제
// mconf는 Map[String, String] 타입이다.
scala> val mconf = spark.conf.getAll
...
scala> for (k <- mconf.keySet) { println(s"${k} -> ${mconf(k)}\n") }

spark.driver.host -> 10.13.200.101
spark.driver.port -> 65204
spark.repl.class.uri -> spark://10.13.200.101:65204/classes
spark.jars ->
spark.repl.class.outputDir -> /private/var/folders/jz/qg062ynx5v39wwmfxmph5nn...
spark.appname -> Spark shell
spark.submit.pyFiles ->
spark.ui.showConsoleProgress -> true
spark.executor.id -> driver
spark.submit.deployMode -> client
spark.master -> local[*]
spark.home -> /Users/julesdamji/spark/spark-3.0.0-preview2-bin-hadoop2.7
spark.sql.catalogImplementation -> hive
spark.app.id -> local-1580144503745
```

스파크 SQL 전용 설정들도 볼 수 있다.

---

3 [옮긴이] read-eval-print loop의 약자이며 셸 환경으로 가볍게 반복적으로 실행해보고 테스트할 수 있는 환경을 의미한다. 스칼라나 파이썬이 대표적이며 REPL이 없는 자바(최근에 도입됨)나 C/C++ 등은 테스트를 위해 간단한 코드를 짜고 컴파일 및 실행해 보아야 하는 불편함이 있다.

```
// 스칼라 예제
spark.sql("SET -v").select("key", "value").show(5, false)
```

```
# 파이썬 예제
spark.sql("SET -v").select("key", "value").show(n=5, truncate=False)
```

```
+------------------------------------------------------------+-----------+
|key                                                         |value      |
+------------------------------------------------------------+-----------+
|spark.sql.adaptive.enabled                                  |false      |
|spark.sql.adaptive.nonEmptyPartitionRatioForBroadcastJoin   |0.2        |
|spark.sql.adaptive.shuffle.fetchShuffleBlocksInBatch.enabled|true       |
|spark.sql.adaptive.shuffle.localShuffleReader.enabled       |true       |
|spark.sql.adaptive.shuffle.maxNumPostShufflePartitions      |<undefined>|
+------------------------------------------------------------+-----------+
only showing top 5 rows
```

다른 방법으로는 그림 7-1처럼 스파크 UI의 환경Environment 탭을 통해 현재 설정을 확인할 수 있지만 변경은 불가능하며 이 장에서 나중에 알아볼 것이다.

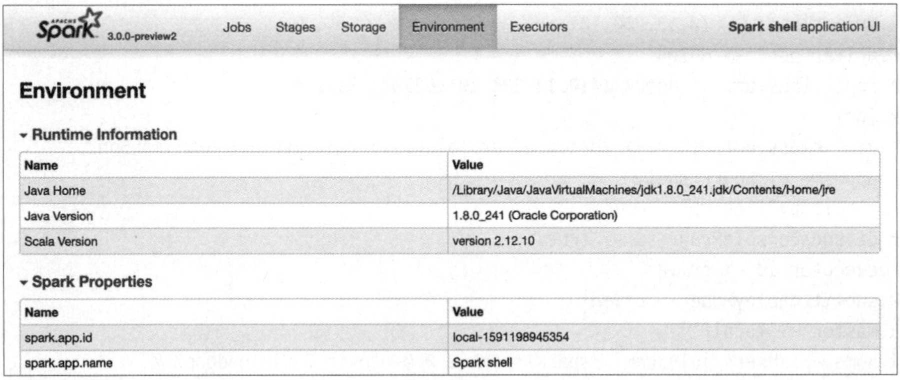

그림 7-1 스파크 3.0 UI 환경 탭

현재의 설정값을 프로그래밍으로 변경하려면 우선 값이 변경 가능한지 확인해보아야 한다. spark.conf.isModifiable("<설정필드 이름>")을 호출하면 true나 false를 되돌려 준다. 모든 수정 가능 설정값은 API를 통해 새로 설정할 수 있다.

```
// 스칼라 예제
scala> spark.conf.get("spark.sql.shuffle.partitions")
res26: String = 200
```

```
scala> spark.conf.set("spark.sql.shuffle.partitions", 5)
scala> spark.conf.get("spark.sql.shuffle.partitions")
res28: String = 5
```

```
# 파이썬 예제
>>> spark.conf.get("spark.sql.shuffle.partitions")
'200'
>>> spark.conf.set("spark.sql.shuffle.partitions", 5)
>>> spark.conf.get("spark.sql.shuffle.partitions")
'5'
```

스파크 설정값을 결정하는 여러 가지 방법들 간에도 어떤 값이 우선하는지 결정하는 우선순위가 존재한다. **spark-default.conf**에 정의된 값이나 플래그가 가장 먼저 읽히며 그다음엔 **spark-submit**의 명령 행 설정, 마지막으로는 스파크 애플리케이션에서 **SparkSession**을 통해 설정된 값이 쓰인다. 이 모든 값들은 다 합쳐지면서 앞에 말한 순서에 따라 중복된 설정은 초기화된다. 즉, 명령 행으로 전달된 값은 애플리케이션 자체에서 덮어 쓰지 않는 한, 설정 파일의 값을 대체하게 된다.

적절한 설정값을 이용하는 것은 다음 절에서도 보겠지만 성능에 도움을 준다. 여기서 권장하는 내용은 커뮤니티에서 실무자들의 관찰에 의해 도출된 내용들이며 스파크가 대규모 워크로드에 대해 클러스터 자원 사용을 극대화하는 것에 초점을 맞추었다.

대규모 워크로드를 위한 스파크 규모 확장

대규모 스파크 워크로드는 배치 잡인 경우가 종종 있으며 매일 야간에만 실행한다든가 혹은 하루 중에서도 몇 시간 간격으로 실행한다든가 하는 식이다. 어느 쪽이든 이런 작업들은 보통 몇 테라바이트 혹은 그 이상의 데이터를 처리할 것이다. 자원 부족이나 점진적인 성능 저하에 의한 작업 실패를 피하기 위해 사용해볼 수 있는 스파크 설정들이 여럿 있다. 이 설정들은 스파크 드라이버, 이그제큐터, 이그제큐터에서 실행되는 셔플 서비스 등 세 가지의 스파크 컴포넌트에 영향을 미친다.

스파크 드라이버는 클러스터 매니저와 함께 클러스터에 이그제큐터들을 띄우고 그 위에서 돌아갈 스파크 태스크들을 스케줄링하는 역할을 한다. 대규모 워크로드에서는 수백 개의 태스크가 돌아가게 될 것이다. 이번 절에서는 자원 사용의 최적화를 어떻게 조정하는지, 태스크를 어떻게 병렬적으로 실행시키는지, 다수의 태스크에 의한 병목 현상을 어떻게 회피하는지 등을 설명한다. 최적화 아이디어와 개념 중 일부는 스파크를 테라바이트 규모로 사용하는 페이스북 같은 대기업들이 스파크+AI 서밋에서 스파크 커뮤니티와 공유한 내용들을 포함한다.[4]

---

[4] 서밋 발표 영상인 'Tuning Apache Spark for Large Scale Workloads'(https://www.youtube.com/watch?v=5dga0UT4RI8)와 'Hive Bucketing in Apache Spark'(https://www.youtube.com/watch?v=6BD-Vv-ViBw)를 보도록 하자.

정적/동적 자원 할당

이전에 책에서 보여준 것처럼 spark-submit에 명령 행 인자로 자원량을 지정한다면 이는 제한을 두는
것이 된다. 이는 시작할 때의 워크로드보다 더 방대한 작업으로 인해 드라이버에 나중에 태스크들이
기다리는 상황이 발생해도 스파크가 지정한 이상의 추가적인 자원들을 더 할당할 수 없다는 뜻이다.

대신해서 스파크의 동적 자원 할당 설정[5]을 사용한다면 스파크 드라이버는 거대한 워크로드가 밀려
오거나 빠져나갈 때마다 그 요청에 맞춰 컴퓨팅 자원을 더 할당하거나 줄이도록 요청할 수 있다. 워
크로드가 동적이라는 시나리오(다시 말하면 컴퓨팅 용량에 대한 요구가 계속 변하는)상에서는 동적 할당을
사용하는 것이 갑작스러운 워크로드 증가에 도움이 될 것이다.

이것이 도움이 되는 한 예는 스트리밍이 될 수 있는데, 스트리밍은 보통 데이터양의 흐름이 불규칙하
기 때문이다. 다른 예는 온디맨드 데이터 분석인데 피크 타임에는 SQL 쿼리가 대용량을 처리해야 하
는 경우가 많기 때문이다. 동적 자원 할당을 사용하는 것은 스파크가 자원 사용을 더 효율적으로 하
게 해 주며 사용하지 않는 이그제큐터를 해제하고 필요할 때 새롭게 띄우도록 한다.

 대용량이나 자주 변화하는 워크로드뿐 아니라 스파크가 얀Yarn, 메소스Mesos, 쿠버네티스Kubernetes 에서 돌
아가는 다양한 애플리케이션이나 서비스들에 배포될 수 있는 멀티테넌트multitenant[6] 환경에도 유용하다. 하
지만 스파크의 리소스 요구량 변화가 동시에 자원을 필요로 하는 다른 애플리케이션에도 영향을 미칠 수 있
다는 점을 주의하도록 한다.

동적 할당을 활성화하고 설정하려면 다음과 같은 세팅들을 쓸 수 있다. 설정 숫자들은 임의로 넣은
것이며 적절한 설정은 워크로드 상황에 따라 조절해야 할 것이다. 이 설정 중 일부는 스파크 REPL
안에서는 쓸 수 없으므로 프로그래밍으로 설정해야 한다.

```
spark.dynamicAllocation.enabled true
spark.dynamicAllocation.minExecutors 2
spark.dynamicAllocation.schedulerBacklogTimeout 1m
spark.dynamicAllocation.maxExecutors 20
spark.dynamicAllocation.executorIdleTimeout 2min
```

기본적으로 spark.dynamicAllocation.enabled는 false로 되어 있다. 위처럼 이 설정들을 활성화
하면 스파크 드라이버는 클러스터 매니저가 최소 이그제큐터 개수인 두 개로 시작하도록 요청할 것
이다(spark.dynamicAllocation.minExecutors). 태스크 큐 백로그가 늘어나면 매번 백로그 타임
아웃(spark.dynamicAllocation.schedulerBacklogTimeout) 시간이 될 때마다 새로운 이그제큐터

---

5   https://spark.apache.org/docs/latest/configuration.html#dynamic-allocation
6   https://spoddutur.github.io/spark-notes/distribution_of_executors_cores_and_memory_for_spark_application.html

를 요청하게 된다. 이 경우 1분 이상 스케줄링되지 않은 태스크들이 기다리고 있으면 언제든 드라이버는 백로깅된 태스크들이 실행될 새로운 이그제큐터가 실행되도록 요청할 것이며 최대 20개까지만 (spark.dynamicAllocation.maxExecutors) 가능할 것이다. 반면 이그제큐터가 태스크를 완료하고 2분 동안 놀고 있으면(spark.dynamicAllocation.executorIdleTimeout) 드라이버는 이그제큐터를 중지할 것이다.

스파크 이그제큐터의 메모리와 셔플 서비스 설정

단순히 동적 자원 할당을 활성화하는 것만으로는 충분하지 않다. 이그제큐터들이 메모리 부족에 시달리거나 JVM 가비지 컬렉션으로 문제를 겪지 않게 하려면 이그제큐터 메모리가 어떤 식으로 구성되고 스파크가 어떻게 사용하는지도 알아두어야 한다.

각 이그제큐터에서 사용 가능한 메모리의 양은 spark.executor.memory에 의해 제어된다. 이 메모리는 그림 7-2에서 보듯 실행 메모리, 저장 메모리, 예비 메모리의 세 부분으로 나뉘어진다. 기본 비율은 OOM 에러를 예방하기 위한 목적인 예비 메모리에 300MB를 할당한 후, 나머지에서 실행 메모리에 60%, 저장 메모리에 40%가 할당된다. 스파크 공식 문서[7]는 이 설정이 대부분의 경우에서 잘 작동할 것이라고 얘기하지만 spark.executor.memory의 비율을 베이스라인 삼아 원하는 수치로 조정할 수 있다. 저장 메모리가 별로 사용되지 않으면 스파크는 실행에 쓰기 위해 실행 메모리를 필요로 할 가능성이 높으며 그 반대도 마찬가지다.

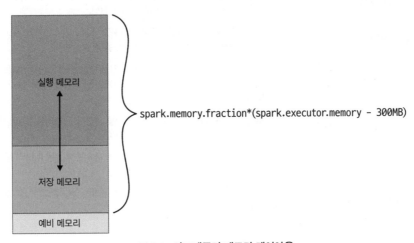

그림 7-2 **이그제큐터 메모리 레이아웃**

실행 메모리는 스파크의 셔플, 조인, 정렬, 집계 등에 사용된다. 쿼리들은 서로 다른 양의 메모리를 필요로 할 수 있기 때문에 여기에 사용되는 가용 메모리의 비율(spark.memory.fraction은 0.6이 기본

---

7 https://spark.apache.org/docs/latest/tuning.html#memory-management-overview

수치이다)은 튜닝이 정석적이라고 할 순 없지만 고치기는 쉽다. 반면 저장 메모리는 사용자 데이터 구조를 캐싱하고 데이터 프레임에서 온 파티션들을 저장하는 데에 주로 쓰인다.

맵이나 셔플 작업이 이루어지는 동안 스파크는 로컬 디스크의 셔플 파일에 데이터를 쓰고 읽으므로 이때는 큰 I/O 작업이 발생한다. 기본 설정들은 대용량 스파크 작업에 최적화되어 있진 않으므로 여기서 병목 현상이 발생할 수도 있다. 어떤 설정들이 이 내용들과 관계있는지 알아 두면 스파크 작업에서의 그런 단계에서 위험부담을 줄일 수 있다.

표 7-1에서 맵, 스필spill, 병합 처리 중에 비효율적인 I/O로 인해 방해받지 않고 최종 셔플 파티션을 디스크에 쓰기 전에 버퍼 메모리를 잘 이용할 수 있도록 조절 가능한 추천 설정 몇 가지를 다루었다. 각 이그제큐터에서 돌아가는 셔플 서비스 튜닝[8]은 대용량 스파크 워크로드의 성능을 전체적으로 향상시키는 데에 도움이 된다.

표 7-1 맵과 셔플 작업 중의 I/O를 조절할 수 있는 스파크 설정들

설정 이름	기본값, 추천값, 설명
spark.driver.memory	기본값은 1g(1GB)이다. 이는 스파크 드라이버가 이그제큐터들에게 데이터를 받기 위해 할당되는 메모리의 양을 나타낸다. 이 값은 종종 spark-submit의 --driver-memory 옵션에 의해 바뀐다. 이 값은 collect() 같은 함수로 드라이버가 많은 데이터를 받아 와야 하는 경우 메모리가 부족할 수 있으므로 조정하도록 한다.
spark.shuffle.file.buffer	기본값은 32KB이다. 1MB를 추천한다. 이는 스파크가 맵 결과를 디스크에 쓰기 전에 버퍼링을 더 많이 할 수 있게 한다.[9]
spark.file.transferTo	기본값은 true이다. 이를 false로 바꾸면 스파크가 디스크에 쓰기 전에 파일 버퍼를 사용하도록 하며 이는 I/O 횟수를 줄일 수 있다.
spark.shuffle.unsafe.file.output.buffer	기본값은 32KB이다. 셔플 작업 중 파일을 병합할 때 가능한 버퍼의 양을 조절한다. 일반적으로는 큰 값(예: 1MB)이 대용량 워크로드에는 적합하지만 일반적인 워크로드에는 기본값도 잘 동작한다.
spark.io.compression.lz4.blockSize	기본값은 32KB이다. 512KB로 올리기를 권한다. 압축하는 블록 단위를 크게 함으로써 셔플 파일의 크기를 줄일 수 있다.[10]
spark.shuffle.service.index.cache.size	기본값은 100m이다. 캐시되는 엔트리들 개수는 지정된 메모리 용량에 따라 제한된다.
spark.shuffle.registration.timeout	기본값은 5000ms이다. 120,000ms로 올리는 것이 좋다. 셔플 서비스 등록을 위한 최대 대기 시간이다.
spark.shuffle.registration.maxAttempts	기본값은 3이다. 필요하다면 5 정도로 올리자. 셔플 서비스 등록 실패 시 재시도 횟수를 결정한다.

---

8 https://towardsdatascience.com/how-does-facebook-tune-apache-spark-for-large-scale-workloads-3238ddda0830?gi=9712b00f0607

9 [옮긴이] 디스크에 쓰는 횟수가 줄어든다.

10 [옮긴이] lz4만을 위한 옵션이며 snappy 블록 크기를 위한 spark.io.compression.snappy.blockSize 설정도 존재한다.

표의 추천값들이 모든 상황에 잘 들어맞는 건 아니지만 그 내용들은 독자의 작업 상황에 맞춰 어떤 식으로 설정을 변경할지 아이디어를 줄 수 있다. 성능 튜닝의 다른 모든 것과 마찬가지로 적절한 균형을 찾으려면 테스트가 필수적이다.

스파크 병렬성 최대화

스파크의 유용성의 많은 부분들은 여러 태스크를 동시에 대규모로 실행시킬 수 있는 능력에 기인한다. 어떻게 이 병렬성을 극대화할 수 있는지 이해하려면, 즉 가능한 한 동시에 많은 데이터를 읽고 처리하려면 어떻게 스파크가 데이터를 저장장치에서 읽어서 메모리에 넣는지, 파티션이 스파크에서 어떤 역할을 하는지 살펴보아야 한다.

데이터 관리 용어에서 파티션이란 데이터를 관리 가능하고 쉽게 읽어 들일 수 있도록 디스크에 연속된 위치에 조각이나 블록들의 모음으로 나눠서 저장하는 방법이다. 이 데이터 모음들은 병렬적으로 또 독립적으로 읽어서 처리가 가능하며 필요하면 하나의 프로세스 안에서 멀티 스레딩으로 처리도 가능하다. 이 독립적으로 처리 가능한 특성은 대규모 병렬 데이터 처리를 가능하게 하는 중요한 점이다.

스파크는 놀라울 정도로 병렬로 작업들을 처리하는 것에 효과적이다. 2장에서 배운 것처럼 대용량 워크로드를 위한 스파크 잡은 여러 스테이지를 거치게 되고 각 스테이지에서 많은 태스크를 처리하게 된다. 스파크는 최대한 각 코어에 태스크를 할당하고 각 태스크에 또 스레드를 스케줄링하고 각 태스크는 개별 파티션을 처리할 것이다. 자원 사용을 최적화하고 병렬성을 최대로 끌어올리려면 가장 이상적인 것은 그림 7-3에서 보는 것처럼 이그제큐터에 할당된 코어 개수만큼 파티션들이 최소한으로 할당되는 것이다. 각 이그제큐터의 코어들보다 더 많은 파티션들이 있다면 모든 코어가 바쁘게 돌아갈 것이다. 즉, 파티션이 가장 기본적인 병렬성의 한 단위라고 생각할 수 있고, 하나의 코어에서 돌아가는 하나의 스레드는 하나의 파티션을 처리할 수 있다.

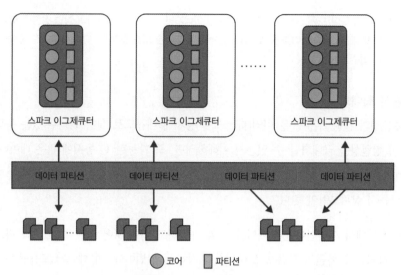

그림 7-3 **스파크 태스크, 코어, 파티션, 병렬성 간의 관계**

파티션은 어떻게 만들어지는가

앞서 언급한 것처럼 스파크의 태스크들은 데이터를 디스크에서 읽어 메모리로 올리면서 파티션 단위로 처리한다. 디스크의 데이터는 저장장치에 따라 조각이나 연속된 파일 블록으로 존재한다. 기본적으로 데이터 저장소의 파일 블록은 64~128MB의 파일 크기를 갖는다. 예를 들어 HDFS나 S3에서기본 사이즈는 128MB이다(설정 가능). 이런 블록들의 연속된 모음이 하나의 파티션을 구성하게 된다.

스파크에서 한 파티션의 크기는 spark.sql.files.maxPartitionBytes에 따라 결정된다. 기본값은128MB이다. 이 크기를 줄이게 되면 '작은 파일 문제'라고 알려진 문제를 만나게 될 수 있다—작은파티션 파일이 많아지면서 디스크 I/O양이 급증하고 디렉터리 여닫기, 목록 조회 등의 파일 시스템작업으로 인해 성능 저하를 일으키면서 분산 파일 시스템이 느려질 수 있다.

파티션들은 또한 데이터 프레임의 API의 특정 함수들을 사용하면 만들어지기도 한다. 예를 들어 큰데이터 프레임을 생성하거나 큰 파일을 디스크에서 읽으면서 명시적으로 스파크에게 특정 개수의 파티션을 만들도록 지시할 수 있다.

```scala
// 스칼라 예제
val ds = spark.read.textFile("../README.md").repartition(16)
ds: org.apache.spark.sql.Dataset[String] = [value: string]

ds.rdd.getNumPartitions
res5: Int = 16
```

```
val numDF = spark.range(1000L * 1000 * 1000).repartition(16)
numDF.rdd.getNumPartitions

numDF: org.apache.spark.sql.Dataset[Long] = [id: bigint]
res12: Int = 16
```

마지막으로 셔플 단계에서 만들어지는 **셔플 파티션**shuffle partition이 있다. 기본적으로 셔플 파티션 개수는 spark.sql.shuffle.partitions에 200으로 지정되어 있다. 데이터 사이즈 크기에 따라 이 숫자를 조정하여 너무 작은 파티션들이 이그제큐터들에게 할당되지 않게 할 수 있다.

 spark.sql.shuffle.partitions의 기본값은 작은 규모나 스트리밍 워크로드에는 너무 높을 수 있다. 이그제큐터 코어 개수나 더 적은 숫자로 낮게 맞추는 것이 나을 수 있다.[11]

groupBy()나 join() 같이 넓은 트랜스포메이션으로 알려진 작업 중에 생성되는 셔플 파티션은 네트워크과 디스크 I/O를 모두 사용하게 된다. 이런 작업 중에는 셔플 중에 spark.local.directory에 지정된 이그제큐터의 로컬 디렉터리에 중간 결과를 쓰게 될 것이다. SSD 디스크를 장착해 두면 이 부분의 성능을 상당히 올릴 수 있다.

셔플 단계의 셔플 파티션 개수를 결정하는 마법 같은 공식은 존재하지 않는다. 이는 사용 형태, 데이터 세트, 코어 개수, 이그제큐터 메모리 가용량에 따라 많이 달라지기 때문에 수정-테스트하는 방식으로 접근할 수밖에 없다.[12]

성능을 올리기 위해서는 대용량 워크로드를 위해 스파크를 확장하는 것 외에도 자주 쓰는 데이터 프레임이나 테이블 데이터에 대해 캐싱/영속화를 고려해보아야 한다. 다양한 캐싱과 영속화 옵션들은 다음 절에서 살펴볼 것이다.

데이터 캐싱과 영속화

캐싱과 영속화persistence의 차이는 무엇일까? 스파크에서는 두 단어가 서로 동의어라고 볼 수 있다. cache()와 persist()의 두 가지 API 호출이 이 기능들을 제공한다.[13] 후자는 데이터가 저장되는 위치와 방식에 대해 좀 더 세밀한 설정—메모리인지 디스크인지, 직렬화를 하는지 안 하는지—을 제

---

11 [옮긴이] 기본값은 200인데 클러스터의 총 코어 수가 200개 이상이면 반대로 그에 맞게 높여주는 것이 효율적이다.

12 셔플 파티션 설정에 대한 팁들은 다음을 참고해보자. 'Tuning Apache Spark for Large Scale Workloads'(https://www.youtube.com/watch?v=5dga0UT4RI8), 'Hive Bucketing in Apache Spark'(https://www.youtube.com/watch?v=6BD-Vv-ViBw&t=645s), 'Why You Should Care about Data Layout in the Filesystem'(https://databricks.com/session/why-you-should-care-about-data-layout-in-the-filesystem)

13 [옮긴이] cache()를 호출하면 그 안에서 persist()를 호출한다.

공할 수 있다. 어느 쪽이든 자주 접근하는 데이터 프레임이나 테이블에 대해 더 나은 성능을 보여주는 데 기여한다.

DataFrame.cache()

cache()는 허용하는 메모리 수준(그림 7-2 참고)만큼 스파크 이그제큐터들의 메모리에 읽은 파티션을 최대한 저장하려고 할 것이다. 데이터 프레임은 그중 일부만 캐시될 수도 있지만 그 파티션들은 개별 파티션의 일부만 저장될 수 없다(예를 들어 4.5 파티션만 들어갈 정도의 메모리만 있다면 4개의 파티션이 캐시될 것이다). 근데 어차피 모든 파티션이 캐시된 것이 아니라면 데이터에 다시 접근을 시도할 때 캐시되지 않은 파티션은 재계산되어야 하고 이는 스파크 잡을 느리게 만들 것이다.[14]

데이터 프레임에 액세스할 때 어떻게 큰 데이터 프레임을 캐싱해 성능을 올릴지 예제를 살펴보자.

```
// 스칼라 예제
// 천만 개의 레코드를 가지는 데이터 프레임 생성
val df = spark.range(1 * 10000000).toDF("id").withColumn("square", $"id" * $"id")
df.cache() // 데이터 캐싱
df.count() // 캐시 수행

res3: Long = 10000000
Command took 5.11 seconds

df.count() // 이제 캐시를 사용하게 된다.
res4: Long = 10000000
Command took 0.44 seconds
```

처음 count()에서 실제로 캐시를 수행하게 되고, 두 번째에서는 캐시를 사용하게 되면서 이 데이터 접근이 12배나 빨라졌음을 알 수 있다.

 cache()나 persist()를 사용할 때 데이터 프레임은 모든 레코드를 접근하는 액션(예: count())을 호출하기 전까지는 완전히 캐시되지 않는다. 만약 take(1) 같은 액션을 호출하면 카탈리스트가 레코드 하나만 필요한 것으로 판단하기 때문에 해당 파티션 하나만 캐시가 될 것이다.

데이터 프레임이 로컬 호스트 위에서 하나의 이그제큐터에 어떻게 저장되는지 살펴보자면, 그림 7-4에서 보는 것처럼 전체가 메모리에 올라가 있는 것을 볼 수 있다(하위 수준에서 데이터 프레임은 RDD로 저장된다고 앞에서 이야기했다).

---

14 [옮긴이] 캐시할 때도 자원이 소모되므로 캐시하지 않는 것보다 더 느릴 수도 있다는 의미이다.

그림 7-4 이그제큐터 메모리에 12개의 파티션으로 분산된 캐시 목록

DataFrame.persist()

persist(StorageLevel.LEVEL)의 함수 호출 방식은 직관적으로 StorageLevel[15]을 통해 데이터가 어떤 방식으로 캐시될 것인지 제어할 수 있다는 느낌을 준다. 표 7-2에 여러 저장 수준에 대해 요약해 놓았다. 디스크의 데이터는 자바든 크리오든 직렬화[16]를 항상 사용하게 된다.

표 7-2 StorageLevel 목록

StorageLevel	설명
MEMORY_ONLY	데이터가 곧바로 객체 형태로 메모리에 저장된다.
MEMORY_ONLY_SER	데이터가 직렬화되어 용량이 최소화된 바이트 배열 형태로 메모리에 저장된다. 사용 시에 역직렬화를 위한 비용이 소모된다.
MEMORY_AND_DISK	데이터가 곧바로 객체 형태로 메모리에 저장되지만 부족한 경우 직렬화되어 디스크에 저장된다.
DISK_ONLY	데이터가 직렬화되어 디스크에 저장된다.
OFF_HEAP	데이터가 오프힙(off-heap) 메모리에 저장된다. 오프힙 메모리는 스파크에서 저장 및 쿼리 실행[17]에 사용된다. 7장의 '스파크 이그제큐터의 메모리와 셔플 서비스 설정'을 참고한다.
MEMORY_AND_DISK_SER	MEMORY_AND_DISK와 비슷하지만 메모리에 저장되는 데이터가 직렬화된다(디스크에 저장되는 데이터는 항상 직렬화된다).

---

15 https://spark.apache.org/docs/latest/rdd-programming-guide.html#rdd-persistence

16 https://spark.apache.org/docs/latest/tuning.html#data-serialization

17 https://www.waitingforcode.com/apache-spark/apache-spark-off-heap-memory/read

각 StorageLevel은 동일한 기능을 하는(OFF_HEAP 제외) '레벨_이름_2' 형태의 옵션들이 존재하는데 (MEMORY_ONLY_2, MEMORY_AND_DISK_SER_2 등) 이는 서로 다른 스파크 이그제큐터에 복제해서 두 벌이 저장된다는 것을 의미한다. 이 옵션들을 쓰면 캐싱에 자원을 더 소모하지만 데이터를 두 군데에 저장하게 되므로 장애 상황 시 다른 카피본에 대해 태스크가 스케줄링될 수 있도록 해 준다.[18]

앞에서와 동일한 예제를 persist() 함수를 써서 시도해보자.

```
// 스칼라 예제
import org.apache.spark.storage.StorageLevel

// 천만 개의 레코드를 가지는 데이터 프레임 생성
val df = spark.range(1 * 10000000).toDF("id").withColumn("square", $"id" * $"id")
df.persist(StorageLevel.DISK_ONLY) // 데이터를 직렬화해서 디스크에 저장한다.
df.count() // 캐시 수행

res2: Long = 10000000
Command took 2.08 seconds

df.count() // 이제 캐시를 사용한다.
res3: Long = 10000000
Command took 0.38 seconds
```

그림 7-5에서 보듯이 데이터는 메모리가 아니라 디스크에 저장된다. 캐시된 데이터를 비우고 싶다면 DataFrame.unpersist()를 호출하면 된다.

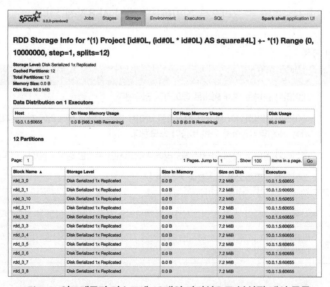

그림 7-5 이그제큐터 디스크에 12개의 파티션으로 분산된 캐시 목록

---

18 [옮긴이] 3.1.1 버전에서 유일하게 DISK_ONLY_3이 추가되었다.

마지막으로 캐시는 데이터 프레임뿐만 아니라 데이터 프레임에서 파생된 테이블이나 뷰도 캐시할 수 있다. 이는 스파크 UI에서 좀 더 읽기 편한 이름을 보여준다. 예를 들면 다음과 같이 할 수 있다.

```scala
// 스칼라 예제
df.createOrReplaceTempView("dfTable")
spark.sql("CACHE TABLE dfTable")
spark.sql("SELECT count(*) FROM dfTable").show()

+--------+
|count(1)|
+--------+
|10000000|
+--------+

Command took 0.56 seconds
```

캐시나 영속화는 언제 사용해야 하는가

캐시를 쓰는 일반적인 경우는 큰 데이터세트에 쿼리나 트랜스포메이션으로 반복적으로 접근해야 하는 시나리오들이다. 몇 가지 예는 다음과 같다.

- 반복적인 머신러닝 학습을 위해 계속 접근해야 하는 데이터 프레임들
- ETL이나 데이터 파이프라인 구축 시 빈도 높은 트랜스포메이션 연산으로 자주 접근해야 하는 데이터 프레임들

캐시나 영속화는 언제 쓰면 안 되는가

모든 상황에서 캐시가 효과를 발휘하지는 않는다. 다음의 몇 가지 시나리오는 데이터 프레임 캐시가 이득을 보장하지 못할 수 있다.

- 데이터 프레임이 메모리에 들어가기엔 너무 크다.
- 크기에 상관없이 자주 쓰지 않는 데이터 프레임에 대해 비용이 크지 않은 트랜스포메이션 수행

일반적인 규칙이라면, 메모리 캐시는 사용하는 StorageLevel에 따라 직렬화나 역직렬화에서 비용을 발생시킬 수 있으므로 주의 깊게 써야 한다.

다음에서는 비용을 많이 소모하는 데이터의 이동을 발생시키고, 클러스터에 연산과 네트워크 자원을 요구하는 작업인 스파크 조인과 이러한 데이터 구성에 따른 데이터 이동을 어떻게 줄이는지에 대해 알아보겠다.

스파크 조인의 종류

조인 연산은 빅데이터 분석에서 일반적인 트랜스포메이션 연산 형태이며 테이블이나 데이터 프레임 형태로 되어 있는 두 종류의 데이터세트를 공통적으로 일치하는 키를 기준으로 병합하는 연산이다. 관계형 데이터베이스와 유사하게 스파크 데이터 프레임과 데이터세트 API, 스파크 SQL은 내외부 조인, 좌측/우측 조인 등 여러 종류의 조인 트랜스포메이션을 제공한다. 이 모든 조인 연산들은 스파크 이그제큐터들 사이에 방대한 데이터 이동을 일으킨다.

이 트랜스포메이션들의 핵심에는 스파크가 어떤 데이터를 생성하고, 어떤 키와 관련 데이터를 디스크에 쓰고, 어떻게 키와 데이터들을 groupBy(), join(), sortBy(), reduceByKey() 같은 작업들의 일부가 되는 노드들에 옮기는지 등이 있다. 그리고 이러한 것들을 일반적으로 **셔플**shuffle이라고 부르게 된다.

스파크는 이그제큐터 간에 데이터를 교환, 이동, 정렬, 그룹화, 병합하는 다섯 종류의 조인 전략[19]을 갖고 있다 ─브로드캐스트 해시 조인Broadcast Hash Join, BHJ, 셔플 해시 조인Shuffle Hash Join, SHJ, 셔플 소트 머지 조인Shuffle Sort Merge Join, SMJ, 브로드캐스트 네스티드 루프 조인Broadcast Nested Loop Join, BNLJ, 셔플 복제 네스티드 루프 조인(혹은 카테시안 프로덕트 조인Crtesian Product Join). 책에서는 여기서 일반적으로 자주 쓰게 되는 두 가지(BHJ와 SMJ)에 대해서만 살펴볼 것이다.

브로드캐스트 해시 조인

다른 용어로 **맵사이드 조인**map-side-only join[20]이라고도 알려진 브로드캐스트 해시 조인은 이상적으로는 데이터 이동이 거의 필요 없도록 한쪽은 작고(드라이버와 이그제큐터 메모리에 들어갈 사이즈의) 다른 쪽은 큰 두 종류의 데이터를 사용하여 특정 조건이나 칼럼 기준으로 조인한다. 스파크 브로드캐스트 변수[21]를 사용하여 그림 7-6에서 보는 것처럼 더 작은 쪽의 데이터가 드라이버에 의해 모든 스파크 이그제큐터에 복사되어서 뿌려지고, 이어서 각 이그제큐터에 나뉘어 있는 큰 데이터와 조인이 된다. 이 전략은 큰 데이터 교환이 일어나지 않게 한다.

---

19 https://github.com/apache/spark/blob/master/sql/core/src/main/scala/org/apache/spark/sql/execution/SparkStrategies.scala#L111

20 옮긴이 하둡 MR은 연산이 맵(map)과 리듀스(reduce) 단계로 나뉘고 일반적인 조인은 리듀스 단계 때 이루어지는데 브로드캐스팅 조인은 맵 단계에 이루어지기 때문에 나온 표현이다.

21 https://spark.apache.org/docs/latest/rdd-programming-guide.html#shared-variables

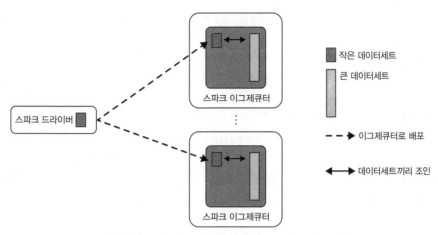

작은 데이터세트

큰 데이터세트

----▶ 이그제큐터로 배포

◀──▶ 데이터세트끼리 조인

스파크 드라이버

스파크 이그제큐터

스파크 이그제큐터

그림 7-6 BHJ: 더 작은 쪽의 데이터세트가 모든 이그제큐터에 배포된다.

기본적으로 스파크는 작은 쪽의 데이터가 10MB 이하일 때 브로드캐스트 조인을 사용한다. 이 설정은 spark.sql.autoBroadcastJoinThreshold에 지정된다. 각 이그제큐터와 드라이버에 얼마나 많은 메모리를 쓸 수 있는지에 따라 이 설정을 높이거나 낮출 수 있다. 메모리 크기에 대해 충분히 자신감이 있다면 10MB 이상의 데이터 프레임으로 브로드캐스트 조인을 해볼 수도 있다(심지어 100MB까지도 가능하다).

일반적인 사용 예제는 두 데이터 프레임에 공통적인 키들이 존재하고 한쪽이 갖고 있는 정보가 적은데 양쪽의 뷰를 병합하는 경우이다. 예를 들어 전 세계의 축구 선수들에 대한 정보가 있는 큰 데이터세트인 playersDF와 선수들이 활동하는 축구 팀들의 정보가 있는 더 작은 데이터세트인 clubsDF를 갖고 있고, 이를 공통 키에 대해 조인하기 원하는 상황을 생각해보자.

```
// 스칼라 예제
import org.apache.spark.sql.functions.broadcast
val joinedDF = playersDF.join(broadcast(clubsDF), "key1 === key2")
```

 이 코드에서는 스파크가 브로드캐스트 조인을 하도록 강제했지만 기본적으로는 작은 쪽의 데이터가 spark. sql.autoBroadcastJoinThreshold보다 작은 크기면 이 타입의 조인을 시도하게 된다.

BHJ는 어떤 셔플도 일어나지 않기 때문에 스파크가 제공하는 가장 쉽고 빠른 조인 형태라고 할 수 있다. 브로드캐스팅되고 나면 각 이그제큐터에 필요한 모든 데이터는 로컬에서 접근 가능해진다. 드라이버와 이그제큐터에 작은 쪽의 데이터를 저장할 만한 충분한 메모리 크기가 되는지만 확인하면 된다.

이 연산 코드 이후에 언제든 다음 코드를 실행해서 어떤 조인이 사용되는지 물리적 계획을 확인할 수 있다.

```
joinedDF.explain(mode)
```

스파크 3.0에서 위 코드를 써서 읽기 편한 결과를 출력할 수 있으며 인자에 입력 가능한 모드는 'simple', 'extended', 'codegen', 'cost', 'formatted'가 있다.

어떤 경우에 브로드캐스트 해시 조인을 써야 하는가

이 타입의 조인은 다음 경우들에 대해서 최대한의 이득을 볼 수 있을 것이다.

- 양쪽 데이터세트의 각 키가 스파크에서 동일한 파티션 안에 해시될 때
- 한 데이터가 다른 쪽보다 많이 작은 경우(그리고 10MB 기본 설정 혹은 충분한 메모리가 있을 경우 그 안에 들어갈 만한 데이터 사이즈일 때)
- 정렬되지 않은 키들 기준으로 두 데이터를 결합하면서 동등 조인equi-join을 수행할 때
- 더 작은 쪽의 데이터가 모든 스파크 이그제큐터에 브로드캐스트될 때 발생하는 과도한 네트워크 대역폭이나 OOM 오류에 대해 걱정할 필요가 없는 경우

spark.sql.autoBroadcastJoinThreshold에 -1을 설정하는 경우, 스파크는 항상 뒤 내용에서 다룰 셔플 소트 머지 조인을 시도하게 될 것이다.

셔플 소트 머지 조인

소트 머지 알고리즘은 정렬 가능하고 겹치지 않으면서 공통 파티션에 저장 가능한 공통 키를 기반으로, 큰 두 종류의 데이터세트를 합칠 수 있는 효과적인 방법이다. 다시 말하면 해시 가능한 공통 키를 가지면서 공통 파티션에 존재하는 두 가지의 데이터세트를 사용한다. 스파크의 관점에서 이는 각 데이터세트의 동일 키를 가진 데이터세트의 모든 레코드가 동일 이그제큐터의 동일 파티션에 존재함을 의미한다. 이는 물론 데이터가 이그제큐터 사이에 교환이 되어야 하거나 공통 위치에 존재해야 한다는 이야기다.

소트 머지라는 이름처럼 이 조인 방식은 두 단계, 정렬과 머지 단계가 존재한다. 정렬 단계는 각 데이터를 조인 키에 따라 정렬하고, 머지 단계에서는 각 데이터세트에서 키 순서대로 데이터를 순회하며 키가 일치하는 로우끼리 병합한다.

기본적으로 소트 머지 조인은 spark.sql.join.preferSortMergeJoin 설정에 의해 활성화된다. 아래에 이 책의 깃허브 저장소[22]에서 이번 장에서 가능한 단독 애플리케이션의 노트북에서 가져온 코드

---

22 https://github.com/databricks/LearningSparkV2

예제가 있다. 기본적으로 하는 동작은 수백만 개의 레코드가 들어 있는 두 개의 큰 데이터 프레임을 가져다가 두 개의 공통 키, uid == users_id에 대한 조건으로 조인하는 것이다.

데이터는 임의로 생성한 것이지만 동작의 핵심적인 부분을 살펴보기 바란다.

```scala
// 스칼라 예제
import scala.util.Random
// 대용량 조인을 위한 설정들
// 브로드캐스트 조인을 비활성화한다.
// 데이터를 생성한다.
...
spark.conf.set("spark.sql.autoBroadcastJoinThreshold", "-1")

// 두 데이터세트를 위한 샘플 데이터를 생성한다.
var states = scala.collection.mutable.Map[Int, String]()
var items = scala.collection.mutable.Map[Int, String]()
val rnd = new scala.util.Random(42)

// 구매한 상품들과 주를 초기화한다.
states += (0 -> "AZ", 1 -> "CO", 2-> "CA", 3-> "TX", 4 -> "NY", 5-> "MI")
items += (0 -> "SKU-0", 1 -> "SKU-1", 2-> "SKU-2", 3-> "SKU-3", 4 -> "SKU-4",
    5-> "SKU-5")

// 데이터 프레임 생성
val usersDF = (0 to 1000000)
    .map(id => (id, s"user_${id}", s"user_${id}@databricks.com", states(rnd.nextInt(5))))
    .toDF("uid", "login", "email", "user_state")
val ordersDF = (0 to 1000000)
    .map(r => (r, r, rnd.nextInt(10000), 10 * r * 0.2d,
    states(rnd.nextInt(5)), items(rnd.nextInt(5))))
    .toDF("transaction_id", "quantity", "users_id", "amount", "state", "items")

// 조인 수행
val usersOrdersDF = ordersDF.join(usersDF, $"users_id" === $"uid")

// 조인 결과 확인
usersOrdersDF.show(false)
```

```
+--------------+--------+--------+--------+-----+-----+---+-------+------------------------+----------+
|transaction_id|quantity|users_id|amount  |state|items|uid|login  |email                   |user_state|
+--------------+--------+--------+--------+-----+-----+---+-------+------------------------+----------+
|5436          |5436    |18      |10872.0 |CA   |SKU-3|18 |user_18|user_18@databricks.com  |TX        |
|47648         |47648   |38      |95296.0 |NY   |SKU-3|38 |user_38|user_38@databricks.com  |TX        |
|77507         |77507   |38      |155014.0|NY   |SKU-2|38 |user_38|user_38@databricks.com  |TX        |
|10811         |10811   |67      |21622.0 |NY   |SKU-0|67 |user_67|user_67@databricks.com  |NY        |
|25891         |25891   |67      |51782.0 |AZ   |SKU-4|67 |user_67|user_67@databricks.com  |NY        |
```

```
|2752           |2752     |70     |5504.0   |AZ  |SKU-4|70 |user_70 |user_70@databricks.com |AZ         |
|56463          |56463    |93     |112926.0|NY   |SKU-1|93 |user_93 |user_93@databricks.com |AZ         |
|30402          |30402    |161    |60804.0 |CA   |SKU-1|161|user_161|user_161@databricks.com|CO         |
|61442          |61442    |161    |122884.0|AZ   |SKU-2|161|user_161|user_161@databricks.com|CO         |
|25261          |25261    |186    |50522.0 |CA   |SKU-2|186|user_186|user_186@databricks.com|CO         |
+--------------+--------+------+--------+----+----+---+--------+----------------------+----------+

only showing top 10 rows
```

마지막 실행 계획을 살펴보면 스파크가 기대한 대로 두 데이터 프레임 조인을 위해 SortMergeJoin을
사용한 것을 알 수 있다. Exchange 연산은 각 이그제큐터에서 이루어지는 맵 연산 결과물의 셔플이다.

```
usersOrdersDF.explain()

== Physical Plan ==
InMemoryTableScan [transaction_id#40, quantity#41, users_id#42, amount#43,
state#44, items#45, uid#13, login#14, email#15, user_state#16]
   +- InMemoryRelation [transaction_id#40, quantity#41, users_id#42, amount#43,
state#44, items#45, uid#13, login#14, email#15, user_state#16],
StorageLevel(disk, memory, deserialized, 1 replicas)
         +- *(3) SortMergeJoin [users_id#42], [uid#13], Inner
            :- *(1) Sort [users_id#42 ASC NULLS FIRST], false, 0
            :  +- Exchange hashpartitioning(users_id#42, 16), true, [id=#56]
            :     +- LocalTableScan [transaction_id#40, quantity#41, users_id#42,
amount#43, state#44, items#45]
            +- *(2) Sort [uid#13 ASC NULLS FIRST], false, 0
               +- Exchange hashpartitioning(uid#13, 16), true, [id=#57]
                  +- LocalTableScan [uid#13, login#14, email#15, user_state#16]
```

덧붙여, 스파크 UI(다음 절에서 UI에 대해 다룬다)는 전체 작업이 세 단계의 스테이지임을 보여주며 그
림 7-7과 7-8에서 보듯이 마지막 스테이지에서 Exchange와 Sort 작업이 결과 병합 직전에 일어난다.
Exchange는 비싼 작업이며 이그제큐터들 간에 네트워크상으로 파티션들이 셔플되어야 한다.

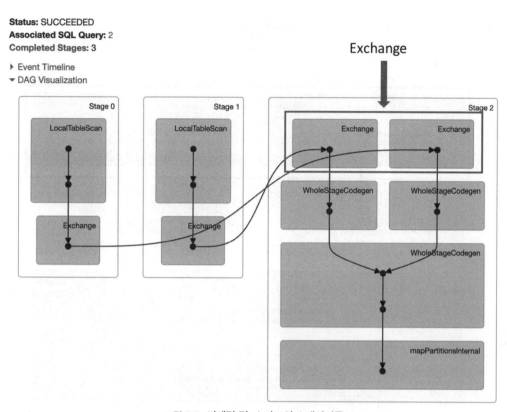

그림 7-7 버케팅 전: 스파크의 스테이지들

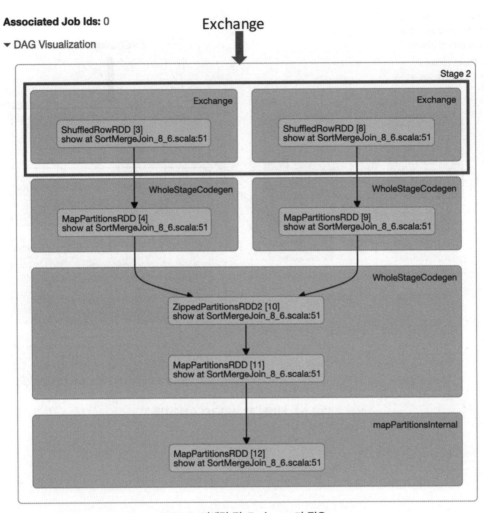

그림 7-8 버케팅 전: Exchange가 필요

셔플 소트 머지 조인 최적화

빈번하게 동등 조건 조인을 수행하고 싶으면, 공통의 정렬된 키나 칼럼을 위한 파티션된 버킷을 만들면 Exchange 단계를 없앨 수 있다. 다시 말하면 특정 정렬 칼럼을 저장할 명시적 개수의 버킷을 만들수 있다(버킷당 키 하나). 이 방식으로 사전 정렬 및 데이터 재구성을 시도하면 Exchange를 생략할 수 있고, 곧바로 WholeStageCodegen으로 넘어가므로 성능을 올릴 수 있다.

이 책의 깃허브 저장소[23]에서 이번 장에서 가능한 단독 애플리케이션의 노트북에서 가져온 다음 코드예제에서 user_id와 uid 칼럼으로 정렬하고, 버킷에 만들어 조인한 후 스파크 테이블에 파케이 포맷으로 저장할 것이다.

---

23 https://github.com/databricks/LearningSparkV2

```scala
// 스칼라 예제
import org.apache.spark.sql.functions._
import org.apache.spark.sql.SaveMode

// 파케이 포멧으로 버케팅해 스파크 관리 테이블로 저장한다.
usersDF.orderBy(asc("uid"))
  .write.format("parquet")
  .bucketBy(8, "uid")
  .mode(SaveMode.OverWrite)
  .saveAsTable("UsersTbl")

ordersDF.orderBy(asc("users_id"))
  .write.format("parquet")
  .bucketBy(8, "users_id")
  .mode(SaveMode.OverWrite)
  .saveAsTable("OrdersTbl")

// 테이블 캐싱
spark.sql("CACHE TABLE UsersTbl")
spark.sql("CACHE TABLE OrdersTbl")

// 다시 읽어 들임
val usersBucketDF = spark.table("UsersTbl")
val ordersBucketDF = spark.table("OrdersTbl")

// 조인하고 결과를 보여준다.
val joinUsersOrdersBucketDF = ordersBucketDF
    .join(usersBucketDF, $"users_id" === $"uid")

joinUsersOrdersBucketDF.show(false)
```

transaction_id	quantity	users_id	amount	state	items	uid	login	email	user_state
85775	85775	13	171550.0	AZ	SKU-2	13	user_13	user_13@databricks.com	CA
79730	79730	14	159460.0	AZ	SKU-0	14	user_14	user_14@databricks.com	CO
5436	5436	18	10872.0	CA	SKU-3	18	user_18	user_18@databricks.com	TX
47648	47648	38	95296.0	NY	SKU-3	38	user_38	user_38@databricks.com	TX
77507	77507	38	155014.0	NY	SKU-2	38	user_38	user_38@databricks.com	TX
50588	50588	46	101176.0	CA	SKU-1	46	user_46	user_46@databricks.com	CA
10811	10811	67	21622.0	NY	SKU-0	67	user_67	user_67@databricks.com	NY
25891	25891	67	51782.0	AZ	SKU-4	67	user_67	user_67@databricks.com	NY
2752	2752	70	5504.0	AZ	SKU-4	70	user_70	user_70@databricks.com	AZ
56463	56463	93	112926.0	NY	SKU-1	93	user_93	user_93@databricks.com	AZ
5863	5863	107	11726.0	TX	SKU-3	107	user_107	user_107@databricks.com	CO
34081	34081	107	68162.0	NY	SKU-4	107	user_107	user_107@databricks.com	CO
30429	30429	157	60858.0	NY	SKU-1	157	user_157	user_157@databricks.com	CO
37804	37804	157	75608.0	CO	SKU-4	157	user_157	user_157@databricks.com	CO

```
|95654        |95654   |157    |191308.0|TX  |SKU-2|157|user_157|user_157@databricks.com|CO    |
|30402        |30402   |161    |60804.0 |CA  |SKU-1|161|user_161|user_161@databricks.com|CO    |
|61442        |61442   |161    |122884.0|AZ  |SKU-2|161|user_161|user_161@databricks.com|CO    |
|25261        |25261   |186    |50522.0 |CA  |SKU-2|186|user_186|user_186@databricks.com|CO    |
|37370        |37370   |186    |74740.0 |TX  |SKU-4|186|user_186|user_186@databricks.com|CO    |
|1848         |1848    |202    |3696.0  |CA  |SKU-4|202|user_202|user_202@databricks.com|TX    |
+-------------+--------+-------+--------+----+-----+---+--------+-----------------------+----------+
only showing top 20 rows
```

테이블을 정렬된 상태로 저장했기 때문에 조인 결과도 uid와 users_id로 정렬되어 있다. 그러므로 SortMergeJoin 동안 정렬할 필요가 없다. 스파크 UI를 보면(그림 7-9) Exchange를 건너뛰고 바로 WholeStageCodegen으로 갔음을 볼 수 있다.

버케팅 이전과 비교해 보면 물리 계획에서도 Exchange가 수행되지 않음을 볼 수 있다.

```
joinUsersOrdersBucketDF.explain()

== Physical Plan ==
*(3) SortMergeJoin [users_id#431], [uid#312], Inner
:- *(1) Sort [users_id#431 ASC NULLS FIRST], false, 0
:  +- *(1) Filter isnotnull(users_id#431)
:     +- Scan In-memory table OrdersTbl [transaction_id#429, quantity#430, users_id#431,
amount#432, state#433, items#434], [isnotnull(users_id#431)]
:           +- InMemoryRelation [transaction_id#429, quantity#430, users_id#431, amount#432,
state#433, items#434], StorageLevel(disk, memory, deserialized, 1 replicas)
:                 +- *(1) ColumnarToRow
:                    +- FileScan parquet
…
```

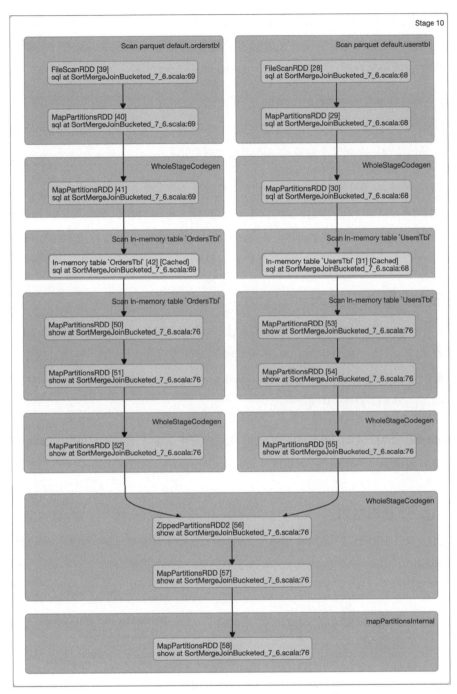

그림 7-9 버케팅 이후: Exchange가 필요하지 않음

어떤 경우에 셔플 소트 머지 조인을 사용해야 하는가

이 타입의 조인은 다음과 같은 조건에서 효과를 최대화할 수 있다.

- 두 큰 데이터세트의 각 키가 정렬 및 해시되어 스파크에서 동일 파티션에 위치할 수 있을 때
- 동일 조건 조인만을 수행하여 정렬된 동일 키 기반으로 두 데이터세트를 조합하기 원할 때
- 네트워크 간에 규모가 큰 셔플을 일으키는 Exchange와 Sort 연산을 피하고 싶을 때

지금까지 스파크의 튜닝과 최적화와 연관된 동작 관점과 스파크가 두 가지의 자주 쓰이는 조인 연산에서 어떻게 데이터를 교환하는지 살펴보았다. 또한 대량 데이터 교환을 피하는 버케팅을 써서 셔플소트 머지 조인의 성능을 어떻게 높일 수 있는지도 보여주었다.

이전의 그림들에서 본 것처럼 스파크 UI는 이런 동작들을 시각화해주는 유용한 도구다. 스파크 UI는 수집된 메트릭과 프로그램의 상태를 보여주며 가능한 성능 병목 지점에 대한 유용한 정보나 단서를 찾을 수 있다. 이 장의 마지막 부분에서는 스파크 UI에서 어떤 것들을 찾을 수 있는지 이야기해보자.

스파크 UI 들여다보기

스파크는 사용자가 애플리케이션의 다양한 컴포넌트들을 들여다볼 수 있는 세밀한 웹 UI를 제공한다. 메모리 사용량, 잡, 스테이지, 태스크 등에 대한 자세한 정보뿐만 아니라 이벤트 타임라인, 로그, 스파크 애플리케이션 안에서 무슨 일이 벌어지는지 알 수 있는 다양한 통계 정보를 스파크 드라이버와 각 개별 이그제큐터 레벨에서 제공한다.

spark-submit은 스파크 UI를 띄우게 되며 로컬 호스트(로컬 모드)나 스파크 드라이버(그 외 모드)를 통해 기본 포트 4040으로 연결해 볼 수 있다.

스파크 UI 탭 둘러보기

스파크 UI는 그림 7-10과 같이 6개의 탭이 있으며 각각 탐색해 볼 만한 다른 정보를 제공한다. 각 탭별로 살펴보자.

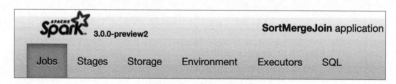

그림 7-10 스파크 UI 탭

이 내용들은 스파크 2.x와 3.x에 모두 해당되는 내용이다. UI의 많은 부분들이 3.x에서도 동일하지만 3.x에서는 7번째 탭인 스트리밍 탭이 있다는 것이 다르며 여기에 대해서는 12장에서 다룬다.

Jobs와 Stage 탭

2장에서 알게 된 것처럼 스파크는 애플리케이션을 잡, 스테이지, 태스크 단위로 나누어서 처리한다. 잡과 스테이지 탭은 각 탭을 통해 개별 태스크의 디테일까지 살펴볼 수 있는 세분화된 레벨까지 내려 갈 수 있다. 이를 통해 각자의 완료 상태와 I/O 관련 수치, 메모리 소비량, 실행 시간 등을 살펴볼 수 있다.

그림 7-11은 Jobs 탭의 확장된 이벤트 타임라인이며 이그제큐터들이 어느 시점에 클러스터에 추가되 거나 삭제됐는지 보여준다. 또한 이 화면은 표 형태로 클러스터에서 모든 완료된 잡들의 목록을 보여 준다. 'Duration(소요 시간)' 칼럼은 각 잡(가장 왼쪽의 잡 아이디job id에 따라 구분됨)이 완료되기까지 걸린 시간을 가리킨다. 이 숫자가 크다면 딜레이를 일으키는 태스크를 보기 위해 해당 잡의 스테이지를 살 펴봐야 한다는 신호일 수 있다. 또한 이 요약 페이지에서는 DAG 시각화와 완료된 스테이지 목록 등 을 포함해 보여주는 각 잡의 디테일한 페이지로 들어가볼 수 있다.

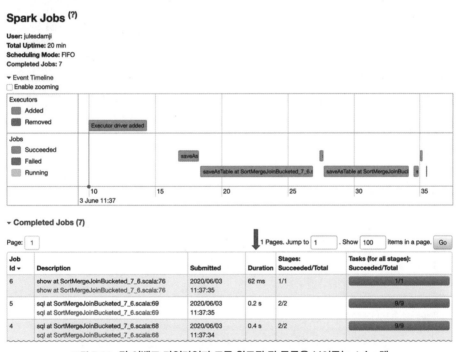

그림 7-11 각 이벤트 타임라인과 모든 완료된 잡 목록을 보여주는 Jobs 탭

Stages 탭은 애플리케이션의 모든 잡의 모든 스테이지의 현재 상태에 대한 요약을 제공한다. 물론 각 스테이지에 대한 디테일 페이지에 들어가 DAG와 태스크의 메트릭도 확인할 수 있다(그림 7-12). 다른 추가적인 메트릭들 말고도 각 태스크의 평균 수행시간, 가비지 컬렉션GC에 걸린 시간, 셔플 읽기로 읽 어 들인 바이트 크기나 레코드 개수 등도 볼 수 있다. 만약 셔플 데이터가 원격 이그제큐터에서 읽고

있는 중이라면 높은 셔플 읽기 대기 시간 수치가 I/O 이슈의 징조일 수도 있다. 높은 GC 시간은 힙 메모리에 너무 많은 객체가 있다는 의미일 수 있다(이그제큐터들이 메모리 부족에 시달릴 수 있다). 그리고 만약 최대 태스크 수행시간이 평균보다 너무 높다면 아마 파티션들끼리 균등하지 못한 데이터 분포에 의해 데이터 불균형data skew이 일어난 것일 수 있다. 이런 직관적인 신호를 놓치지 않아야 한다.

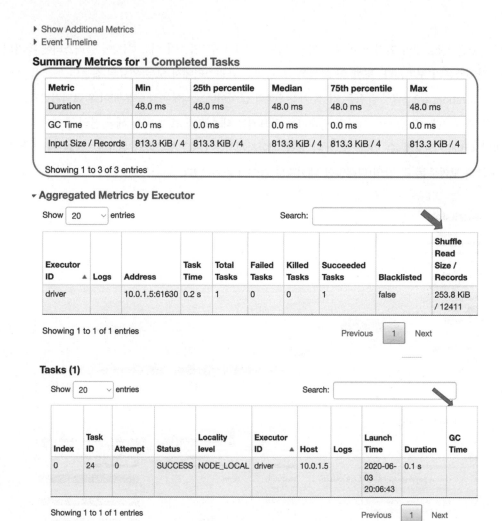

그림 7-12 스테이지와 그 태스크에 대한 세부 정보를 제공하는 Stages 탭

이 페이지에서 각 이그제큐터에 대한 집계된 메트릭들과 함께 각 개별 태스크에 대한 수치도 세부적으로 볼 수 있다.

Executors 탭

Executors 탭은 애플리케이션에서 생성된 이그제큐터들에 대한 정보를 제공한다. 그림 7-13에서 보는 것처럼 사용자는 상세 자원 사용량(디스크, 메모리, CPU 코어), GC 수행시간, 셔플 동안 읽고 쓴 데이터양 등을 확인할 수 있다.

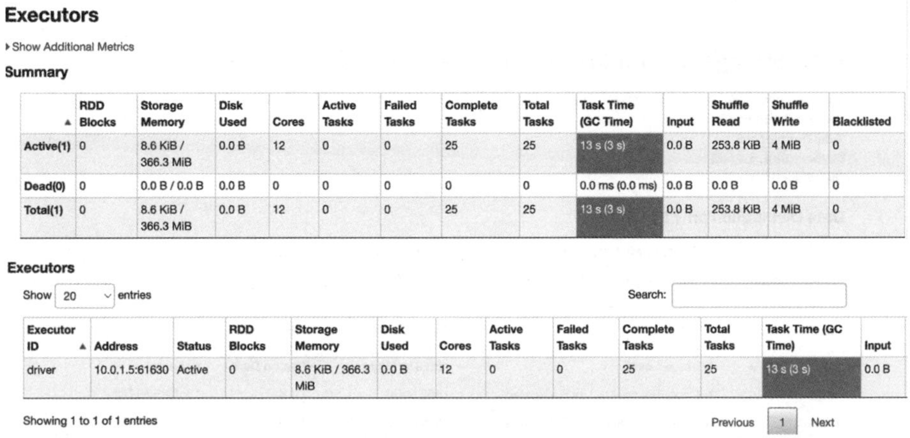

Executors

▸ Show Additional Metrics

Summary

	RDD Blocks ▲	Storage Memory	Disk Used	Cores	Active Tasks	Failed Tasks	Complete Tasks	Total Tasks	Task Time (GC Time)	Input	Shuffle Read	Shuffle Write	Blacklisted
Active(1)	0	8.6 KiB / 366.3 MiB	0.0 B	12	0	0	25	25	13 s (3 s)	0.0 B	253.8 KiB	4 MiB	0
Dead(0)	0	0.0 B / 0.0 B	0.0 B	0	0	0	0	0	0.0 ms (0.0 ms)	0.0 B	0.0 B	0.0 B	0
Total(1)	0	8.6 KiB / 366.3 MiB	0.0 B	12	0	0	25	25	13 s (3 s)	0.0 B	253.8 KiB	4 MiB	0

Executors

Show 20 ∨ entries   Search: [   ]

Executor ID ▲	Address	Status	RDD Blocks	Storage Memory	Disk Used	Cores	Active Tasks	Failed Tasks	Complete Tasks	Total Tasks	Task Time (GC Time)	Input
driver	10.0.1.5:61630	Active	0	8.6 KiB / 366.3 MiB	0.0 B	12	0	0	25	25	13 s (3 s)	0.0 B

Showing 1 to 1 of 1 entries   Previous [1] Next

그림 7-13 Executors 탭은 스파크 애플리케이션의 이그제큐터에 대한 세분화된 통계 정보와 수치들을 보여준다.

요약된 통계 외에도 개별 이그제큐터에서 메모리를 얼마나 쓰는지, 무슨 목적으로 쓰는지 볼 수 있다. 이는 아래에서 얘기하겠지만, 데이터 프레임이나 관리 테이블에서 cache()나 persist()를 썼을 때 사용량을 확인하는 데 도움이 된다.

Storage 탭

셔플 소트 머지 조인 부분의 스파크 예제 코드에서 우리는 버케팅 이후 두 개의 테이블을 캐시했었다. 그림 7-14를 보면 Storage 탭에서 cache()나 persist()의 결과로 애플리케이션에서 캐시된 데이터 프레임이나 테이블의 정보를 제공한다.

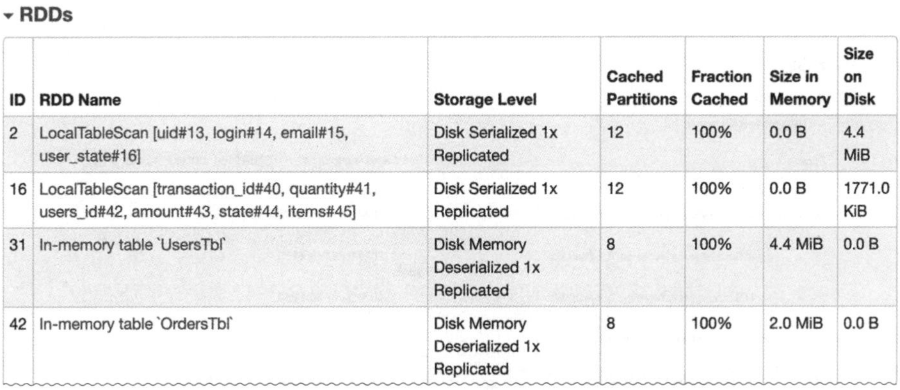

▾ RDDs

ID	RDD Name	Storage Level	Cached Partitions	Fraction Cached	Size in Memory	Size on Disk
2	LocalTableScan [uid#13, login#14, email#15, user_state#16]	Disk Serialized 1x Replicated	12	100%	0.0 B	4.4 MiB
16	LocalTableScan [transaction_id#40, quantity#41, users_id#42, amount#43, state#44, items#45]	Disk Serialized 1x Replicated	12	100%	0.0 B	1771.0 KiB
31	In-memory table `UsersTbl`	Disk Memory Deserialized 1x Replicated	8	100%	4.4 MiB	0.0 B
42	In-memory table `OrdersTbl`	Disk Memory Deserialized 1x Replicated	8	100%	2.0 MiB	0.0 B

그림 7-14 Storage 탭은 메모리 사용량의 세부사항을 보여준다.

그림 7-14에 보이는 'In-memory table `UsersTbl`' 링크를 클릭해 좀 더 보면 메모리와 디스크상에서 하나의 이그제큐터와 8개의 파티션이 어떻게 캐시되어 있는지 보여준다. 이 숫자들은 테이블을 위해 만들었던 버킷 숫자와 관계있다(그림 7-15 참고).

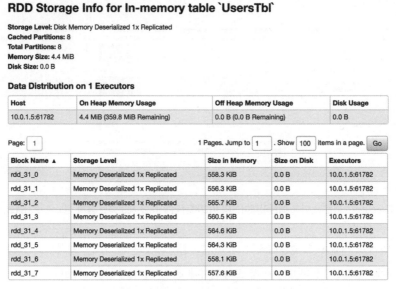

RDD Storage Info for In-memory table `UsersTbl`

Storage Level: Disk Memory Deserialized 1x Replicated
Cached Partitions: 8
Total Partitions: 8
Memory Size: 4.4 MiB
Disk Size: 0.0 B

Data Distribution on 1 Executors

Host	On Heap Memory Usage	Off Heap Memory Usage	Disk Usage
10.0.1.5:61782	4.4 MiB (359.8 MiB Remaining)	0.0 B (0.0 B Remaining)	0.0 B

Page: 1   1 Pages. Jump to 1 . Show 100 items in a page. Go

Block Name ▲	Storage Level	Size in Memory	Size on Disk	Executors
rdd_31_0	Memory Deserialized 1x Replicated	558.3 KiB	0.0 B	10.0.1.5:61782
rdd_31_1	Memory Deserialized 1x Replicated	556.3 KiB	0.0 B	10.0.1.5:61782
rdd_31_2	Memory Deserialized 1x Replicated	565.7 KiB	0.0 B	10.0.1.5:61782
rdd_31_3	Memory Deserialized 1x Replicated	560.5 KiB	0.0 B	10.0.1.5:61782
rdd_31_4	Memory Deserialized 1x Replicated	564.6 KiB	0.0 B	10.0.1.5:61782
rdd_31_5	Memory Deserialized 1x Replicated	564.3 KiB	0.0 B	10.0.1.5:61782
rdd_31_6	Memory Deserialized 1x Replicated	558.1 KiB	0.0 B	10.0.1.5:61782
rdd_31_7	Memory Deserialized 1x Replicated	557.6 KiB	0.0 B	10.0.1.5:61782

그림 7-15 이그제큐터 메모리상에 캐시된 테이블을 보여주는 스파크 UI

SQL 탭

스파크 애플리케이션의 일부로 실행된 스파크 SQL 쿼리의 효과는 SQL 탭에서 확인할 수 있다. 쿼리가 언제 어떤 잡에 의해 실행되었고 얼마나 걸렸는지 등을 알 수 있을 것이다. 예를 들어 우리가 실행해 본 소트 머지 조인 예제에서 몇 가지 쿼리를 실행해 보았었다. 이들은 모두 그림 7-15에서 보면 상세 내용을 볼 수 있는 링크와 함께 제공된다.

SQL

Completed Queries: 9

▼ Completed Queries (9)

Page: 1   1 Pages. Jump to 1 . Show 100 items in a page. Go

ID ▼	Description	Submitted	Duration	Job IDs
8	show at SortMergeJoinBucketed_8_6.scala:69 +details	2020/02/27 18:44:34	0.2 s	[6]
7	sql at SortMergeJoinBucketed_8_6.scala:63 +details	2020/02/27 18:44:33	0.4 s	[5]
6	sql at SortMergeJoinBucketed_8_6.scala:63 +details	2020/02/27 18:44:33	0.4 s	
5	sql at SortMergeJoinBucketed_8_6.scala:62 +details	2020/02/27 18:44:33	0.7 s	[4]
4	sql at SortMergeJoinBucketed_8_6.scala:62 +details	2020/02/27 18:44:33	0.8 s	
3	saveAsTable at SortMergeJoinBucketed_8_6.scala:60	2020/02/27 18:44:31	1 s	[2][3]

그림 7-16 SQL 탭은 완료된 SQL 쿼리들의 세부 내용을 보여준다.

쿼리의 'Description'을 클릭하면 그림 7-17처럼 모든 물리적 오퍼레이터들과 함께 상세 실행 계획을 보여준다. 실행 계획의 각 물리 오퍼레이터(Scan In-memory table, HashAggregate, Exchange 등) 밑에는 SQL 통계 수치들이 있다.

이 수치들은 물리 오퍼레이터의 세부적인 내용과 어떤 일을 했는지 알고 싶을 때(레코드를 몇 개나 읽어 들였는지, 셔플로 몇 바이트나 썼는지 등) 유용하다.

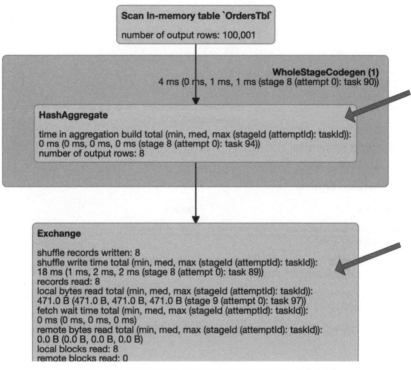

그림 7-17 **SQL 쿼리에 대한 상세 통계정보를 보여주는 스파크 UI**

Environment 탭

그림 7-18에 보이는 Environment 탭은 다른 것들만큼이나 중요하다. 스파크 애플리케이션이 돌아가고 있는 환경에 대해 아는 것은 트러블슈팅에 유용한 많은 단서를 준다. 사실 어떤 환경 변수가 지정되어 있고, 어떤 jar 파일들이 포함되어 있고, 어떤 스파크 특성이나(특히 이 장 초반의 '효율적으로 스파크를 최적화 및 튜닝하기'에서 다룬 몇몇 설정들을 조정한 경우) 시스템 특성이 지정되어 있는지, 어떤 런타임 환경이 사용되는지(JVM이나 자바 버전) 아는 것은 매우 중요하다. 이 모든 읽기 전용의 세부 내용들은 스파크 애플리케이션이 비정상 동작하는 것을 발견했을 때 조사에 들어가는 노력을 덜어 줄 수 있는 금광이나 다름없다.

Environment

▾ Runtime Information

Name	Value
Java Home	/Library/Java/JavaVirtualMachines/jdk1.8.0_241.jdk/Contents/Home/jre
Java Version	1.8.0_241 (Oracle Corporation)
Scala Version	version 2.12.10

▾ Spark Properties

Name	Value
spark.app.id	local-1591215877337
spark.app.name	SortMergeJoinBucketed
spark.driver.host	10.0.1.5
spark.driver.port	61781
spark.executor.id	driver
spark.jars	file:/Users/julesdamji/gits/LearningSparkV2/chapter7/scala/jars/ scala-chapter7_2.12-1.0.jar

▸ Hadoop Properties

▸ System Properties

▾ Classpath Entries

Resource	Source
/Users/julesdamji/spark/spark-3.0.0-preview2- bin-hadoop2.7/conf/	System Classpath
/Users/julesdamji/spark/spark-3.0.0-preview2- bin-hadoop2.7/jars/HikariCP-2.5.1.jar	System Classpath
/Users/julesdamji/spark/spark-3.0.0-preview2- bin-hadoop2.7/jars/JLargeArrays-1.5.jar	System Classpath

그림 7-18 Environment 탭은 스파크 클러스터의 실행 설정들을 보여준다.

스파크 애플리케이션 디버깅

이 절에서는 스파크 UI의 여러 탭들을 둘러볼 것이다. 이미 보았던 것처럼 스파크 UI는 스파크 애플리케이션의 디버깅이나 문제 해결에 쓸 수 있는 중요한 정보들을 제공한다. 여기서 다루는 내용들 외에도 스파크 UI는 디버깅 정보를 로깅한 경우, 그것을 확인할 수 있는 드라이버와 이그제큐터의 표준출력, 표준 에러 로그를 모두 보여준다.

이 UI를 통한 디버깅은 선호하는 IDE에서 애플리케이션을 통해 차례로 찾아가는 방식(빵 부스러기 흔적을 따라가는 탐정 놀이에 더 가까운)의 디버깅과는, 선호 여부와 관계없이 전혀 다른 종류이다. 그쪽을 선호한다면 인텔리 제이IntelliJ IDEA[24] 같은 IDE에서 로컬호스트 스파크 애플리케이션을 띄워 디버깅해볼 수 있다.

---

[24] https://spark.apache.org/developer-tools.html

3.x 스파크 UI 탭들[25]은 여러분이 로깅한 디버깅 정보들이 남아 있는 드라이버와 이그제큐터의 표준 출력, 표준 에러 로그에 접근해 무슨 일이 일어나는지에 대한 혜안을 얻을 수 있는 빵 부스러기를 보여준다.

초기에는 이러한 정보의 홍수가 초보자에게 오히려 과다할 수 있다. 하지만 시간이 지나면 각 탭에서 무엇을 찾아보아야 할지에 대한 이해를 얻고, 이상 징후를 좀 더 빠르게 발견하며 진단하기 시작할 것이다. 자주 보게 되면서 패턴들이 명확해지고, 예제들을 실행해보면서 UI에 친숙해지고 UI를 통한 스파크 애플리케이션 튜닝과 상태 파악에 익숙해질 것이다.

요약

이 장에서는 스파크 애플리케이션을 튜닝하기 위한 여러 가지 최적화 기술들에 대해 알아보았다. 살펴본 것처럼 몇 가지 기본적인 스파크 설정을 조정하는 것만으로도 대용량 워크로드를 개선하고, 병렬성을 향상시키고, 이그제큐터들의 메모리 부족 현상을 최소화할 수 있다. 또한 자주 사용하는 데이터에 쉽게 접근할 수 있게 하기 위한 적절한 수준의 캐시와 영속화 전략을 선택하는 법을 살펴보았으며 복잡한 집계에서 자주 쓰이는 두 가지의 조인을 살펴보고, 데이터 프레임을 정렬 키에 따라 버케팅해 비싼 셔플 연산을 피할 수 있는 예제를 시연해보았다.

마지막은 성능에 대해 시각적인 관점을 얻을 수 있는 스파크 UI가 장식한다. UI는 다양하고 자세한 정보를 갖고 있지만 IDE의 단계별 디버깅과는 다르다. 여기서는 통계 수치들에서 영감을 얻고, 메모리 사용량을 계산하고, SQL 쿼리 실행을 여러 스파크 UI 탭에서 추적하여 단서를 얻을 수 있는 스파크 탐정이 되는 방법을 보여주었다.

다음 장에서는 정형화 스트리밍에 집중하여 이전 장들에서 배운 정형화 API들을 써서 유사한 형태로 스트리밍과 배치 애플리케이션을 작성하는 법을 배우고, 탄탄한 데이터 레이크와 파이프라인을 구축할 수 있도록 공부할 것이다.

---

25 https://spark.apache.org/docs/latest/web-ui.html

CHAPTER

8

정형화 스트리밍

지나간 장들에서는 무한한 데이터는 아니지만 매우 큰 데이터를 처리하는 정형화 API를 사용하는 법을 배웠다. 하지만 종종 데이터는 연속적으로 들어오는 경우가 있으며 실시간 형태로 처리될 필요가 생긴다. 이 장에서는 어떻게 동일한 정형화 API로 데이터 스트림을 처리할 수 있는지 살펴볼 것이다.

아파치 스파크의 스트림 처리 엔진의 진화

스트림stream[1] 처리란 끝없이 들어오는 데이터 흐름을 연속적으로 처리하는 것이라고 정의할 수 있겠다. 빅데이터의 등장과 함께 스트림 처리 시스템은 단일 노드 처리 엔진에서 멀티 노드 분산 처리 엔진으로 진화했다. 전통적으로 분산 스트림 처리는 그림 8-1에서 보는 것처럼 **레코드 단위 처리 모델** record-at-a-time processing model로 구현되었다.

---

1 옮긴이 '스트림'은 연속으로 들어오는 데이터 흐름을 의미한다. 다른 예이지만 비슷한 관점으로, 자바에서도 'FileInputStream' 등의 표현을 쓰는데 파일도 마찬가지로 순서대로 읽어 들이는 개념으로 OS에서 구현되어 있기 때문이다. 이로 인해 파일뿐만 아니라 네트워크 데이터도 동일한 스트림의 개념으로 처리할 수 있다.

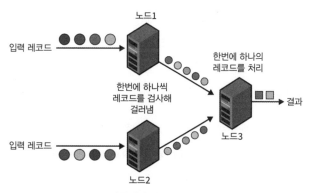

그림 8-1 전통적인 레코드 단위 처리 모델

그림 8-1의 처리 파이프라인은 각 노드들의 지향성 그래프로 구성되어 있다. 각 노드는 지속적으로 한 번에 하나씩 레코드를 받게 되고, 그것을 처리하여 생성된 레코드를 그래프상의 다음 노드로 보내주게 된다. 이 처리 모델은 매우 짧은 응답 시간을 달성할 수 있다. 다시 말하면, 입력 레코드가 파이프라인에서 처리되고 결과 레코드로 생성되기까지 몇 밀리초 만에 가능하다. 하지만 이 모델은 특정 노드가 장애를 겪거나 다른 노드보다 느린 상황에서 회복하는 것에는 그다지 효과적이지 않다. 많은 복구 자원을 써서 빨리 복구하는 것이 아니면 최소한의 복구 자원으로 느리게 복구되는 쪽일 것이다.[2]

마이크로 배치 스트림 처리의 출현

이런 전통적인 접근 방식은 스파크 스트리밍(혹은 DStream이라고도 불리는)이 소개되면서 아파치 스파크에 도전받게 되었다. 스파크는 **마이크로 배치 스트림 처리**micro-batch stream processing 개념을 소개했는데 이는 스트리밍 처리를 아주 작은 맵리듀스 스타일 배치 처리 잡 형태(그래서 '마이크로 배치'라고 부른다)로써 작은 스트리밍 데이터 조각들에 대해 연속적으로 수행하는 모델이었다. 개념이 그림 8-2에 표현되어 있다.

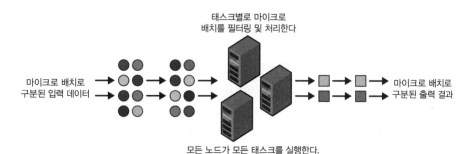

그림 8-2 정형화 스트리밍은 마이크로 배치 처리 모델을 사용

---

2 좀 더 자세한 내용은 실제 연구 논문을 참고 바란다. ⟨Discretized Streams: Fault-Tolerant Streaming Computation at Scale⟩(https://people.csail.mit.edu/matei/papers/2013/sosp_spark_streaming.pdf)(Matei Zaharia et al. 2013).

앞에서 본 것처럼 스파크 스트리밍은 입력 스트림에서 데이터를 잘게 쪼갠다. 예를 들면 1초 단위 마이크로 배치로 말이다. 각 배치는 분산 처리 방식으로 스파크 클러스터에서 각 마이크로 배치의 결과를 생성하는 작은 태스크들을 실행하게 된다. 스트리밍 처리를 작은 태스크들로 쪼개는 것은 전통적인 연속 처리 모델에 비해 두 가지의 장점이 있다.

- 스파크의 기민한 태스크 스케줄링은 매우 빠르고 효과적으로 태스크를 빠르게 다른 이그제큐터들로 복제해 실행하게 함으로써 이그제큐터 장애나 속도 저하에 대해 대응할 수 있다.
- 통제된 태스크의 할당은 태스크가 여러 번 실행되더라도 동일한 결과를 보여준다. 스파크의 이런 결정적인 특성은 스파크 스트리밍이 전체적으로 중복 없는 일회 처리exactly-once를 보장할 수 있게 한다. 다시 말하면 생성된 결과는 모든 입력 레코드에 대해 정확히 한 번만 처리된 결과일 것이다.

이런 효과적인 장애 대응 특징은 반응 속도에 대한 비용이 필요하다. 마이크로 배치 모델은 밀리초 수준의 반응 속도를 보여줄 수는 없다, 일반적으로 가능한 수준은 초 단위일 것이다(일부 예외적인 경우에는 0.x초 수준). 하지만 우리는 이미 압도적인 스트리밍 처리 사례들의 장점들, 즉 초단위 반응 속도의 단점을 상쇄하는 마이크로 배치 처리의 장점들을 보았다. 이는 대부분 스트리밍 파이프라인들이 다음 특징 중 최소 하나를 갖기 때문이다.

- 웬만한 파이프라인은 굳이 초 단위 이하의 반응 속도를 필요로 하지 않는다. 예를 들면 스트리밍 결과가 시간 단위로 실행되는 배치 잡에 의해 사용된다면, 초 단위 이하의 반응 속도가 결과 생성에 크게 도움이 된다고 할 수는 없다.
- 파이프라인의 다른 부분들에 더 큰 지연이 있는 경우가 많다. 예를 들어 더 높은 처리량 달성을 위해 아파치 카프카Apache Kafka(데이터 스트림을 수집하는 시스템)에 데이터를 쓰도록 구성하면 다운스트림 처리 시스템에서 별다른 최적화 없이도 전체적인 반응 시간을 마이크로 배치에 의한 초 단위 지연보다 훨씬 낮출 수 있을 것이다.

덧붙여 D스트림 API는 스파크 배치 RDD API 기반으로 작성되었다. 그러므로 D스트림은 RDD와 동일한 기능적 의미, 동일한 장애 복구 모델로서 동작한다. 즉 스파크 스트리밍은 배치와 스트리밍, 인터액티브한 워크로드들을 하나의 일체화된 처리 엔진을 통해 안정적인 API와 개념을 바탕으로 제공할 수 있는 것이다. 스트림 처리의 이 근본적인 패러다임 변화는 스파크 스트리밍이 가장 널리 쓰이는 오픈소스 처리 엔진 중의 하나가 될 수 있게 해 주었다.

스파크 스트리밍(D스트림)에서 얻은 교훈
이런 모든 이점에도 불구하고, D스트림 API에 결점이 없는 것은 아니었다. 그동안 언급된 몇 가지 개선이 필요한 영역들이 아래에 있다.

배치나 스트림 처리를 위한 단일 API 부재

심지어 D스트림이나 RDD에 일관성 있는 API가 존재하긴 했지만(즉, 동일한 방식으로 동일한 동작을 수행한다) 여전히 개발자들은 배치 잡을 스트리밍 잡으로 전환할 때, 코드를 명시적으로 재작성해야만 했다.

논리/물리 계획 간에 구분 부족

스파크 스트리밍은 개발자들이 지정해 놓은 것과 동일한 순서로 D스트림 연산을 수행한다. 즉 개발자들은 정확한 물리 계획을 직접 지정해야 하는 셈이고, 자동화된 최적화가 없기 때문에 최고의 성능을 얻기 위해서는 수동적인 최적화를 해야만 한다.

이벤트 타임 윈도우를 위한 기본 지원 부족

D스트림은 윈도우 연산을 각 레코드가 스파크 스트리밍에서 받은 시각을 기준으로 한다[프로세싱 타임(**처리 시각**processing time이라고 부름). 하지만 많은 사용 사례들은 레코드를 받은 시각 대신에 레코드가 생성된 시각(**이벤트 타임**event time으로 부름)]으로 윈도우 집계 연산을 처리하기 바란다. 기본적으로 이벤트 타임 윈도우를 지원하지 않다 보니 개발자들은 스파크 스트리밍으로 그러한 경우의 파이프라인을 개발하는 데 어려움을 겪는다.

결국 이러한 단점들이 아래에서 이야기할 정형화 스트리밍의 설계 철학에 영향을 미치게 되었다.

정형화 스트리밍의 철학

D스트림에서 얻은 이러한 교훈들에 기반해 정형화 스트리밍은 하나의 핵심 철학만을 갖고 바닥에서부터 새로 설계되었다. 개발자들을 위해서는 스트리밍 처리 파이프라인 작성은 배치 파이프라인 작성만큼 쉬워야 한다는 것이다. 간단하게 말하면 정형화 스트리밍의 원칙은 다음과 같다.

배치 및 스트림 처리를 위한 단일화된 프로그래밍 모델과 인터페이스

이 단일화 모델은 배치와 스트리밍 양쪽을 위한 하나의 단순한 API 인터페이스를 제공한다. 개발자들은 장애 예방을 위한 복잡성이나 최적화, 느린 데이터 등에 대해서 신경 쓸 필요 없이 친숙한 SQL이든 배치를 위한 데이터 프레임 쿼리든(이전 장들에서 배운 것들과 마찬가지로) 배치 잡처럼 스트리밍 처리에 사용할 수 있다. 이후의 내용을 통하여 사용해볼 쿼리들을 다룰 것이다.

더 넓은 범위의 스트리밍 처리 지원

빅데이터 처리 애플리케이션들은 실시간 처리와 배치 처리의 경계를 희미하게 만드는 수준이 될 정도로 충분히 복잡한 단계까지 성장했다. 정형화 스트리밍의 목표는 전통적인 스트림 처리 수준에서 더 넓은 수준의 애플리케이션이 되도록 적용 범위를 넓히는 것이었다. 주기적으로 실행되는 애플리케이션(예를 들면 시간 단위로 실행)부터 지속적으로 데이터를 처리해야 하는(전통적인 스트리밍 애플리케이션) 종류까지 모두 정형화 스트리밍으로 처리하는 것 말이다.

다음으로는 정형화 스트리밍에서 사용하는 프로그래밍 모델에 대해 알아보자.

정형화 스트리밍의 프로그래밍 모델

'테이블'은 배치 애플리케이션 등을 구축할 때 자주 등장하는 잘 알려진 개념이다. 정형화 스트리밍은 이 개념을 확장하여 그림 8-3에서 보는 것처럼 스트림을 일련의 무한하게 연속적으로 데이터가 추가되는 테이블의 개념으로 간주하였다.

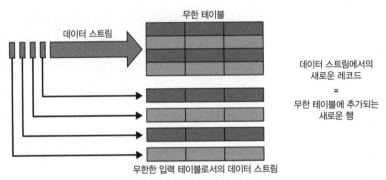

그림 8-3 **정형화 스트리밍 모델: 무한 테이블로서의 데이터 스트림**

데이터 스트림에서 받는 모든 새로운 레코드는 무한 입력 테이블에 추가되는 새로운 행과 같다고 볼 수 있다. 정형화 스트리밍이 실제로 모든 입력을 저장하고 있는 것은 아니지만 특정 시간 T가 될 때까지 정형화 스트리밍이 만들어 내는 출력 결과는 그 시간 T 동안의 모든 입력 데이터가 정적인 일반 테이블에 저장되어 있는 것과 동일할 것이며, 그 테이블 위에서 배치 작업이 돌아가는 것과 동일하게 동작한다.

그림 8-4에서 보는 것처럼 개발자들은 이 개념적으로 정의된 입력 테이블에 대해 마치 일반적인 테이블에 하듯 출력 싱크에 쓰여질 결과를 위한 쿼리를 정의해 던져볼 수 있다. 정형화 스트리밍은 자동적으로 이 배치 스타일 쿼리를 스트리밍 실행 계획으로 변환하게 된다. 이를 **증식화**incrementalization라고 부른다. 정형화 스트리밍은 매번 레코드가 도착할 때마다 결과를 업데이트 해주기 위해 어떤 것이 필요한지 파악하고 있다. 그래서 결국 개발자들은 언제 결과를 업데이트 해야 하는지 제어하기 위한 정책을 지정하게 된다. 매번 이것이 발동될 때마다 정형화 스트리밍은 새로운 데이터(입력 테이블의 새로운 행)가 있는지 체크하고 점진적으로 결과를 갱신한다.

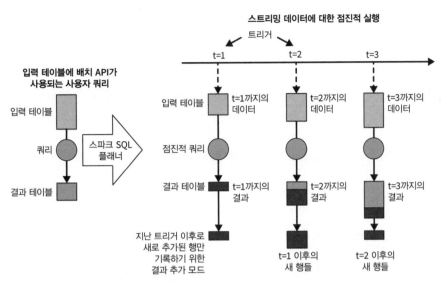

스트리밍 데이터에 대한 점진적 실행

트리거

입력 테이블에 배치 API가
사용되는 사용자 쿼리

사용자는 일괄 처리와 같은 API를 사용하여 스트리밍 데이터에 대한 쿼리를 표현하고,
정형화 스트리밍은 이를 증분화하여 스트리밍 중 실행한다

그림 8-4 정형화 스트리밍 처리 모델

모델의 마지막 부분은 결과 모드다. 매번 결과 테이블이 갱신될 때마다 개발자는 새로운 내용을 파일 시스템(예: HDFS나 아마존 S3 등)이나 데이터베이스(예: MySQL, 카산드라) 같은 외부 시스템에 쓰기 원할 것이다. 그리고 대개 덧붙여서 점진적으로 기록되기 원한다. 이런 목적들을 위해 정형화 스트리밍은 세 가지의 결과 모드를 제공한다.

추가(append) 모드

지난 트리거 이후로 결과 테이블에 새로 추가된 행들만 외부 저장소에 쓰여진다. 이는 결과 테이블에 존재하는 기존 데이터가 변형되지 않는 쿼리들에 대해서만 적용 가능하다(예: 입력 스트림에 대한 map 연산)는 것이다.

갱신(update) 모드

지난 트리거 이후에 결과 테이블에서 갱신된 행들만 외부 저장소에서 변경될 것이다. 이 모드는 MySQL 테이블처럼 변경 가능한 결과 싱크들에 대해서 동작한다.

전체(complete) 모드

갱신된 전체 테이블이 외부 저장소에 쓰여진다.

전체 모드가 아니라면 정형화 스트리밍에 의해 결과 테이블이 완전하게 실체화되지는 않는다. 단지 결과 테이블을 연산하기 위한 변경 내역을 확인하는 데 필요한 정보(상태$_{state}$라고 부름)만이 유지될 것이다.

데이터 스트림을 테이블로 생각하는 것은 데이터에 대한 논리적 연산을 개념화하기 더 쉽게 만들어 주며 코드로 표현하는 것도 더 쉽게 해 준다. 스파크의 데이터 프레임은 프로그래밍 방식의 테이블 표현이기 때문에 데이터 프레임 API를 스트리밍 데이터의 연산을 표현하는 데에 쓸 수 있다. 스트리밍 데이터 소스로부터 입력 데이터 프레임(즉, 입력 테이블)을 정의하고, 배치 소스에서 정의된 데이터 프레임에 하는 것과 같은 방식으로 데이터 프레임 연산을 적용하는 것만 해주면 된다.

다음 절에서 데이터 프레임을 써서 정형화 스트리밍 쿼리를 작성하는 것이 얼마나 쉬운지 보게 될 것이다.

정형화 스트리밍 쿼리의 기초

이 절에서는 정형화 스트리밍 쿼리를 작성하기 위해 이해해야 하는 상위 수준 개념들을 다루어 볼 것이다. 우선은 스트리밍 쿼리를 정의하고 실행하는 필수 단계들을 밟아보고 난 후, 실행 중인 쿼리를 어떻게 모니터하고 어떻게 관리하는지 알아볼 것이다.

스트리밍 쿼리를 정의하는 다섯 단계

앞에서 얘기한 것처럼 정형화 스트리밍은 배치 쿼리에서 데이터 처리 로직 표현에 쓰는 것과 동일한 데이터 프레임 API를 사용한다. 하지만 정형화 스트리밍 쿼리를 정의하기 위해서는 알아두어야 할 몇 가지 핵심적인 차이점이 있다. 여기서는 소켓에서 텍스트 데이터를 읽고, 단어 개수를 세는 단순한 쿼리를 만들어보면서 스트리밍 쿼리를 정의하는 데 필요한 단계들을 둘러볼 예정이다.

1단계: 입력 소스 지정

배치 쿼리에서처럼 첫 단계는 스트리밍 소스로부터 데이터 프레임을 지정하는 것이다. 배치 데이터 소스에서 읽어 들일 때 DataFrameReader 객체를 만들어주는 spark.read를 썼지만 스트리밍 소스에 대해서는 DataStreamReader를 만들어주는 spark.readStream을 사용해야 한다. DataStreamReader는 DataFrameReader와 동일한 함수들을 대부분 갖고 있으므로 유사한 방식으로 사용할 수 있다. 여기에 소켓 연결 기반으로 텍스트 데이터 스트림을 받아 데이터 프레임을 생성하는 예제가 있다.

```
# 파이썬 예제
spark = SparkSession...
lines = (spark
  .readStream.format("socket")
  .option("host", "localhost")
  .option("port", 9999)
 .load())
```

```
// 스칼라 예제
val spark = SparkSession...
val lines = spark
  .readStream.format("socket")
  .option("host", "localhost")
  .option("port", 9999)
  .load()
```

이 코드는 localhost:9999에서 개행 문자로 행 구분되는 텍스트 데이터를 읽어 무한 테이블 형태의 lines 데이터 프레임을 생성한다. 배치 소스에서 spark.read를 쓸 때와 비슷하게 스트리밍 데이터를 즉시 읽어 들이는 것은 아니라는 점을 기억하자. 위 코드는 실제로 스트리밍 쿼리가 동작할 때 데이터를 읽어 들이기 위해 필요한 설정들을 정의하는 것뿐이다.

소켓 외에도 아파치 스파크는 기본적으로 아파치 카프카와 그 외 DataFrameReader가 지원하는 다양한 파일 기반 포맷(파케이, ORC, JSON 등)에서 데이터 스트림을 읽어 들일 수 있게 지원한다. 각 소스들에 대한 자세한 내용 및 옵션들은 이 장의 뒷부분에서 다룰 것이다. 덧붙여, 스트리밍 쿼리는 유니언이나 조인(역시 나중에 다룰 것이다) 같은 데이터 프레임 연산을 써서 조합하는 식으로 다중 입력 소스를 지정할 수도 있다.

2단계: 데이터 변형

이제부터는 아래 코드처럼 라인을 개별 단어로 나눈다든지, 그다음에 개수를 세는 등의 일상적인 데이터 프레임 연산을 수행할 수 있다.

```
# 파이썬 예제
from pyspark.sql.functions import *
words = lines.select(explode(col("value"), "\\s").alias("word"))
counts = words.groupBy("word").count()
```

```
// 스칼라 예제
import org.apache.spark.sql.functions._
val words = lines.select(explode(col("value"), "\\s").as("word"))
val counts = words.groupBy("word").count()
```

counts 변수는 실행 중인 단어 세기 프로그램을 나타내는 **스트리밍 데이터 프레임**(즉, 무제한의 스트리밍 데이터가 계속 들어오는 데이터 프레임이다)'이며 한번 스트리밍 쿼리가 시작되고 스트리밍 입력이 지속적으로 처리되면서 계산을 수행하게 된다.

lines 스트리밍 데이터 프레임에 변형을 수행하는 이 연산들은 lines가 일반적인 배치 데이터 프레임이었다 하더라도 정확히 동일한 방식으로 동작한다는 점을 기억하자. 일반적으로 배치 데이터 프레임에 쓰이는 대부분의 데이터 프레임은 스트리밍 데이터 프레임에도 적용할 수 있다. 어떤 함수가 정형화 스트리밍에서 지원되는지 알고 싶으면 데이터 트랜스포메이션에 대한 두 가지 넓은 종류를 알아야 한다.

상태 정보가 없는 트랜스포메이션

select(), filter(), map() 같은 연산들은 다음 행 처리를 위해 이전 행 정보를 필요로 하지 않는다. 각각의 행은 그 자체만으로 처리가 가능하다. 이전 '상태' 정보에 대한 요구가 없기 때문에 무상태 처리가 가능하며 이런 무상태 연산들은 배치와 스트리밍 데이터 프레임 양쪽에 사용할 수 있다.

상태정보 유지 트랜스포메이션

반면 count() 같은 집계 연산은 여러 행에 걸쳐서 데이터가 정보를 유지하고 있기를 요구한다. 좀 더 자세하게 말하면 그룹화, 조인, 집계 연산과 관계되는 모든 연산들은 상태 정보 유지 트랜스포메이션이다. 이 중 많은 연산들이 정형화 스트리밍에서 지원되지만 이 중 일부의 조합은 연산이 어렵다거나 증분 방식으로 계산하는 것이 실행 불가능하다는 이유로 지원되지 않는다.

정형화 스트리밍의 상태 정보 유지 연산들과 실행 시에 상태를 어떻게 다루는지는 나중에 이야기할 것이다.

3단계: 출력 싱크와 모드 결정

데이터 변형 후(배치 데이터에서 쓴 DataFrame.write 대신) DataFrame.writeStream을 써서 처리된 출력 데이터가 어떻게 쓰일지 정할 수 있다. 이는 DataFrameWriter와 비슷한 DataStreamWriter를 생성하며 다음 내용들을 지정할 수 있는 몇 가지 추가적인 함수를 제공한다.

- 자세한 출력 방식(어디에 어떻게 출력 결과가 쓰일지)
- 자세한 처리 방식(어떻게 데이터가 처리되고, 장애 시 어떻게 복구되는지)

출력 방식부터 살펴보자(처리 방식에 대해서는 다음 단계에 살펴본다). 예를 들어 다음 코드는 최종 집계를 콘솔 화면에 어떻게 출력할지 보여준다.

```python
# 파이썬 예제
writer = counts.writeStream.format("console").outputMode("complete")
```

```scala
// 스칼라 예제
val writer = counts.writeStream.format("console").outputMode("complete")
```

여기서는 출력 스트리밍 싱크에 'console'을 지정하였고, 출력 모드로는 'complete'를 지정하였다. 스트리밍 쿼리의 출력 모드는 새로운 입력 데이터가 처리된 다음, 갱신된 결과 중 어떤 부분이 쓰일지를 지정한다. 이 예제에서는 새로운 입력 데이터의 일부가 들어오고, 단어 개수가 갱신되면 지금까지 나온 모든 단어의 개수를 콘솔에 출력할지(이것이 **전체 모드**complete mode이다), 아니면 지난 입력 데이터 이후로 갱신된 단어만 대상으로 할지 선택할 수 있다. 이는 특정 출력 모드를 지정하면 되며 모드는 다음에 있는 것들 중 하나이다(이미 앞서 나왔던 '정형화 스트리밍의 프로그래밍 모델'에서 보았다).

추가 모드

기본 모드이며 싱크에 쓰인 마지막 트리거 이후 새로 추가된 행들이 결과 테이블 혹은 데이터 프레임에 쓰인다(예: counts 테이블). 의미론적으로 이 모드는 출력된 모든 행이 이후의 쿼리에 의해 변경되지 않는다는 것을 보장한다. 그러므로 추가 모드는 무상태 정보 쿼리처럼 이전 출력 결과를 결코 조작하지 않을 쿼리들에 의해 사용된다. 반면 우리의 단어 세기 쿼리 같은 경우는 이전에 생성된 집계 결과를 업데이트 하므로 지원하지 않는다.

전체 모드

이 모드에서는 결과 테이블 혹은 데이터 프레임의 모든 행이 매번 트리거될 때 마지막에 출력 대상이 된다. 이는 결과 테이블이 입력 데이터에 비해 현저히 작아서 충분히 메모리에 유지될 수 있는 쿼리들에 의해 지원된다. 예를 들어 우리의 단어 세기 쿼리는 결과 데이터가 입력 데이터보다 매우 작을 수밖에 없으므로 이 모드를 지원한다.

업데이트 모드

이 모드에서는 지난 트리거 이후 결과 테이블이나 데이터 프레임에서 변경된 행들만이 매 트리거의 마지막에 출력 대상이 된다. 이는 출력 행이 추후의 쿼리에 의해 수정될 수 있으므로 추가 모드의 반대 동작이라고 할 수 있다. 대부분의 쿼리들은 업데이트 모드를 지원한다.

 여러 다른 종류의 쿼리들의 출력 모드에 대한 자세한 내용은 최신 정형화 스트리밍 프로그래밍 가이드[3]에서 찾아볼 수 있다.

콘솔에 출력하는 것 말고도 정형화 스트리밍은 기본적으로 스트리밍을 파일과 아파치 카프카에 쓰는 것을 지원한다. 그 외에도 foreachBatch()와 foreach() API를 사용하여 임의의 위치에 쓰는 것도 가능하다. 사실, foreachBatch()를 사용하면 스트리밍 데이터를 기존 배치 소스에 쓸 수도 있기

---

3   https://spark.apache.org/docs/latest/structured-streaming-programming-guide.html

는 하다(하지만 '정확히 1회'는 보장되지 않는다). 이 싱크들과 지원되는 옵션들에 대한 자세한 사항은 이 장의 뒷부분에서 다룰 것이다.

4단계: 처리 세부사항 지정

쿼리 시작 전의 마지막 단계는 데이터를 어떻게 처리할지 세부사항을 지정하는 것이다. 단어 세기 예제를 갖고 계속 해본다면 다음처럼 처리 세부사항을 지정할 것이다.

```python
# 파이썬 예제
checkpointDir = "..."
writer2 = (writer
  .trigger(processingTime="1 second")
  .option("checkpointLocation", checkpointDir))
```

```scala
// 스칼라 예제
import org.apache.spark.sql.streaming._
val checkpointDir = "..."
val writer2 = writer
  .trigger(Trigger.ProcessingTime("1 second"))
  .option("checkpointLocation", checkpointDir)
```

DataFrame.writeStream으로 생성한 DataStreamWriter를 써서 지정하는 두 종류의 세부 사항이 있다.

트리거링 상세 내용

이 부분은 새롭게 추가된 스트리밍 데이터를 발견하고 처리하는 동작이 언제 발동되는지를 의미한다. 여기에는 네 가지 옵션이 있다.

기본(default)

트리거가 명시적으로 지정되지 않았다면 스트리밍 쿼리는 앞선 마이크로 배치가 완료되자마자 다음 마이크로 배치가 실행되는 곳부터 데이터를 실행한다.

트리거 간격에 따른 처리 시간

명시적으로 ProcessingTime에 간격을 지정해줄 수 있으며, 쿼리는 이 고정된 간격에 따라 마이크로 배치를 실행할 것이다.

일회 실행(once)

이 모드에서 스트리밍 쿼리는 정확히 하나의 마이크로 배치를 실행한다. 즉, 하나의 배치에서 모든 새로운 데이터를 처리하고 멈춘다. 이는 자체적인 스케줄에 따라 처리하게 되는 외부 스케줄러에 의해서 트리거와 처리를 제어하고 싶을 때 쓰면 유용하다(예를 들면 하루에 한 번[4]만 쿼리를 실행해서 비용을 제어하는 식).

연속(continuous)

이는 스트리밍 쿼리가 마이크로 배치 단위 대신 연속적으로 데이터를 처리하는 실험적인 모드(스파크 3.0에서 도입)이다. 데이터 프레임 연산 중 일부 몇 가지만 이 모드를 사용할 수 있긴 하지만 마이크로 배치 트리거 모드에 비해 매우 빠른(몇 밀리초 단위) 응답성을 제공한다. 최신 정보를 위해서는 공식 정형화 스트리밍 프로그래밍 가이드[5]를 참고하기 바란다.

체크포인트 위치(checkpoint location)

이는 HDFS와 호환되는 파일 시스템 위에 스트리밍 쿼리가 진행 상황, 다시 말하면 진행 중인 데이터 상황을 저장할 수 있는 디렉터리를 의미한다. 실패 시 정확히 실패한 쿼리가 마지막 지점에서 재시작할 수 있게 하는 용도로 쓰인다. 그거므로 이 옵션은 정확한 일회 실행 보장과 함께 장애 복구를 위해 필요하다.

5단계: 쿼리 시작

모든 것이 결정되면 최종 단계에서 쿼리를 시작하며 아래와 같이 실행한다.

```python
# 파이썬 예제
streamingQuery = writer2.start()
```

```scala
// 스칼라 예제
val streamingQuery = writer2.start()
```

streamingQuery 변수에 반환된 객체 타입은 활성화된 쿼리를 나타내며 이 장 후반부에 다룰 쿼리 관리에 사용된다.

start()는 논블로킹non-blocking 함수이므로 백그라운드에서 쿼리를 실행하고 호출한 즉시 객체를 리턴한다. 만약 스트리밍 쿼리가 끝날 때까지 메인 스레드가 블로킹된 채로 있기를 원한다면 streamingQuery.awaitTermination()을 사용하면 된다. 백그라운드에서 돌던 쿼리가 에러를 내뱉고 실패한다면 awaitTermination()도 동일한 예외로 실패할 것이다.

---

4   https://databricks.com/blog/2017/05/22/running-streaming-jobs-day-10x-cost-savings.html
5   https://spark.apache.org/docs/latest/structured-streaming-programming-guide.html

혹은 awaitTerminaton(timeoutMills)의 형태로 특정 몇 초 간격만 대기하도록 할 수도 있으며 명시적으로 streamingQuery.stop()을 호출해 중지할 수도 있다.

종합적인 예제

요약하면 소켓에서 텍스트 데이터 스트림을 읽어 들이고, 단어 개수를 세어서 콘솔에 출력하는 전체 코드가 아래에 있다.

```python
# 파이썬 예제
from pyspark.sql.functions import *
spark = SparkSession...
lines = (spark
  .readStream.format("socket")
  .option("host", "localhost")
  .option("port", 9999)
  .load())

words = lines.select(explode(col("value"), "\\s").alias("word"))
counts = words.groupBy("word").count()
checkpointDir = "..."
streamingQuery = (counts
  .writeStream
  .format("console")
  .outputMode("complete")
  .trigger(processingTime="1 second")
  .option("checkpointLocation", checkpointDir)
  .start())
streamingQuery.awaitTermination()
```

```scala
// 스칼라 예제
import org.apache.spark.sql.functions._
import org.apache.spark.sql.streaming._
val spark = SparkSession...
val lines = spark
  .readStream.format("socket")
  .option("host", "localhost")
  .option("port", 9999)
  .load()

val words = lines.select(explode(col("value"), "\\s").as("word"))
val counts = words.groupBy("word").count()

val checkpointDir = "..."
val streamingQuery = counts.writeStream
  .format("console")
  .outputMode("complete")
```

```
  .trigger(Trigger.ProcessingTime("1 second"))
  .option("checkpointLocation", checkpointDir)
  .start()
streamingQuery.awaitTermination()
```

쿼리가 실행된 후에 백그라운드 스레드는 스트리밍 원천에서 지속적으로 새로운 데이터를 읽어 들이고 처리하여 스트리밍 싱크에 그 결과를 출력한다. 다음 부분에서는 이것이 어떻게 실행되는지 내부를 살짝 들여다보도록 하자.

실행 중인 스트리밍 쿼리의 내부

쿼리가 시작되면 엔진에서는 다음 단계를 순서대로 실행하며 이는 그림 8-5에도 나와 있다. 데이터 프레임 연산들은 스파크 SQL이 쿼리 계획을 위한 연산을 추상적으로 표현할 수 있는 논리 계획으로 변환된다.

1. 스파크 SQL이 스트리밍 데이터에 대해 스트리밍 특성에 따라 연속적이고 효과적으로 실행할 수 있는지 확인하기 위해 논리 계획을 분석하고 최적화한다.

2. 스파크 SQL은 아래의 루프를 백그라운드 스레드를 통해 반복적으로 실행한다.[6]

   a. 설정된 트리거 간격마다 스레드는 새 데이터가 있는지 스트리밍 원천을 확인한다.

   b. 새 데이터가 있으면 마이크로 배치로 실행된다. 최적화된 논리 계획으로부터 최적화된 스파크 실행 계획이 생성되며 여기에는 새 데이터를 소스에서 읽어서 점진적으로 업데이트된 결과를 계산해 내고, 결과를 설정된 출력 모드에 따라 싱크에 쓰는 것 등이 포함된다.

   c. 모든 마이크로 배치마다 지정된 체크포인트 위치에 쿼리가 필요할 때 정확한 범위를 새로 처리할 수 있도록 하기 위해 정확한 처리 데이터 범위(예를 들면 파일 목록이나 아파치 카프카 오프셋들의 범위)와 연관된 상태들이 저장된다.

3. 이 루프는 다음 이유들 중의 하나로 질의가 종료되기 전까지는 계속 동작한다.

   a. 질의에서 오류 발생(처리에 오류가 발생하거나 클러스터에 장애 발생).

   b. streamingQuery.stop()의 호출에 의해 명시적으로 질의가 중단.

   c. 트리거가 '일회 실행once'으로 설정되어 있다면 질의는 모든 가능한 데이터를 처리하는 한 번의 마이크로 배치 실행 후 정지하게 된다.

---

6   이 실행 루프는 마이크로 배치 기반의 트리거 모드로 실행되지만(즉, ProcessingTime이나 Once) Continuous 트리거 모드는 아니다.

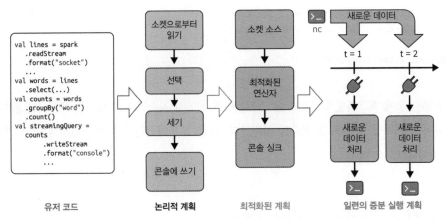

유저 코드	논리적 계획	최적화된 계획	일련의 증분 실행 계획

그림 8-5 스트리밍 쿼리의 증분 실행

 정형화 스트리밍에 대해 기억해야 할 핵심적인 한 가지는 내부적으로는 데이터 실행에 스파크 SQL을 사용한다는 것이다. 그 덕택에 스트림 처리량을 극대화하기 위해 스파크 SQL의 최적화 실행 엔진의 모든 성능을 끌어다 쓸 수 있게 되며 이것이 성능 효율을 높이는 핵심 포인트다.

다음은 종료 이후 스트리밍 쿼리를 재시작하는 방법과 그 라이프 사이클에 대해 알아보겠다.

정확한 일회 실행을 위한 장애 복구

종료한 쿼리를 완전한 새 프로세스로 재시작하려면 새로운 SparkSession을 생성하고, 모든 데이터 프레임을 재정의하고 처음 쿼리가 시작할 때 사용된 것과 동일한 체크포인트 위치를 사용해 스트리밍 쿼리를 시작해야 한다. 단어 세기 예제를 쓴다면 단순히 아까 명시됐던 전체 코드를 spark 변수를 정의한 첫 줄부터 start()가 있는 마지막 줄까지 재실행하면 된다.

체크포인트 위치는 해당 디렉터리가 스트리밍 쿼리를 구분하는 ID를 갖고 있으면서 쿼리의 라이프 사이클을 표시하기 때문에 재시작할 때도 동일하게 유지되어야만 한다. 만약 체크포인트 디렉터리가 지워지거나 동일한 쿼리가 다른 체크포인트 디렉터리를 갖고 실행된다면 이는 단순히 새 쿼리를 새로 시작하는 것과 다를 바 없다. 특히나 체크포인트는 직전 마이크로 배치에서 제대로 처리되지 않은 데이터 범위를 추적하기 위해 레코드 수준의 정보를 갖고 있다(예: 아파치 카프카 오프셋 정보). 재시작된 쿼리는 이러한 정보를 써서 정확히 직전 마이크로 배치가 처리한 다음부터 레코드를 처리하기 시작하게 된다. 만약 이전 쿼리가 마이크로 배치를 실행하려다가 완료하지 못하고 종료되었다면 재시작 쿼리는 새로운 데이터를 처리하기 전에 이전 데이터 범위만큼 재처리하게 된다.

정형화 스트리밍은 아래의 조건들이 만족될 때 **전체적으로**end-to-end **정확한 일회 실행**exactly-once guarantee을 보장한다(다시 말하면 결과는 각 입력 레코드가 정확히 한 번만 처리된 것처럼 출력된다).

재실행 가능한 스트리밍 소스

지난 마이크로 배치에서 미완료된 데이터 범위만큼을 소스에서 다시 읽을 수 있어야 한다.

결정론적 연산

모든 데이터 변형은 동일한 입력 데이터가 주어지면 동일한 결과를 생성해 낼 수 있어야 한다.

멱등성 스트리밍 싱크

싱크는 재실행된 마이크로 배치를 구분 가능해야 하며 재실행에 의해 중복 쓰기가 발생하면 무시할 수 있어야 한다.

소켓 소스를 재실행할 수도 없고, 콘솔 싱크가 멱등성을 보장하지도 않기 때문에 단어 세기 예제의 정확한 일회 실행은 보장되지 않는다.

마지막으로 이야기할 점은, 쿼리 재시작 사이에 사소한 수정을 추가하는 것도 가능하다. 쿼리를 수정할 수 있는 몇 가지 방법이 아래에 있다.

데이터 프레임 트랜스포메이션

재시작 사이에 작은 수정들을 트랜스포메이션에 추가할 수 있다. 예를 들어 단어 세기 예제에서 쿼리를 실패하게 만들 수 있는 잘못된 바이트 배열을 무시하고 싶다면, 해당 트랜스포메이션에 필터를 추가할 수 있다.

```python
# 파이썬 예제
# isCorruptedUdf : 문자열에 깨진 부분이 있는지 찾는 udf

filteredLines = lines.filter("isCorruptedUdf(value) = false")
words = filteredLines.select(explode(col("value"), "\\s").alias("word"))
```

```scala
// 스칼라 예제
// val isCorruptedUdf : 문자열에 깨진 부분이 있는지 찾는 udf

val filteredLines = lines.filter("isCorruptedUdf(value) = false")
val words = filteredLines.select(explode(col("value"), "\\s").as("word"))
```

이렇게 수정된 words 데이터 프레임으로 재시작하면 재시작한 쿼리는 실패하지 않고, 이 필터를 재시작한 후(직전에 실패한 마이크로 배치 구간 포함)에 처리되는 모든 데이터에 필터를 적용할 것이다.

소스와 싱크 옵션들

readStream이나 writeStream이 재시작 사이에 변경될 수 있는지 여부는 특정 소스나 싱크의 종류에 따라 달라진다. 예를 들어 데이터를 특정 host나 port로 보내야만 한다면 소켓 소스에서 이를 중간에 바꾸면 안 된다. 하지만 반대로 콘솔 싱크에서 매 트리거 후에 100줄을 출력하고 싶다면 다음처럼 옵션을 추가할 수 있다.

```
writeStream.format("console").option("numRows", "100")..
```

상세한 부분 처리

앞에 얘기한 것처럼 체크포인트 위치는 재시작 사이에 바뀌면 안 된다. 하지만 트리거 간격 같은 다른 상세 내용들은 장애 내구성을 보장하는 선에서 변경할 수 있다.

재시작 사이에 변경이 허용되는 것들에 대한 좀 더 자세한 정보는 최신 정형화 스트리밍 프로그래밍 가이드[7]를 참고한다.

동작 중인 쿼리 모니터링하기

서비스 환경에서 스트리밍 파이프라인을 실행할 때의 중요한 부분은 상태를 체크하는 것이다. 정형화 스트리밍은 상태를 추적할 수 있는 여러 가지 방법과 실행 중인 쿼리의 통계 수치들을 제공한다.

StreamingQuery를 써서 현재 상태 가져오기

동작 중인 쿼리의 현재 상태를 StreamingQuery 인스턴스를 사용해 가져올 수 있다. 다음과 같은 두 가지 방법이 있다.

StreamingQuery를 써서 현재 수치들을 가져오기

하나의 쿼리가 마이크로 배치 안에서 일부 데이터를 처리했을 때 대개는 무언가 진행이 되어 있기를 기대한다. lastProgress() 함수를 쓰면 가장 마지막에 완료된 마이크로 배치에 대한 정보를 되돌려준다. 예를 들어 리턴받은 객체(스칼라나 자바에서의 StreamingQueryProgress 객체나 파이썬에서 리턴받은 딕셔너리)는 다음과 같이 출력될 것이다.

```
// 스칼라 및 파이썬 예제
{
  "id" : "ce011fdc-8762-4dcb-84eb-a77333e28109",
  "runId" : "88e2ff94-ede0-45a8-b687-6316fbef529a",
  "name" : "MyQuery",
  "timestamp" : "2016-12-14T18:45:24.873Z",
  "numInputRows" : 10,
  "inputRowsPerSecond" : 120.0,
  "processedRowsPerSecond" : 200.0,
```

---

7   https://spark.apache.org/docs/latest/structured-streaming-programming-guide.html#recovering-from-failures-with-checkpointing

```
    "durationMs" : {
      "triggerExecution" : 3,
      "getOffset" : 2
    },
    "stateOperators" : [ ],
    "sources" : [ {
      "description" : "KafkaSource[Subscribe[topic-0]]",
      "startOffset" : {
        "topic-0" : {
          "2" : 0,
          "1" : 1,
          "0" : 1
        }
      },
      "endOffset" : {
        "topic-0" : {
          "2" : 0,
          "1" : 134,
          "0" : 534
        }
      },
      "numInputRows" : 10,
      "inputRowsPerSecond" : 120.0,
      "processedRowsPerSecond" : 200.0
    } ],
    "sink" : {
      "description" : "MemorySink"
    }
}
```

이 중에서 몇 가지 주목할 만한 항목은 다음과 같다.

id

체크포인트 위치와 묶인 단독 식별자. 이 id는 쿼리 전체의 생애에 걸쳐 동일하게 유지된다(즉, 재시작되더라도).

runId

현재 (재)시작된 쿼리 인스턴스의 단독 식별자. 이는 재시작할 때마다 바뀐다.

numInputRows

마지막 마이크로 배치에서 처리된 입력 레코드의 개수.

inputRowsPerSecond

소스에서 생성되는 입력 레코드의 현재 비율(지난 마이크로 배치 시간 동안의 평균).

processedRowsPerSecond

처리되고 싱크에 의해 쓰여진 레코드 비율(지난 마이크로 배치 시간 동안의 평균). 입력 비율에 비해 이 비율이 지속적으로 낮게 유지된다면 소스에서 생성되는 속도만큼 데이터 처리가 빠르게 되고 있지 않다는 의미이다. 이는 쿼리의 상태를 나타내는 핵심 지표라고 할 수 있다.

sources / sink

지난 배치에서 처리된 데이터의 소스와 싱크에 대한 정보

StreamingQuery.status()를 사용해 현재 상태 가져오기. 이 함수는 현재 백그라운드 쿼리 스레드가 무얼 하고 있는지에 대한 정보를 제공한다. 예를 들면 리턴된 객체는 다음과 같은 결과를 보여줄 것이다.

```
// 스칼라 및 파이썬 예제
{
  "message" : "Waiting for data to arrive",
  "isDataAvailable" : false,
  "isTriggerActive" : false
}
```

드롭위저드 메트릭 라이브러리를 써서 통계 정보 발행하기

스파크는 드롭위저드 메트릭Dropwizard Metrics[8]이라는 인기 있는 라이브러리를 써서 수치들을 제공한다. 이 라이브러리는 수치들이 여러 유명한 모니터링 프레임워크들(강글리아Ganglia, 그라파이트Graphite 등)에게 제공할 수 있는 기능을 갖고 있다. 이런 수치들은 보고되는 데이터양이 거대해질 수 있기 때문에 기본적으로는 사용하지 않도록 되어 있다. 이를 사용 가능하게 하려면 드롭위저드 메트릭에 대한 스파크 문서[9]에 있는 설정들과는 별도로 쿼리 시작 전에 SparkSession 설정에 spark.sql.streaming.metricsEnabled를 true로 설정해주어야 한다.

StreamingQuery.lastProgress()를 통해 볼 수 있는 정보들 중의 일부만이 드롭위저스 메트릭을 통해 제공된다는 점을 주목하도록 한다. 임의의 위치에 연속적으로 진행 정보를 발행하고 싶다면 다음 부분에서 다루는 내용처럼 자체 제작 리스너를 만들어야 한다.

---

8   https://metrics.dropwizard.io/4.2.0/

9   https://spark.apache.org/docs/latest/monitoring.html#metrics

자체 제작한 StreamingQueryListener를 써서 통계 수치 발행

StreamingQueryListener는 임의의 로직을 발행되는 수치에 연속적으로 적용하도록 주입 가능한 이벤트 리스너 인터페이스이다. 이 개발자 API는 스칼라나 자바에서만 가능하다. 자체 제작 리스너를 쓰려면 두 단계가 필요하다.

1. 일단 자신만의 리스너를 정의한다. StreamingQueryListener 인터페이스는 스트리밍 쿼리와 관련된 세 가지 타입의 이벤트를 구현해 정의할 수 있는 세 가지 함수를 제공한다(시작, 진행(즉 트리거가 실행된 후), 종료). 예제는 다음과 같다.

```
// 스칼라 예제
import org.apache.spark.sql.streaming._
val myListener = new StreamingQueryListener() {
  override def onQueryStarted(event: QueryStartedEvent): Unit = {
    println("Query started: " + event.id)
  }
  override def onQueryTerminated(event: QueryTerminatedEvent): Unit = {
    println("Query terminated: " + event.id)
  }
  override def onQueryProgress(event: QueryProgressEvent): Unit = {
    println("Query made progress: " + event.progress)
  }
}
```

2. 리스너를 쿼리 시작 전에 SparkSession에 추가한다.

```
// 스칼라 예제
spark.streams.addListener(myListener)
```

리스너를 추가한 다음에는 이 SparkSession 위에서 동작하는 스트리밍 쿼리의 모든 이벤트에서 리스너의 메서드를 호출하게 될 것이다.

스트리밍 데이터 소스와 싱크

정형화 스트리밍 쿼리의 시작부터 끝까지 필요한 기본적인 단계를 살펴보았으니 이제 내장된 데이터 소스와 싱크들을 어떻게 사용할 수 있을지 살펴보자. 앞에서 했던 것을 돌이켜보면 SparkSession.readStream()을 써서 스트리밍 소스에서 데이터 프레임을 만들어내고, DataFrame.writeStream()을 써서 결과 데이터 프레임을 출력 위치에 써넣을 수 있었다. 각각의 경우에 format()이란 함수를 쓰면 소스 타입을 결정할 수 있다. 몇 가지 예제를 보자.

파일

정형화 스트리밍은 배치 처리에서 지원하는 것과 동일한 포맷의 파일들로부터 데이터 스트림을 읽거나 쓰는 것을 지원한다(일반 텍스트 파일, CSV, JSON, 파케이 ORC 등). 파일 기반으로 정형화 스트리밍을 어떻게 처리할지 여기에서 알아보자.

파일에서 읽기

정형화 스트리밍은 디렉터리에 쓰여진 파일들을 하나의 데이터 스트림으로 간주할 수 있다. 다음에 예제가 있다.

```python
# 파이썬 예제
from pyspark.sql.types import *
inputDirectoryOfJsonFiles = ...

fileSchema = (StructType()
  .add(StructField("key", IntegerType()))
  .add(StructField("value", IntegerType()))))

inputDF = (spark
  .readStream
  .format("json")
  .schema(fileSchema)
  .load(inputDirectoryOfJsonFiles))
```

```scala
// 스칼라 예제
import org.apache.spark.sql.types._
val inputDirectoryOfJsonFiles = ...

val fileSchema = new StructType()
  .add("key", IntegerType)
  .add("value", IntegerType)

val inputDF = spark.readStream
  .format("json")
  .schema(fileSchema)
  .load(inputDirectoryOfJsonFiles)
```

반환된 스트리밍 데이터 프레임은 특정 스키마를 갖게 된다. 파일을 이용할 때 기억할 몇 가지 키포인트는 다음과 같다.

- 모든 파일들은 동일한 포맷이어야 하며 동일한 포맷을 가질 것이라고 가정하게 된다. 예를 들어 포맷이 "json"으로 지정되었다면 모든 파일은 한 줄에 하나의 JSON 레코드가 존재하는 JSON 파

일이어야 한다. 각 JSON 레코드의 스키마는 **readStream()**에서 정의된 것과 일치해야 한다. 이 가정이 어긋나면 잘못된 파싱 결과가 나오거나(모든 값이 null이 된다거나) 쿼리가 실패할 것이다.

- 각각의 파일은 디렉터리에서 완전한 하나의 파일로 존재해야 한다. 다시 말하면 읽는 시점에 전체 파일이 읽기 가능해야 하며 수정되거나 업데이트되면 안 된다. 이는 엔진이 파일을 파악하는 시점에(디렉터리의 파일 리스트를 조회할 때) 각 파일을 처리하고 내부적으로 처리했다고 표시하기 때문이다. 그 이후에 파일이 수정된 것은 반영되지 않을 것이다.

- 처리해야 할 새로운 파일이 여러 개가 있을 때 처리량 제한 등으로 인해 그중 일부만 처리될 수 있으며 가장 **빠른** 타임스탬프를 갖고 있는 파일들이 먼저 선택된다. 하지만 마이크로 배치 내에서는 따로 정의된 파일 순서가 없으며 선택된 모든 파일이 병렬적으로 처리된다.

 스트리밍 파일 소스는 몇 가지 공통 옵션과 함께 spark.read()에서 지원하는 포맷에 특화된 옵션들(4장의 '데이터 프레임 및 SQL 테이블을 위한 데이터 소스' 참고)과 스트리밍 전용 옵션들(예: maxFilesPerTrigger)을 지원한다. 전체 내용은 프로그래밍 가이드[10]를 참고한다.

파일에 쓰기

정형화 스트리밍은 읽기에 쓰이는 동일한 포맷의 파일에 스트리밍 쿼리 결과를 쓸 수 있다. 하지만 기존 데이터 파일을 수정하는 것이 쉽지 않고(업데이트나 전체 모드에서 필요하다), 파일을 새로 추가하는 것은 쉬우므로 추가 모드만 지원한다(즉, 데이터를 디렉터리에 추가하는 셈). 파티셔닝은 지원한다. 다음에 쓰기 예제가 있다.

```
# 파이썬 예제
outputDir = …
checkpointDir = …
resultDF = …

 streamingQuery = (resultDF.writeStream
  .format("parquet")
  .option("path", outputDir)
  .option("checkpointLocation", checkpointDir)
  .start())
```

```
// 스칼라 예제
val outputDir = ...
val checkpointDir = ...
val resultDF = ...
```

---

10 https://spark.apache.org/docs/latest/structured-streaming-programming-guide.html#creating-streaming-dataframes-and-streaming-datasets

```
val streamingQuery = resultDF
  .writeStream
  .format("parquet")
  .option("path", outputDir)
  .option("checkpointLocation", checkpointDir)
  .start()
```

"path" 옵션을 사용하는 대신 직접적으로 start(outputDir)에 지정해줄 수도 있다.

기억해야 할 몇 가지 사항이 있다.

- 정형화 스트리밍은 디렉터리에 쓰이는 데이터 파일들의 로그를 유지하며 파일 쓰기 할 때 전체적으로 정확한 일회 처리를 보장한다. 이 로그는 _spark_metadata라는 하부 디렉터리에 유지된다. 디렉터리에 스파크 쿼리가 실행될 때 일회 처리 보장을 위해(즉, 중복 읽기나 일부만 읽어 들이지 않도록) 자동적으로 로그를 써서 올바른 데이터 파일들을 읽어 들인다. 다른 처리 엔진들은 이런 로그의 존재를 알 수 없으므로 동일하게 보장을 제공하지 못할 수 있다.
- 만약 재시작 사이에 결과 데이터 프레임의 스키마를 변경한다면, 결과 디렉터리의 파일들이 서로 다른 스키마를 갖고 섞여 있을 수 있다. 이런 스키마들은 디렉터리에 쿼리할 때 처리가 필요하다.

아파치 카프카

아파치 카프카[11]는 인기 있는 발행publish/구독subscribe 시스템이며 데이터 스트림의 저장 시스템으로 널리 쓰인다. 정형화 스트리밍은 아파치 카프카에서 읽고 쓰기를 기본으로 지원한다.

카프카에서 읽기

카프카에서 분산 읽기를 수행하려면 어떻게 소스에 접속하는지 옵션들을 사용해 지정해야 한다. "events"라는 토픽에서 데이터를 읽는다고 가정하자. 어떻게 스트리밍 데이터 프레임을 생성하는지에 대한 예제가 다음에 있다.

```
# 파이썬 예제
inputDF = (spark
  .readStream
  .format("kafka")
  .option("kafka.bootstrap.servers", "host1:port1,host2:port2")
  .option("subscribe", "events")
  .load())
```

---

11 https://kafka.apache.org/

```
// 스칼라 예제
val inputDF = spark
    .readStream.format("kafka")
    .option("kafka.bootstrap.servers", "host1:port1,host2:port2")
    .option("subscribe", "events")
    .load()
```

반환된 데이터 프레임은 표 8-1에 있는 스키마를 갖는다.

표 8-1 카프카 소스에서 생성된 데이터 프레임의 스키마

Column name	Column type	Description
key	binary	바이트로 구성된 레코드의 키 데이터
value	binary	바이트로 구성된 레코드의 값 데이터
topic	string	레코드가 있었던 카프카의 토픽. 여러 토픽에서 값을 읽었을 경우 유용하다.
partition	int	레코드가 있었던 카프카 토픽의 파티션
offset	long	레코드의 오프셋값
timestamp	long	레코드와 관계된 타임스탬프
timestampType	int	레코드 타임스탬프의 타입

여러 개의 토픽에서 읽어 오거나 토픽의 패턴, 혹은 심지어 토픽의 특정 파티션만 지정해서 읽어 오는 것도 가능하다. 덧붙여 토픽에서 새로운 데이터만 읽을 것인지, 전체 데이터를 읽을 것인지도 지정 가능하다. 또 배치 쿼리로부터 카프카 데이터를 읽어 오는, 다시 말하면 카프카 토픽을 테이블처럼 취급하는 것도 가능하다. 더 자세한 내용은 카프카 통합 가이드[12]를 참고하도록 하자.

카프카에 쓰기

카프카에 결과를 쓰기 위해서는 정형화 스트리밍은 결과 데이터 프레임이 표 8-2에 있는 몇 가지 지정된 칼럼 이름과 타입을 갖고 있기를 요구한다.

표 8-2 카프카 싱크에 쓰기가 가능한 데이터 프레임의 스키마

Column name	Column type	Description
key(선택적)	string 또는 binary	존재한다면 바이트 데이터가 카프카 레코드 키로 쓰일 것이다. 아니면 키는 공백은 빈 값이 된다.
value(요구되는)	string 또는 binary	카프카 레코드값으로 바이트 데이터가 쓰인다.
topic("topic"이 옵션으로 지정되지 않은 경우에만 필요)	string	"topic"이 옵션으로 지정되어 있지 않다면 이 값이 키/값이 씌어질 토픽이 된다. 여러 토픽에 값을 분산해서 써야 하는 경우 유용하다. 만약 "topic" 옵션이 지정되어 있으면 이 값은 무시된다.

---

12 https://spark.apache.org/docs/latest/structured-streaming-kafka-integration.html

카프카에는 세 가지 출력 모드를 모두 적용할 수 있지만, 전체 모드는 동일한 레코드를 반복적으로 처리하므로 추천하지 않는다. 여기 기존 단어 세기 쿼리를 카프카에 업데이트 모드로 쓰는 전체 예제가 있다.

```python
# 파이썬 예제
counts = ... # DataFrame[word: string, count: long]
streamingQuery = (counts
  .selectExpr(
    "cast(word as string) as key",
    "cast(count as string) as value")
  .writeStream
  .format("kafka")
  .option("kafka.bootstrap.servers", "host1:port1,host2:port2")
  .option("topic", "wordCounts")
  .outputMode("update")
  .option("checkpointLocation", checkpointDir)
  .start())
```

```scala
// 스칼라 예제
val counts = ... // DataFrame[word: string, count: long]
val streamingQuery = counts
  .selectExpr(
    "cast(word as string) as key",
    "cast(count as string) as value")
  .writeStream
  .format("kafka")
  .option("kafka.bootstrap.servers", "host1:port1,host2:port2")
  .option("topic", "wordCounts")
  .outputMode("update")
  .option("checkpointLocation", checkpointDir)
  .start()
```

더 자세한 내용은 카프카 통합 가이드[13]를 참고한다.

자체 제작 스트리밍 소스와 싱크

이번 절에서는 정형화 스트리밍에서 기본 지원하지 않는 저장 시스템에서 어떻게 읽고 쓰는지에 대해 이야기한다. 특히 저장 시스템에 쓰기 위한 자체 로직 구현에 필요한 foreachBatch()와 foreach() 함수를 어떻게 사용하는지에 대해 이야기할 것이다.

---

[13] https://spark.apache.org/docs/latest/structured-streaming-kafka-integration.html

임의의 저장 시스템에 쓰기

스트리밍 쿼리의 결과를 임의의 저장 시스템에 쓰도록 해주는 두 가지 실행 함수인 foreachBatch()
와 foreach()가 있다. 두 가지는 약간 사용 방식이 다른데 foreach()는 레코드마다 자체 쓰기 로직
을 적용할 수 있는 반면, foreachBatch()는 매번 마이크로 배치마다 결과 쓰기에 자신의 로직과 임
의의 연산을 적용할 수 있다. 사용 방법을 자세히 알아보자.

foreachBatch() 사용하기. foreachBatch()는 스트리밍 쿼리의 각 마이크로 배치의 출력마다 실행
되는 함수를 지정할 수 있게 해준다. 이 함수는 두 개의 인자를 받는데, 하나는 마이크로 배치의 결과
데이터 프레임 혹은 데이터세트이며 다른 하나는 해당 마이크로 배치를 식별할 수 있는 단독 식별자이
다. 예를 들어 이전의 단어 세기 쿼리의 결과를 아파치 카산드라Apache Cassandra[14]에 쓴다고 하자. 스파
크 카산드라 커넥터 2.4.2[15]까지는 스트리밍 데이터 프레임 쓰기를 지원하지 않는다. 하지만 커넥터의 배
치 데이터 프레임에 대한 기능을 써서 각각의 배치를 결과(매번 수정된 단어 개수를)로 카산드라에 출력
할 수 있다.

```python
# 파이썬 예제
hostAddr = "<ip address>"
keyspaceName = "<keyspace>"
tableName = "<tableName>"

spark.conf.set("spark.cassandra.connection.host", hostAddr)

def writeCountsToCassandra(updatedCountsDF, batchId):
    # 카산드라 배치 데이터 소스를 써서 업데이트된 숫자를 쓴다.
    (updatedCountsDF
      .write
      .format("org.apache.spark.sql.cassandra")
      .mode("append")
      .options(table=tableName, keyspace=keyspaceName)
      .save())

streamingQuery = (counts
   .writeStream
   .foreachBatch(writeCountsToCassandra)
   .outputMode("update")
   .option("checkpointLocation", checkpointDir)
   .start())
```

---

14 https://cassandra.apache.org/_/index.html

15 https://github.com/datastax/spark-cassandra-connector

```
// 스칼라 예제
import org.apache.spark.sql.DataFrame

val hostAddr = "<ip address>"
val keyspaceName = "<keyspace>"
val tableName = "<tableName>"

spark.conf.set("spark.cassandra.connection.host", hostAddr)

def writeCountsToCassandra(updatedCountsDF: DataFrame, batchId: Long) = {
    // 카산드라 배치 데이터 소스를 써서 업데이트된 숫자를 쓴다.
    updatedCountsDF
      .write .format("org.apache.spark.sql.cassandra")
      .options(Map("table" -> tableName, "keyspace" -> keyspaceName))
      .mode("append")
      .save()
    }
val streamingQuery = counts
  .writeStream
  .foreachBatch(writeCountsToCassandra _)
  .outputMode("update")
  .option("checkpointLocation", checkpointDir)
  .start()
```

foreachBatch()를 쓰면 다음과 같은 것들이 가능하다.

기존 배치 데이터 소스 재활용

앞의 예제에서 본 것처럼 foreachBatch()를 쓰면 기존 배치 데이터 소스(즉, 배치 데이터 프레임 쓰기를 지원하는 소스들)를 사용하여 스트리밍 쿼리 출력을 쓰는 것이 가능하다.

여러 곳에 쓰기

스트리밍 쿼리의 출력을 다양한 위치에 쓰고 싶다면(예를 들어 OLAP 데이터 웨어하우스와 OLTP 데이터베이스에 동시에 쓰고 싶다면), 단순히 출력 데이터 프레임과 데이터세트을 여러 번 써주면 된다. 하지만 매번 쓸 때마다 결과 데이터가 재계산을 시도하게 된다(입력 데이터부터 새로 읽어 들일 것이다). 재연산을 피하려면 batchoutputDataFrame을 캐시해주고, 여러 위치에 쓰기가 완료된 후 캐시를 풀어주면 된다(아래 예제).

```
# 파이썬 예제
def writeCountsToMultipleLocations(updatedCountsDF, batchId):
  updatedCountsDF.persist()
  updatedCountsDF.write.format(...).save() # 위치 1
  updatedCountsDF.write.format(...).save() # 위치 2
  updatedCountsDF.unpersist()
```

```
// 스칼라 예제
def writeCountsToMultipleLocations(
  updatedCountsDF: DataFrame,
  batchId: Long) = {
    updatedCountsDF.persist()
    updatedCountsDF.write.format(...).save() // 위치 1
    updatedCountsDF.write.format(...).save() // 위치 2
    updatedCountsDF.unpersist()
}
```

추가적인 데이터 프레임 연산 적용

정형화 스트리밍은 스트리밍 데이터 처리에 대해 증분 실행 계획 생성을 제공하지 않기[16] 때문에 많은 데이터 프레임 API가 스트리밍 데이터 프레임에서 지원되지 않는다. foreachBatch()를 사용하면 각 마이크로 배치 출력마다 이런 연산들의 일부를 적용할 수 있다. 하지만 해당 연산을 수행하는 전체적인 의미에 대해서는 직접 추론해야 한다.

 foreachBatch()는 최소 1회at-least-once 쓰기만을 보장한다. 정확히 1회 보장을 수행하려면 batchId를 써서 매번 재실행되는 마이크로 배치마다 중복 제거를 실행하면 된다.

foreach() 사용. 만약 foreachBatch()를 쓸 수 없는 상황이라면(예를 들어 적절한 배치 데이터 쓰기를 지원하는 Writer 객체가 존재하지 않는 경우), foreach()를 써서 자신만의 쓰기 로직을 구현할 수 있다. 특히 이 데이터 쓰기 로직은 세 가지 함수로 나눠서 표현 가능하다 (open(), process(), close()). 정형화 스트리밍은 이 세 개의 함수를 출력 레코드들의 각 파티션을 쓸 때마다 사용하게 될 것이다. 아래에 추상적인 예제가 있다.

```
# 파이썬 예제
# 변형 1: 함수 사용
def process_row(row):
    # 이제 저장장치에 쓴다.
    pass

query = streamingDF.writeStream.foreach(process_row).start()

# 변형 2: ForeachWriter 클래스 사용
class ForeachWriter:
  def open(self, partitionId, epochId):
    # 데이터 저장소에 대한 접속을 열어놓는다.
```

---

16 지원되지 않는 연산의 모든 목록은 정형화 스트리밍 프로그래밍 가이드(https://spark.apache.org/docs/latest/structured-streaming-programming-guide.html#unsupported-operations)를 참고한다.

```
    # 쓰기가 계속되어야 하면 true를 리턴한다.
    # 파이썬에서는 이 함수는 선택 사항이다.
    # 지정되어 있지 않다면 자동적으로 쓰기는 계속될 것이다.
    return True

  def process(self, row):
    # 열린 접속을 사용해서 저장소에 문자열을 쓴다.
    # 이 함수는 필수이다.
    pass

  def close(self, error):
    # 접속을 닫는다. 이 함수는 선택 사항이다.
    pass

resultDF.writeStream.foreach(ForeachWriter()).start()
```

```scala
// 스칼라 예제
import org.apache.spark.sql.ForeachWriter
val foreachWriter = new ForeachWriter[String] { // typed with Strings

    def open(partitionId: Long, epochId: Long): Boolean = {
        // 데이터 저장소에 대한 접속을 열어 놓는다.
        // 쓰기가 계속되어야 하면 true를 리턴한다.
    }

    def process(record: String): Unit = {
        // 열린 연결을 사용하여 데이터 저장소에 문자열 쓰기
    }

    def close(errorOrNull: Throwable): Unit = {
        // 접속을 닫는다.
    }
}

resultDSofStrings.writeStream.foreach(foreachWriter).start()
```

이 실행되는 함수들의 자세한 내용은 정형화 스트리밍 프로그래밍 가이드[17]에서 다루어진다.

임의의 저장 시스템에서 읽기

안타깝게도 스파크 3.x까지 자체 제작한 스트리밍 소스나 싱크를 사용하는 기능은 여전히 실험적이다.[18] 스파크 3.0의 데이터 소스 V2 초기 버전에서 스트리밍 API가 도입되긴 했지만 아직 안정적이라

---

17 https://spark.apache.org/docs/latest/structured-streaming-programming-guide.html#foreach
18 [옮긴이] experimental, 쓸 수는 있지만 공식 릴리스된 기능은 아니라고 보면 된다.

고 볼 순 없다. 그러므로 임의의 저장 시스템에서 읽어 들일 수 있는 공식적인 방법은 아직 없다고 보아야 한다.

데이터 트랜스포메이션

이번에는 정형화 스트리밍에서 지원하는 데이터 트랜스포메이션들에 대해 좀 더 깊이 들여다볼 것이다. 앞에서 간단하게 얘기한 것처럼 정형화 스트리밍에서는 점진적 실행이 가능한 데이터 프레임 연산들만 지원한다. 이 연산들은 넓게는 **무상태**stateless와 **상태 정보 유지**stateful 연산으로 구분해 볼 수 있다. 각 타입의 연산을 정의하고 어떤 연산들이 상태 정보가 유지되는 종류인지 설명할 것이다.

누적 실행과 스트리밍 상태

앞서 나온 '실행 중인 스트리밍 쿼리의 내부'에서 얘기한 것처럼 스파크 SQL의 카탈리스트 옵티마이저는 모든 데이터 프레임 연산들을 최적화된 논리 계획으로 변환한다. 논리 계획을 어떻게 실행할지를 결정하는 역할을 하는 스파크 SQL 플래너는 연속적인 데이터 스트림 위에서 동작할 필요가 있는 스트리밍 논리 계획인지 판단한다. 상황에 따라 플래너는 논리 계획을 일회성 물리 실행 계획으로 바꾸는 대신에 연속적인 실행 계획 묶음을 생성하기도 한다. 각각의 실행 계획은 결과 데이터 프레임을 누적해서 업데이트 한다. 다시 말하면 실행 계획은 입력 스트림에서 들어온 새 데이터 조각만 처리하며 가능하면 이전 실행 플랜에서 계산된 부분 결과를 추가로 처리한다.

각 실행은 하나의 마이크로 배치로 간주되며 각 실행 사이에 주고받는 부분적인 중간 결과는 스트리밍 '상태'라고 불린다. 데이터 프레임 연산들은 넓게는 누적 연산을 실행하기 위해 상태 정보를 유지할 필요가 있는지에 따라 무상태 혹은 상태 정보 유지 연산으로 분류된다. 이 절의 나머지 부분에서는 무상태와 상태 정보 유지 연산들 간의 차이점을 살펴보고, 스트리밍 쿼리에서 해당 연산들이 서로 다른 런타임 설정이나 자원 관리를 어떻게 필요로 하는지 볼 것이다.

일부 논리 연산자들은 기본적으로 누적 연산과 맞지 않거나 너무 비용이 많이 소요되므로 정형화 스트리밍에서는 지원되지 않는다. 예를 들어 cube()나 rollup() 같은 연산을 포함해서 쿼리를 시작하려고 하면 UnsupportedOperationException이 발생할 것이다.

무상태 트랜스포메이션

모든 프로젝션projection 연산(예: select(), explode(), map(), flatMap())과 선택적 연산(예: filter(), where())은 이전 행에 대한 특별한 정보 없이도 각각의 입력 레코드를 개별적으로 처리한다. 이런 입력 데이터에 대한 의존성의 부재는 이 연산들을 무상태 연산으로 만든다.

이러한 연산들로만 이루어진 스트리밍 쿼리는 추가나 업데이트 출력모드를 지원하지만 전체 모드는 지원하지 못한다. 이는 당연한 것이, 이미 처리된 결과 레코드는 이후의 데이터에 의해 수정될 수가 없기 때문에 추가 모드로 모든 스트리밍 싱크에 쓰여질 수는 있다(추가 전용 모드를 포함한 다른 모든 포맷들처럼). 반면 그런 쿼리들은 입력 레코드들끼리 정보를 연계하지 않으므로 결과에서 데이터양이 크게 줄어들지는 않을 것이다. 지속적으로 증가하는 결과 데이터는 대개 유지 비용도 많이 들어가므로 전체 모드는 지원되지 않는다. 이는 아래에서 논의하게 될 상태 정보 유지 트랜스포메이션과 극명한 대조를 이룬다.

상태 정보 유지 트랜스포메이션

상태 정보 유지 트랜스포메이션의 가장 간단한 형태는 쿼리 시작 단계부터 가져온 레코드의 숫자를 보여주는 DataFrame.groupBy().count()일 것이다. 모든 마이크로 배치에서 누적 계획은 새로운 숫자를 이전 마이크로 배치에서 생성된 숫자에 더한다. 계획들 간에 통신이 이루어지는 이 부분적인 숫자들이 '상태 정보$_{state}$'가 된다. 이런 상태 정보는 스파크 이그제큐터의 메모리에 보관되며 장애 복구를 위해 설정된 위치에 체크포인트 기록을 한다. 스파크 SQL은 올바른 결과를 보장하기 위해 이 상태 정보의 주기를 자동적으로 관리하는 반면, 이런 상태 정보를 유지하기 위한 리소스 사용량을 제대로 제어하려면 몇 가지 설정을 매만져야 한다. 이 절에서는 다양한 상태 정보 유지 연산들이 자신들의 상태를 내부에서 어떻게 관리하는지 살펴볼 것이다.

분산/장애 내구적인 상태 정보 관리

1장과 2장에서 스파크 애플리케이션이 클러스터에서 어떻게 돌아가는지 떠올려 보면 하나의 드라이버와 하나 이상의 이그제큐터를 가진다. 드라이버에서 돌아가는 스파크 스케줄러는 전체적인 사용자의 연산들을 작은 태스크들로 쪼개어 태스크 큐에 넣고, 자원이 확보되면 이그제큐터들은 그 태스크들을 가져가서 실행하게 된다. 스트리밍 쿼리의 각 마이크로 배치는 본질적으로는 스트리밍 소스에서 새로운 데이터를 읽어 스트리밍 싱크에 결과를 쓰는 태스크를 수행할 뿐이다. 상태 정보를 유지하면서 스트림을 처리하는 쿼리들은 싱크에 결과를 쓰는 것 말고도 각 마이크로 배치의 태스크가 다음 마이크로 배치에서 사용될 중간 데이터를 생성하는 일을 추가로 수행한다. 이 상태 데이터 생성은 완전하게 파티션된 상태로 분산 처리되며(스파크의 모든 읽기, 쓰기, 데이터 처리와 마찬가지 방식으로) 효과적 사용을 위해 이그제큐터 메모리에 캐싱된다. 이 과정은 그림 8-6에 기술되어 있으며 기존 단어 세기 스트리밍 쿼리에서 상태가 어떤 식으로 관리되는지를 보여준다.

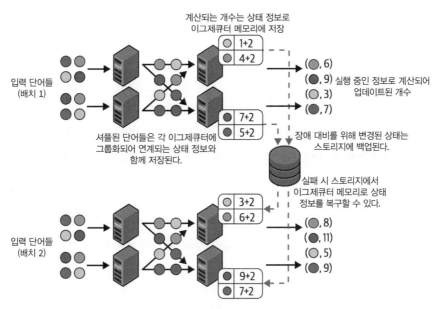

계산되는 개수는 상태 정보로
이그제큐터 메모리에 저장

입력 단어들
(배치 1)

셔플된 단어들은 각 이그제큐터에
그룹화되어 연계되는 상태 정보와
함께 저장된다.

(●, 6)
(●, 9) 실행 중인 정보로 계산되어
(●, 3) 업데이트된 개수
(●, 7)

장애 대비를 위해 변경된 상태는
스토리지에 백업된다.

실패 시 스토리지에서
이그제큐터 메모리로 상태
정보를 복구할 수 있다.

입력 단어들
(배치 2)

(●, 8)
(●, 11)
(●, 5)
(●, 9)

그림 8-6 정형화 스트리밍에서의 분산 상태 관리

각 마이크로 배치는 새로운 단어를 읽고, 각 이그제큐터에 셔플 및 그룹화되고, 마이크로 배치 내에서 개수를 계산해 새로운 개수를 생성할 때 더해진다. 이 새로운 개수들은 출력에도 쓰이고 다음 마이크로 배치를 위해 상태 정보에도 업데이트되어야 하므로 이그제큐터의 메모리에 캐시된다. 다음 마이크로 배치 데이터는 직전 마이크로 배치와 정확히 똑같은 경로로 이그제큐터들 간에 그룹화되고, 각 단어는 항상 같은 이그제큐터에 의해 처리되므로 각각의 노드 안에서 곧바로 해당 개수를 읽어서 업데이트 할 수 있다.

하지만 장애 발생 시(이그제큐터 레벨이든 전체 애플리케이션 레벨이든) 메모리 내의 정보가 날아가버릴 위험이 있기 때문에 메모리에 상태 정보를 유지하는 것만으로는 충분하다고 볼 수 없다. 데이터 유실을 피하기 위해서 스파크는 사용자가 지정한 체크포인트 위치에 키/값 상태 변화를 변경 로그 형식으로 즉시 저장하도록 구현되어 있다. 이 변경 내역들은 각 배치에서 처리된 오프셋 범위도 같이 버저닝되며 상태 정보에서 요구한 버전은 자동적으로 체크포인트 로그를 읽어서 재구축할 수 있다. 어떤 식으로든 장애가 발생하면 정형화 스트리밍은 해당 마이크로 배치 이전에 있었던 동일한 상태 정보로 동일한 입력 데이터를 재처리함으로써 실패한 마이크로 배치를 재처리하는 것이 가능하며, 마치 장애가 없었던 것처럼 동일한 결과를 내놓을 수 있다. 이는 전체적으로 정확한 일회 실행을 보장하기 위해서 핵심적인 요소이다.

요약하면 모든 상태 정보 유지 연산들에서 정형화 스트리밍은 분산 처리를 통한 자동적인 상태 정보 저장으로 연산의 정확성을 보장한다. 상태 정보 유지 연산에 의존한다면 사용자에게 필요한 것은 적절하게 캐시된 상태 정보 중에서 오래 된 키/값을 삭제해줄 수 있도록 상태 정보 최신화 정책을 조정하는 것일 것이다.

상태 정보 유지 연산의 종류들

스트리밍 상태 정보의 본질은 과거 데이터의 요약 정보를 유지하는 것이다. 때때로 오래 지난 요약 정보는 새로운 요약 정보를 위한 공간을 만들어 주기 위한 목적으로 정리되어야 할 필요도 있다. 이런 동작 방식에 의거해 우리는 두 가지 타입의 상태 정보 유지 연산을 구분할 수 있다.

관리형 상태 정보 유지 연산

이는 어떤 연산이 '만료'된 것인지에 대한 특정한 정의에 기반하여 자동적으로 오래된 상태 정보를 감지하고 정리한다. 자원 사용을 제어하기 위해(예: 상태 정보 저장에 사용되는 이그제큐터 메모리양) 만료의 정의를 조정할 수도 있다. 이런 종류에 넣을 수 있는 연산들은 다음과 같은 것들이 있다.

- 스트리밍 집계 연산
- 스트림-스트림 조인
- 스트리밍 중복 제거

비관리형 상태 정보 유지 연산

이 분류의 연산들은 직접 자신만의 상태 정리 로직을 정의할 수 있게 해 준다. 이 분류에 해당하는 연산은 다음과 같다.

- MapGroupsWithState
- FlatMatpGroupsWithState

이 연산들은 원하는 대로 임의의 상태 정보 유지 연산을 정의하도록 해 준다(세션 정의 등).

각각의 연산들은 다음 절에서 좀 더 상세하게 논의한다.

상태 정보 유지 스트리밍 집계

정형화 스트리밍은 대부분의 데이터 프레임 집계 연산을 누적시키면서 실행한다. 사용자는 데이터를 키(예: 스트리밍 단어 세기)에 따라 집계하거나 시간에 따라 집계할 수 있다(예: 시간별 레코드 개수). 이 절에서는 이러한 다양한 타입의 스트리밍 집계에 대한 배경과 연산 방식에 대한 상세한 내용을 살펴본다. 또한 스트리밍에서 지원하지 않는 집계 연산 형태들도 간략하게 살펴본다. 우선 시간과 연관되지 않는 집계 연산들부터 살펴보자.

시간과 연관 없는 집계

시간과 연관 없는 집계는 넓게 보면 두 가지 종류로 구분할 수 있다.

전체 집계

스트림으로 들어오는 모든 데이터를 통틀어 집계한다. 예를 들어 sensorReadings라는 이름의 스트리밍 데이터 프레임으로 센서를 읽어 들인다고 가정하자. 다음 쿼리를 써서 실행 중 읽어 들인 전체 개수를 계산할 수 있다.

```python
# 파이썬 예제
runningCount = sensorReadings.groupBy().count()
```

```scala
// 스칼라 예제
val runningCount = sensorReadings.groupBy().count()
```

스트리밍 데이터에 대해 DataFrame.count()나 Dataset.reduce() 같은 직접적인 집계 연산은 사용할 수 없다. 이는 스트리밍 데이터 프레임이 집계 결과를 지속적으로 업데이트 하는 반면, 일반적인 정적 데이터 프레임은 즉시 최종 계산된 결과를 되돌려 주기 때문이다. 그러므로 스트리밍 데이터 프레임에 대한 집계에는 항상 DataFrame.groupBy()나 Dataset.groupByKey() 같은 함수들을 사용해야 한다.

그룹화 집계

데이터 스트림에서 나타나는 각 그룹이나 키별로 집계한다. 예를 들어 sessionReadings가 여러 센서들에 대한 데이터를 갖고 있다면 각 센서별로 실행 중인 평균값을 다음처럼 계산할 수 있다 (예를 들어 각 센서에 대한 베이스값을 지정하기 위해).

```python
# 파이썬 예제
baselineValues = sensorReadings.groupBy("sensorId").mean("value")
```

```scala
// 스칼라 예제
val baselineValues = sensorReadings.groupBy("sensorId").mean("value")
```

합계나 평균 외에도 스트리밍 데이터 프레임에서는 다음과 같은 타입들의 집계 연산들을 지원한다(배치 데이터 프레임과 유사하다).

모든 내장 집계 함수들

sum(), mean(), stddev(), countDistinct(), collect_set(), approx._count_distinct() 등. 더욱 자

세한 내용은 API 문서(파이썬[19] 및 스칼라[20])를 참고하기 바란다.

함께 계산된 다중 집계 연산

다음과 같은 방식으로 동시에 계산될 수 있도록 다중으로 집계 함수들을 적용할 수 있다.

```python
# 파이썬 예제
from pyspark.sql.functions import *
multipleAggs = (sensorReadings
  .groupBy("sensorId")
  .agg(count("*"), mean("value").alias("baselineValue"),
    collect_set("errorCode").alias("allErrorCodes")))
```

```scala
// 스칼라 예제
import org.apache.spark.sql.functions.*
val multipleAggs = sensorReadings
  .groupBy("sensorId")
  .agg(count("*"), mean("value").alias("baselineValue"),
    collect_set("errorCode").alias("allErrorCodes"))
```

사용자 정의 집계 함수

모든 사용자 정의 집계 함수를 사용할 수 있다. 타입 지정/비지정 사용자 정의 집계 함수들에 대한 좀 더 자세한 내용은 스파크 SQL 프로그래밍 가이드[21]를 참고한다.

이러한 스트리밍 집계 연산 실행과 관련해 앞 절에서 이미 어떤 식으로 실행 중인 집계가 분산 상태로 유지되는지 설명했다. 여기에 더해 시간에 의존하지 않는 집계 연산을 위해 기억해야 할 매우 중요한 두 가지 포인트가 있다. 해당 쿼리들을 사용하기 위한 출력 모드와 상태에 따른 자원 사용량 산정이다. 이 내용들은 마지막 부분에 다룰 예정이다. 다음은 시간 범위 안에서 데이터를 조합하는 집계에 대해 알아볼 것이다.

이벤트 타임 윈도우에 의한 집계

많은 경우에 있어서 전체 스트림에 대해 실행 중인 집계를 수행하는 것보다는 시간 범위에 따라 구분된 데이터에 대한 집계가 더 필요할 수 있다. 앞의 센서 예제로 계속 얘기하자면 각 센서는 매분 데이터를 최대 한 번씩 읽어서 보내고, 우리는 비정상적으로 자주 보고를 하는 센서를 감지하고 싶다고

---

19 https://spark.apache.org/docs/latest/api/python/reference/pyspark.sql.html#functions

20 https://spark.apache.org/docs/latest/api/scala/org/apache/spark/sql/functions$.html

21 https://spark.apache.org/docs/latest/sql-getting-started.html#aggregations

가정하자. 이런 비정상 케이스를 찾기 위해서는 5분 간격 정도로 각 센서에서 받은 입력 횟수를 합계를 내어볼 수 있다. 덧붙여 좀 더 안정적인 계산을 위해서는 전송 딜레이가 결과를 틀어지게 만들 수 있으므로 데이터를 받는 시간 위주로 계산하는 것보다는 생성되는 시간 위주로 계산해야 한다. 다시 말하면 우리는 **이벤트 타임**event time(다시 말하면 읽기가 일어났을 때를 표시하는 레코드의 타임스탬프)을 쓰고 싶어 한다. sensorReadings 데이터 프레임이 eventTime이란 이름의 칼럼으로 생성 시간값을 갖고 있다고 하자. 이러한 5분 단위 집계는 다음처럼 코딩할 수 있다.

```python
# 파이썬 예제
from pyspark.sql.functions import *
(sensorReadings
  .groupBy("sensorId", window("eventTime", "5 minute"))
  .count())
```

```scala
// 스칼라 예제
import org.apache.spark.sql.functions._
sensorReadings
  .groupBy("sensorId", window("eventTime", "5 minute"))
  .count()
```

여기서 중요한 점은 window() 함수인데 동적으로 그룹화해서 계산하는 칼럼 같은 개념으로 5분 간격을 표현할 수 있도록 해 준다. 시작하면 이 쿼리는 각 센서 읽기를 다음처럼 수행한다.

* eventTime값을 사용하여 5분 단위 시간 간격으로 센서에서 읽어 들인 값들을 계산한다.
* 연계 그룹(<계산된 시간 간격>, 센서 ID)을 기준으로 읽은 값들을 그룹화한다.
* 해당 그룹의 합계를 갱신한다.

이를 그림 예제로 이해해보자. 그림 8-7은 각각의 이벤트 타임을 기반으로 몇몇 센서의 입력값이 어떻게 5분 간격으로 연속해서 들어오는(하지만 겹치지는 않는) 각 그룹에 배치되는지를 보여준다. 두 개의 시간선은 각 이벤트가 정형화 스트리밍에 의해 언제 처리되는지와 이벤트 데이터의 시간을 보여준다(보통 센서에서 발생한 이벤트의 시간).

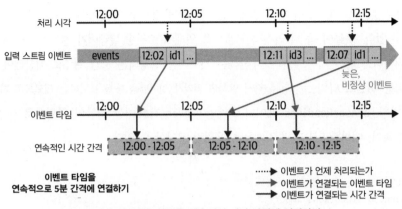

그림 8-7 이벤트 타임을 연속적인 시간 간격에 연결하기

이벤트 타임에서의 각 5분 단위 간격은 어떤 레코드가 집계되는지를 기준으로 그룹화하기 위해 고려 된다. 이벤트들이 이벤트 타임 기준에서 늦게 오거나 순서가 뒤바뀔 수도 있다는 점을 주의해야 한 다. 그림에서 보면 이벤트 타임 12:07인 이벤트가 실제로는 12:11 이벤트 이후에 도착하고 처리되었 다. 하지만 언제 도착했는지와는 상관없이 각 이벤트는 적절한 그룹에 이벤트 타임 기준으로 할당된 다. 사실 시간 간격의 정의에 따라 각 이벤트는 여러 그룹에 할당될 수도 있다. 예를 들어 만약 10분 단위의 시간 간격을 5분씩 움직인다고 하면 다음과 같이 할 수 있다.

```python
# 파이썬 예제
(sensorReadings
  .groupBy("sensorId", window("eventTime", "10 minute", "5 minute"))
  .count())
```

```scala
// 스칼라 예제
sensorReadings
  .groupBy("sensorId", window("eventTime", "10 minute", "5 minute"))
  .count()
```

위 쿼리에서 모든 이벤트는 두 개의 중첩되는 시간 간격에 그림 8-8처럼 할당될 것이다.

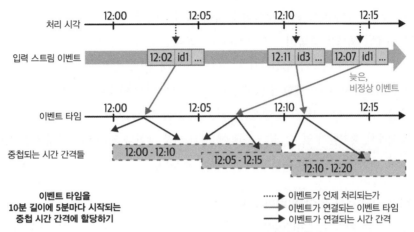

그림 8-8 **이벤트 타임을 다중 중첩 시간 간격에 할당**

각각의 (<할당된 시간 간격>, 센서ID) 페어는 유일하게 존재하며 동적으로 생성되는 그룹으로 계산된 합계가 담기는 위치를 결정한다. 예를 들어 [eventTime = 12:07, sensorId = id1]의 이벤트는 두 개의 시간 간격에 연결되고, 다음과 같은 두 개의 그룹, (12:00-12:10, id1)과 (12:05-12:15, id1)에 할당된다. 즉, 이 두 개의 시간 간격의 집계가 각각 1씩 증가하게 된다. 그림 8-9에서 앞에 보여준 이벤트들에 대해 설명한다.

5분 간격 트리거링에 의해 입력 레코드들이 처리된다고 가정할 때, 그림 8-9의 아래쪽 테이블들은 각 마이크로 배치에서 결과 테이블의 상태를 보여준다(즉 현재 합계). 이벤트 타임이 흘러가면서 새로운 그룹이 생성되고 집계가 자동적으로 갱신된다. 늦게 도착했거나 순서가 뒤바뀐 이벤트들은 지나간 그룹들을 갱신하면서 간단하게 자동적으로 처리된다.

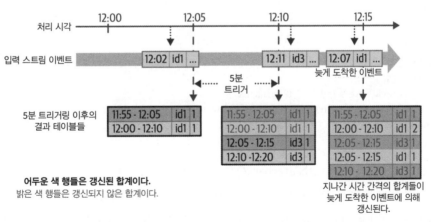

그림 8-9 **5분 단위 트리거마다 갱신된 결과 테이블의 합계들**

하지만, 자원 사용량 관점에서 보면 무한하게 상태 사이즈가 증가하는 문제를 야기하게 된다. 현재 시간 간격과 연계된 새로운 그룹이 만들어지더라도 오래된 그룹들은 상태 메모리를 계속 점유하고 있게 되며 늦게 오는 데이터들이 갱신하기를 기다리고 있게 된다. 심지어 현실적으로 입력 데이터가 얼마나 늦을 수 있는지에 대한 제한이 있더라도(예: 데이터가 1주일 이상 늦게 도착할 수는 없다든지) 쿼리는 이 정보를 알 수가 없다. 그러므로 언제쯤부터 해당 그룹을 '갱신하기 너무 늦은' 상태로 취급할지, 언제 현재 상태에서 제거할지 알 수 없다. 쿼리에 최신 시간 제한을 알려주기 위해(또한 제한 없는 상태를 회피하기 위해) 다음에 이야기할 **워터마크**를 지정할 수 있다.

늦게 도착하는 데이터를 위한 워터마크 다루기

워터마크watermark는 처리된 데이터에서 쿼리에 의해 검색된 최대 이벤트 시간보다 뒤처지는 이벤트 시간의 동적인 임계값이라고 정의할 수 있다. 뒤처지는 간격은 **워터마크 지연**watermark delay이라고도 부르며 늦게 도착하는 데이터를 엔진이 얼마나 오래 기다릴 수 있는지를 정의한다. 지정 그룹에 대해 데이터가 더 이상 들어오지 않는 시점을 알게 된다면 엔진은 자동적으로 해당 그룹에 대한 처리를 종료하고, 상태 정보에서 삭제해버릴 수 있다. 이런 방식으로 엔진이 쿼리의 결과를 계산하고 유지해야 하는 상태 정보의 양을 줄일 수 있다.

예를 들어 센서 데이터가 10분 이상 지연되지 않는다는 것을 알고 있다고 하면, 워터마크를 다음과 같이 세팅할 수 있다.

```
# 파이썬 예제
(sensorReadings
  .withWatermark("eventTime", "10 minutes")
  .groupBy("sensorId", window("eventTime", "10 minutes", "5 minutes"))
  .mean("value"))
```

```
// 스칼라 예제
sensorReadings
  .withWatermark("eventTime", "10 minutes")
  .groupBy("sensorId", window("eventTime", "10 minutes", "5 minute"))
  .mean("value")
```

groupBy()를 호출하기 전에 withWatermark()를 호출해야 한다는 점과 시간 간격을 지정하는 데 사용한 시간 칼럼과 동일한 칼럼을 워터마크에도 사용한다는 점에 주목하자. 쿼리가 실행되면 정형화 스트리밍은 eventTime 칼럼의 최댓값[22]을 지속적으로 추적하면서 워터마크를 적절하게 갱신하고 '너

---

22 [옮긴이] 즉, 현재 기록된 가장 늦은 시간값

무 늦은' 데이터를 필터링하고 오래된 상태 정보는 지운다. 다시 말하면 10분 이상 늦은 모든 데이터는 무시될 것이고, 최신 이벤트 타임 기준으로 10분 이상 지난 모든 시간 간격은 상태 정보에서 제거될 것이다. 이 쿼리가 어떻게 실행되는지 확실히 알기 위해서는 그림 8-10에 나온 시간 순서를 보면 어떻게 입력 레코드 선택이 처리되는지 알 수 있을 것이다.

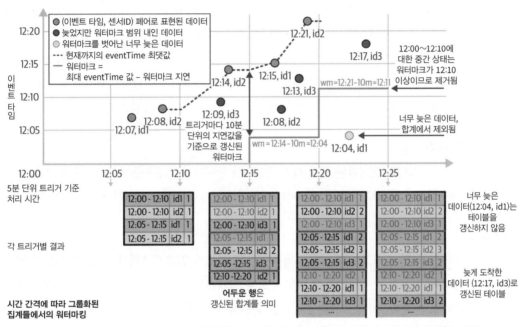

그림 8-10 엔진이 이벤트들 중 최댓값을 찾는 과정과 워터마크 갱신 및 지연 데이터 관리에 대한 도식화

이 그림은 처리 시간(x축)과 이벤트 시간(y축) 관점에서 처리되는 레코드들의 이차원 점그래프를 보여준다. 레코드들은 5분 단위의 마이크로 배치에서 처리되고, 동그라미로 표시되어 있다. 아래쪽에서 보여주는 표들은 각 마이크로 배치가 끝난 후의 결과 테이블의 현재 상태이다.

각 레코드는 왼쪽의 모든 데이터들이 처리된 다음에 받고 처리되었다. 두 개의 레코드 [12:15, id1](12:17경 처리)와 [12:13, id3](12:18경 처리)을 보자. id3에 대한 데이터는 id1에 대한 레코드 이전에 생성되었지만 더 늦게 처리되면서 늦게 도착한 것으로 간주된다(그래서 빨간색으로 표시됨). 하지만 12:15~12:20 처리시간 범위의 마이크로 배치에서 사용된 워터마크는 12:04이며 이전의 마이크로 배치까지의 최대 이벤트 시간 기준으로 계산된 것이다(12:14에서 워터마크 지연 10분을 뺀 결과다). 그러므로 지연된 레코드 [12:13, id3]은 너무 늦은 것으로 간주되지 않고 성공적으로 계산된다. 반대로 다음 마이크로 배치에서 [12:04, id1]은 새로운 워터마크 12:11과 비교해서 너무 늦은 것으로 간주되어 버려진다.

워터마크 지연은 애플리케이션의 필요에 맞게 설정하면 된다. 데이터가 늦게 도착해도 되는 경우일수록 더 큰 값을 정해주면 되지만, 상태 정보의 크기가 커지는 비용은 감수해야 하며 반대의 경우도 마찬가지다.

워터마크의 보장의 의미. 워터마크에 대한 결론을 짓기 전에 워터마크가 제공해주는 '보장'의 정확한 의미를 생각해 보자. 10분짜리 워터마크는 엔진이 입력 데이터에 나타난 가장 최근 이벤트 시간과 비교해 10분 이내로 지연된 데이터는 절대 버리지 않는다는 것을 보장한다. 하지만 이 보장은 오직 한 방향으로만 엄격하게 적용된다. 10분 이상 지연된 데이터는 반드시 삭제되는 것은 아니기 때문이다 (즉, 집계에 포함될 수도 있다). 10분 이상 지연된 입력 레코드가 집계될지 아닐지는 레코드가 언제 도착하는지에 대한 정확한 타이밍과 마이크로 배치 처리가 언제 시작되는지에 달려 있다.

지원되는 출력 모드들

시간과 상관없는 스트리밍 집계와는 달리 타임 윈도우가 들어가는 집계들은 세 가지 출력 모드를 쓸 수 있다. 하지만 해당 모드별로 상태 정보 초기화와 관련해 알아둬야 할 묵시적인 사항들이 존재한다.

갱신 모드

이 모드에서는 모든 마이크로 배치가 집계가 갱신된 부분의 열만 출력하게 된다. 이 모드는 모든 타입의 집계에 사용할 수 있다. 특히 타임 윈도우 집계에서 워터마킹은 상태 정보가 정기적으로 초기화되도록 해 준다. 이는 스트리밍 집계를 하면서 쿼리를 실행하는 데 가장 유용하고 효과적인 모드이다. 하지만 이 모드를 파케이나 ORC 같은 파일 기반 포맷 같은 추가 전용 스트리밍 싱크에 집계를 출력하는 용도로는 사용할 수 없다(델타 레이크Delta Lake를 쓰면 가능한데 이에 대해서는 다음 장에서 다룬다).

전체 모드

이 모드에서 모든 마이크로 배치는 모든 갱신된 집계를 변화가 있는지 없는지, 얼마나 오래됐는지에 상관없이 출력할 것이다. 이 모드는 모든 타입의 집계에 사용될 수 있지만, 타임 윈도우 집계에 대해 사용하는 것은 심지어 워터마크가 지정되어 있더라도 상태 정보가 초기화되지 않을 것이다. 모든 집계를 출력하는 것은 모든 과거의 상태 정보를 필요로 하므로 워터마크가 지정되어 있더라도 집계 데이터가 계속 보존되어야 하는 것이다. 이는 상태 정보 크기와 메모리 사용량이 무한하게 증가할 여지가 있다는 것이므로 타임 윈도우 집계에서는 이 모드를 주의 깊게 쓰도록 하자.

추가 모드

이 모드는 워터마크를 쓰는 이벤트 타임 윈도우 집계에 대해서만 사용할 수 있다. 추가 모드가 이전 출력 결과를 변경하는 것을 허용하지 않는다는 점을 떠올려 보자. 워터마크가 없는 집계라면 나중에 어떤 데이터가 와서 갱신될지 알 수 없으므로 이런 것들은 추가 모드에서는 출력이 될 수 없다. 오직 워터마크가 활성화되어 있는 이벤트 타임 윈도우 기반 집계에서만 쿼리는 집계가 어느 시점에 더 이상 갱신되지 않을지 알 수 있게 된다. 그러므로 갱신된 행들을 출력하는 대신 추가 모드는 워터마크가 집계를 더 이상 갱신하지 않는 것이 확실한 시점에 각 키와 최종 집계값을 출력할 것이다. 이 모드의 장점은 파일 같은 추가 전용 스트리밍 싱크에 집계 내용을 쓸 수 있다는 것이다. 하지만 워터마크 시간만큼 출력도 늦어지게 되는 것이 단점이다. 쿼리는 이어지는 워터마크가 집계가 아직 완료되지 않은 해당 키의 시간 간격을 지나기까지 기다릴 필요가 있기 때문이다.

스트리밍 조인

정형화 스트리밍은 스트리밍 데이터세트를 다른 정적 혹은 스트리밍 데이터세트과 조인할 수 있게 해 준다. 이번에는 어떤 조인들이 있는지(내부, 외부 등) 살펴보고, 어떻게 워터마크를 써서 상태 정보 유지 조인에서 저장된 상태 정보에 제한을 주는지 볼 것이다. 단순한 경우의 데이터 스트림과 정적 데이터세트의 조인으로 먼저 시작해보자.

스트림-정적 데이터 조인

많은 사용 패턴들은 데이터 스트림을 정적 데이터세트와 조인하는 경우이다. 예를 들어 광고비를 계산하는 경우를 고려해보자. 여러분은 광고 회사에서 일하면서 웹사이트에 광고를 노출하고, 사람들이 광고를 클릭하면 돈을 받게 된다. 모든 노출되는 광고들(임프레션impression이라고 부른다)에 대한 정적인 데이터세트와 표시되는 광고를 사용자들이 클릭했을 때 발생하는 이벤트 정보의 스트림이 존재한다고 생각해 보자. 클릭에 대한 매출을 계산하려면 이벤트 스트림의 각 클릭 정보를 테이블에 있는 적절한 광고 임프레션 정보와 매치시킬 수 있어야 한다. 우선 아래처럼 정적인 데이터와 스트리밍 데이터 등 두 종류의 데이터 프레임으로 데이터를 표현해보자.

```
# 파이썬 예제
# 정적 데이터 프레임 [adId: String, impressionTime: Timestamp, ...]
# 정적 데이터 소스에서 읽어 들인다.
impressionsStatic = spark.read. ...

# 스트리밍 데이터 프레임 [adId: String, clickTime: Timestamp, ...]
# 스트리밍 소스에서 읽어 들인다.
clicksStream = spark.readStream. ...
```

```
// 스칼라 예제
// 정적 데이터 프레임 [adId: String, impressionTime: Timestamp, ...]
// 정적 데이터 소스에서 읽어 들인다.
val impressionsStatic = spark.read. ...

// 스트리밍 데이터 프레임 [adId: String, clickTime: Timestamp, ...]
// 스트리밍 소스에서 읽어 들인다.
val clicksStream = spark.readStream. ...
```

클릭을 임프레션과 매치시키려면 단순히 공통적인 **adId** 칼럼으로 내부 동등 조인을 적용할 수 있다.

```
# 파이썬 예제
matched = clicksStream.join(impressionsStatic, "adId")
```

```
// 스칼라 예제
val matched = clicksStream.join(impressionsStatic, "adId")
```

이는 임프레션과 클릭이 정적 데이터 프레임인 경우에 쓰는 코드와도 사실 동일하다. 유일한 차이점은 배치 프로세싱에는 **spark.read()**를 쓰는 것이고, 스트림에는 **spark.readStream()**를 쓰는 것뿐이다. 이 코드가 실행되면 클릭에 대한 모든 마이크로 배치는 정적 임프레션 테이블과 내부 조인되어 서로 맞는 이벤트의 스트림을 출력하게 된다.

내부 조인 말고도 정형화 스트리밍은 두 가지 타입의 스트림-정적 외부 조인을 지원한다.

- 왼쪽이 스트리밍 데이터 프레임일 때의 좌측 외부 조인
- 오른쪽이 스트리밍 데이터 프레임일 때의 우측 외부 조인

다른 형태의 외부 조인들(예: 전체 외부 조인이나 스트리밍 데이터 프레임이 오른쪽인 좌측 외부 조인)은 점진적으로 실행하기가 쉽지 않기 때문에 지원되지 않는다. 지원하는 경우들에 한해 코드는 정적 데이터 프레임끼리의 좌측/우측 외부 조인과 동일하다.

```
# 파이썬 예제
matched = clicksStream.join(impressionsStatic, "adId", "leftOuter")
```

```
// 스칼라 예제
val matched = clicksStream.join(impressionsStatic, Seq("adId"), "leftOuter")
```

스트림-정적 조인에 대해서 몇 가지 알아두어야 할 사항들이 있다.

- 스트림-정적 조인들은 무상태 연산이므로 어떤 종류의 워터마킹도 필요로 하지 않는다.
- 정적 데이터 프레임은 스트리밍 데이터의 마이크로 배치마다 조인되면서 반복적으로 읽히게 되므로 처리 속도를 올리고 싶다면 캐시를 해야 한다.
- 정적 데이터 프레임이 정의된 데이터 소스에서의 데이터가 변경되는 경우, 그 변경이 스트리밍 쿼리에서 보일지의 여부는 데이터 소스에 지정된 정책에 달려 있다. 예를 들어 만약 정적 데이터 프레임이 파일에 정의되어 있다면 그 파일들에 대한 변경(예: 추가)은 스트리밍 쿼리가 재시작되기 전까지 반영되지 않을 것이다.

이 스트림-정적 조인 예제에서 임프레션 테이블이 정적 테이블이라는 꽤 영향이 큰 가정을 하고 시작했다. 왜냐하면 현실에서는 새로운 광고가 표시되면서 생성되는 새로운 임프레션에 대한 스트림이 존재할 수 있기 때문이다. 스트림-정적 조인은 하나의 스트림 데이터에 추가적인 정적 정보들(혹은 변화가 적은)이 조합될 때 데이터를 풍부하게 만들기에 좋은 반면, 양쪽 데이터들이 모두 자주 바뀌는 경우에는 적합하지 않다. 그런 경우에는 다음에 다룰 스트림-스트림 조인이 필요할 것이다.

스트림-스트림 조인

두 개의 데이터 스트림 사이에서 지속적으로 조인을 수행하는 것의 문제점은 어느 시점에서든 한쪽 데이터세트의 상태가 불완전하여 입력값들 사이에서 매칭되는 것을 찾는 것이 더 어렵다는 점이다. 두 스트림에서 매칭되는 이벤트들은 어떤 순서로 올지도 알 수 없고, 얼마나 지연될지도 알 수 없다. 예를 들면 광고 업무의 경우, 임프레션 이벤트와 그와 관계된 클릭 이벤트가 순서가 뒤바뀌어 올 수도 있고 그들 사이의 시간 간격은 얼마나 될지도 보장할 수 없다. 정형화 스트리밍은 양쪽의 스트리밍 상태로부터 입력 데이터를 버퍼링해 그런 지연을 처리하고, 지속적으로 새로운 데이터가 도착할 때마다 매칭되는지 체크한다. 대략적인 개념은 그림 8-11에 그려져 있다.

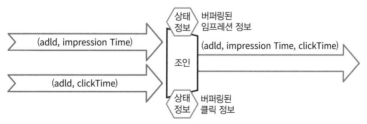

스트림-스트림 조인 사용 예제: 광고액 계산(광고 클릭과 임프레션 간의 조인)

그림 8-11 스트림-스트림 조인을 이용한 광고액 계산 예제

이것에 대해 좀더 자세하게 생각해볼 것이다. 일단 내부 조인에 대해 살펴본 뒤 외부 조인에 대해서도 알아보자.

선택적 워터마킹을 사용한 내부 조인

이제 impressions 데이터 프레임을 스트리밍 데이터 프레임으로 재정의했다고 가정하자. 서로 매칭되는 임프레션과 클릭 정보의 스트림을 얻기 위해서는 이전의 정적 조인, 혹은 스트림-정적 조인에서 사용했던 것과 동일한 코드를 사용할 수 있다.

```python
# 파이썬 예제
# 스트리밍 데이터 프레임 [adId: String, impressionTime: Timestamp, ...]
impressions = spark.readStream. ...

# 스트리밍 데이터 프레임 [adId: String, clickTime: Timestamp, ...]
clicks = spark.readStream. ...
matched = impressions.join(clicks, "adId")
```

```scala
// 스칼라 예제
// 스트리밍 데이터 프레임 [adId: String, impressionTime: Timestamp, ...]
val impressions = spark.readStream. ...

// 스트리밍 데이터 프레임 [adId: String, clickTime: Timestamp, ...]
val clicks = spark.readStream. ...
val matched = impressions.join(clicks, "adId")
```

비록 코드는 동일하지만 실행 방식은 완전히 다르다. 이 쿼리가 실행될 때 처리 엔진이 스트림-정적 조인이 아니라 스트림-스트림 조인임을 감지할 것이다. 엔진은 모든 클릭과 임프레션 정보를 상태 정보에 버퍼링하게 되고 버퍼링된 임프레션과 매칭되는 클릭 정보를 받게 되거나 혹은 반대의 경우에 매칭되는 임프레션과 클릭 정보를 생성하게 된다. 어떻게 이 내부 조인이 이벤트 시간선을 따라 진행되는지 그림 8-12에 시각화했다.

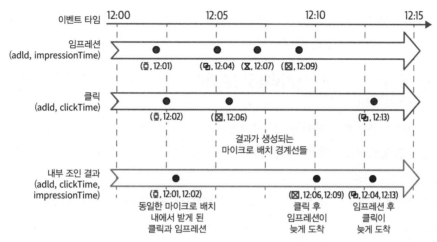

그림 8-12 클릭, 임프레션, 조인 결과의 타임라인 시각화

그림 8-12에서 파란 점은 여러 다른 마이크로 배치(점선으로 구분된다)에서 받게 된 임프레션과 클릭 이벤트의 시간을 가리킨다. 이 그림의 설명 목적에 집중하기 위해 각 이벤트는 기록된 시간과 실제로 받은 시간이 동일하다고 가정한다. 관련된 이벤트들끼리 조인되는 다른 시나리오들에 주의하자. adId = 🏠인 양쪽 이벤트는 동일한 마이크로 배치에서 받았으므로 조인된 결과도 해당 마이크로 배치에서 생성된다. 하지만 adId = 🏠인 임프레션은 12:04에 도착했으며 12:13에 도착한 연계된 클릭보다는 꽤 일찍 왔다. 정형화 스트리밍은 먼저 12:04에 임프레션을 받아 상태 정보에 버퍼링하게 될 것이다. 그리고 매번 클릭 정보를 받을 때마다 엔진은 버퍼링된 임프레션 데이터 모음과 조인을 시도할 것이다 (물론 반대도 마찬가지다). 그리고 마침내 꽤 지연된 12:13 근처의 마이크로 배치에서 엔진은 해당 클릭 정보를 받고 조인된 결과를 생성하게 된다.

하지만 이 쿼리에서 매치되는 이벤트를 찾기 위해 얼마나 긴 시간 동안 엔진이 버퍼링을 해야 할지에 대한 정보는 지정하지 않았었다. 그러므로 엔진은 영원히 버퍼링을 하고 있을 수 있으며 매칭되지 않는 스트리밍 정보들을 계속 쌓아두어야만 한다. 스트림-스트림 조인에서 유지되는 상태 정보를 제한하려면 사용 패턴에 대해 다음 정보들을 알아둘 필요가 있다.

- **각각 데이터 소스에서 두 이벤트가 생성되는 시간 차이가 최대 얼마나 되는가?** 위에서 든 예에서 한 클릭은 연관되는 임프레션 이후에 최대 1시간 이내로 발생한다고 가정하자.
- **데이터 소스에서 처리 엔진까지 하나의 이벤트는 최대 얼마나 지연될 수 있는가?** 예를 들어 웹 브라우저에서의 광고 클릭은 일시적인 네트워크 문제로 지연되어서 정보가 기대했던 것보다 늦게 도착하거나 순서가 뒤바뀔 수도 있다. 여기서는 임프레션과 클릭이 각각 최대 두세 시간까지는 지연될 수 있다고 가정한다.

이런 지연 제한 및 이벤트 타임 제한들은 데이터 프레임 연산 안에서 워터마크나 시간 범위 조건 등으로 표현 가능하다. 다시 말하면 상태 정보가 깔끔하게 유지되기를 원한다면 다음 절차들을 따라야 한다.

1. 양쪽 입력에 대해 엔진이 얼마나 지연된 입력을 허용할지 알 수 있도록 워터마크 지연을 정의한다 (스트리밍 집계와 유사).

2. 두 입력 간에 이벤트 타임 제한을 정의해서 엔진이 한쪽 입력의 오래된 레코드가 다른 쪽 입력에 대해 언제 필요 없어질지 알 수 있게 한다(즉, 시간 제한을 벗어나는 경우). 이 제한은 다음 방법 중 하나로 정의할 수 있다.

   a. 시간 범위에 대한 조인 조건(예: 조인 조건 = "leftTime BETWEEN rightTime AND rightTime + INTERVAL 1 HOUR")

   b. 이벤트 타임 윈도우로 조인(예: 조인 조건 = "leftTimeWindow = rightTimeWindow")

광고 예제에서 내부 조인 코드는 조금 더 복잡해질 것이다.

```python
# 파이썬 예제
# 워터마크 정의
impressionsWithWatermark = (impressions
  .selectExpr("adId AS impressionAdId", "impressionTime")
  .withWatermark("impressionTime", "2 hours"))

clicksWithWatermark = (clicks
  .selectExpr("adId AS clickAdId", "clickTime")
  .withWatermark("clickTime", "3 hours"))

# 시간 범위 조건으로 내부 조인
(impressionsWithWatermark.join(clicksWithWatermark,
  expr("""
    clickAdId = impressionAdId AND
    clickTime BETWEEN impressionTime AND impressionTime + interval 1 hour""")))
```

```scala
// 스칼라 예제
// 워터마크 정의
val impressionsWithWatermark = impressions
  .selectExpr("adId AS impressionAdId", "impressionTime")
  .withWatermark("impressionTime", "2 hours ")

val clicksWithWatermark = clicks
  .selectExpr("adId AS clickAdId", "clickTime")
  .withWatermark("clickTime", "3 hours")

// 시간 범위 조건으로 내부 조인
```

```
impressionsWithWatermark.join(clicksWithWatermark,
  expr("""
    clickAdId = impressionAdId AND
    clickTime BETWEEN impressionTime AND impressionTime + interval 1 hour"""))
```

각 이벤트에 이러한 시간 조건들을 써서 엔진은 자동적으로 올바른 결과 생성을 위해 얼마나 이벤트가 오랫동안 버퍼링되어야 하는지, 언제 이벤트를 상태 정보에서 제거해야 되는지를 계산할 수 있다. 예를 들면 다음과 같은 것들을 체크하게 된다(그림 8-13에서 설명).

• 3시간 지연된 클릭 정보가 4시간 전의 임프레션과 매치될 수 있으므로 이벤트 타임 기준 최대 4시간 동안 임프레션은 버퍼링되어야 한다(즉, 3시간의 전송 지연 + 임프레션과 클릭 사이에 허용되는 최대 1시간의 지연).

• 반대로, 2시간 지연된 임프레션이 2시간 전의 클릭과 매치될 수 있으므로 이벤트 타임 기준 최대 2시간 동안 클릭 정보는 버퍼링되어야 한다.

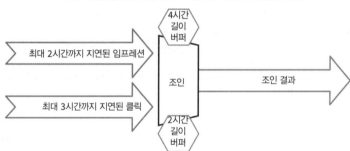

그림 8-13 정형화 스트리밍은 자동적으로 워터마크 지연과 시간 간격 조건을 써서 상태 정보가 정리되어야 하는 시점을 계산한다.

내부 조인에 대해 몇 가지 기억해둘 만한 키포인트가 있다.

• 내부 조인에서 워터마킹이나 이벤트 타임 제한을 지정하는 것은 선택 사항이다. 다시 말하면 잠재적으로 연결되지 않는 상태 정보의 존재에 대한 위험을 감수하고라도 저런 제한들을 선택하지 않을 수 있다. 두 가지를 모두 지정해야 상태 정보가 필요할 때 정리될 것이다.

• 집계에서의 워터마킹에 의해 보장되는 것처럼 2시간의 워터마크 지연은 엔진이 2시간 이하로 지연되는 데이터는 결코 잃어버리지 않으며, 매치되는 것을 보장하지만 2시간 이상 지연되면 보장할 수 없다.

워터마킹을 이용한 외부 조인

앞에서 본 내부 조인은 두 종류의 매치되는 이벤트를 모두 받았을 때만 해당 광고에 대한 결과를 출력하게 된다. 다시 말하면 클릭 정보가 존재하지 않는 광고에 대해서는 전혀 알 수 없게 된다. 대신에 추후 분석을 위한 용도(예: 클릭 전환율)로 클릭 정보가 있든 없든 모든 광고 임프레션 정보에 대해 받아 보기를 원할 수도 있다. 이에 대한 방법은 **스트림-스트림 외부 조인**stream-stream outer join이다. 이를 수행하기 위해 할 것은 사실 외부 조인 타입으로 지정해주는 것밖에 없다.

```python
# 파이썬 예제
# 시간 범위 조건으로 좌측 외부 조인
(impressionsWithWatermark.join(clicksWithWatermark,
  expr("""
    clickAdId = impressionAdId AND
    clickTime BETWEEN impressionTime AND impressionTime + interval 1 hour"""),
  "leftOuter")) #유일한 변경 : 외부 조인 타입 지정
```

```scala
// 스칼라 예제
// 시간 범위 조건으로 좌측 외부 조인
impressionsWithWatermark.join(clicksWithWatermark,
  expr("""
    clickAdId = impressionAdId AND
    clickTime BETWEEN impressionTime AND impressionTime + interval 1 hour"""),
  "leftOuter") // 유일한 변경 : 외부 조인 타입 지정
```

외부 조인에서 기대한 대로 위 쿼리는 모든 임프레션에 대해 클릭 정보가 있든 없든(NULL 지정) 결과를 출력하게 된다, 하지만 외부 조인에 대해서도 알아둘 사항이 몇 가지 있다.

- 내부 조인과 달리 외부 조인에서는 워터마크 지연이나 이벤트 타임 제한이 선택이 아닌 필수이다. 이는 NULL을 결과로 출력하기 위해서는 엔진이 어느 시점부터 이벤트가 매치되지 않을지 알아야만 하기 때문이다. 올바른 외부 조인 결과를 얻고 상태 정보를 정리하기 위해서는 워터마킹과 이벤트 타임 제한의 지정이 반드시 필요하다.

- 이 때문에 외부 조인의 NULL 결과 출력을 위해서 엔진은 매치되는 정보가 확실히 없다는 것을 보장하기 위해 대기할 필요가 있다. 이 지연은 최대 버퍼링 시간이며(이벤트 타임 기준) 앞에서 얘기한 것과 마찬가지로 각 이벤트마다 엔진에 의해 계산된다(즉, 앞 예제 기준으로 하면 임프레션의 경우 4시간, 클릭의 경우 2시간).

임의의 상태 정보 유지 연산

많은 사용 패턴들은 지금까지 이야기한 SQL 연산자/함수들보다 훨씬 복잡한 논리 흐름을 필요로 한다. 예를 들어 실시간으로 사용자 행동을 추적하여(예: 클릭 등) 상태 추적을 하고 싶다고 가정하자(예: 로그인, 바쁨, 자리 비움 등). 이 스트림 처리 파이프라인을 구축하려면 우선 임의의 자료구조로 상태 정보에 사용자의 행동 기록을 추적해야 하고, 지속적으로 사용자의 행동에 기반한 자료구조에 복잡한 로직을 적용해야 할 것이다. 함수 `mapGroupWithState()`와 좀 더 유연한 파트너인 `flatMapGroupWithState()`는 이런 복잡한 분석 사례를 커버하기 위해 설계되었다.

 현재 스파크 3.1.2 버전까지 위 두 함수는 스칼라와 자바에서만 지원된다.

이번 절에서는 `mapGroupWithState()`를 쓰는 간단한 예제로 시작하여 임의의 상태 정보 데이터를 모델링하고, 자신만의 연산을 정의하는 네 가지 핵심 단계에 대해 설명할 것이다. 그리고 타임아웃 개념에 대해 얘기하고, 어떻게 이를 써서 갱신되지 않는 정보를 만료시키는지에 대해서도 알아본다. 마지막은 더 큰 유연성을 부여할 수 있는 `flatMapGroupsWithState()` 함수로 마무리할 것이다.

mapGroupsWithState()를 써서 임의의 상태 정보 유지 연산 모델링하기

임의의 스키마로 상태 정보를 저장하고 거기에 트랜스포메이션을 적용하는 것은 앞 버전의 상태값과 새로운 데이터를 입력으로 받아들이고, 갱신된 상태 정보과 계산 결과를 출력하는 사용자 정의 함수로 모델링할 수 있다. 스칼라에서 프로그래밍으로 다음의 시그니처에 맞게 함수를 정의해야 한다(K, V, S, U는 데이터 타입을 의미하며 곧 설명할 것이다).

```scala
// 스칼라 예제
def arbitraryStateUpdateFunction(
    key: K,
    newDataForKey: Iterator[V],
    previousStateForKey: GroupState[S]
): U
```

이 함수는 다음처럼 `groupByKey()`와 `mapGroupsWithState()` 함수들을 써서 스트리밍 쿼리에 제공된다.

```scala
// 스칼라 예제
val inputDataset: Dataset[V] = // 입력 스트리밍 데이터세트
```

```
inputDataset
  .groupByKey(keyFunction) // keyFunction() 함수는 입력에서 키를 생성한다.
  .mapGroupsWithState(arbitraryStateUpdateFunction)
```

스트리밍 쿼리가 시작되면 각 마이크로 배치에서 스파크는 arbitraryStateUpdateFunction()를 데이터의 각 개별 키마다 호출할 것이다. 각 파라미터가 어떤 것들인지, 어떤 파라미터값을 스파크가 써서 함수를 부르는지 좀 더 자세히 알아보자.

key: K

K는 상태 정보와 입력 데이터에 정의되는 공통 키의 데이터 타입이다. 스파크는 데이터의 각 개별 (중복되지 않는) 키마다 이 함수를 호출하게 된다.

newDataForKey: Iterator[V]

V는 입력 데이터세트의 데이터 타입이다. 스파크가 키에 대해 이 함수를 호출할 때 이 파라미터 는 키와 관련된 모든 입력 데이터를 갖게 된다. 이터레이터iterator에서 가져오는 입력 데이터 객체 의 순서는 정해져 있지 않다는 점에 주의하자.

previousStateForKey: GroupState[S]

S는 개발자가 관리하게 될 임의의 상태 정보의 데이터 타입이며, GroupState[S]는 상태 정보값들 에 접근하고, 관리할 수 있는 함수들을 제공하는 타입을 갖는 포장 객체이다. 스파크가 키에 대 해 함수를 호출할 때 이 객체는 이전 키에 대해 스파크가 호출했던 상태값 집합을 제공할 것이다 (즉 이전 마이크로 배치에서의 키와 연관된).

U

U는 함수의 출력값의 데이터 타입이다.

추가적으로 제공해주어야 할 파라미터가 몇 가지 존재한다. 모든 타입(K, V, S, U)은 스파크 SQL의 인코더에 의해 인코딩 가능한 타입이어야 한다. mapGroupsWithState()에서는 S와 U에 대해 적절하게 타입에 맞춰 작성된 인코더를 스칼라에서는 암묵적으로, 자바에서는 명시적으로 제공해주어야 한다. 자세한 내용은 6장의 '데이터 집합 인코더'를 참고한다.

예제를 통해 이러한 포맷으로 요구되는 상태 정보 갱신 함수를 표현할지 살펴보자. 사용자의 개별 행동 기반으로 그 행동 패턴을 이해하기를 원한다고도 가정한다. 개념적으로는, 이것은 꽤 간단하다. 모든 마이크로 배치에서 활성 유저마다 각 유저에 대한 행동 정보를 받아 유저의 '상태'를 갱신하면 된다. 프로그래밍 관점에서는 다음 단계에 따라 상태 갱신 함수를 정의할 수 있다.

1. 데이터 타입을 정의한다. K, V, S, U에 대한 정확한 타입을 정의할 필요가 있으며 이번 예제에서는 다음 내용들이 적용된다.

    a. 입력 데이터(V) = case class UserAction(userId: String, action: String)

    b. 키(K) = String(좀 더 정확히는 userId)

    c. 상태(S) = case class UserStatus(userId: String, active: Boolean)

    d. 결과(U) = UserStatus. 최신 사용자 상태 정보를 담고 싶어 하는 클래스이다.

    이 모든 데이터 타입이 인코더에서 지원되는 것은 아니라는 점에 주의한다.

2. 함수를 정의한다. 선택된 타입들을 기준으로 개념으로만 존재하는 아이디어를 코드로 옮기도록 하자. 이 새로운 함수가 새로운 사용자 행동과 동시에 호출될 때 대응해야 할 두 가지의 주요 상황이 있다. 바로 키에 해당하는 이전 상태 정보(즉, 직전의 사용자 상태)가 존재하는지 아닌지이다. 어느 쪽인지에 따라 적절하게 새로운 행동에 대한 정보와 함께 현재 상태를 갱신해주거나, 아니면 사용자 상태 정보를 초기화해주어야 한다. 명시적으로 상태를 새로운 집계와 함께 갱신해주고, 최종적으로는 갱신된 userId-userStatus 쌍을 되돌려 준다.

```
// 스칼라 예제
import org.apache.spark.sql.streaming._

 def updateUserStatus(
   userId: String,
   newActions: Iterator[UserAction],
   state: GroupState[UserStatus]): UserStatus = {

 val userStatus = state.getOption.getOrElse {
   new UserStatus(userId, false)
 }
 newActions.foreach { action =>
   userStatus.updateWith(action)
 }
 state.update(userStatus)
 userStatus
}
```

3. 사용자 액션에 함수를 적용한다. groupByKey()를 써서 입력 액션들의 데이터세트를 그룹화하고 mapGroupWithState()를 사용하는 updateUserStatus 함수를 적용할 것이다.

```
// 스칼라 예제
val userActions: Dataset[UserAction] = ...
```

```
val latestStatuses = userActions
  .groupByKey(userAction => userAction.userId)
  .mapGroupsWithState(updateUserStatus _)
```

콘솔 출력과 함께 이 스트리밍 쿼리가 시작하면 갱신된 사용자 상태들을 볼 수 있다.

좀 더 복잡한 주제로 가기 전에 기억해두어야 할 점을 몇 가지 알아보자.

- 함수가 불릴 때 newActions 같은 새로운 데이터를 담은 이터레이터의 입력 레코드 순서는 제대로 명시된 것은 없다. 만약 입력 레코드들의 상태를 특별한 순서에 따라 갱신하고 싶다면(예: 사용자 액션이 발생한 순서대로) 명시적으로 재정렬해주어야 한다(예: 이벤트 시간에 따라서 혹은 다른 정렬 기준에 따라). 사실 소스로부터 사용자 액션을 읽는 순서가 뒤바뀔 가능성이 존재한다면 이전 배치에서 처리되었어야 될 데이터가 이후의 배치에서 받아 처리하게 되는 가능성 또한 고려해야 한다. 이 경우 상태 정보의 일부로 레코드 자체를 버퍼링해야 할 것이다.
- 마이크로 배치에서 특정 키에서 함수가 호출되는 것은 오직 마이크로 배치에서 그 키에 대한 데이터를 갖고 있을 때뿐이다. 예를 들어 한 사용자가 휴면 상태가 되고 장시간 새로운 액션 데이터가 제공되지 않으면 함수도 오랫동안 불리지 않게 될 것이다. 특정한 기간을 넘어서는 사용자의 비활성화에 대해 상태 정보를 갱신하거나 삭제하고 싶으면, 타임아웃 개념을 고민해보아야 한다. 이것은 바로 다음에 다룰 것이다.
- mapGroupsWithState()의 출력은 집계 출력과 유사하게 누적 처리 엔진에 의해 지속적으로 키/값 레코드가 갱신된다고 가정한다. 이는 mapGroupState() 직후의 쿼리에서 지원되는 연산의 종류나 싱크의 종류를 제한한다. 예를 들면 파일에 출력을 추가하는 것은 지원되지 않는다. 만약 훨씬 높은 유연성을 위해 임의의 상태 정보 유지 연산을 적용하고 싶다면 flatMapGroupsWithState()를 써야 할 것이다. 이는 타임아웃에 대한 내용 다음에 다룬다.

비활성화 그룹을 관리하기 위한 타임아웃 사용

이전의 활성 사용자 세션 추적 예제에서는 사용자 수가 증가할수록 관리해야 할 상태 정보의 키 숫자도 늘어나게 되고, 상태 정보 유지를 위한 메모리 사용량도 늘어날 것이다. 이제 실제 세계의 시나리오에서 사용자들은 언제나 활성 상태로 남아 있지는 않을 것이다. 상태 정보에 비활성화 사용자는 다시 활성화되기 전까지는 그 정보가 변경되지 않고 남아 있을 테니 그 정보를 계속 유지하는 것은 그다지 도움이 되지 않을 것이다. 그러므로 비활성화 사용자들에 대한 정보를 명시적으로 제거하는 것은 필요한 일일 수 있다. 하지만 사용자가 비활성화를 위해 특정 액션을 항상 취한다는 보장은 없으므로(예: 명시적 로그아웃) 비활성화의 개념을 그냥 특정 시간 동안 아무 액션이 없는 것으로 정의해야 할 수도 있다. 이는 한 유저가 새 액션이 있기 전까지는 함수가 호출되지 않으므로 함수에 인코딩하기에는 정석적이지는 않다.

시간 기반 비활성화를 인코딩하기 위해서 mapGroupsWithState()는 다음처럼 정의되는 타임아웃이라는 개념을 지원한다.

- 매번 함수는 하나의 키에 대해 호출되며 타임아웃은 하나의 키에 대해 시간 기반이나 임계값의 타임스탬프를 기반으로 설정할 수 있다.
- 만약 키에 대한 데이터가 전혀 들어오지 않고 해당 타임아웃 조건을 만족한다면 키는 '타임 아웃됨'으로 표시된다. 다음 마이크로 배치는 이 키에 대한 데이터가 전혀 없더라도 이 타임아웃 키에 대해 함수를 호출할 것이다. 이 특별 함수 호출에서 새로운 데이터 이터레이터는 비어 있을 것이고(새 데이터가 없었으므로) GroupState.hasTimedOut()은 true를 리턴하게 된다. 이것이 함수 내에서 호출이 새로운 데이터인지 타임아웃 때문인지 구분할 수 있는 최선의 방법이다.

타임 아웃에는 처리 시간과 이벤트 타임에 따른 두 가지 종류가 있다. 처리 시간 타임아웃이 둘 중 좀 더 단순한 개념이므로 이것부터 살펴보자.

처리 시간 타임아웃

처리 시간 타임아웃은 스트리밍 쿼리가 도는 머신에서의 시스템 시간(흔히 벽시계 시간wall clock time으로 알려졌다) 기준으로 하며 다음과 같이 정의한다 — 한 키에 대해 마지막으로 데이터를 시스템 시간 T에 받았으며 현재 시각이 (T + <타임아웃 시간>)보다 크다면 새로운 빈 데이터 이터레이터와 함께 함수가 호출될 것이다.

1시간 비활성화 기준으로 한 유저의 상태 정보를 삭제하는 예제를 고쳐보면서 어떻게 타임아웃을 사용하는지 알아보자.

- mapGroupWithState()에서 타임아웃을 GroupStateTimeout.ProcessingTimeTimeout으로 지정해준다.
- 상태 정보 갱신 함수에서 새로운 데이터에 대한 상태로 갱신하기 전에 상태 정보에 제한이 있는지 없는지를 먼저 확인해야 한다. 그리고 그에 따라 상태 정보를 갱신하거나 삭제하게 될 것이다.
- 덧붙여 항상 새로운 데이터로 상태로 갱신할 때마다 타임아웃 길이를 지정해야 한다.

여기 업데이트된 코드가 있다.

```scala
// 스칼라 예제
def updateUserStatus(
    userId: String,
```

```
    newActions: Iterator[UserAction],
    state: GroupState[UserStatus]): UserStatus = {

  if (!state.hasTimedOut) { // Was not called due to timeout
    val userStatus = state.getOption.getOrElse {
      new UserStatus(userId, false)
    }
    newActions.foreach { action => userStatus.updateWith(action) }
    state.update(userStatus)
    state.setTimeoutDuration("1 hour") // Set timeout duration
    userStatus

  } else {
    val userStatus = state.get()
    state.remove()                   // Remove state when timed out.
    userStatus.asInactive() // Return inactive user's status
  }
}

val latestStatuses = userActions
  .groupByKey(userAction => userAction.userId)
  .mapGroupsWithState(GroupStateTimeout.ProcessingTimeTimeout)(updateUserStatus _)
```

이 쿼리는 자동적으로 1시간 이상 데이터 처리가 없었던 사용자들의 상태 정보를 정리할 것이다. 하지만 타임아웃에 대해 몇 가지 참고해둘 사항들이 있다.

- 함수의 마지막 호출에 의한 타임아웃 설정은 함수가 새로운 데이터를 받아서든 타임아웃에 의해서든 함수가 다시 호출되면 취소된다. 그러므로 언제든 함수가 불리면 타임아웃 지속시간이나 타임스탬프는 명시적으로 타임아웃이 가능하게 세팅될 필요가 있다.

- 타임아웃은 마이크로 배치 동안 처리되기 때문에 실행 시간이 일정하지 않고, 많은 부분 트리거링 간격과 마이크로 배치 처리 시간에 좌우된다. 그러므로 타임아웃으로 정확한 타이밍 제어를 하려는 것은 추천하지 않는다.

- 처리 시간 타임아웃은 개념은 단순하지만 지연되는 상황이나 장애 상황에는 안정적이지 않다. 만약 스트리밍 쿼리가 1시간 이상 다운된 상태에서 클러스터가 재시작된다면 모든 키가 최신 데이터로부터 1시간 이상 지난 상태이므로 모든 상태 정보가 타임아웃이 되어버릴 것이다. 쿼리가 데이터 소스에서 데이터가 도착하는 것(예: 카프카에 데이터가 들어오거나 버퍼링되는 것)보다 처리가 늦다면 역시 유사한 규모의 타임아웃이 발생할 수 있다. 예를 들어 만약 타임아웃이 5분이라면 갑작스런 처리량 감소(혹은 데이터 전송이 갑자기 몰려든다면)는 일종의 잘못 계산된 타임아웃을 일으키는 5분 지연을 만들게 된다. 이런 문제를 피하기 위해서는 이벤트 타임 타임아웃을 쓸 수 있는데, 다음과 같이 살펴본다.

이벤트 타임 타임아웃

시스템 시계를 이용하는 대신에 이벤트 타임아웃은 데이터에 있는 이벤트 타임(시간 기반 집계와 유사)과 이벤트 타임에 지정된 워터마크를 이용한다. 만약 한 키에 특정 타임아웃 타임스탬프 T(즉 시간 간격이 아님)가 설정되어 있고, 그 키에 대한 데이터가 함수가 호출된 이후 새로운 데이터가 없는 채로 워터마크가 T를 초과한다면, 키는 타임아웃 처리될 것이다. 워터마크의 개념은 데이터가 처리되는 동안 가장 최신 이벤트 타임 이후의 지연된 시간을 의미하는 동적인 임계값이라는 것을 상기하자. 이는 (처리 시간 타임아웃과는 달리) 쿼리 처리 중 어떤 형태의 지연이나 장애 상황도 잘못된 타임아웃을 만들어내지 않을 것이다.

이제 우리의 예제를 이벤트 타임 타임아웃을 적용해서 바꿔보자. 이미 처리 시간 타임아웃을 사용한 수정 사항에 추가로 다음 내용을 적용할 것이다.

* 입력 데이터세트에 워터마크를 정의한다(UserAction 클래스가 eventTimeStamp란 필드를 갖고 있다고 가정한다). 워터마크 임계값은 이미 언급한 것처럼 얼마나 입력 데이터가 늦거나 잘못된 순서로 들어와도 될지 허용되는 시간 길이값이다.
* EventTimeTimeout을 써서 mapGroupsWithState()를 수정한다.
* 타임아웃이 어떤 시점에서 발생할지 임계값 타임스탬프를 설정하도록 함수를 수정한다. 이벤트 타임 타임아웃은 처리 시간 타임아웃과 마찬가지로 타임아웃 지속 시간을 설정할 수는 없다. 이유에 대해서는 나중에 설명한다. 이 예제에서는 타임아웃이 현재 워터마크에서 1시간 이후에 되도록 계산할 것이다.

아래에 갱신된 예제가 있다.

```scala
// 스칼라 예제
def updateUserStatus(
    userId: String,
    newActions: Iterator[UserAction],
    state: GroupState[UserStatus]): UserStatus = {

  if (!state.hasTimedOut) { // 타임아웃 상황에는 불리지 않는다.
    val userStatus = (state.getOption.getOrElse {
      new UserStatus()
    }
    newActions.foreach { action => userStatus.updateWith(action) }
    state.update(userStatus)

    // 타임아웃 시점을 현재 워터마크 +1시간으로 설정
    state.setTimeoutTimestamp(state.getCurrentWatermarkMs, "1 hour")
```

```
      userStatus
  } else {
    val userStatus = state.get()
    state.remove()
    userStatus.asInactive() }
}

val latestStatuses = userActions
  .withWatermark("eventTimestamp", "10 minutes")
  .groupByKey(userAction => userAction.userId)
  .mapGroupsWithState(
    GroupStateTimeout.EventTimeTimeout)(
    updateUserStatus _)
```

이 쿼리는 재시작이나 처리 지연에 의해 발생하는 잘못 감지되는 타임아웃에 대해서 훨씬 안정적으로 처리할 것이다.

이벤트 타임 타임아웃에 대해 참고할 몇 가지 사항이 있다.

- 처리 시간 타임아웃을 쓰던 이전 예제와는 달리 여기서는 GroupState.setTimeoutDuration() 대신 GroupState.setTimeoutTimestamp()를 쓴다. 이는 처리 시간 타임아웃에서는 타임아웃이 발생할 때 시간 간격만으로도 정확한 시간 계산이 가능하기 때문이지만(현재 시스템 시간 + 특정 시간 간격) 이는 이벤트 타임 타임아웃에는 맞지 않는 경우이다. 다른 애플리케이션들은 임계값 시점 계산을 위해 다른 전략을 쓰고 싶을 수도 있다. 이 예제에서는 단순히 현재 워터마크 기준으로 시간을 계산했지만, 다른 애플리케이션은 대신 해당 키의 마지막 이벤트 타임 기준으로(상태 정보에 저장된 내용을 써서) 키의 타임아웃 시점을 구할 수도 있는 것이다.

- 타임아웃 시점은 현재 워터마크보다는 큰 값으로 지정되어야 한다. 이는 보통 타임아웃이 워터마크 시점을 지나면서 발생하는 것으로 간주하기 때문이므로 현재 워터마크보다 이미 큰 값으로 시점이 지정되는 것이 합리적이다.

타임아웃에 대한 내용을 마무리하기 전에 마지막으로 기억해둘 것은 이런 타임아웃 메커니즘을 단순히 고정 시간 타임아웃 처리 이상으로 기발한 처리를 위해 사용할 수도 있다는 것이다. 예를 들면 대략적으로 실행되는 정기적 작업을 구현할 때(예: 매시간) 다음 코드처럼 지난번의 실행 시간을 상태 정보에 저장해놓고, 이를 처리시간 타임아웃 시간 간격으로 지정하는 것도 가능하다.

```
// 스칼라 예제
val timeoutDurationMs =
  lastTaskTimstampMs + periodIntervalMs - groupState.getCurrentProcessingTimeMs()
```

flatMapGroupsWithState()를 사용한 일반화

mapGroupsWithState()에는 좀 더 복잡한 사용 사례를 구현하고 싶을 때(예: 연계되는 세션화) 유연성을 억제하는 두 가지 치명적인 제한 사항이 존재한다.

- 매번 mapGroupsWithState()가 호출될 때 오직 하나의 레코드를 되돌려 주어야 한다. 하지만 경우에 따라서 어떤 애플리케이션이나 트리거에서는 전혀 출력하고 싶지 않을 수도 있다.
- mapGroupsWithState()로는 불투명한 상태 정보 업데이트 함수에 대한 정보 부재로 엔진은 생성된 레코드들이 갱신된 키/값 데이터 쌍이라고 가정한다. 그에 따라 다운스트림 연산에 대해 판단하고 어떤 것을 허용할지, 하지 않을지 결정한다. 예를 들어 mapGroupsWithState()로 생성된 데이터 프레임은 파일에 추가 모드로 쓰일 수는 없다. 하지만 애플리케이션에 따라서는 추가하는 형태로 레코드를 생성하고 싶어 할 가능성도 있다.

flatMapGroupsWithState()는 조금 더 문법이 복잡하지만 위와 같은 제한들을 극복할 수 있다. 이는 mapGroupsWithState()와 두 가지의 차이점을 갖고 있다.

- 리턴 타입이 단일 객체가 아니라 이터레이터이다. 이는 함수가 레코드 개수와 관계없이 리턴할 수 있게 하며 심지어 아무것도 리턴하지 않는 것도 가능하다.
- **연산자 출력 모드**operator output mode라고 불리는 또 다른 파라미터를 받아들이는데(앞에서 얘기한 쿼리의 출력모드와는 다르므로 헷갈리지 않도록 한다), 이는 출력 레코드가 추가될 수 있는 새로운 레코드(OutputMode.Append)인지 갱신된 키/값 레코드(OutputMode.Update)인지를 정의한다.

이 함수의 사용법을 보여주기 위해 사용자 추적 예제를 확장해보자(코드를 단순하게 하기 위해 타임아웃 코드는 삭제했다). 예를 들어 특정 사용자의 변경에 대해서 경고를 발생시키고 출력을 파일에 쓰고 싶어 할 때, 다음처럼 코드를 작성할 수 있다.

```scala
// 스칼라 예제
def getUserAlerts(
    userId: String,
    newActions: Iterator[UserAction],
    state: GroupState[UserStatus]): Iterator[UserAlert] = {

  val userStatus = state.getOption.getOrElse {
    new UserStatus(userId, false)
  }
  newActions.foreach { action =>
    userStatus.updateWith(action)
  }
  state.update(userStatus)
```

```
  // 임의의 숫자의 경고를 발생시킨다.
  userStatus.generateAlerts().toIterator
}

val userAlerts = userActions
  .groupByKey(userAction => userAction.userId)
  .flatMapGroupsWithState(
    OutputMode.Append,
    GroupStateTimeout.NoTimeout)(getUserAlerts)
```

성능 튜닝

정형화 스트리밍은 스파크 SQL 엔진을 사용하므로, 5장과 7장에서 스파크 SQL에 대해 이야기했던 것과 동일한 파라미터들로 튜닝할 수 있다. 하지만 기가바이트~테라바이트 단위의 데이터를 처리하기도 하는 배치 잡과 달리 마이크로 배치 잡은 상대적으로 매우 적은 데이터양을 처리한다. 그러므로 스트리밍 쿼리를 운영하는 스파크 클러스터는 약간 다르게 튜닝해야 할 필요가 있다. 아래에 몇 가지 고민해봐야 하는 포인트가 있다.

클러스터 자원 배치

스트리밍 쿼리를 실행하는 스파크 클러스터들은 24/7로 돌아가고 있기 때문에 자원을 적절하게 배치하는 것은 중요한 문제이다. 자원을 부족하게 배치하는 것은 스트리밍 쿼리에 지연을 일으킬 수 있으며(마이크로 배치가 점점 더 느려질 수 있다), 반면에 과하게 배치하는 것은(예: 할당됐으나 사용되지 않는 CPU 코어들) 쓸모없는 비용을 발생시킨다. 덧붙여 스트리밍 쿼리의 특성에 맞춰서 자원은 할당되어야 한다. 즉, 무상태 쿼리는 대개 더 많은 코어를 필요로 하며 상태 정보 유지 쿼리는 메모리를 더 필요로 한다.

셔플을 위한 파티션 숫자

정형화 스트리밍 쿼리에서 셔플 파티션의 개수는 대개의 배치 쿼리보다는 상당히 적게 세팅되는데, 연산 규모를 너무 잘게 쪼개는 것은 오히려 오버헤드를 일으키고 처리량은 감소시키기 때문이다. 덧붙여, 상태 정보 유지 연산에 의한 셔플은 체크포인팅 때문에 훨씬 큰 오버헤드를 일으킨다. 그러므로 상태 정보 유지 연산과 수 초에서 수 분의 트리거 간격을 갖는 스트리밍 쿼리라면 기본 셔플 파티션 숫자인 200을 코어 숫자 대비 두세 배 많은 정도로 수정하는 것을 추천한다.[23]

---

23 [옮긴이] 즉, 태스크별 처리량을 줄여서 만약의 경우에 생길 수 있는 메모리 에러를 회피할 수 있다. 이 숫자 자체가 200보다 적을 수도 있지만 기본적으로 파티션 숫자는 코어 수의 배수로 해야 노는 코어가 생기는 것을 최대한 줄일 수 있다.

안정성을 위한 소스의 처리량 제한

할당된 자원과 설정이 쿼리에서 기대되는 입력 데이터 비율에 맞게 최적화된 후라도 갑작스런 데이터 처리량 증가로 인해 예기치 않은 큰 작업이 발생하고, 이로 인해 클러스터가 불안정해질 수 있다. 비용이 많이 드는 자원 과다 할당 방식의 접근 말고도 소스 전송률을 제한해서 불안정성에 대한 방어가 가능하다. 지원되는 소스들에 대한 제한을 설정하면 쿼리가 단일 마이크로 배치에서 너무 많은 데이터를 소비하는 것을 막는다. 그러면 데이터가 급증하더라도 소스에 버퍼링되고 결국은 쿼리가 따라잡을 수 있다. 하지만 다음 내용들은 주의하자.

- 너무 제한을 낮게 설정하면 쿼리가 할당된 자원을 제대로 쓰지 못하고, 입력 레코드 비율 대비 뒤처질 가능성이 있다.
- 제한을 걸면 입력 비율이 지속적으로 증가하는 것에 대해서는 효과적으로 처리하지 못한다. 안정성이 유지되는 동안이라도 버퍼링되고 처리되지 않은 데이터는 소스에서 무한하게 증가할 수 있으며 응답속도도 마찬가지로 증가할 것이다.

동일 스파크 애플리케이션에서 다중 스트리밍 쿼리 실행

동일한 SparkContext나 SparkSession에서 여러 개의 스트리밍 쿼리를 실행하는 것은 자원을 세세하게 나눠서 공유하게 만들 수도 있다. 하지만, 다음을 참고해야 한다.

- 각 쿼리를 지속적으로 실행하는 것은 스파크 드라이버의 자원을 사용한다(JVM이 돌아가는 곳). 이는 동시에 실행할 수 있는 쿼리의 개수를 제한한다. 이 제한을 넘어서게 되면 태스크 스케줄링이 병목이 되거나(이그제큐터를 제대로 활용 못함) 메모리 제한을 넘게 될 수 있다.
- 각 쿼리가 별도의 스케줄러 풀에서 돌도록 설정하여 동일한 컨텍스트 내에서 쿼리 사이에 안정적인 자원 할당이 이루어지도록 할 수 있다. SparkContext의 스레드 로컬 속성인 spark.scheduler.pool을 서로 다른 문자열 값으로 각 스트림마다 지정해주면 된다.

```scala
// 스칼라 예제
// 스트리밍 쿼리 query1을 스케줄러 풀 pool1에서 실행한다.
spark.sparkContext.setLocalProperty("spark.scheduler.pool", "pool1")
df.writeStream.queryName("query1").format("parquet").start(path1)

// 스트리밍 쿼리 query2를 스케줄러 풀 pool2에서 실행한다.
spark.sparkContext.setLocalProperty("spark.scheduler.pool", "pool2")
df.writeStream.queryName("query2").format("parquet").start(path2)
```

```python
# 파이썬 예제
# 스트리밍 쿼리 query1을 스케줄러 풀 pool1에서 실행한다.
spark.sparkContext.setLocalProperty("spark.scheduler.pool", "pool1")
```

```
df.writeStream.queryName("query1").format("parquet").start(path1)

# 스트리밍 쿼리 query2를 스케줄러 풀 pool2에서 실행한다.
spark.sparkContext.setLocalProperty("spark.scheduler.pool", "pool2")
df.writeStream.queryName("query2").format("parquet").start(path2)
```

요약

이 장에서는 데이터 프레임 API를 써서 정형화 스트리밍 쿼리들을 작성하는 것에 대해 알아보았다. 특별히 논의한 내용은 다음과 같다.

- 정형화 스트리밍의 중심 철학과 입력 데이터 스트림을 비정형 테이블로 간주하는 처리 모델
- 스트리밍 쿼리를 정의하고, 시작하고, 재시작하고, 모니터링하는 핵심 단계들
- 다양한 스트리밍 소스와 싱크를 사용하는 방법과 직접 스트리밍 싱크 작성하기
- 스트리밍 집계와 스트림-스트림 조인 같은 상태 정보 연산을 사용하고 튜닝하는 법
- 자체 제작 상태 정보 연산을 표현하는 기술들

이 장의 코드 예제들과 책의 깃허브 저장소[24]의 노트북들을 통해 어떻게 정형화 스트리밍을 효과적으로 쓰는지 감을 잡을 수 있을 것이다. 다음 장에서는 어떻게 정형화된 데이터를 배치와 스트리밍 워크로드에서 동시에 읽고 쓸 수 있는지 알아볼 것이다.

---

24 https://github.com/databricks/LearningSparkV2

9

아파치 스파크를 통한
안정적인 데이터 레이크 구축

이전 장에서는 확장 가능하고 성능이 뛰어난 데이터 처리 파이프라인을 구축하기 위해서 쉽고 효과적으로 아파치 스파크를 사용하는 방법을 배웠다. 그러나 실제로는 처리 로직을 사용하는 것만으로는 전체 파이프라인을 구축할 때 생기는 문제의 절반 정도밖에 해결할 수 없다. 데이터 엔지니어, 데이터 과학자 또는 데이터 분석가에게 파이프라인 구축의 궁극적인 목표는 처리된 데이터를 쿼리하고, 그로부터 통찰력을 얻는 것이다. 스토리지 솔루션의 선택은 데이터 파이프라인의 시작에서 끝까지(즉, 소스 데이터에서 통찰력까지)의 견고성과 성능을 결정한다.

이 장에서는 먼저 살펴보아야 하는 스토리지 솔루션의 주요 기능에 대해 설명한다. 그런 다음 두 가지 스토리지 솔루션 중 범위가 넓은, 즉 데이터베이스와 데이터 레이크, 그리고 이들과 함께 아파치 스파크를 사용하는 방법에 대해 논의할 것이다. 마지막으로 레이크하우스lakehouse라고 하는 차세대 스토리지 솔루션을 소개하고 새로운 오픈소스 처리 엔진을 살펴보도록 하겠다.

최적의 스토리지 솔루션의 중요성

다음은 스토리지 솔루션에 필요한 몇 가지 속성이다.

확장성 및 성능

스토리지 솔루션은 데이터 볼륨에 맞게 확장할 수 있어야 하며 워크로드에 필요한 읽기/쓰기 처리량 및 지연 시간을 제공할 수 있어야 한다.

트랜잭션 지원

복잡한 워크로드는 종종 동시에 데이터를 읽고 쓰기 때문에 ACID 트랜잭션[1]에 대한 지원은 최종 결과의 품질을 보장하는 데 필수적이다.

다양한 데이터 형식 지원

스토리지 솔루션은 비정형 데이터(예: 원시 로그와 같은 텍스트 파일), 반정형 데이터(예: JSON 데이터) 및 정형 데이터(예: 테이블 형식 데이터)를 저장할 수 있어야 한다.

다양한 워크로드 지원

스토리지 솔루션은 다음과 같은 다양한 비즈니스 워크로드를 지원할 수 있어야 한다.

- 전통적인 BI 분석과 같은 SQL 워크로드
- 비정형 원시 데이터를 처리하는 전통적인 ETL 작업과 같은 배치 워크로드
- 실시간 모니터링 및 장애 알람과 같은 스트리밍 워크로드
- 추천 및 이탈 예측과 같은 ML 및 AI 워크로드

개방성

광범위한 워크로드를 지원하려면 데이터를 오픈 데이터 형식으로 저장해야 하는 경우가 많다. 이 경우에 표준 API를 사용하면 다양한 도구와 엔진에서 데이터에 액세스를 가능하게 한다. 이를 통해 비즈니스는 각 유형의 워크로드에 대해 가장 최적의 도구를 사용하고, 최상의 비즈니스 결정을 내릴 수 있다.

시간이 지남에 따라 이러한 속성과 관련하여 각각 고유한 장점과 단점을 가진 다양한 종류의 저장 솔루션이 제안되었다. 이 장에서는 사용 가능한 스토리지 솔루션이 **데이터베이스**database에서 **데이터 레이크**data lake로 어떻게 발전했는지, 그리고 각 솔루션과 함께 아파치 스파크를 사용하는 방법을 살펴보겠다. 그런 다음 데이터베이스의 트랜잭션 보장과 함께 데이터 레이크의 확장성과 유연성이라는 두 가지 장점을 모두 제공할 수 있는, **데이터 레이크하우스**data lakehouse라고 하는 차세대 스토리지 솔루션에 대해 알아보도록 하자.

---

1 옮긴이 데이터베이스 트랜잭션이 안전하게 수행된다는 것을 보장하기 위한 성질을 나타내는 약어로, 원자성(atomicity), 일관성(consistency), 독립성(isolation), 지속성(durability)을 의미한다(https://en.wikipedia.org/wiki/ACID).

데이터베이스

수십 년 동안 데이터베이스는 중요한 비즈니스 데이터를 저장할 데이터웨어하우스를 구축하는 데 가장 안정적인 솔루션이었다. 이 섹션에서는 데이터베이스 아키텍처와 해당 워크로드, 데이터베이스의 분석 워크로드에 아파치 스파크를 사용하는 방법을 살펴볼 것이다. 최신 비(非)SQL 워크로드를 지원하는 데 있어 데이터베이스의 한계에 대한 논의로 이 섹션을 마무리하도록 하겠다.

데이터베이스에 대한 간략한 소개

데이터베이스는 구조화된 데이터를 SQL 쿼리를 사용하여 읽을 수 있는 테이블로 저장하도록 설계되어 있다. 데이터는 데이터베이스 관리 시스템이 데이터 저장 및 처리를 모두 최적화할 수 있도록 하는 엄격한 스키마를 준수해야 한다. 즉, 디스크상의 파일에 있는 데이터 및 인덱스의 내부 레이아웃을 고도로 최적화된 쿼리 처리 엔진과 긴밀하게 연결하여, 모든 읽기/쓰기 작업에 대하여 강력한 트랜잭션 ACID를 보장하고 저장된 데이터를 매우 빠르게 계산한다.

데이터베이스의 SQL 워크로드는 다음과 같이 크게 두 가지 범주로 분류할 수 있다.

온라인 트랜잭션 처리(online transaction processing, OLTP) 워크로드[2]
　은행 계좌 거래와 마찬가지로 OLTP 워크로드는 일반적으로 한 번에 몇 개의 레코드를 읽거나 업데이트 하는 간단한 쿼리로 높은 동시성, 짧은 지연 시간이 특징이다.

온라인 분석 처리(online analytical processing, OLAP)[3]
　정기 리포트와 같은 OLAP 워크로드는 일반적으로 많은 레코드에 대한 높은 처리량 스캔이 필요한 복잡한 쿼리(집계 및 조인 포함)다.

아파치 스파크는 주로 OLTP 워크로드가 아닌 OLAP 워크로드용으로 설계된 쿼리 엔진이다. 따라서 나머지 장의 나머지 부분에서는 분석 워크로드를 위한 스토리지 솔루션에 대한 논의에 집중할 것이다. 다음으로 아파치 스파크를 사용하여 데이터베이스에서 읽고 쓰는 방법을 살펴보자.

아파치 스파크를 사용하여 데이터베이스 읽기 및 쓰기

계속 성장하는 커넥터 에코시스템 덕분에 아파치 스파크는 데이터를 읽고 쓰기 위해 다양한 데이터베이스에 연결할 수 있다. JDBC 드라이버가 있는 데이터베이스(예: PostgreSQL, MySQL)의 경우 내장

2　https://en.wikipedia.org/wiki/Online_transaction_processing
3　https://en.wikipedia.org/wiki/Online_analytical_processing

JDBC 데이터 소스를 적절한 JDBC 드라이버 jar 파일을 사용하여 데이터에 액세스할 수 있다. 다른 많은 최신 데이터베이스(예: 애저 코스모스 DB, 스노우플레이크)의 경우 적절한 형식으로 호출할 수 있는 전용 커넥터가 있다. 5장에서 몇 가지 예를 자세히 논의하였다. 이를 통해 아파치 스파크를 기반으로 하는 워크로드 및 사용 사례로 데이터 웨어하우스 및 데이터베이스를 매우 쉽게 확장할 수 있다.

데이터베이스의 한계

지난 세기부터 데이터베이스와 SQL 쿼리는 BI 워크로드 구축을 위한 훌륭한 솔루션으로 알려져 왔다. 그러나 지난 10년 동안 분석 워크로드에서 두 가지의 새로운 추세가 나타났다.

데이터 크기의 증가

빅데이터의 도래와 함께 트렌드와 사용자 행동을 이해하기 위해 모든 것(페이지뷰, 클릭 등)을 측정하고 수집하는 것이 업계의 세계적인 추세다. 그 결과 기업이나 조직에서 수집하는 데이터의 양이 수십 년 전 기가바이트에서 오늘날 테라바이트 및 페타바이트로 증가했다.

분석의 다양성 증가

데이터 수집의 증가와 함께 더 깊은 통찰력이 필요해졌다. 이는 머신러닝 및 딥러닝과 같은 복잡한 분석이 폭발적으로 성장하는 것으로 이어졌다.

데이터베이스는 다음과 같은 제약 사항으로 인해 이러한 새로운 추세를 수용하는 데 다소 부적합한 것으로 보였다.

데이터베이스를 확장하는 데 비용이 너무 많이 듦

데이터베이스는 단일 시스템에서 데이터를 처리하는 데 매우 효율적이지만 데이터 볼륨의 증가 속도는 단일 시스템의 성능 기능 증가를 훨씬 앞질렀다. 처리 엔진을 위한 유일한 방법은 여러 시스템을 사용하여 데이터를 병렬로 처리하는 수평 확장이다. 그러나 대부분의 데이터베이스, 특히 오픈소스 데이터베이스는 분산 처리를 수행하기 위한 확장이 가능하게 설계되지 않았다. 이러한 처리 요구사항을 충족하는 소수의 산업용 데이터베이스 솔루션은 특수 하드웨어에서 실행되는 독점 솔루션인 경향이 있어 구입 및 유지 관리 비용이 매우 비싸다.

데이터베이스는 비SQL 기반 분석을 잘 지원하지 않음

데이터베이스는 일반적으로 해당 데이터베이스의 SQL 처리 엔진만 읽을 수 있도록 고도로 최적화된 복잡한(종종 독점된) 형식으로 데이터를 저장한다. 이는 머신러닝 및 딥러닝 시스템과 같은 다른 처리 도구가 데이터에 효율적으로 액세스할 수 없음을 의미한다(데이터베이스에서 모든 데이터를 읽어 오는 비효율적인 방법은 제외). 또한 데이터베이스는 머신러닝과 같은 비SQL 기반 분석을 수행하도록 쉽게 확장될 수 없다.

이러한 데이터베이스의 한계로 인해 **데이터 레이크**라고 하는 완전히 다른 데이터 저장 접근방식이 개발되었다.

데이터 레이크

대부분의 데이터베이스와 달리 데이터 레이크는 범용 하드웨어에서 실행되고, 수평으로 쉽게 확장되는 분산 스토리지 솔루션이다. 이 섹션에서는 데이터 레이크가 최신 워크로드의 요구사항을 충족하는 방법에 대한 논의로 시작한 다음, 아파치 스파크가 데이터 레이크와 통합하여 워크로드를 모든 크기의 데이터로 확장하는 방법을 알아본다. 마지막으로 확장성을 달성하기 위해 데이터 레이크가 희생하는 아키텍처의 영향을 살펴보겠다.

데이터 레이크에 대한 간략한 소개

데이터 레이크 아키텍처는 데이터베이스와 달리 분산 컴퓨팅 시스템에서 분산 스토리지 시스템을 분리한다. 이를 통해 각 시스템은 워크로드에 의한 필요에 따라 확장할 수 있다. 또한 데이터는 모든 처리 엔진이 표준 API를 사용하여 읽고 쓸 수 있도록 오픈 형식의 파일로 저장된다. 이 아이디어는 2000년대 후반 아파치 하둡 프로젝트[4]의 HDFS(하둡 파일 시스템)에 의해 대중화되었으며, 산제이 게마와트Sanjay Ghemawat, 하워드 고비오프Howard Gobioff 및 슌탁 렁Shun-Tak Leung의 연구 논문 〈구글 파일 시스템The Google File System〉[5]에서 크게 영감을 받았다.

조직은 다음을 독립적으로 선택하여 데이터 레이크를 구축한다.

스토리지 시스템

클러스터에서 HDFS를 실행하거나 클라우드 개체 저장소(예: AWS S3, 애저 데이터 레이크 스토리지 또는 구글 클라우드 스토리지)를 사용하도록 선택한다.

파일 형식

다운스트림 워크로드에 따라 데이터는 정형(예: 파케이, ORC), 반정형(예: JSON) 또는 때로 비정형 형식(예: 텍스트, 이미지, 오디오, 비디오)의 파일로 저장된다.

---

4   https://hadoop.apache.org/

5   https://static.googleusercontent.com/media/research.google.com/en//archive/gfs-sosp2003.pdf

처리 엔진

다시 말하지만, 수행할 분석 작업 부하의 종류에 따라 처리 엔진이 선택된다. 이는 배치 처리 엔진(예: 스파크, 프레스토, 아파치 하이브), 스트림 처리 엔진(예: 스파크, 아파치 플링크) 또는 머신러닝 라이브러리(예: 스파크 MLlib, 사이킷런scikit-learn, R)일 수 있다.

이러한 유연성(현재의 워크로드에 가장 적합한 스토리지 시스템, 오픈 데이터 형식 및 처리 엔진을 선택할 수 있는 기능)은 데이터베이스에 비해 데이터 레이크의 가장 큰 장점이다. 전체적으로 동일한 성능 특성에 대해 데이터 레이크는 데이터베이스보다 훨씬 저렴한 솔루션을 제공하는 경우가 많다. 이러한 주요 이점은 빅데이터 생태계의 폭발적인 성장으로 이어졌다. 다음 섹션에서는 아파치 스파크를 사용하여 모든 스토리지 시스템에서 일반적인 파일 형식을 읽고 쓰는 방법에 대해 설명하겠다.

아파치 스파크를 사용하여 데이터 레이크에서 읽고 쓰기

아파치 스파크는 필요한 모든 주요 기능을 제공하므로 자체 데이터 레이크를 구축할 때 사용할 수 있는 최고의 처리 엔진 중 하나이다.

다양한 워크로드 지원

스파크는 배치 처리, ETL 작업, 스파크 SQL을 사용한 SQL 작업, 정형화 스트리밍을 사용한 스트림 처리(8장에서 설명), MLlib을 사용한 머신러닝(10장에서 설명)을 포함하여 다양한 워크로드를 처리하는 데 필요한 모든 도구를 제공한다.

다양한 파일 형식 지원

4장에서 우리는 스파크가 비정형, 반정형, 정형 파일 형식에 대한 기본 제공 지원을 어떻게 하는지 자세히 살펴보았다.

다양한 파일 시스템 지원

스파크는 하둡의 파일시스템 API를 지원하는 모든 스토리지 시스템에 대해 데이터를 접근할 수 있다. 이 API는 빅데이터 생태계에서 사실상 표준이 되었기 때문에 대부분의 클라우드 및 온프레미스 스토리지 시스템이 이를 지원하고 있다. 따라서, 스파크는 대부분의 스토리지 시스템에서 읽고 쓰는 것이 가능하다.

그러나 많은 파일 시스템(특히 AWS S3과 같은 클라우드 스토리지 기반 파일 시스템)의 경우 안전한 방식으로 파일 시스템에 액세스할 수 있도록 스파크를 구성해야 한다. 특히 클라우드 스토리지 시스템은 표준 파일 시스템에서 기대하는 것과 파일 작업의 특성(예: S3의 최종 일관성)이 동일하지 않은 경우가 종종 있기 때문에, 이에 따라 스파크를 구성하지 않으면 처리 결과가 일관되지 않을 수 있다. 자세한 내용은 클라우드 통합 문서[6]를 참고하도록 하자.

데이터 레이크의 한계

데이터 레이크라고 해서 단점이 없는 것은 아니다. 그중 가장 심각한 것은 트랜잭션에 대한 보증이 부족하다는 것이다. 특히, 데이터 레이크는 다음에 대하여 ACID 보증을 제공하지 못한다.

원자성과 독립성

처리 엔진은 분산 방식으로 많은 파일을 데이터 레이크에 기록한다. 작업이 실패하면 이미 작성된 파일을 롤백하는 메커니즘이 없으므로 잠재적으로 손상된 데이터가 남을 수 있다(고수준 메커니즘 없이 파일 간에 격리를 제공하는 것이 매우 어렵기 때문에 동시 워크로드가 데이터를 수정할 시 문제가 악화된다).

일관성

실패한 쓰기에 대한 원자성 부족으로 인해 데이터에 대한 일관성을 잃게 된다. 사실 성공적으로 작성된 데이터라도 데이터 품질을 보장하기 어렵기는 마찬가지다. 예를 들어, 데이터 레이크의 매우 흔한 문제는 실수로 인하여 뜻하지 않게 기존 데이터와 일치하지 않는 형식 및 스키마로 데이터 파일을 작성하는 것이다.

데이터 레이크의 이러한 제약사항을 해결하기 위해 개발자는 모든 종류의 트릭을 사용한다. 다음은 몇 가지 예다.

- 데이터 레이크에 있는 대규모 데이터 파일 컬렉션은 종종 열값에 따라 하위 디렉터리로 '파티션' 된다(예: 날짜별로 분할된 대형 파케이 형식의 하이브 테이블). 기존 데이터의 원자적 수정atomic modification을 달성하는 방법으로 일부 레코드를 업데이트 하거나 삭제하기 위해서 종종 하위 파티션 디렉터리 전체 데이터를 다시 쓴다(즉, 임시 디렉터리에 데이터를 작성한 다음 참고 위치를 교체).
- 데이터에 대한 동시 액세스 또는 이로 인한 데이터 불일치를 회피하기 위해, 데이터 업데이트 작업(예: 일일 ETL 작업) 및 데이터 쿼리 작업(예: 일일 보고 작업)에 대해 일정에 시차를 두고 실행한다.

이러한 실질적인 문제를 제거하려는 시도는 레이크하우스와 같은 새로운 시스템의 개발로 이어졌다.

---

6 https://spark.apache.org/docs/latest/cloud-integration.html

레이크하우스: 스토리지 솔루션 진화의 다음 단계

레이크하우스lakehouse는 OLAP 워크로드를 위한 데이터 레이크와 데이터웨어하우스의 최고의 요소를 결합한 새로운 패러다임이다. 레이크하우스는 데이터 레이크에 사용되는 확장 가능한 저비용 스토리지에서 직접 데이터베이스와 유사한 데이터 관리 기능을 제공하는 새로운 시스템 설계로 가능하다. 보다 구체적으로 다음과 같은 기능을 제공한다.

트랜잭션 지원
데이터베이스와 유사하게 레이크하우스는 동시 작업 부하가 있는 경우 ACID 보장을 제공한다.

스키마 적용 및 거버넌스
레이크하우스는 잘못된 스키마가 있는 데이터가 테이블에 삽입되는 것을 방지하고, 필요할 때 테이블 스키마를 명시적으로 발전시켜 지속해서 변화하는 데이터를 수용할 수 있다. 시스템은 데이터 무결성에 대해 추론할 수 있어야 하며 강력한 거버넌스 및 감사auditing 메커니즘이 있어야 한다.

오픈 형식open format**의 다양한 데이터 유형 지원**
데이터베이스와 달리 데이터 레이크와 유사하지만 레이크하우스는 구조화, 반구조화 또는 비구조화를 포함하여 많은 새로운 데이터 애플리케이션에 필요한 모든 유형의 데이터를 저장, 정제, 분석 및 액세스할 수 있다. 다양한 도구가 데이터에 직접 효율적으로 액세스할 수 있도록 하려면 데이터를 읽고 쓸 수 있도록 표준화된 API를 사용하여 데이터를 오픈 형식으로 저장해야 한다.

다양한 워크로드 지원
오픈 API를 사용하여 데이터를 읽어내는 다양한 도구들로 구동되는 레이크하우스는 다양한 워크로드가 단일 저장소의 데이터에 대해 작동할 수 있도록 한다. 고립된 데이터인 사일로silo(즉, 다양한 데이터 범주에 대한 여러 저장소)를 분해하면 개발자가 기존 SQL 및 스트리밍 분석에서 머신러닝에 이르기까지 다양하고 복잡한 데이터 솔루션을 보다 쉽게 구축할 수 있게 된다.

업서트 및 삭제 지원
변경 데이터 캡처change-data-capture, CDC[7] 및 저속 변경 디멘션slowly changing dimension, SCD[8] 작업과 같은 복잡한 사용 사례에서는 테이블의 데이터를 지속적으로 업데이트 해야 한다. 레이크하우스를 사용하면 트랜잭션 보장으로 데이터를 동시에 삭제하고 업데이트 할 수 있다.

---

7 https://en.wikipedia.org/wiki/Change_data_capture
8 https://en.wikipedia.org/wiki/Slowly_changing_dimension

데이터 거버넌스

레이크하우스는 데이터 무결성에 대해 추론하고, 정책 준수를 위해 모든 데이터 변경사항을 감사할 수 있는 도구를 제공한다.

현재 이러한 속성으로 레이크하우스를 구축하는 데 사용할 수 있는 아파치 후디Apache Hudi, 아파치 아이스버그Apache Iceberg 및 델타 레이크Delta Lake와 같은 몇 가지 오픈소스 시스템이 있다. 고수준의 관점에서 세 프로젝트 모두 데이터베이스 원칙으로부터 영향을 받은 유사한 아키텍처로, 다음과 같이 작업할 수 있는 오픈 데이터 스토리지 형식으로 구성되어 있다.

- 확장 가능한 파일 시스템에 정형 파일 형식으로 대용량 데이터를 저장한다.
- 트랜잭션 로그를 유지하여 데이터에 대한 원자적 변경 타임라인을 기록한다(데이터베이스와 유사).
- 로그를 사용하여 테이블 데이터의 버전을 정의하고 읽기와 쓰기 간의 스냅샷 격리 보장을 제공한다.
- 아파치 스파크를 사용하여 테이블에 대한 읽기 및 쓰기를 지원한다.

이러한 광범위한 특성 중에서도 각 프로젝트는 API, 성능 및 아파치 스파크의 데이터 소스 API와의 통합 수준 측면에서 서로 고유한 특성을 가지고 있다. 우리는 아래에서 이에 대해 좀 더 알아볼 것이다. 이 모든 프로젝트는 빠르게 발전하고 있으므로 읽고 있는 시점에 일부 설명이 유효하지 않을 수 있다. 최신 정보는 각 프로젝트의 온라인 설명서를 참고하도록 하자.

아파치 후디

우버 엔지니어링[9]에서 처음 구축한 아파치 후디Hadoop update delete and incremental, Hudi[10]는 키/값 스타일 데이터에 대한 증분값의 업서트upsert 및 삭제를 위해 설계된 데이터 저장 형식이다. 데이터는 열 기반 형식(예: 파케이 파일)과 행 기반 형식(예: 파케이 파일에 대한 증분 변경을 기록하기 위한 에이브로 파일)의 조합으로 저장된다. 앞서 언급한 공통 기능 외에도 다음을 지원한다.

- 빠르고 플러그 가능한 인덱싱으로 업서트
- 롤백 지원을 통한 데이터 원자성 게시
- 테이블에 대한 증분 변경 읽기
- 데이터 복구를 위한 저장점
- 통계를 이용한 파일 크기 및 레이아웃 관리
- 행 및 열 데이터의 비동기 압축

---

9   https://eng.uber.com/hoodie/
10 https://hudi.apache.org

아파치 아이스버그

원래 넷플릭스[11]에 구축된 아파치 아이스버그[12]는 거대한 데이터 세트를 위한 또 다른 오픈 스토리지 형식이다. 그러나 키/값 데이터를 업서팅하는 데 중점을 두는 후디와 달리 아이스버그는 단일 테이블에서 페타바이트까지 증가할 수 있는 확장성과 스키마의 진화 특성을 가지는 범용 데이터 스토리지에 더 중점을 두었다. 공통 기능 이외에 특히 다음과 같은 추가 기능을 제공한다.

- 열, 필드 및/또는 중첩 구조의 추가, 삭제, 업데이트, 이름 변경 및 재정렬을 통한 스키마 진화 기능
- 테이블의 행에 대한 파티션값을 내부적으로 생성하는 숨겨진 파티셔닝 기능
- 데이터 볼륨 또는 쿼리 패턴이 변경될 때 테이블 레이아웃을 업데이트 하기 위해 메타데이터 작업을 자동으로 수행하는 파티션 진화 기능
- ID 또는 타임스탬프별로 특정 테이블 스냅샷을 쿼리할 수 있는 시간 탐색time travel 기능
- 오류를 수정하기 위한 이전 버전으로의 롤백 기능
- 여러 동시 쓰기 작업 간에도 직렬화 가능한 격리serializable isolation 기능

델타 레이크

델타 레이크Delta lake[13]는 아파치 스파크의 창시자가 구축한 리눅스 파운데이션에서 호스팅하는 오픈 소스 프로젝트이다. 다른 것들과 유사하게 트랜잭션 보증을 제공하고 스키마 시행 및 발전을 가능하게 하는 오픈 데이터 저장 형식이다. 또한 몇 가지 다른 흥미로운 기능을 제공하며 그중 일부는 고유한 특성을 지닌다. 델타 레이크는 다음을 지원한다.

- 정형화 스트리밍 소스 및 싱크를 사용하여 테이블에서 스트리밍 읽기 및 쓰기
- 자바, 스칼라 및 파이썬 API에서도 업데이트, 삭제 및 병합(업서트용) 작업
- 테이블 스키마를 명시적으로 변경하거나 데이터 프레임의 쓰기 중에도 데이터 프레임의 스키마를 테이블의 스키마에 암시적으로 병합하여 스키마를 변경 가능(사실 델타 레이크의 병합 작업은 이 장의 뒷부분에서 볼 수 있듯이 조건부 업데이트/삽입/삭제, 모든 열을 함께 업데이트 하는 등의 고급 구문을 지원한다).
- ID 또는 타임스탬프별로 특정 테이블 스냅샷을 쿼리할 수 있는 시간 탐색 기능
- 오류를 수정하기 위한 이전 버전으로의 롤백 기능
- SQL, 배치 처리 또는 스트리밍 작업을 수행하는 여러 동시 작성기 간의 직렬화 가능한 격리

이 장의 나머지 부분에서는 아파치 스파크와 함께 이러한 시스템을 사용하여 앞서 언급한 속성을 제공하는 레이크하우스를 구축하는 방법을 탐구할 것이다. 이 세 가지 시스템 중에서 지금까지 델타 레

---

11 https://github.com/Netflix/iceberg
12 https://iceberg.apache.org
13 https://delta.io/

이크는 아파치 스파크 데이터 원본(배치 및 스트리밍 워크로드 모두) 및 SQL 작업(예: MERGE)과 가장 긴밀하게 통합되어 있다. 따라서 델타 레이크를 사용하여 좀 더 알아보도록 하겠다.

 이 프로젝트는 스트리밍streaming과 유사하기 때문에 델타 레이크라고 불린다. 시냇물stream은 삼각주delta를 만들며 바다로 흘러들어간다. 그곳에서 모든 퇴적물이 축적되어 귀중한 작물이 재배된다. 줄스 S. 댐지Jules S. Damji(공동 저자 중 한 명)가 이것을 생각해 냈다!

아파치 스파크 및 델타 레이크로 레이크하우스 구축

이 섹션에서는 델타 레이크와 아파치 스파크를 사용하여 레이크하우스를 구축하는 방법을 간단히 살펴보겠다. 구체적으로 다음을 살펴보도록 하자.

- 아파치 스파크를 사용하여 델타 레이크 테이블 읽기 및 쓰기
- 델타 레이크에서 ACID 보장으로 동시 배치 처리 및 스트리밍 쓰기를 허용하는 방법
- 델타 레이크가 모든 쓰기에 스키마를 적용하고 명시적 스키마 진화를 허용하여 더 나은 데이터 품질을 보장하는 방법
- 업데이트, 삭제 및 병합 작업을 사용하여 복잡한 데이터 파이프라인 구축, 이 모든 작업은 ACID 보장을 보장한다.
- 델타 레이크 테이블을 수정한 작업 기록을 감사하고, 이전 버전의 테이블을 쿼리하여 과거로 여행한다.

이 섹션에서 사용할 데이터는 공개 렌딩클럽 대출 데이터[14]의 수정된 버전(파케이 형식의 열 하위 집합)이다. 여기에는 2012년부터 2017년까지의 모든 자금 지원 대출이 포함된다. 각 대출 기록에는 신청자가 제공한 신청자 정보와 현재 대출 상태(현재, 연체, 완납 등) 및 최근 지불 정보가 포함된다.

델타 레이크와 아파치 스파크 구성

다음 방법 중 하나로 델타 레이크 라이브러리에 연결하도록 아파치 스파크를 구성할 수 있다.

대화형 셸 설정

아파치 스파크 3.0을 사용하는 경우, 다음 명령 및 인자를 사용하여 델타 레이크에서 파이스파크 또는 스칼라 셸을 시작할 수 있다.

```
--packages io.delta:delta-core_2.12:0.7.0
```

---

14 전체 버전의 데이터는 이 링크(https://databricks.com/session/why-you-should-care-about-data-layout-in-the-filesystem)를 통해 엑셀 파일로 받을 수 있다.

예를 들어,

```
pyspark --packages io.delta:delta-core_2.12:0.7.0
```

스파크 2.4를 실행하는 경우 델타 레이크 0.6.0을 사용해야 한다.

메이븐 좌표를 사용하여 독립형 스칼라/자바 프로젝트 설정

메이븐 중앙 저장소의 델타 레이크 바이너리를 사용하여 프로젝트를 빌드하려는 경우 프로젝트 종속성에 다음 메이븐 좌표를 추가할 수 있다.

```
<dependency>
  <groupId>io.delta</groupId>
  <artifactId>delta-core_2.12</artifactId>
  <version>0.7.0</version>
</dependency>
```

다시 말하지만 스파크 2.4를 실행하는 경우 델타 레이크 0.6.0을 사용해야 한다.

 최신 정보는 델타 레이크 설명서[15]를 참고하도록 하자.

델타 레이크 테이블에 데이터 로드

아파치 스파크 및 모든 정형 데이터 형식(예: 파케이)을 사용하여 데이터 레이크를 구축하는 데 익숙한 경우 기존 워크로드를 마이그레이션하여 델타 레이크 형식을 사용하는 것이 매우 쉽다. format("parquet") 대신 format("delta")을 사용하도록 모든 데이터 프레임 읽기 및 쓰기 작업을 변경하기만 하면 된다. 파케이 파일[16]로 사용할 수 있는, 앞서 언급한 대출 데이터 중 일부를 사용하여 이를 시도해보자. 먼저 이 데이터를 읽고 델타 레이크 테이블로 저장해보도록 하겠다.

```
// 스칼라 예제
// 소스 데이터 경로 설정
val sourcePath = "/databricks-datasets/learning-spark-v2/loans/
  loan-risks.snappy.parquet"

// 델타 레이크 경로 설정
val deltaPath = "/tmp/loans_delta"
```

---

15 https://docs.delta.io/latest/quick-start.html
16 https://github.com/databricks/LearningSparkV2/blob/master/databricks-datasets/learning-spark-v2/loans/loan-risks.snappy.parquet

```
// 같은 대출 데이터를 사용하여 델타 테이블 생성
spark
  .read
  .format("parquet")
  .load(sourcePath)
  .write
  .format("delta")
  .save(deltaPath)

// loans_delta라고 하는 데이터의 뷰를 생성
spark
  .read
  .format("delta")
  .load(deltaPath).
  .createOrReplaceTempView("loans_delta")
```

```
# 파이썬 예제
# 소스 데이터 경로 설정
sourcePath = "/databricks-datasets/learning-spark-v2/loans/
  loan-risks.snappy.parquet"

# 델타 레이크 경로 설정
deltaPath = "/tmp/loans_delta"

# 같은 대출 데이터를 사용하여 델타 테이블 생성
(spark.read.format("parquet").load(sourcePath)
  .write.format("delta").save(deltaPath))

# loans_delta라고 하는 데이터의 뷰를 생성
spark.read.format("delta").load(deltaPath).createOrReplaceTempView("loans_delta")
```

이제 다른 테이블처럼 쉽게 데이터를 읽고 탐색할 수 있다.

```
// 스칼라 및 파이썬 예제

// 대출 로우 카운트
spark.sql("SELECT count(*) FROM loans_delta").show()


+--------+
|count(1)|
+--------+
|   14705|
+--------+

// 대출 테이블의 첫 5행
spark.sql("SELECT * FROM loans_delta LIMIT 5").show()
```

```
+-------+-----------+---------+----------+
|loan_id|funded_amnt|paid_amnt|addr_state|
+-------+-----------+---------+----------+
|      0|       1000|   182.22|        CA|
|      1|       1000|   361.19|        WA|
|      2|       1000|   176.26|        TX|
|      3|       1000|   1000.0|        OK|
|      4|       1000|   249.98|        PA|
+-------+-----------+---------+----------+
```

델타 레이크 테이블에 데이터 스트림 로드

정적 데이터 프레임과 마찬가지로 형식을 "delta"로 설정하여 델타 레이크 테이블에 쓰고 읽도록 기존 정형화 스트리밍 작업을 쉽게 수정할 수 있다. 테이블과 동일한 스키마를 가진 newLoanStreamDF 라는 데이터 프레임을 사용하는 새 대출 데이터 스트림이 있다고 가정해보자. 다음과 같이 테이블에 추가할 수 있다.

```scala
// 스칼라 예제
import org.apache.spark.sql.streaming._

val newLoanStreamDF = ...  // 새 대출 데이터를 사용하는 스트리밍 데이터 프레임
val checkpointDir = ...    // 스트리밍 체크포인트를 위한 디렉터리
val streamingQuery = newLoanStreamDF.writeStream
  .format("delta")
  .option("checkpointLocation", checkpointDir)
  .trigger(Trigger.ProcessingTime("10 seconds"))
  .start(deltaPath)
```

```python
# 파이썬 예제
newLoanStreamDF = ... # 새 대출 데이터를 사용하는 스트리밍 데이터 프레임
checkpointDir = ...    # 스트리밍 체크포인트를 위한 디렉터리
streamingQuery = (newLoanStreamDF.writeStream
  .format("delta")
  .option("checkpointLocation", checkpointDir)
  .trigger(processingTime = "10 seconds")
  .start(deltaPath))
```

이 형식도 다른 형식과 마찬가지로 정형화 스트리밍이 종단 간 일회 처리를 보장한다. 그러나 델타 레이크에는 JSON, 파케이 또는 ORC와 같은 기존 형식에 비해 몇 가지 추가 이점이 있다.

배치 처리 및 스트리밍 작업 모두에서 동일한 테이블에 쓰기 가능

다른 형식을 사용하면 정형화 스트리밍 작업에서 테이블에 작성된 데이터가 테이블의 기존 데이터를 덮어쓴다. 스트리밍 쓰기에 대해서 일회 처리 보장을 위해 테이블에 관리되는 메타데이터는 다른 비스트리밍 쓰기를 고려하지 않기 때문이다. 델타 레이크의 진보된 메타데이터 관리는 배치 및 스트리밍 데이터를 모두 작성할 수 있게 한다.

여러 스트리밍 작업에서 동일한 테이블에 데이터 추가 가능

다른 형식의 메타데이터의 한계점은 여러 정형화 스트리밍 쿼리가 동일한 테이블에 추가되는 것을 막는다. 그러나 델타 레이크의 메타데이터는 각 스트리밍 쿼리에 대한 트랜잭션 정보를 유지하므로 원하는 수의 스트리밍 쿼리가 일회 처리 보장되는 테이블에도 동시에 쓸 수 있다.

동시 쓰기에서도 ACID 보장을 제공

기본 제공 형식과 달리 델타 레이크는 동시 배치 및 스트리밍 작업이 ACID 보장으로 데이터를 쓸 수 있도록 한다.

데이터 손상을 방지하기 위해 쓰기 시 스키마 적용

JSON, 파케이 및 ORC와 같은 일반적인 형식을 사용하여 스파크로 데이터를 관리할 때 발생할 수 있는 흔한 문제는, 잘못된 형식으로 데이터를 작성했을 때 발생하는 데이터 손상이다. 이러한 형식은 전체 테이블이 아닌 개별 파일에 데이터 레이아웃을 정의하므로 스파크 작업이 기존 테이블과 다른 스키마를 가진 파일이 쓰이는 것을 방지하는 메커니즘이 없다. 즉, 많은 파케이 파일의 전체 테이블에 대한 일관성이 보장되지 않는다.

반면에 델타 레이크 형식은 스키마를 테이블 수준 메타데이터로 기록한다. 따라서 델타 레이크 테이블에 대한 모든 쓰기는 기록 중인 데이터에 테이블의 스키마와 호환되는 스키마가 있는지 여부를 확인할 수 있다. 호환되지 않는 경우, 스파크는 데이터가 기록되고 테이블에 커밋되기 전에 오류를 발생시켜 이러한 우발적인 데이터 손상을 방지한다. 대출이 종료되었는지 여부를 나타내는 closed라는 열을 추가하여 일부 데이터를 작성하는 테스트를 해보도록 하자. 이 열은 기존 테이블에는 존재하지 않는다.

```
// 스칼라 예제
val loanUpdates = Seq(
    (1111111L, 1000, 1000.0, "TX", false),
    (2222222L, 2000, 0.0, "CA", true))
 .toDF("loan_id", "funded_amnt", "paid_amnt", "addr_state", "closed")
```

```
loanUpdates.write.format("delta").mode("append").save(deltaPath)
```

```
# 파이썬 예제
from pyspark.sql.functions import *

cols = ['loan_id', 'funded_amnt', 'paid_amnt', 'addr_state', 'closed']
items = [
(1111111, 1000, 1000.0, 'TX', True),
(2222222, 2000, 0.0, 'CA', False)
]

loanUpdates = (spark.createDataFrame(items, cols)
  .withColumn("funded_amnt", col("funded_amnt").cast("int")))
loanUpdates.write.format("delta").mode("append").save(deltaPath)
```

이 쓰기는 다음 오류 메시지와 함께 실패하게 된다.

```
org.apache.spark.sql.AnalysisException: A schema mismatch detected when writing
  to the Delta table (Table ID: 48bfa949-5a09-49ce-96cb-34090ab7d695).
To enable schema migration, please set:
'.option("mergeSchema", "true")'.

Table schema:
root
-- loan_id: long (nullable = true)
-- funded_amnt: integer (nullable = true)
-- paid_amnt: double (nullable = true)
-- addr_state: string (nullable = true)
Data schema:
root
-- loan_id: long (nullable = true)
-- funded_amnt: integer (nullable = true)
 -- paid_amnt: double (nullable = true)
-- addr_state: string (nullable = true)
-- closed: boolean (nullable = true)
```

이것은 델타 레이크가 테이블의 스키마와 일치하지 않는 쓰기를 차단하는 방법을 보여준다. 그러나
mergeSchema 옵션을 사용하여 테이블의 스키마를 실제로 발전시킬 수 있는 방법 또한 제공한다. 아
래에서 살펴보도록 하자.

변화하는 데이터를 수용하기 위해 진화하는 스키마

끊임없이 변화하는 데이터의 세계에서 델타 레이크는 테이블에 새로운 열을 추가하는 것이 가능하다. 이 새로운 열은 "mergeSchema" 옵션을 "true"로 설정하였을 때 명시적으로 추가할 수 있게 된다.

```scala
// 스칼라 예제
loanUpdates.write.format("delta").mode("append")
  .option("mergeSchema", "true")
  .save(deltaPath)
```

```python
# 파이썬 예제
(loanUpdates.write.format("delta").mode("append")
  .option("mergeSchema", "true")
  .save(deltaPath))
```

이를 통해 closed 열이 테이블 스키마에 추가되고, 새 데이터가 추가된다. 기존 행을 읽을 때 새 열의 값은 NULL로 간주된다. 스파크 3.0에서는 SQL DDL 명령 ALTER TABLE을 사용하여 열을 추가하고 수정할 수도 있다.

기존 데이터 변환

델타 레이크는 복잡한 데이터 파이프라인을 구축할 수 있는 DML 명령 UPDATE, DELETE 및 MERGE를 지원한다. 이러한 명령은 자바, 스칼라, 파이썬 및 SQL을 사용하여 호출할 수 있으므로 사용자는 데이터 프레임 또는 테이블을 사용하여 익숙한 API와 함께 명령을 유연하게 사용할 수 있다. 또한 이러한 각 데이터 수정 작업은 ACID를 보장한다.

실제 사용 사례의 몇 가지 예를 통해 이를 살펴보도록 하자.

오류 수정을 위한 데이터 업데이트

데이터를 관리할 때 일반적인 사용 사례는 데이터의 오류를 수정하는 것이다. 데이터를 검토할 때 addr_state = 'OR'에 할당된 모든 대출이 addr_state = 'WA'에 할당되어야 한다는 것을 깨달았다고 가정한다. 대출 테이블이 파케이 테이블인 경우 이러한 업데이트를 수행하려면 다음을 수행해야 한다.

1. 영향을 받지 않는 모든 행을 새 테이블에 복사한다.
2. 영향을 받는 모든 행을 데이터 프레임에 복사한 다음 데이터 수정을 수행한다.
3. 이전에 언급한 데이터 프레임의 레코드를 새 테이블에 삽입한다.
4. 이전 테이블을 제거하고 새 테이블의 이름을 이전 테이블 이름으로 바꾼다.

UPDATE, DELETE 및 MERGE와 같은 DML SQL 작업에 대한 직접 지원이 추가된 스파크 3.0에서는 이러한 모든 단계를 수동으로 수행하는 대신, SQL UPDATE 명령을 간단히 실행할 수 있다. 그러나 델타 레이크 테이블에서 사용자는 델타 레이크의 프로그래밍 방식 API를 다음과 같이 사용하여 작업을 실행할 수도 있다.

```scala
// 스칼라 예제
import io.delta.tables.DeltaTable
import org.apache.spark.sql.functions._

val deltaTable = DeltaTable.forPath(spark, deltaPath)
deltaTable.update(
  col("addr_state") === "OR",
  Map("addr_state" -> lit("WA")))
```

```python
# 파이썬 예제
from delta.tables import *

deltaTable = DeltaTable.forPath(spark, deltaPath)
deltaTable.update("addr_state = 'OR'", {"addr_state": "'WA'"})
```

사용자 관련 데이터 삭제

EU의 일반 데이터 보호 규정general data protection regulation, GDPR[17]과 같은 데이터 보호 정책이 시행됨에 따라 모든 테이블에서 사용자 데이터를 삭제할 수 있는 것이 그 어느 때보다 중요해졌다. 완전히 상환된 모든 대출에 대한 데이터를 삭제해야 한다고 가정해보자. 델타 레이크를 사용하여 다음을 수행할 수 있다.

```scala
// 스칼라 예제
val deltaTable = DeltaTable.forPath(spark, deltaPath)
deltaTable.delete("funded_amnt >= paid_amnt")
```

```python
# 파이썬 예제
deltaTable = DeltaTable.forPath(spark, deltaPath)
deltaTable.delete("funded_amnt >= paid_amnt")
```

---

17 https://en.wikipedia.org/wiki/General_Data_Protection_Regulation

업데이트와 유사하게 델타 레이크 및 아파치 스파크 3.0을 사용하면 테이블에서 DELETE SQL 명령을 직접 실행할 수 있다.

merge()를 사용하여 테이블에 변경 데이터 업서트

일반적인 사용 사례는 OLAP 워크로드를 위해 OLTP 테이블에서 행 변경사항을 다른 테이블로 복제해야 하는 변경 데이터 캡처의 경우다. 대출 데이터 예제를 계속하기 위해 새로운 대출 정보에 대한 또 다른 테이블이 있다고 가정해보자. 그중 일부는 신규 대출이고 다른 일부는 기존 대출에 대한 업데이트다. 또한 이 변경 테이블이 loan_delta 테이블과 동일한 스키마를 갖는다고 가정해 보겠다. MERGE SQL 명령을 기반으로 하는 DeltaTable.merge() 작업을 사용하여 이러한 변경사항을 테이블에 업서트할 수 있다.

```scala
// 스칼라 예제
deltaTable
  .alias("t")
  .merge(loanUpdates.alias("s"), "t.loan_id = s.loan_id")
  .whenMatched.updateAll()
  .whenNotMatched.insertAll()
  .execute()
```

```python
# 파이썬 예제
(deltaTable
  .alias("t")
  .merge(loanUpdates.alias("s"), "t.loan_id = s.loan_id")
  .whenMatchedUpdateAll()
  .whenNotMatchedInsertAll()
  .execute())
```

참고로 이 명령은 스파크 3.0부터 SQL MERGE 명령으로 실행할 수 있다. 또한 이러한 캡처된 변경사항의 스트림이 있는 경우, 정형화 스트리밍 쿼리를 사용하여 이러한 변경사항을 지속적으로 적용할 수 있다. 쿼리는 모든 스트리밍 소스에서 마이크로 배치의 변경사항(8장 참고)을 읽고 foreachBatch()를 사용하여 각 마이크로 배치의 변경사항을 델타 레이크 테이블에 적용할 수 있다.

데이터 삽입 전용 병합을 사용하여 삽입하는 동안 데이터 중복 제거

델타 레이크의 병합 작업은 다음과 같은 고급 기능을 포함하여 ANSI 표준에서 지정한 것 이상의 확장된 구문을 지원한다.

삭제 수행

예를 들면, MERGE ... WHEN MATCHED THEN DELETE.

조건 구문

예를 들면, MERGE ... WHEN MATCHED AND <조건> THEN ....

선택적 수행

모든 MATCHED 절과 NOT MATCHED 절은 선택사항이다.

스타 구문

예를 들어, UPDATE * 및 INSERT *는 소스 데이터 세트의 일치하는 열로 대상 테이블의 모든 열을 업데이트/삽입한다. 이에 상응하는 델타 레이크 API는 이전 섹션에서 본 updateAll() 및 insertAll()이다.

이를 통해 적은 코드로 훨씬 더 복잡한 사용 사례를 표현할 수 있다. 예를 들어, 과거 대출에 대한 기록 데이터로 loan_delta 테이블을 채우고 싶다고 가정해보자. 그러나 일부 과거 데이터가 이미 테이블에 삽입되었을 수 있으며, 이러한 레코드에 더 최신 정보가 포함될 수 있으므로 해당 레코드를 업데이트 하고 싶지 않다. 이러한 경우에 INSERT 작업만 사용하여 다음 병합 작업을 실행하여 삽입하는 동안, loan_id로 중복 제거할 수 있다(UPDATE 작업은 선택사항이므로).

```
// 스칼라 예제
deltaTable
  .alias("t")
  .merge(historicalUpdates.alias("s"), "t.loan_id = s.loan_id")
  .whenNotMatched.insertAll()
  .execute()
```

```
# 파이썬 예제
(deltaTable
  .alias("t")
  .merge(historicalUpdates.alias("s"), "t.loan_id = s.loan_id")
  .whenNotMatchedInsertAll()
  .execute())
```

삭제가 포함된 CDC 및 SCD 테이블처럼 확장된 병합 구문으로 단순해진 사용 사례 중에서 훨씬 더 복잡한 사례들이 많이 존재한다. 자세한 내용과 예제는 설명서[18]를 참고하도록 하자.

---

18 https://docs.delta.io/latest/delta-update.html#upsert-into-a-table-using-merge

작업 내역으로 데이터 변경 감사

델타 레이크 테이블에 대한 모든 변경사항은 테이블의 트랜잭션 로그에 커밋으로 기록된다. 델타 레이크 테이블 또는 디렉터리에 쓸 때 모든 작업의 버전이 자동으로 지정된다. 다음 코드 예제에 표시된 대로 테이블의 작업 기록을 쿼리할 수 있다.

```
// 스칼라 및 파이썬 예제
deltaTable.history().show()
```

이 명령은 기본적으로 많은 버전과 많은 열이 있는 거대한 테이블로 표시된다. 대신 마지막 세 작업의 주요 열 중 일부를 출력해보자.

```
// 스칼라 예제
deltaTable
  .history(3)
  .select("version", "timestamp", "operation", "operationParameters")
  .show(false)
```

```
# 파이썬 예제
(deltaTable
  .history(3)
  .select("version", "timestamp", "operation", "operationParameters")
  .show(truncate=False))
```

그러면 다음과 같은 출력이 생성된다.

```
+-------+----------+---------+----------------------------------------------+
|version|timestamp |operation|operationParameters                           |
+-------+----------+---------+----------------------------------------------+
|5      |2020-04-07|MERGE    |[predicate -> (t.'loan_id' = s.'loan_id')]    |
|4      |2020-04-07|MERGE    |[predicate -> (t.'loan_id' = s.'loan_id')]    |
|3      |2020-04-07|DELETE   |[predicate -> ["(CAST('funded_amnt' ...       |
+-------+----------+---------+----------------------------------------------+
```

변경 사항을 감사하는 데 유용한 operation 및 operationParameters를 주목하자.

시간 탐색을 사용하여 테이블의 이전 스냅샷 쿼리

DataFrameReader 옵션 "versionAsOf" 및 "timestampAsOf"를 사용하여 테이블의 이전 버전 스냅샷을 쿼리할 수 있다. 다음은 몇 가지 예다.

```
// 스칼라 예제
spark.read
  .format("delta")
  .option("timestampAsOf", "2020-01-01") // 테이블 생성 이후 타임스탬프
  .load(deltaPath)

spark.read.format("delta")
  .option("versionAsOf", "4")
  .load(deltaPath)
```

```
# 파이썬 예제
(spark.read
  .format("delta")
  .option("timestampAsOf", "2020-01-01") # 테이블 생성 이후 타임스탬프
  .load(deltaPath))

(spark.read.format("delta")
  .option("versionAsOf", "4")
  .load(deltaPath))
```

이는 다음과 같은 다양한 상황에서 유용하다.

- 특정 테이블 버전에서 작업을 다시 실행하여 머신러닝 실험 및 보고서 재현
- 감사를 위해 서로 다른 버전 간의 데이터 변경 사항 비교
- 이전 스냅샷을 데이터 프레임으로 읽고 테이블을 덮어씀으로 인해 잘못된 변경사항 롤백

요약

이 장에서는 아파치 스파크를 사용하여 안정적인 데이터 레이크를 구축할 수 있는 가능성을 조사했다. 요약하자면, 데이터베이스는 오랫동안 데이터 문제를 해결해 왔지만 최신 사용 사례 및 워크로드의 다양한 요구사항을 충족하지 못했다. 데이터 레이크는 데이터베이스의 일부 한계를 완화하기 위해 구축되었으며 아파치 스파크는 이를 구축할 수 있는 최고의 도구 중 하나다. 그러나 데이터 레이크에는 데이터베이스가 제공하는 일부 주요 기능(예: ACID 보장)이 여전히 부족하다. 레이크하우스는 데이터베이스 및 데이터 레이크의 최고의 기능을 제공하고, 다양한 사용 사례 및 워크로드의 모든 요구사항을 충족하는 것을 목표로 하는 차세대 데이터 솔루션이다.

우리는 레이크하우스를 구축하는 데 사용할 수 있는 몇 가지 오픈소스 시스템(아파치 후디 및 아파치 아이스버그)을 간략하게 알아본 다음, 아파치 스파크와 함께 파일 기반 오픈소스 스토리지 형식인 델타

레이크를 자세히 살펴보았다. 델타 레이크는 아파치 스파크와 함께 레이크하우스라는 집을 짓기 위해 아래와 같은 기능을 제공하며 훌륭한 벽돌이 되었다.

- 데이터베이스와 같은 트랜잭션 보장 및 스키마 관리
- 데이터 레이크와 같은 확장성 및 개방성
- ACID 보장으로 동시 배치 및 스트리밍 워크로드 지원
- ACID 보장을 보장하는 업데이트, 삭제 및 병합 작업을 사용하여 기존 데이터 변환 지원
- 버전 관리, 작업 이력 감사 및 이전 버전 쿼리 지원

다음 장에서는 스파크의 MLlib을 사용하여 ML 모델 구축을 시작하는 방법을 살펴보겠다.

10

MLlib을 사용한 머신러닝

지금까지 아파치 스파크를 사용한 데이터 엔지니어링 워크로드에 중점을 두었다. 데이터 엔지니어링은 종종 이 장의 초점이 될 머신러닝machine learning, ML 작업을 위해 데이터를 준비하는 전 단계이다. 우리는 머신러닝과 인공 지능 응용 프로그램이 우리 삶의 필수적인 부분이 되는 시대에 살고 있다. 우리가 인지하든 못하든, 우리는 매일 온라인 쇼핑 추천 및 광고, 사기 탐지, 분류, 이미지 인식, 패턴 매칭 등을 하기 위해 ML 모델과 접촉할 가능성이 있다. 이러한 ML 모델은 많은 회사에서 중요한 비즈니스 의사 결정을 주도한다. 맥킨지 연구[1]에 따르면 소비자가 아마존에서 구매하는 것의 35%와 넷플릭스에서 시청하는 것의 75%는 머신러닝 기반 제품 추천에 의해 좌우된다고 한다. 좋은 성과를 내는 모델을 구축하는 것은 회사를 만들 수도 있고, 무너뜨릴 수도 있다.

이 장에서는 아파치 스파크의 사실상 머신러닝 라이브러리인 MLlib[2]을 사용하여 ML 모델을 구축하는 방법을 설명할 것이다. 머신러닝에 대한 간략한 소개로 시작한 다음, 분산 ML 및 대규모 피처 엔지니어링에 대한 모범 사례를 다룰 것이다(머신러닝 기본 사항에 이미 익숙하다면 이 장 이후의 '머신러닝 파이프라인 설계'로 바로 건너뛸 수 있다). 여기에 제공된 짧은 스니펫과 책의 깃허브 저장소[3]에서 사용할 수 있는 노트북을 통해 기본 ML 모델을 빌드하고 MLlib을 사용하는 방법을 배울 것이다.

---

1 https://www.mckinsey.com/industries/retail/our-insights/how-retailers-can-keep-up-with-consumers
2 https://spark.apache.org/docs/latest/ml-guide.html
3 https://github.com/databricks/LearningSparkV2

이 장에서는 스칼라 및 파이썬 API를 다룬다. 머신러닝을 위해 스파크와 함께 R(sparklyr)을 사용하는 데 관심이 있다면 오레일리에서 출판한 하비에르 루라스키Javier Luraschi, 케빈 쿠오Kevin Kuo 및 에드거 루이즈 Edgar Ruiz의 《Mastering Spark with R》을 참고한다.[4]

머신러닝이란 무엇인가?

머신러닝은 요즘 많은 과대 광고의 대상이 되고 있다. 하지만 머신러닝은 정확히 무엇인가? 일반적으로 머신러닝은 통계, 선형 대수 및 수치 최적화를 사용하여 데이터에서 패턴을 추출하는 프로세스다. 머신러닝은 전력 소비 예측, 비디오에 고양이가 있는지 여부 결정, 유사한 특성을 가진 항목 클러스터링과 같은 문제에 적용될 수 있다.

지도supervised 학습, 반지도semi-supervised 학습, 비지도unsupervised 학습 및 강화reinforcement 학습을 포함한 몇 가지 유형의 머신러닝이 있다. 이 장은 주로 지도 머신러닝에 초점을 맞추고, 비지도 학습에 대해서도 간단히 알아볼 것이다. 본격적으로 시작하기 전에 지도 ML과 비지도 ML의 차이점에 대해 간략하게 살펴보겠다.

지도 학습

지도 머신러닝[5]에서 데이터는 레이블이 연결된 일련의 입력 레코드로 구성되며 목표는 레이블이 지정되지 않은 새로운 입력이 주어지면 출력 레이블을 예측하는 것이다. 이러한 출력 레이블은 **이산적** discrete이거나 **연속적**continuous일 수 있으며 이것은 **분류**classification 또는 **회귀**regression라는 두 가지 유형의 지도 머신러닝일 것이다.

분류 문제에서 목표는 입력을 개별 클래스 또는 레이블 집합으로 분류하는 것이다. **이진**binary 분류를 사용하면 그림 10-1에 표시된 것처럼 '개' 또는 '개가 아님'과 같이 예측하려는 두 개의 개별 레이블로 분류된다.

그림 10-1 이진 분류 예: 개 여부

---

4   https://www.oreilly.com/library/view/mastering-spark-with/9781492046363/

5   https://en.wikipedia.org/wiki/Supervised_learning

다항식 분류multinomial라고도 하는 **다중 클래스**multiclass를 사용하면 개의 품종(예: 그림 10-2에 표시된 것처럼 오스트레일리아 셰퍼드, 골든리트리버 또는 푸들)을 예측하는 것과 같은 3개 이상의 개별 레이블이 있을 수 있다.

그림 10-2 다항 분류 예: 오스트레일리아 셰퍼드, 골든리트리버 또는 푸들

회귀 문제에서 예측할 값은 레이블이 아닌 연속 숫자이다. 이는 그림 10-3과 같이 모델이 훈련 중에 보지 못한 값을 예측할 수 있음을 의미한다. 예를 들어, 주어진 기온에서 일일 아이스크림 판매를 예측하는 모델을 작성할 수 있다. 모델은 학습된 입력/출력 쌍에 해당 값이 포함되지 않은 경우에도 $77.67 값을 예측할 수 있다.

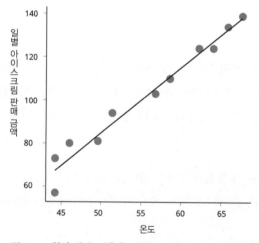

그림 10-3 회귀 예제: 기온을 기반으로 한 아이스크림 판매 예측

표 10-1에는 스파크 **MLlib**[6]에서 일반적으로 사용되는 몇 가지 지도 ML 알고리즘이 회귀, 분류 또는 두 가지 모두에 사용할 수 있는지 여부와 함께 나열되어 있다.

---

6   https://spark.apache.org/docs/latest/ml-classification-regression.html

표 10-1 인기 있는 분류 및 회귀 알고리즘

알고리즘	전형적인 사용
선형 회귀(linear regression)	회귀
로지스틱 회귀(logistic regression)	분류(이름에 회귀가 있다는 것을 알고 있다!)
의사결정나무(decision trees)	둘 다
그레디언트 부스트 트리(gradient boosted tree)	둘 다
랜덤 포레스트(random forest)	둘 다
나이브 베이즈(Naïve Bayes)	분류
서포트 벡터 머신(support vector machine, SVM)	분류

비지도 머신러닝

지도 머신러닝에 필요한 레이블이 있는 데이터를 얻는 것은 매우 비용이 많이 들거나 어쩌면 불가능할 수도 있다. 이 점이 비지도 머신러닝[7]이 필요한 부분이다. 비지도 ML은 레이블을 예측한다기보다는 데이터 구조를 잘 이해하는 데 도움을 준다.

하나의 예로 그림 10-4의 왼쪽에 있는 클러스터링되기 이전 원천 데이터를 살펴보자. 이러한 각 데이터 포인트 x_1, x_2에 대해 정해진 실제 레이블은 없지만, 이 데이터에 비지도 머신러닝을 적용하면 오른쪽과 같이 자연스럽게 형성되는 클러스터를 찾을 수 있다.

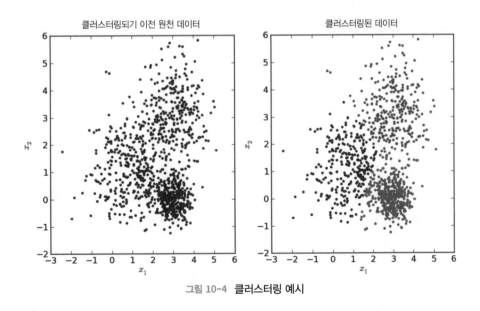

그림 10-4 클러스터링 예시

---

7 https://en.wikipedia.org/wiki/Unsupervised_learning

비지도 머신러닝unsupervised learning은 이상값 감지에 사용하거나 지도 머신러닝을 위한 전처리 단계로, 예를 들면 데이터 세트의 차원(즉, 데이터당 차원 수)을 줄이기 위해[8] 저장 요구사항을 줄이거나 다운스트림 작업을 단순화하는 작업에 사용할 수 있다. MLlib의 일부 비지도 머신러닝 알고리즘[9]에는 k-평균k-means, 잠재 디리클레 할당latent Dirichlet allocation, LDA 및 가우시안 혼합 모델이 포함된다.

왜 머신러닝을 위한 스파크인가?

스파크는 데이터 수집, 피처 엔지니어링, 모델 교육 및 배포를 위한 에코시스템을 제공하는 통합 분석 엔진이다. 개발자가 스파크가 없이 이러한 일련의 작업을 수행하기 위해서는 여러 도구가 필요하고 확장성 문제는 여전히 어려움이 있다.

스파크에는 spark.mllib[10] 및 spark.ml[11]의 두 가지 머신러닝 패키지가 있다. spark.mllib은 RDD API(스파크 2.0 이후 유지 관리 모드에 있음)를 기반으로 하는 기존의 머신러닝 API이고 spark.ml은 데이터 프레임을 기반으로 하는 최신 API다. 이 장의 나머지 부분에서는 spark.ml 패키지를 사용하고, 스파크에서 머신러닝 파이프라인을 설계하는 방법에 중점을 둘 것이다. 그러나 아파치 스파크의 두 머신러닝 라이브러리 패키지를 모두 지칭하는 포괄적인 용어로 'MLlib'을 사용한다.

spark.ml을 사용하면 데이터 과학자는 단일 시스템에 맞게 데이터를 다운샘플링할 필요 없이 데이터 준비 및 모델 구축을 하나의 에코시스템으로 사용할 수 있다. spark.ml은 모델이 보유한 데이터 포인트 수에 따라 선형으로 확장되는 $O(n)$ 확장에 중점을 두어 방대한 양의 데이터로 확장할 수 있다. 다음 장에서 spark.ml[12]과 같은 분산 프레임워크와 사이킷런과 같은 단일 노드 프레임워크 사이에서 선택하는 것과 관련된 몇 가지 절충안에 대해 논의할 것이다. 이전에 사이킷런을 사용한 적이 있다면 spark.ml의 많은 API가 매우 친숙하게 느껴지겠지만, 몇 가지 미묘한 차이점에 대해 이야기할 것이다.

머신러닝 파이프라인 설계

이 섹션에서는 ML 파이프라인을 만들고 조정하는 방법을 다룬다. 파이프라인의 개념은 데이터에 적용할 일련의 작업을 구성하는 방법으로, 많은 ML 프레임워크에서 일반적이다. MLlib에서 파이프라인 API는 머신러닝 워크플로를 구성하기 위해 데이터 프레임 위에 구축된 고급 API를 제공한다. 파

---

8   https://en.wikipedia.org/wiki/Dimensionality_reduction
9   https://spark.apache.org/docs/latest/ml-clustering.html
10   https://spark.apache.org/docs/latest/api/python/reference/pyspark.mllib.html
11   https://spark.apache.org/docs/latest/api/python/reference/pyspark.ml.html
12   https://scikit-learn.org/stable/index.html

이프라인 API[13]는 일련의 변환기transformer와 추정기estimator로 구성되며 이에 대해서는 나중에 자세히 설명하겠다.

이 장 전체에서 우리는 Inside Airbnb[14]의 샌프란시스코 주택 데이터 세트를 사용할 것이다. 여기에는 침실 수, 위치, 리뷰 점수 등과 같은 샌프란시스코의 에어비앤비 임대에 대한 정보가 포함되어 있으며 우리의 목표는 해당 도시의 숙소에 대한 1박 임대 가격을 예측하는 모델을 구축하는 것이다. 가격이 연속 변수이기 때문에 이것은 회귀 문제이다. 피처 엔지니어링, 모델 구축, 하이퍼파라미터 조정 및 모델 성능 평가를 포함하여 데이터 과학자가 이 문제에 접근하기 위해 거쳐야 하는 워크플로를 안내한다. 이 데이터 세트는 매우 지저분하고 모델링하기 어려울 수 있다(대부분의 실제 데이터 세트와 같이!). 따라서 스스로 실험하는 경우 초기 모델이 좋지 않아도 불쾌해하지 말자.

이 장의 목적은 MLlib의 모든 API를 보여주는 것이 아니라 MLlib을 사용하여 종단 간 파이프라인을 구축하는 데 필요한 기술과 지식을 갖추도록 하는 것이다. 세부사항으로 들어가기 전에 몇 가지 MLlib 용어를 정의하겠다.

변환기(transformer)

데이터 프레임을 입력으로 받아들이고, 하나 이상의 열이 추가된 새 데이터 프레임을 반환한다. 변환기는 데이터에서 매개변수를 학습하지 않고, 단순히 규칙 기반 변환을 적용하여 모델 훈련을 위한 데이터를 준비하거나 훈련된 MLlib 모델을 사용하여 예측을 생성한다. .transform() 메서드가 있다.

추정기(estimator)

.fit() 메서드를 통해 데이터 프레임에서 매개변수를 학습(또는 '피팅')하고 변환기인 Model을 반환한다.

파이프라인

일련의 변환기와 추정기를 단일 모델로 구성한다. 파이프라인 자체가 추정기인 반면, pipeline.fit()의 출력은 변환기인 PipelineModel을 반환한다.

지금은 이러한 개념이 다소 추상적으로 보일 수 있지만 이 장의 코드 조각과 예제는 이 모든 것이 어떻게 결합되는지 이해하는 데 도움이 될 것이다. 그러나 ML 모델을 구축하고 변환기, 추정기 및 파이프라인을 사용하기 전에 데이터를 로드하고 일부 데이터 준비를 수행해야 한다.

---

13 https://spark.apache.org/docs/latest/ml-pipeline.html
14 http://insideairbnb.com/get-the-data.html

데이터 수집 및 탐색

예시 데이터 세트의 데이터를 약간 사전 처리하여 이상값(예: $0/1박에 게시된 에어비앤비)을 제거하고, 모든 정수를 두 배로 변환하고, 100개 이상의 필드에서 유익한 하위 집합을 선택했다. 또한 데이터 열에서 누락된 숫잣값에 대해 중앙값을 입력하고, 표시기 열을 추가했다(bedrooms_na와 같이 열 이름 뒤에 _na가 옴). 이렇게 하면 ML 모델 또는 인간 분석가가 해당 열의 모든 값을 실제 값이 아닌 대치된 값으로 해석할 수 있다. 책의 깃허브 저장소[15]에서 데이터 준비 노트북을 볼 수 있다. 이 책의 범위를 벗어나는 결측값을 처리하는 다른 많은 방법이 있음을 유의하자.

데이터 세트와 해당 스키마를 간략히 살펴보겠다(출력은 열의 하위 집합만 표시함).

```python
# 파이썬 예제
filePath = """/databricks-datasets/learning-spark-v2/sf-airbnb/
sf-airbnb-clean.parquet/"""
airbnbDF = spark.read.parquet(filePath)
airbnbDF.select("neighbourhood_cleansed", "room_type", "bedrooms", "bathrooms",
                "number_of_reviews", "price").show(5)
```

```scala
// 스칼라 예제
val filePath =
  "/databricks-datasets/learning-spark-v2/sf-airbnb/sf-airbnb-clean.parquet/"
val airbnbDF = spark.read.parquet(filePath)
airbnbDF.select("neighbourhood_cleansed", "room_type", "bedrooms", "bathrooms",
                "number_of_reviews", "price").show(5)
```

```
+---------------------+---------------+--------+---------+----------+-----+
|neighbourhood_cleansed|      room_type|bedrooms|bathrooms|number_...|price|
+---------------------+---------------+--------+---------+----------+-----+
|     Western Addition|Entire home/apt|     1.0|      1.0|     180.0|170.0|
|      Bernal Heights|Entire home/apt|     2.0|      1.0|     111.0|235.0|
|      Haight Ashbury|   Private room|     1.0|      4.0|      17.0| 65.0|
|      Haight Ashbury|   Private room|     1.0|      4.0|       8.0| 65.0|
|     Western Addition|Entire home/apt|     2.0|      1.5|      27.0|785.0|
+---------------------+---------------+--------+---------+----------+-----+
```

목표는 기능을 고려하여 임대 부동산의 1박당 가격을 예측하는 것이다.

---

15 https://github.com/databricks/LearningSparkV2

데이터 과학자는 모델 구축을 시작하기 전에 데이터를 탐색하고 이해해야 한다. 그들은 종종 스파크를 사용하여 데이터를 그룹화한 다음 matplotlib[16]과 같은 데이터 시각화 라이브러리를 사용하여 데이터를 시각화한다. 독자를 위한 연습으로 데이터 탐색을 남겨두겠다.

학습 및 테스트 데이터세트 생성

피처 엔지니어링 및 모델링을 시작하기 전에 데이터 세트를 **학습**train 및 **테스트**test의 두 그룹으로 나눈다. 데이터 세트의 크기에 따라 학습/테스트 비율이 다를 수 있지만 많은 데이터 과학자는 80/20을 표준 학습/테스트 분할로 사용한다. 아마도 '전체 데이터 세트를 사용하여 모델을 훈련하는 것은 어떨까?'라고 생각하겠지만, 문제는 전체 데이터 세트에 대한 모델을 구축하면 모델이 우리가 제공한 훈련 데이터를 기억하거나 '오버피팅'할 수 있고, 더 이상 이전에 보지 못한 데이터에 대해 얼마나 잘 일반화할 수 있는지를 평가할 데이터가 없다는 것이다. 테스트 세트에 대한 모델의 성능은 데이터가 유사한 분포를 따른다고 가정할 때 보지 못한 데이터(즉, 실제 환경 또는 프로덕션)에서 얼마나 잘 수행되는지에 대한 대리의 결과이다. 이 분할은 그림 10-5에 나와 있다.

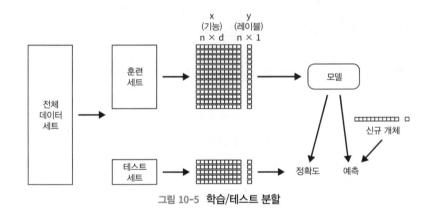

그림 10-5 **학습/테스트 분할**

훈련 세트는 특성 세트 X와 레이블 y로 구성된다. 여기서 대문자 X를 사용하여 차원이 $n \times d$인 행렬을 나타낸다. 여기서 n은 데이터 포인트(또는 예)의 수이고, d는 기능의 수이다(이를 데이터 프레임에서 필드 또는 열이라고 함). 소문자 y를 사용하여 차원이 $n \times 1$인 벡터를 나타낸다. 모든 예에 대해 하나의 레이블이 있다.

다양한 메트릭이 모델의 성능을 측정하는 데 사용된다. 분류 문제의 경우 표준 메트릭은 정확한 예측의 **정확도**accuracy 또는 백분율이다. 모델이 해당 메트릭을 사용하여 훈련 세트에서 만족스러운 성능을 얻으면 모델을 테스트 세트에 적용한다. 평가 메트릭에 따라 테스트 세트에서 잘 수행되면 보이지 않는 데이터로 '일반화'되는 모델을 구축했다고 확신할 수 있다.

---

16 https://matplotlib.org

에어비앤비 데이터 세트의 경우 훈련 세트용으로 80%를 유지하고, 테스트 세트용으로 데이터의 20%를 따로 보관한다. 또한 재현성을 위해 임의의 시드random seed를 설정하여 이 코드를 다시 실행하면 훈련 및 테스트 데이터 세트로 각각 이동하는 동일한 데이터 포인트를 얻을 수 있다. 시드 자체의 가치는 중요하지 않지만 데이터 과학자들은 종종 42로 설정하는 것을 좋아한다. 이것이 궁극적인 삶의 질문[17]에 대한 답이기 때문이다.

```python
# 파이썬 예제
trainDF, testDF = airbnbDF.randomSplit([.8, .2], seed=42)
print(f"""There are {trainDF.count()} rows in the training set,
and {testDF.count()} in the test set""")
```

```scala
// 스칼라 예제
val Array(trainDF, testDF) = airbnbDF.randomSplit(Array(.8, .2), seed=42)
println(f"""There are ${trainDF.count} rows in the training set, and
${testDF.count} in the test set""")
```

그러면 다음과 같은 출력이 생성된다.

```
There are 5780 rows in the training set, and 1366 in the test set
```

그러나 스파크 클러스터의 이그제큐터 수를 변경하면 어떻게 될까? 카탈리스트 옵티마이저는 클러스터 리소스 및 데이터세트 크기에 따라 데이터를 분할하는 최적의 방법[18]을 결정한다. 스파크 데이터 프레임의 데이터가 행 분할되고, 각 작업자가 다른 작업자와 독립적으로 분할을 수행하는 경우, 파티션의 데이터가 변경되면 분할 결과(임의의 Split()에 의한)가 동일하지 않다. .

일관된 결과를 얻을 수 있도록 클러스터 구성과 시드를 수정할 수 있지만 데이터를 한 번 분할한 다음 이러한 재현성 문제가 발생하지 않도록 자체 훈련/테스트 폴더에 기록하는 것이 좋다.

 탐색적 분석 중에는 머신러닝 프로세스 전반에 걸쳐 여러 번 액세스할 것이기 때문에 훈련 데이터 세트를 캐시해야 한다. 7장의 '데이터 캐싱과 영속화'를 참고한다.

---

17 https://en.wikipedia.org/wiki/42_(number)#The_Hitchhiker's_Guide_to_the_Galaxy
18 https://github.com/apache/spark/blob/branch-2.4/sql/core/src/main/scala/org/apache/spark/sql/execution/DataSourceScanExec.scala#L430

변환기를 사용하여 기능 준비

이제 데이터를 훈련 세트와 테스트 세트로 분할했으므로 침실 수를 기준으로 가격을 예측하는 선형 회귀 모델을 구축하기 위해 데이터를 준비하겠다. 나중의 예에서 모든 관련 기능을 포함할 것이지만 지금은 역학이 제자리에 있는지 확인하겠다. 선형 회귀(스파크의 다른 많은 알고리즘과 마찬가지로)에서는 모든 입력 기능이 데이터 프레임의 단일 벡터 내에 포함되어야 한다. 따라서 데이터를 **변환**transform해야 한다.

스파크의 변환기는 데이터 프레임을 입력으로 받아들이고, 하나 이상의 열이 추가된 새 데이터 프레임을 반환한다. 그들은 데이터에서 학습하지 않지만 transform() 메서드를 사용하여 규칙 기반 변환을 적용한다.

모든 기능을 단일 벡터에 넣는 작업을 위해 VectorAssembler 변환기[19]를 사용한다. VectorAssembler는 입력 열 목록을 가져와서 기능이라고 부를 추가 열이 있는 새 데이터 프레임을 만든다. 이러한 입력 열의 값을 단일 벡터로 결합한다.

```python
# 파이썬 예제
from pyspark.ml.feature import VectorAssembler
vecAssembler = VectorAssembler(inputCols=["bedrooms"], outputCol="features")
vecTrainDF = vecAssembler.transform(trainDF)
vecTrainDF.select("bedrooms", "features", "price").show(10)

// 스칼라 예제
import org.apache.spark.ml.feature.VectorAssembler
val vecAssembler = new VectorAssembler()
  .setInputCols(Array("bedrooms"))
  .setOutputCol("features")
val vecTrainDF = vecAssembler.transform(trainDF)
vecTrainDF.select("bedrooms", "features", "price").show(10)
+--------+--------+-----+
|bedrooms|features|price|
+--------+--------+-----+
|     1.0|   [1.0]|200.0|
|     1.0|   [1.0]|130.0|
|     1.0|   [1.0]| 95.0|
|     1.0|   [1.0]|250.0|
|     3.0|   [3.0]|250.0|
|     1.0|   [1.0]|115.0|
|     1.0|   [1.0]|105.0|
|     1.0|   [1.0]| 86.0|
|     1.0|   [1.0]|100.0|
|     2.0|   [2.0]|220.0|
+--------+--------+-----+
```

---

19 https://spark.apache.org/docs/latest/api/python/reference/api/pyspark.ml.feature.VectorAssembler.html?highlight=vectorassembler#pyspark.ml.feature.VectorAssembler

스칼라 코드에서 새로운 VectorAssembler 객체를 인스턴스화하고 setter 메서드를 사용하여 입력 및 출력 열을 변경해야 한다는 것을 알 수 있다. 파이썬에서는 매개변수를 VectorAssembler의 생성자에 직접 전달하거나 setter 메서드를 사용하는 옵션이 있지만 스칼라에서는 setter 메서드만 사용할 수 있다.

다음으로 선형 회귀의 기본 사항을 다루지만 알고리즘에 이미 익숙하다면 이후의 '추정기를 사용하여 모델 구축'으로 건너뛰도록 해라.

선형 회귀 이해하기

선형 회귀[20]는 종속 변수(또는 레이블)와 하나 이상의 독립 변수(또는 기능) 간의 선형 관계를 모델링한다. 여기서는 침실 수를 고려하여 에어비앤비 임대 가격을 예측하기 위해 선형 회귀 모델을 적용하려고 한다.

그림 10-6에는 단일 기능 x와 출력 y가 있다(이는 종속 변수임). 선형 회귀는 선에 대한 방정식을 x와 y에 맞추려고 한다. 스칼라 변수의 경우 y = mx + b로 표현될 수 있다. 여기서 m은 기울기이고 b는 오프셋 또는 절편이다.

점은 데이터 세트의 실제 (x, y) 쌍을 나타내고, 실선은 이 데이터 세트에 가장 적합한 선을 나타낸다. 데이터 포인트는 완벽하게 정렬되지 않으므로 일반적으로 선형 회귀를 y ≈ mx + b + ε에 모델을 맞추는 것으로 생각한다. 여기서 ε(엡실론)은 일부 분포에서 레코드 x당 독립적으로 도출된 오류인데 모델 예측과 실제 값 사이의 오류이다. 종종 ε은 가우스 또는 정규 분포라고 여겨진다. 회귀선 위의 수직선은 양수 ε(또는 잔차)을 나타내며, 여기서 실제 값은 예측값보다 높고, 회귀선 아래의 수직선은 음수 잔차를 나타낸다. 선형 회귀의 목표는 이러한 잔차의 제곱을 최소화하는 선을 찾는 것이다. 라인이 새로 들어온 데이터 포인트에 대한 예측을 추론할 수 있음을 알 수 있다.

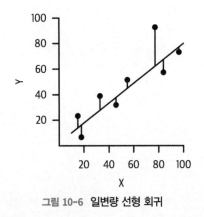

그림 10-6 일변량 선형 회귀

---

[20] https://en.wikipedia.org/wiki/Linear_regression

선형 회귀는 여러 독립 변수를 처리하도록 확장될 수도 있다. 입력으로 세 가지 기능이 있는 경우, x = [x_1, x_2, x_3], y ≈ w_0 + w_{1x1} + w_{2x2} + w_{3x3} + ε으로 y를 모델링할 수 있다. 이 경우 각 기능에 대해 별도의 계수(또는 가중치)와 단일 절편(여기서 b 대신 w_0)이 있다. 모델에 대한 계수와 절편을 추정하는 프로세스를 모델에 대한 매개변수 학습(또는 **피팅**fitting)이라고 한다. 지금은 침실 수를 기준으로 가격을 예측하는 일변량 회귀 예제에 초점을 맞추고, 잠시 후 다변량 선형 회귀로 돌아가겠다.

추정기를 사용하여 모델 구축

vectorAssembler를 설정한 후 데이터를 준비하고 선형 회귀 모델이 예상하는 형식으로 변환했다. 스파크에서 LinearRegression[21]은 추정기의 한 유형이다. 데이터 프레임을 사용하고 **모델**을 반환한다. 추정기는 데이터에서 매개변수를 배우고, estimator_name.fit() 메서드를 갖고 열성적이라고 평가되는 반면(즉, 스파크 작업 시작) 변환기는 느리게 평가된다. 추정기의 다른 예로는 Imputer, DecisionTreeClassifier 및 Random ForestRegressor가 있다.

선형 회귀에 대한 입력 열(features)이 vectorAssembler의 출력이라는 것을 알 수 있다.

```python
# 파이썬 예제
from pyspark.ml.regression import LinearRegression
lr = LinearRegression(featuresCol="features", labelCol="price")
lrModel = lr.fit(vecTrainDF)
```

```scala
// 스칼라 예제
import org.apache.spark.ml.regression.LinearRegression
val lr = new LinearRegression()
  .setFeaturesCol("features")
  .setLabelCol("price")

val lrModel = lr.fit(vecTrainDF)
```

lr.fit()은 변환기인 LinearRegressionModel(lrModel)[22]을 반환한다. 즉, 추정기의 fit() 메서드의 출력은 변환기다. 추정기가 매개변수를 학습하면 변환기는 이러한 매개변수를 새 데이터 포인트에 적용하여 예측을 생성할 수 있다. 학습한 매개변수를 살펴보겠다.

---

21 https://spark.apache.org/docs/latest/api/python/reference/api/pyspark.ml.regression.LinearRegression.html?highlight=linearregression#pyspark.ml.regression.LinearRegression

22 https://spark.apache.org/docs/latest/api/python/reference/api/pyspark.ml.regression.LinearRegressionModel.html?highlight=linearregressionmodel#pyspark.ml.regression.LinearRegressionModel

```
# 파이썬 예제
m = round(lrModel.coefficients[0], 2)
b = round(lrModel.intercept, 2)
print(f"""The formula for the linear regression line is
price = {m}*bedrooms + {b}""")
```

```
// 스칼라 예제
val m = lrModel.coefficients(0)
val b = lrModel.intercept
println(f"""The formula for the linear regression line is
price = $m%1.2f*bedrooms + $b%1.2f""")
```

다음을 출력한다.

```
The formula for the linear regression line is price = 123.68*bedrooms + 47.51
```

파이프라인 생성

모델을 테스트 세트에 적용하려면 훈련 세트와 동일한 방식으로 해당 데이터를 준비해야 한다(즉, 벡터 어셈블러를 통해 전달). 종종 데이터 준비 파이프라인에는 여러 단계가 있으며 적용할 단계뿐만 아니라 단계의 순서를 기억하는 것도 번거로워진다. 이것이 파이프라인 API[23]에 대한 동기가 되었다. 데이터가 통과할 단계를 순서대로 지정하기만 하면 스파크가 알아서 처리를 한다. 그러므로 사용자에게 더 나은 코드 재사용성과 구성을 제공한다. 스파크에서 **Pipelines**는 추정기인 반면 **PipelineModels**(피팅된 파이프라인)는 변환기이다.

이제 파이프라인을 구축해보겠다.

```
# 파이썬 예제
from pyspark.ml import Pipeline
pipeline = Pipeline(stages=[vecAssembler, lr])
pipelineModel = pipeline.fit(trainDF)
```

```
// 스칼라 예제
import org.apache.spark.ml.Pipeline
val pipeline = new Pipeline().setStages(Array(vecAssembler, lr))
val pipelineModel = pipeline.fit(trainDF)
```

---

23 https://spark.apache.org/docs/latest/api/python/reference/api/pyspark.ml.Pipeline.html?highlight=pipeline#pyspark.ml.Pipeline

파이프라인 API를 사용하는 또 다른 이점은 어느 단계가 추정기/변환기인지 결정하므로 각 단계에 대해 name.fit() 대 name.transform()을 지정하는 것에 대해 우려할 필요가 없다는 것이다.

파이프라인 모델은 변환기이므로 테스트 데이터 세트에도 적용하는 것이 간단하다.

```python
# 파이썬 예제
predDF = pipelineModel.transform(testDF)
predDF.select("bedrooms", "features", "price", "prediction").show(10)
```

```scala
// 스칼라 예제
val predDF = pipelineModel.transform(testDF)
predDF.select("bedrooms", "features", "price", "prediction").show(10)
```

```
+--------+--------+------+------------------+
|bedrooms|features| price|        prediction|
+--------+--------+------+------------------+
|     1.0|   [1.0]|  85.0|171.18598011578285|
|     1.0|   [1.0]|  45.0|171.18598011578285|
|     1.0|   [1.0]|  70.0|171.18598011578285|
|     1.0|   [1.0]| 128.0|171.18598011578285|
|     1.0|   [1.0]| 159.0|171.18598011578285|
|     2.0|   [2.0]| 250.0|294.86172649777757|
|     1.0|   [1.0]|  99.0|171.18598011578285|
|     1.0|   [1.0]|  95.0|171.18598011578285|
|     1.0|   [1.0]| 100.0|171.18598011578285|
|     1.0|   [1.0]|2010.0|171.18598011578285|
+--------+--------+------+------------------+
```

이 코드에서 우리는 **침실**이라는 단일 특성만을 사용하여 모델을 구축했다(책의 깃허브 저장소[24]에서 이 장의 노트북을 찾을 수 있다). 그러나 host_is_superhost와 같이 일부 기능은 범주형일 수 있는 모든 기능을 사용하여 모델을 구축할 수 있다. 범주형 기능은 개별값을 가지며 고유한 순서가 없다(예: 직업 또는 국가 이름 포함). 다음 섹션에서는 **원-핫 인코딩**one-hot encoding으로 알려진 이러한 종류의 변수를 처리하는 방법에 대한 솔루션을 고려할 것이다.

원-핫 인코딩

방금 만든 파이프라인에는 두 단계만 있었고, 선형 회귀 모델은 하나의 기능만 사용했다. 모든 숫자 및 범주 기능을 통합하는 약간 더 복잡한 파이프라인을 구축하는 방법을 살펴보겠다.

---

24 https://github.com/databricks/LearningSparkV2

MLlib의 대부분의 머신러닝 모델은 벡터로 표시되는 입력으로 숫잣값을 기대한다. 범주형 값을 숫잣값으로 변환하기 위해 OHE(원-핫 인코딩)라는 기술을 사용할 수 있다. **Animal**이라는 열이 있고 세 가지 유형의 동물(dog, cat, fish)이 있다고 가정해보자. 문자열 유형을 ML 모델에 직접 전달할 수 없으므로 다음과 같이 숫자 매핑을 할당해야 한다.

```
Animal = {"Dog", "Cat", "Fish"}
"Dog" = 1, "Cat" = 2, "Fish" = 3
```

그러나 이 접근 방식을 사용하여 이전에는 존재하지 않았던 일부 가짜 관계를 데이터 세트에 도입했다. 예를 들어 **Cat**에 **Dog**값을 두 배로 할당한 이유는 무엇일까? 우리가 사용하는 숫자 값은 데이터 세트에 어떤 관계도 도입해서는 안 된다. 대신 **Animal** 열의 모든 고윳값에 대해 별도의 열을 만들고 싶다.

```
"Dog" = [ 1, 0, 0]
"Cat" = [ 0, 1, 0]
"Fish" = [0, 0, 1]
```

Animal이 dog인 경우, 첫 번째 열에는 1이 있고 다른 열에는 0이 있다. **Cat**이라면 두 번째 열에는 1이 있고, 다른 열에는 0이 있다. 열의 순서는 중요하지 않다. 이전에 판다스를 사용한 적이 있다면 `pandas.get_dummies()`[25]와 동일한 작업을 수행한다는 것을 알 수 있다.

300마리의 동물이 있는 동물원이 있다면 OHE가 메모리/컴퓨팅 리소스 소비를 크게 증가시킬까? 스파크를 사용하면 그렇지 않다! 스파크는 OHE 이후의 경우와 같이 대부분의 항목이 0일 때 내부적으로 `SparseVector`[26]를 사용하므로 0값을 저장하는 공간을 낭비하지 않는다. `SparseVectors`가 어떻게 작동하는지 더 잘 이해하기 위해 예제를 살펴보자.

```
DenseVector(0, 0, 0, 7, 0, 2, 0, 0, 0, 0)
SparseVector(10, [3, 5], [7, 2])
```

이 예에서 `DenseVector`[27]는 10개의 값을 포함하고 있으며 그중 2개는 모두 0이다. `SparseVector`를 생성하려면 벡터의 크기, 0이 아닌 요소의 인덱스 및 해당 인덱스의 해당 값을 추적해야 한다. 이 예

---

25 https://pandas.pydata.org/pandas-docs/stable/reference/api/pandas.get_dummies.html
26 https://spark.apache.org/docs/latest/api/python/reference/api/pyspark.ml.linalg.SparseVector.html?highlight=sparsevector#pyspark.ml.linalg.SparseVector
27 https://spark.apache.org/docs/latest/api/python/reference/api/pyspark.ml.linalg.DenseVector.html?highlight=densevector#pyspark.ml.linalg.DenseVector

에서 벡터의 크기는 10이고, 인덱스 3과 5에 0이 아닌 값이 두 개 있으며 해당 인덱스의 해당 값은 7과 2이다.

스파크로 데이터를 원-핫 인코딩하는 몇 가지 방법이 있다. 일반적인 접근 방식은 StringIndexer[28] 및 OneHotEncoder[29]를 사용하는 것이다. 이 접근 방식의 첫 번째 단계는 StringIndexer 추정기를 적용하여 범주형 값을 범주 지수로 변환하는 것이다. 이러한 범주 인덱스는 레이블 빈도에 따라 정렬되므로 가장 빈번한 레이블은 인덱스 0을 얻는다. 이는 동일한 데이터의 다양한 실행에서 재현 가능한 결과를 제공한다.

카테고리 인덱스를 만든 후에는 이를 OneHotEncoder(스파크 2.3/2.4를 사용하는 경우 OneHotEncoderEstimator[30])에 대한 입력으로 전달할 수 있다. OneHotEncoder는 범주 인덱스 열을 이진 벡터 열에 매핑한다. 스파크 2.3/2.4에서 3.0으로 StringIndexer 및 OneHotEncoder API의 차이점을 보려면 표 10-2를 참고한다.

표 10-2 스파크 3.0의 StringIndexer 및 OneHotEncoder 변경 사항

	스파크 2.3 및 2.4	스파크 3.0
StringIndexer	입출력으로 하나의 열 사용	입출력으로 여러 열 사용
OneHotEncoder	더 이상 사용되지 않음	입출력으로 여러 열 사용
OneHotEncoderEstimator	입출력으로 여러 열 사용	해당 없음

다음 코드는 범주형 기능을 원-핫 인코딩하는 방법을 보여준다. 데이터 세트에서 문자열 유형의 모든 열은 범주형 특성으로 처리되지만 때로는 범주형으로 처리하거나 그 반대로 처리해야 하는 숫자 특성이 있을 수 있다. 어떤 열이 숫자이고 어떤 열이 범주인지 신중하게 식별해야 한다.

```python
# 파이썬 예제
from pyspark.ml.feature import OneHotEncoder, StringIndexer

categoricalCols = [field for (field, dataType) in trainDF.dtypes
                   if dataType == "string"]
indexOutputCols = [x + "Index" for x in categoricalCols]
oheOutputCols = [x + "OHE" for x in categoricalCols]

stringIndexer = StringIndexer(inputCols=categoricalCols,
                              outputCols=indexOutputCols,
```

---

28 https://spark.apache.org/docs/latest/api/python/reference/api/pyspark.ml.feature.StringIndexer.html?highlight=stringindexer#pyspark.ml.feature.StringIndexer

29 https://spark.apache.org/docs/latest/api/python/reference/api/pyspark.ml.feature.OneHotEncoder.html?highlight=onehotencoder#pyspark.ml.feature.OneHotEncoder

30 https://spark.apache.org/docs/2.4.5/api/python/pyspark.ml.html#pyspark.ml.feature.OneHotEncoderEstimator

```
                                handleInvalid="skip")
oheEncoder = OneHotEncoder(inputCols=indexOutputCols,
                            outputCols=oheOutputCols)

numericCols = [field for (field, dataType) in trainDF.dtypes
                if ((dataType == "double") & (field != "price"))]
assemblerInputs = oheOutputCols + numericCols
vecAssembler = VectorAssembler(inputCols=assemblerInputs,
                                outputCol="features")
```

```scala
// 스칼라 예제
import org.apache.spark.ml.feature.{OneHotEncoder, StringIndexer}

val categoricalCols = trainDF.dtypes.filter(_._2 == "StringType").map(_._1)
val indexOutputCols = categoricalCols.map(_ + "Index")
val oheOutputCols = categoricalCols.map(_ + "OHE")

val stringIndexer = new StringIndexer()
  .setInputCols(categoricalCols)
  .setOutputCols(indexOutputCols)
  .setHandleInvalid("skip")

val oheEncoder = new OneHotEncoder()
  .setInputCols(indexOutputCols)
  .setOutputCols(oheOutputCols)

val numericCols = trainDF.dtypes.filter { case (field, dataType) =>
  dataType == "DoubleType" && field != "price"
}.map(_._1)

val assemblerInputs = oheOutputCols ++ numericCols
val vecAssembler = new VectorAssembler()
  .setInputCols(assemblerInputs)
  .setOutputCol("features")
```

이제 아마도 'StringIndexer는 테스트 데이터 세트에는 나타나지만 훈련 데이터 세트에는 나타나지 않는 새로운 범주를 어떻게 처리하는가?'에 대해 궁금할 것이다. 처리 방법을 지정하는 handleInvalid 매개변수가 있다. 옵션은 **건너뛰기**(잘못된 데이터가 있는 행 필터링), **오류**(오류 발생) 또는 **유지**(인덱스 numLabels의 특수 추가 버킷에 잘못된 데이터를 넣음)이다. 이 예에서는 잘못된 레코드를 건너뛰었다.

이 접근 방식의 한 가지 어려움은 StringIndexer에 범주형 기능으로 처리해야 하는 피처를 명시적으로 알려야 한다는 것이다. VectorIndexer[31]를 사용하여 모든 범주형 변수를 자동으로 감지할 수 있지

---

31 https://spark.apache.org/docs/latest/api/python/reference/api/pyspark.ml.feature.VectorIndexer.html?highlight=vectorindexer#pyspark.ml.feature.VectorIndexer

만, 모든 단일 열을 반복하고 maxCategories 고유값보다 적은지 감지해야 하므로 계산 비용이 많이 든다. maxCategories는 사용자가 지정하는 매개변수이며 이 값을 결정하는 것도 어려울 수 있다.

또 다른 접근 방식은 RFormula[32]를 사용하는 것이다. 이에 대한 구문은 R 프로그래밍 언어에서 영감을 받았다. RFormula를 사용하여 해당 레이블과 포함할 피처를 제공한다. ~, ., :, + 및 -를 포함한 R 연산자의 제한된 하위 집합을 지원한다. 예를 들어, **공식 = "y ~ bedrooms + bathrooms"**를 지정할 수 있다. 이는 bedroom과 bathroom만 주어지면 y를 예측한다는 것을 의미하고, 공식 = "y ~ ."는 사용 가능한 모든 피처를 사용한다는 것을 의미한다(그리고 y는 자동으로 피처에서 제외된다). RFormula 는 자동으로 모든 문자열 열을 StringIndex 및 원-핫 인코딩해서 숫자 열을 이중 유형으로 변환하고, 내부에서 VectorAssembler를 사용하여 이 모든 것을 단일 벡터로 결합한다. 따라서 앞의 모든 코드를 한 줄로 바꿀 수 있으며 동일한 결과를 얻을 수 있다.

```python
# 파이썬 예제
from pyspark.ml.feature import RFormula

rFormula = RFormula(formula="price ~ .",
                    featuresCol="features",
                    labelCol="price",
                    handleInvalid="skip")
```

```scala
// 스칼라 예제
import org.apache.spark.ml.feature.RFormula

val rFormula = new RFormula()
  .setFormula("price ~ .")
  .setFeaturesCol("features")
  .setLabelCol("price")
  .setHandleInvalid("skip")
```

StringIndexer와 OneHotEncoder를 자동으로 결합하는 RFormula의 단점은 모든 알고리즘에 대해 원-핫 인코딩이 필요하지 않거나 권장되지 않는다는 것이다. 예를 들어, 트리 기반 알고리즘은 범주형 피처에 대해 StringIndexer를 사용하기만 하면 범주형 변수를 직접 처리할 수 있다. 트리 기반 방법에 대해 범주형 피처를 원-핫 인코딩할 필요가 없으며 종종 트리 기반 모델을 악화[33]시키는 경우가 많다. 불행히도 피처 엔지니어링을 위한 만능 솔루션은 없으며 이상적인 접근 방식은 데이터 세트에 적용하려는 다운스트림 알고리즘과 밀접하게 관련되어 있다.

32 https://spark.apache.org/docs/latest/api/python/reference/api/pyspark.ml.feature.RFormula.html?highlight=rformula#pyspark.ml.feature.RFormula

33 https://towardsdatascience.com/one-hot-encoding-is-making-your-tree-based-ensembles-worse-heres-why-d64b282b5769

다른 사람이 피처 엔지니어링을 수행하는 경우,
해당 피처를 생성한 방법을 문서화해야 한다.

데이터 세트를 변환하는 코드를 작성한 후에는 모든 피처를 입력으로 사용하여 선형 회귀 모델을 추가할 수 있다.

여기에서 모든 피처 준비 및 모델 구축을 파이프라인에 넣고 데이터 세트에 적용한다.

```python
# 파이썬 예제
lr = LinearRegression(labelCol="price", featuresCol="features")
pipeline = Pipeline(stages = [stringIndexer, oheEncoder, vecAssembler, lr])
# 또는 RFormula 사용
# pipeline = Pipeline(stages = [rFormula, lr])

pipelineModel = pipeline.fit(trainDF)
predDF = pipelineModel.transform(testDF)
predDF.select("features", "price", "prediction").show(5)
```

```scala
// 스칼라 예제
val lr = new LinearRegression()
  .setLabelCol("price")
  .setFeaturesCol("features")
val pipeline = new Pipeline()
  .setStages(Array(stringIndexer, oheEncoder, vecAssembler, lr))
// 또는 RFormula 사용
// val pipeline = new Pipeline().setStages(Array(rFormula, lr))

val pipelineModel = pipeline.fit(trainDF)
val predDF = pipelineModel.transform(testDF)
predDF.select("features", "price", "prediction").show(5)
```

```
+-------------------+-----+------------------+
|           features|price|        prediction|
+-------------------+-----+------------------+
|(98,[0,3,6,7,23,4...| 85.0| 55.80250714362137|
|(98,[0,3,6,7,23,4...| 45.0| 22.74720286761658|
|(98,[0,3,6,7,23,4...| 70.0|27.115811183814913|
|(98,[0,3,6,7,13,4...|128.0|-91.60763412465076|
|(98,[0,3,6,7,13,4...|159.0| 94.70374072351933|
+-------------------+-----+------------------+
```

보다시피 피처 열은 SparseVector로 표시된다. 원-핫 인코딩 후에는 98개의 피처가 있으며 그다음에는 0이 아닌 인덱스와 값 자체가 있다. truncate=False를 show()에 전달하면 전체 출력을 볼 수 있다.

우리 모델의 성능은 어떠한가? 일부 예측은 '가까운' 것으로 간주될 수 있지만 다른 예측은 멀리 떨어져 있음을 알 수 있다(임대료에 대한 음수 가격!?). 다음으로 전체 테스트 세트에서 모델이 얼마나 잘 수행되는지 수치적으로 평가할 것이다.

모델 평가

이제 모델을 구축했으므로 모델이 얼마나 잘 수행되는지 평가해야 한다. spark.ml에는 분류, 회귀, 클러스터링 및 순위 평가기가 있다(스파크 3.0에서 도입됨). 이것이 회귀 문제라는 점을 감안할 때 평균 제곱근 오차root-mean-square error, RMSE[34]와 R^2('R스퀘어'로 발음)[35]를 사용하여 모델의 성능을 평가할 것이다.

RMSE

RMSE는 0에서 무한대까지의 범위를 나타내는 메트릭이다. 0에 가까울수록 좋다. 수학 공식을 단계별로 살펴보겠다.

1. 실제 값 y_i와 예측값 $\hat{y}_i$[y-hat으로 발음하는데 hat(모자)은 모자 아래에 있는 수량의 예측값을 나타냄] 사이의 차이(또는 오류)를 계산한다.

   $\text{Error} = (y_i - \hat{y}_i)$

2. 양과 음의 잔차가 상쇄되지 않도록 y_i와 $\hat{y}_i$의 차이를 제곱한다. 이를 제곱 오차square error, SE라고 한다.

   제곱 오차 $= (y_i - \hat{y}_i)^2$

3. 그런 다음 제곱 오차 합계sum of squared error, SSE 또는 잔차 제곱합으로 알려진 모든 n개의 데이터 포인트에 대한 제곱 오차를 합산한다.

   제곱 오차 합계 $= \sum_{i=1}^{n} (y_i - \hat{y}_i)^2$

4. 그러나 SSE는 데이터 세트의 레코드 수 n에 따라 증가하므로 레코드 수만큼 정규화하려고 한다. 매우 일반적으로 사용되는 회귀 메트릭인 평균 제곱 오차mean squared error, MSE를 제공한다.

   평균 제곱 오차 $= \dfrac{1}{n}\sum_{i=1}^{n} (y_i - \hat{y}_i)^2$

---

34 https://en.wikipedia.org/wiki/Root-mean-square_deviation

35 https://en.wikipedia.org/wiki/Coefficient_of_determination

5. MSE에서 멈추면 오차항은 $unit^2$의 척도에 있다. 종종 MSE의 제곱근을 사용하여 오류를 원래 단위의 규모로 되돌리며, 이는 평균 제곱근 오차root mean squared error, RMSE를 제공한다.

$$평균 \ 제곱근 \ 오차 = \sqrt{\frac{1}{n}\sum_{i=1}^{n}(y_i - \hat{y}_i)^2}$$

RMSE를 사용하여 모델을 평가해보겠다.

```python
# 파이썬 예제
from pyspark.ml.evaluation import RegressionEvaluator
regressionEvaluator = RegressionEvaluator(
  predictionCol="prediction",
  labelCol="price",
  metricName="rmse")
rmse = regressionEvaluator.evaluate(predDF)
print(f"RMSE is {rmse:.1f}")
```

```scala
// 스칼라 예제
import org.apache.spark.ml.evaluation.RegressionEvaluator
val regressionEvaluator = new RegressionEvaluator()
  .setPredictionCol("prediction")
  .setLabelCol("price")
  .setMetricName("rmse")
val rmse = regressionEvaluator.evaluate(predDF)
println(f"RMSE is $rmse%.1f")
```

이것은 다음과 같은 출력을 생성한다.

```
RMSE is 220.6
```

RMSE값 해석. 그렇다면 220.6이 RMSE에 적합한 값인지 어떻게 알 수 있을까? 이 값을 해석하는 다양한 방법이 있으며 그중 하나는 간단한 기준 모델을 구축하고 비교할 RMSE를 계산하는 것이다. 회귀 작업에 대한 일반적인 기준선 모델은 훈련 세트 $\bar{y}$(y-bar로 발음됨)에서 레이블의 평균값을 계산한 다음, 테스트 데이터 세트의 모든 레코드에 대해 $\bar{y}$를 예측하고 결과 RMSE를 계산하는 것이다(예제 코드는 다음과 같다. 책의 깃허브 저장소[36]에서 사용 가능). 이것을 시도하면 기준 모델의 RMSE가 240.7임을 알 수 있으므로 기준을 능가한다. 기준을 초과하지 않으면 모델 구축 프로세스에 문제가 발생한 것일 수 있다.

---

[36] https://github.com/databricks/LearningSparkV2

이것이 분류 문제인 경우,
가장 널리 퍼진 클래스를 기준 모델로 예측할 수 있다.

레이블의 단위는 RMSE에 직접적인 영향을 미친다는 점에 유의해라. 예를 들어 레이블이 높이인 경우 측정 단위로 미터 대신 센티미터를 사용하면 RMSE가 더 높아진다. 다른 단위를 사용하여 RMSE를 임의로 줄일 수 있으므로 RMSE를 기준과 비교하는 것이 중요하다.

또한 다음에 논의할 R^2와 같이 기준선에 대해 어떻게 수행하고 있는지 자연스럽게 알 수 있는 몇 가지 메트릭이 있다.

R^2

'제곱'이 포함된 R^2이라는 이름에도 불구하고 R^2값의 범위는 음의 무한대에서 1까지다. 이 메트릭의 배경이 되는 수학을 살펴보겠다. R^2은 다음과 같이 계산된다.

$$R^2 = 1 - \frac{SS_{res}}{SS_{tot}}$$

여기서 SS_{tot}는 항상 $\bar{y}$를 예측하는 경우 제곱의 총합이다.

$$SS_{tot} = \sum_{i=1}^{n} (y_i - \bar{y})^2$$

SS_{res}는 모델 예측에서 제곱한 잔차의 합이다(RMSE를 계산하는 데 사용한 오차 제곱합이라고도 함).

$$SS_{res} = \sum_{i=1}^{n} (y_i - \hat{y}_i)^2$$

모델이 모든 데이터 포인트를 완벽하게 예측한다면 $SS_{res} = 0$, $R^2 = 1$이 된다. 그리고 $SS_{res} = SS_{tot}$이면 분수는 1/1이므로 R^2은 0이다. 모델은 항상 평균값 $\bar{y}$를 예측하는 것과 동일한 성능을 보인다.

그러나 모델이 항상 $\bar{y}$를 예측하는 것보다 성능이 좋지 않고, SS_{res}가 정말 크다면 어떻게 될까? 그러면 R^2이 실제로 음수가 될 수 있다! R^2이 음수이면 모델링 프로세스를 재평가해야 한다. R^2을 사용할 때 좋은 점은 비교할 기준 모델을 정의할 필요가 없다는 것이다.

회귀 평가기를 재정의하는 대신 R^2을 사용하도록 회귀 평가기를 변경하려면 setter 속성을 사용하여 메트릭 이름을 설정할 수 있다.

```
# 파이썬 예제
r2 = regressionEvaluator.setMetricName("r2").evaluate(predDF)
print(f"R2 is {r2}")
```

```
// 스칼라 예제
val r2 = regressionEvaluator.setMetricName("r2").evaluate(predDF)
println(s"R2 is $r2")
```

출력은 다음과 같다.

```
R2 is 0.159854
```

R^2은 양수이지만 0에 매우 가깝다. 모델이 너무 잘 수행되지 않는 이유 중 하나는 레이블인 **가격**이 로그 정규 분포[37]를 보이기 때문이다. 분포가 로그 정규분포이면 값의 로그를 취하면 결과가 정규 분포처럼 보인다. 가격은 종종 로그 정규 분포를 따른다. 샌프란시스코의 렌탈 가격을 생각해보면 대부분 1박에 200달러 정도이지만 1박에 1,000달러인 곳도 있다! 그림 10-7에서 훈련 데이터 세트에 대한 에어비앤비 가격 분포를 볼 수 있다.

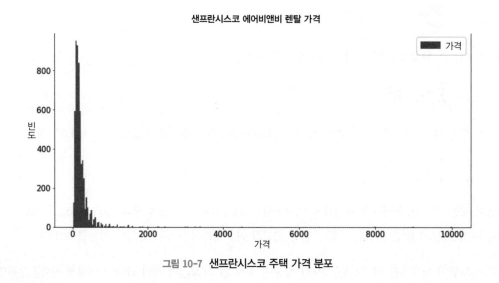

그림 10-7 샌프란시스코 주택 가격 분포

대신 가격의 로그를 보면서 결과 분포를 살펴보겠다(그림 10-8).

---

37 https://en.wikipedia.org/wiki/Log-normal_distribution

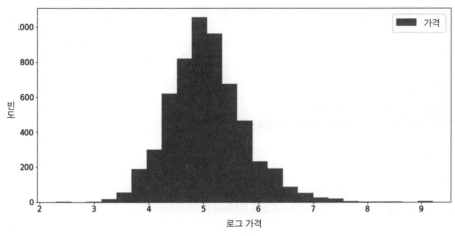

그림 10-8 샌프란시스코 주택 로그 가격 분포

여기에서 우리의 로그-가격 분포가 정규 분포와 조금 더 비슷하다는 것을 알 수 있다. 연습으로 로그 스케일에서 가격을 예측하는 모델을 구축한 다음, 예측을 로그 스케일에서 벗어나 다시 지수화하여 모델을 평가해보자. 이 코드는 책의 깃허브 저장소[38]에 있는 이 장의 노트북에서도 찾을 수 있다. 이 데이터 세트에 대해 RMSE가 감소하고 R^2이 증가하는 것을 확인해야 한다.

모델 저장 및 로드

이제 모델을 구축하고 평가했으므로 나중에 재사용하기 위해 영구 저장소에 저장해보자(또는 클러스터가 다운되는 경우 모델을 다시 계산할 필요가 없음). 모델 저장은 데이터 프레임 작성과 매우 유사하다. API는 model.write().save(path)다. 선택적으로 overwrite() 명령을 제공하여 해당 경로에 포함된 데이터를 덮어쓸 수 있다.

```python
# 파이썬 예제
pipelinePath = "/tmp/lr-pipeline-model"
pipelineModel.write().overwrite().save(pipelinePath)
```

```scala
// 스칼라 예제
val pipelinePath = "/tmp/lr-pipeline-model"
pipelineModel.write.overwrite().save(pipelinePath)
```

---

38 https://github.com/databricks/LearningSparkV2

저장된 모델을 로드할 때 로드할 모델 유형을 다시 지정해야 한다(예: `LinearRegressionModel` 또는 `LogisticRegressionModel`이었는지?). 이러한 이유로 모든 모델에 대해 `PipelineModel`을 로드하고 모델에 대한 파일 경로만 변경하면 되도록 변환기/추정기를 항상 파이프라인에 배치하는 것이 좋다.

```python
# 파이썬 예제
from pyspark.ml import PipelineModel
savedPipelineModel = PipelineModel.load(pipelinePath)
```

```scala
// 스칼라 예제
import org.apache.spark.ml.PipelineModel
val savedPipelineModel = PipelineModel.load(pipelinePath)
```

로드한 후 이 모델을 새 데이터 포인트에 적용할 수 있다. 그러나 스파크에는 '웜 스타트warm start'라는 개념이 없기 때문에 이 모델의 가중치를 새 모델 교육을 위한 초기화 매개변수로 사용할 수 없다(임의 가중치로 시작하는 것과 반대로). 데이터 세트가 약간 변경되면 전체 선형 회귀 모델을 처음부터 다시 훈련해야 한다.

선형 회귀 모델을 구축하고 평가한 후 몇 가지 다른 모델이 데이터 세트에서 어떻게 수행되는지 살펴보겠다. 다음 섹션에서는 트리 기반 모델을 탐색하고, 모델 성능을 개선하기 위해 조정할 몇 가지 일반적인 하이퍼파라미터를 살펴보겠다.

하이퍼파라미터 튜닝

데이터 과학자들은 모델 튜닝에 대해 이야기할 때 종종 모델의 예측력을 향상시키기 위해 하이퍼파라미터 튜닝에 대해 논의한다. **하이퍼파라미터**hyperparameter는 훈련 전에 모델에 대해 정의하는 속성이며 훈련 과정에서 학습되지 않는다(훈련 과정에서 학습되는 매개변수와 혼동하지 말자). 랜덤 포레스트의 트리 수는 하이퍼파라미터의 예다.

이 섹션에서는 하이퍼파라미터 조정 절차의 예로 트리 기반 모델을 사용하는 데 중점을 둘 것이지만 다른 모델에도 동일한 개념이 적용된다. `spark.ml`을 사용하여 하이퍼파라미터 조정을 수행하도록 역학을 설정한 후에는 파이프라인을 최적화하는 방법에 대해 논의할 것이다. 의사결정나무에 대한 간략한 소개로 시작하여 `spark.ml`에서 사용하는 방법을 살펴보겠다.

트리 기반 모델

의사결정나무, 그레이디언트gradient 부스트 트리 및 랜덤 포레스트와 같은 트리 기반 모델은 해석하기 상대적으로 쉽고(즉, 예측을 설명하기가 쉽다는 의미) 단순하지만 강력한 모델이다. 따라서 머신러닝 작업을 하는 데 있어서 매우 인기가 있다. 우리는 곧 랜덤 포레스트에 도달하게 되지만 먼저 의사결정나무의 기본 사항을 다루어야 한다.

의사결정나무

기성품 솔루션인 의사결정나무는 데이터 마이닝에 매우 적합하다. 빌드가 비교적 빠르고 해석 가능성이 높으며 규모 불변성(즉, 숫자 피처를 표준화하거나 확장해도 트리의 성능이 변경되지 않음)이 있다. 그렇다면 의사결정나무란 무엇인가?

의사결정나무는 분류 또는 회귀 작업을 위해 데이터에서 학습한 일련의 **if-then-else** 규칙이다. 누군가가 일자리 제안을 수락할지 여부를 예측하는 모델을 구축하려고 하고, 피처에는 급여, 통근 시간, 무료 커피 등이 포함된다고 가정해보자. 이 데이터 세트에 의사결정나무를 맞추면 그림 10-9와 같이 모델을 얻을 수 있다.

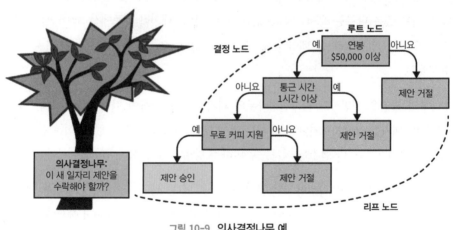

그림 10-9 **의사결정나무 예**

트리의 맨 위에 있는 노드는 우리가 '분할'하는 첫 번째 기능이기 때문에 트리의 '루트root'라고 한다. 이 기능은 가장 유익한 정보를 제공해야 한다. 이 경우 급여가 $50,000 미만이면 대부분의 후보자가 채용 제안을 거절한다. '제안 거절' 노드는 해당 노드에서 나오는 다른 분할이 없기 때문에 '리프leaf 노드'로 알려져 있다. 지점의 끝에 있다(그렇다. 결정을 '나무'라고 부르는데, 나무의 뿌리를 위쪽에, 잎사귀를 아래쪽에 그리는 것이 좀 우습다!).

그러나 제공된 급여가 $50,000보다 크면 의사결정나무에서 다음으로 가장 유익한 기능으로 진행한다. 이 경우에는 통근 시간이다. 급여가 $50,000가 넘더라도 출퇴근 시간이 1시간을 초과하면 대부분의 사람들이 제의를 거절할 것이다.

 여기에서 어떤 기능이 가장 높은 이득을 얻을 수 있는지 결정하는 방법에 대한 자세한 내용은 다루지 않겠지만 관심이 있는 경우 트레버 헤스티Trevor Hastie, 로버트 티브시라니Robert Tibshirani, 그리고 제롬 프리드먼Jerome Friedman이 작성하고 스프링거Springer에서 출판한 《통계학으로 배우는 머신러닝The Elements of Statistical Learning》[39]의 9장을 참고한다.

모델의 마지막 기능은 무료 커피 제공이다. 의사결정나무는 급여가 $50,000 이상이고 통근 시간이 1시간 미만이며 무료 커피가 제공되는 경우, 대다수의 사람들이 일자리 제안을 수락할 것임을 보여준다. 후속 리소스로 R2D3[40]에는 의사결정나무가 작동하는 방식에 대한 훌륭한 시각화가 있다.

 단일 의사결정나무에서 동일한 기능을 여러 번 분할할 수 있지만 각 분할은 다른 값에서 발생한다.

결정 트리의 **깊이**depth는 루트 노드에서 주어진 리프 노드까지의 가장 긴 경로이다. 그림 10-9에서 깊이는 3이다. 너무 깊은 나무는 오버피팅overfitting되거나 훈련 데이터 세트에서 노이즈를 기억하는 경향이 있지만 또 너무 얕은 나무는 데이터 세트에 언더피팅underfitting된다(즉, 데이터에서 더 많은 신호를 수집할 수 있었음).

의사결정나무의 본질을 설명하고 의사결정나무의 피처 준비에 관하여 다시 논의해보자. 의사결정나무의 경우 입력 피처를 표준화하거나 확장하는 것에 대해 걱정할 필요가 없다. 이는 분할에 영향을 미치지 않기 때문이다. 그러나 범주형 피처를 준비하는 방법에 대해서는 주의해야 한다.

트리 기반 방법은 자연스럽게 범주형 변수를 처리할 수 있다. `spark.ml`에서는 범주형 열을 `StringIndexer`에 전달하기만 하면 나머지는 의사결정나무에서 처리할 수 있다. 데이터 세트에 의사결정나무를 적용해보겠다.

```python
# 파이썬 예제
from pyspark.ml.regression import DecisionTreeRegressor

dt = DecisionTreeRegressor(labelCol="price")
```

---

39 https://hastie.su.domains/ElemStatLearn/
40 http://www.r2d3.us/visual-intro-to-machine-learning-part-1/

```
# 숫자 열만 필터링한다(가격, 레이블 제외).
numericCols = [field for (field, dataType) in trainDF.dtypes
                if ((dataType == "double") & (field != "price"))]

# 위에서 정의한 StringIndexer의 출력과 숫자 열 결합
assemblerInputs = indexOutputCols + numericCols
vecAssembler = VectorAssembler(inputCols=assemblerInputs, outputCol="features")

# 단계를 파이프라인으로 결합
stages = [stringIndexer, vecAssembler, dt]
pipeline = Pipeline(stages=stages)
pipelineModel = pipeline.fit(trainDF) # 이 라인에서 에러가 발생해야 함
```

```
// 스칼라 예제
import org.apache.spark.ml.regression.DecisionTreeRegressor

val dt = new DecisionTreeRegressor()
  .setLabelCol("price")

// 숫자 열만 필터링한다(가격, 레이블 제외).
val numericCols = trainDF.dtypes.filter{ case (field, dataType) =>
  dataType == "DoubleType" && field != "price"}.map { case (field, _) => field }

// 위에서 정의한 StringIndexer의 출력과 숫자 열 결합
val assemblerInputs = indexOutputCols ++ numericCols
val vecAssembler = new VectorAssembler()
  .setInputCols(assemblerInputs)
  .setOutputCol("features")

// 단계를 파이프라인으로 결합
val stages = Array(stringIndexer, vecAssembler, dt)
val pipeline = new Pipeline()
  .setStages(stages)

val pipelineModel = pipeline.fit(trainDF) // 이 라인에서 에러가 발생해야 함
```

그러면 다음 오류가 발생한다.

```
java.lang.IllegalArgumentException: requirement failed: DecisionTree requires maxBins (= 32)
to be at least as large as the number of values in each categorical feature, but categorical
feature 3 has 36 values. Consider removing this and other categorical features with a large
number of values, or add more training examples.
```

maxBins 매개변수에 문제가 있음을 알 수 있다. 이 매개변수는 무엇을 하는가? maxBins는 연속 특
성이 이산화되거나 분할되는 빈bin의 수를 결정한다. 이 이산화 단계는 분산 교육을 수행하는 데 중

요하다. 모든 데이터와 모델이 단일 머신에 상주하기 때문에 사이킷런에는 maxBins 매개변수가 없다. 그러나 스파크에서 워커는 데이터의 모든 열을 갖고 있지만 행의 하위 집합만 있다. 따라서 분할할 피처와 값에 대해 통신할 때, 훈련 시간에 설정된 공통 이산화에서 얻은 동일한 분할값에 대해 모두 다루고 있는지 확인해야 한다. 분산 머신러닝을 더 잘 이해하고 maxBins 매개 변수를 설명하기 위해 분산 의사결정나무의 PLANET[41] 구현을 보여주는 그림 10-10을 살펴보겠다.

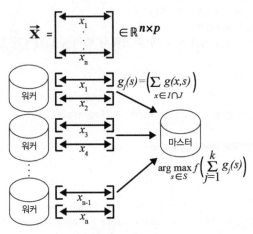

그림 10-10 분산 의사결정나무의 PLANET 구현[42]

모든 워커는 모든 기능과 가능한 모든 분할점에 대한 요약 통계를 계산해야 하며, 이러한 통계는 워커 전체에서 집계된다. MLlib에서는 범주형 열의 이산화를 처리할 수 있을 만큼 maxBins가 충분히 커야 한다. maxBins의 기본값은 32이고 36개의 고유한 값이 있는 범주형 열이 있었기 때문에 더 일찍 오류가 발생했다. 연속 기능을 더 정확하게 나타내기 위해 maxBins를 64로 늘릴 수 있지만 연속 변수에 대해 가능한 분할 수가 두 배로 늘어나 계산 시간이 크게 늘어난다. 대신 maxBins를 40으로 설정하고 파이프라인을 다시 훈련한다. 여기에서 setMaxBins() 메서드를 사용하여 결정 트리를 완전히 재정의하지 않고 수정하고 있음을 알 수 있다.

```
# 파이썬 예제
dt.setMaxBins(40)
pipelineModel = pipeline.fit(trainDF)
```

---

[41] https://static.googleusercontent.com/media/research.google.com/en//pubs/archive/36296.pdf
[42] https://cs.stanford.edu/~matei/papers/2016/nips_yggdrasil.pdf

```
// 스칼라 예제
dt.setMaxBins(40)
val pipelineModel = pipeline.fit(trainDF)
```

 구현의 차이로 인해 사이킷런과 MLlib을 사용하여 모델을 빌드할 때 정확히 동일한 결과를 얻지 못하는 경우가 많다. 하지만 괜찮다. 핵심은 왜 그들이 다른지 이해하고 필요한 방식으로 수행하도록 하기 위해 제어에 어떤 매개변수가 있는지 확인하는 것이다. 사이킷런에서 Mllib으로 워크로드를 포팅하는 경우 spark.ml[43] 및 사이킷런[44] 문서에서 어떤 매개변수가 다른지 확인하고, 해당 매개변수를 조정하여 동일한 데이터에 대해 비교 가능한 결과를 얻을 것을 권장한다. 값이 충분히 가까워지면 사이킷런이 처리할 수 없는 더 큰 데이터 크기로 MLlib 모델을 확장할 수 있다.

모델을 성공적으로 구축했으므로 의사결정나무에서 학습한 if-then-else 규칙을 추출할 수 있다.

```
# 파이썬 예제
dtModel = pipelineModel.stages[-1]
print(dtModel.toDebugString)
```

```
// 스칼라 예제
val dtModel = pipelineModel.stages.last
  .asInstanceOf[org.apache.spark.ml.regression.DecisionTreeRegressionModel]
println(dtModel.toDebugString)

DecisionTreeRegressionModel: uid=dtr_005040f1efac, depth=5, numNodes=47,...
  If (feature 12 <= 2.5)
   If (feature 12 <= 1.5)
    If (feature 5 in {1.0,2.0})
     If (feature 4 in {0.0,1.0,3.0,5.0,9.0,10.0,11.0,13.0,14.0,16.0,18.0,24.0})
      If (feature 3 in
{0.0,1.0,2.0,3.0,4.0,5.0,6.0,7.0,8.0,9.0,10.0,11.0,12.0,13.0,14.0,...})
       Predict: 104.23992784125075
      Else (feature 3 not in {0.0,1.0,2.0,3.0,4.0,5.0,6.0,7.0,8.0,9.0,10.0,...})
       Predict: 250.7111111111111
...
```

이것은 출력물의 하위 집합일 뿐이나 동일한 기능(예: 기능 12)에서 두 번 이상 분할할 수 있지만 분할 값은 다르다는 것을 알 수 있다. 또한 의사결정나무가 숫자 기능과 범주형 기능에서 분리되는 방식의 차이점에 주목하자. 숫자 기능의 경우 값이 임계값보다 작거나 같은지 확인하고 범주형 기능의 경우 값이 해당 세트에 있는지 여부를 확인한다.

---

43 https://spark.apache.org/docs/latest/api/python/reference/pyspark.ml.html

44 https://scikit-learn.org/stable

가장 중요한 기능을 보기 위해 모델에서 기능 중요도 점수를 추출할 수도 있다.

```python
# 파이썬 예제
import pandas as pd

featureImp = pd.DataFrame(
  list(zip(vecAssembler.getInputCols(), dtModel.featureImportances)),
  columns=["feature", "importance"])
featureImp.sort_values(by="importance", ascending=False)
```

```scala
// 스칼라 예제
val featureImp = vecAssembler
  .getInputCols.zip(dtModel.featureImportances.toArray)
val columns = Array("feature", "Importance")
val featureImpDF = spark.createDataFrame(featureImp).toDF(columns: _*)

featureImpDF.orderBy($"Importance".desc).show()
```

기능	중요도
bedrooms	0.283406
cancellation_policyIndex	0.167893
instant_bookableIndex	0.140081
property_typeIndex	0.128179
number_of_reviews	0.126233
neighbourhood_cleansedIndex	0.056200
longitude	0.038810
minimum_nights	0.029473
beds	0.015218
room_typeIndex	0.010905
accommodates	0.003603

의사결정나무는 매우 유연하고 사용하기 쉽지만 항상 가장 정확한 모델은 아니다. 테스트 데이터세트에서 R^2을 계산하면 실제로 음수 점수를 얻게 된다! 그것은 평균을 예측하는 것보다 더 나쁘다(이 책의 깃허브 저장소에 있는 이 장의 노트북에서 이를 확인할 수 있다).

더 나은 결과를 얻기 위해 다양한 모델을 결합하는 **앙상블**ensemble 접근 방식을 사용하여 이 모델을 개선하는 방법(랜덤 포레스트)을 살펴보겠다.

랜덤 포레스트

앙상블[45]은 민주적 접근 방식으로 작동한다. 항아리에 많은 M&Ms 초콜릿이 있다고 상상해보자. 100명의 사람들에게 M&Ms의 수를 추측하게 한 다음 모든 추측의 평균을 취한다. 평균은 아마도 대부분의 개별 추측보다 실제 값에 더 가까울 것이다. 동일한 개념이 머신러닝 모델에도 적용된다. 많은 모델을 만들고 예측을 결합/평균하면 개별 모델에서 생성된 것보다 더 강력하다.

랜덤 포레스트[46]는 두 가지 주요 개선을 할 수 있는 의사결정나무의 앙상블이다.

행별로 샘플 부트스트랩

부트스트래핑bootstrapping은 원본 데이터에서 대체하여 샘플링하여 새 데이터를 시뮬레이션하는 기술이다. 각 의사결정나무는 데이터 세트의 다른 부트스트랩 샘플에 대해 훈련되어 약간 다른 의사결정나무를 생성한 다음, 예측을 집계한다. 이 기술을 부트스트랩 집계[47] 또는 **배깅**bagging이라고 한다. 일반적인 랜덤 포레스트 구현에서 각 트리는 원래 데이터 세트에서 대체하여 동일한 수의 데이터 포인트를 샘플링하고 그 수는 `subsamplingRate` 매개변수를 통해 제어할 수 있다.

열별 무작위 기능 선택

배깅의 주요 단점은 트리가 모두 높은 상관관계가 있으므로 데이터에서 유사한 패턴을 학습한다는 것이다. 이 문제를 완화하기 위해 분할을 수행할 때마다 열의 임의 하위 집합만 고려한다(`RandomForestRegressor`의 경우 피처의 1/3, 그리고 `RandomForestClassifier`의 경우 $\sqrt{\#피처}$). 이러한 임의성을 도입함으로 인해 인해 일반적으로 각 트리가 매우 얕아지기를 원한다. 다음과 같이 생각할 수도 있다. 이러한 트리 각각은 단일 의사결정나무보다 성능이 좋지 않은데 이 접근 방식이 어떻게 더 나은가? 각 트리는 데이터 세트에 대해 서로 다른 것을 학습하고 이 '약한' 학습자 모음을 앙상블로 결합하면 단일 의사결정나무보다 포레스트가 훨씬 더 강력해진다.

그림 10-11은 훈련 시 랜덤 포레스트를 보여준다. 각 분할에서 분할할 원래 기능 10개 중 3개를 고려한다. 마지막으로 그중에서 가장 좋은 것을 선택한다.

---

45 https://en.wikipedia.org/wiki/Ensemble_learning
46 https://en.wikipedia.org/wiki/Random_forest
47 https://en.wikipedia.org/wiki/Bootstrap_aggregating

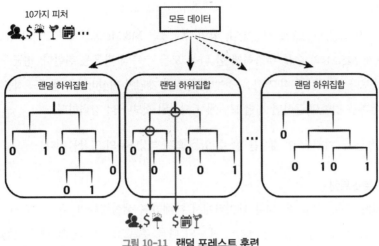

모든 데이터

랜덤 하위집합

랜덤 하위집합

랜덤 하위집합

그림 10-11 랜덤 포레스트 훈련

랜덤 포레스트 및 의사결정나무용 API는 유사하며 둘 다 회귀 또는 분류 작업에 적용할 수 있다.

```python
# 파이썬 예제
from pyspark.ml.regression import RandomForestRegressor
rf = RandomForestRegressor(labelCol="price", maxBins=40, seed=42)
```

```scala
// 스칼라 예제
import org.apache.spark.ml.regression.RandomForestRegressor
val rf = new RandomForestRegressor()
  .setLabelCol("price")
  .setMaxBins(40)
  .setSeed(42)
```

랜덤 포레스트를 훈련시킨 후에는 앙상블에서 훈련된 다양한 트리를 통해 새로운 데이터 포인트를 전달할 수 있다.

그림 10-12와 같이 분류를 위해 랜덤 포레스트를 구축하면 포레스트의 각 트리를 통해 테스트 포인트를 통과하고, 개별 트리의 예측 중 과반수를 득표한다(반대로 회귀 분석에서 랜덤 포레스트는 단순히 이러한 예측을 평균화한다). 이러한 트리 각각이 개별 의사결정나무보다 성능이 떨어지지만 컬렉션(또는 앙상블)은 실제로 더 강력한 모델을 제공한다.

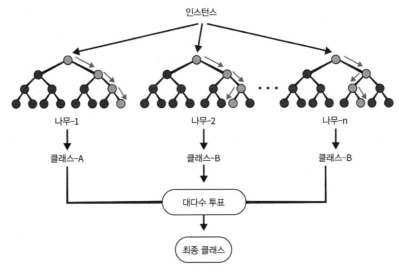

그림 10-12 **랜덤 포레스트 예측**

랜덤 포레스트는 각 트리가 다른 트리와 독립적으로 구축될 수 있기 때문에 스파크를 사용한 분산 머신러닝의 힘을 진정으로 보여준다(예: 트리 10을 구축하기 전에 트리 3을 구축할 필요가 없음). 또한 트리의 각 수준 내에서 작업을 병렬화하여 최적의 분할을 찾을 수 있다.

그렇다면 랜덤 포레스트에 있는 최적의 트리 수 또는 해당 트리의 최대 깊이를 어떻게 결정해야 하는가? 이 프로세스를 **하이퍼파라미터 튜닝**hyperparameter tuning[48]이라고 한다. 매개변수와 달리 하이퍼파라미터는 모델의 학습 프로세스 또는 구조를 제어하는 값이며 학습 중에 학습되지 않는다. 트리수와 최대 깊이는 모두 랜덤 포레스트에 대해 조정할 수 있는 하이퍼파라미터의 예다. 이제 몇 가지 하이퍼파라미터를 조정하여 최고의 랜덤 포레스트 모델을 발견하고 평가하는 방법으로 초점을 옮겨보겠다.

k-폴드 교차 검증

최적의 하이퍼파라미터값을 결정하기 위해 어떤 데이터 세트를 사용해야 하는가? 훈련 세트를 사용하면 모델이 오버피팅되거나 훈련 데이터 자체의 성격을 기억할 가능성이 높다. 이것은 보지 못한 데이터에 대해 일반화될 가능성이 적다는 것을 의미한다. 그러나 테스트 세트를 사용하면 더 이상 '보지 못한' 데이터를 대표할 수 없으므로 모델이 얼마나 잘 일반화되는지 확인하는 데 사용할 수 없다. 따라서 최적의 하이퍼파라미터를 결정하는 데 도움이 되는 또 다른 데이터 세트인 **검증**validation 데이터 세트가 필요하다.

---

48 https://en.wikipedia.org/wiki/Hyperparameter_optimization

예를 들어 데이터를 80/20 훈련/테스트 분할로 분할하는 대신, 이전에 했던 것처럼 60/20/20 분할을 수행하여 각각 학습, 검증 및 테스트 데이터 세트를 생성할 수 있다. 그런 다음 훈련 세트에서 모델을 구축하고 검증 세트에서 성능을 평가하여 최상의 하이퍼파라미터 구성을 선택하고 모델을 테스트 세트에 적용하여 새 데이터에서 얼마나 잘 수행되는지 확인할 수 있다. 그러나 이 접근 방식의 단점 중 하나는 훈련 데이터의 25%(80% → 60%)가 손실된다는 것이다. 이 데이터는 모델을 개선하는 데 사용할 수 있었다. 이 문제를 해결하기 위해서 **k-폴드 교차 검증**k-fold cross-validation 기술을 사용하도록 장려된다.

이 접근 방식을 사용하면 데이터 세트를 별도의 훈련, 검증 및 테스트 세트로 분할하는 대신 이전과 같이 훈련 및 테스트 세트로 분할하지만 훈련 및 검증 모두에 훈련 데이터를 사용한다. 이를 달성하기 위해 훈련 데이터를 k 서브세트 또는 '폴드'(예: 3개)로 분할한다. 그런 다음, 주어진 하이퍼파라미터 구성에 대해 $k-1$ 폴드에서 모델을 훈련하고 이 프로세스를 k번 반복하면서 나머지 폴드를 평가한다. 그림 10-13은 이 접근 방식을 보여준다.

그림 10-13 k-폴드 교차 검증

이 그림에서 볼 수 있듯이 데이터를 세 개의 폴드로 분할하면 먼저 데이터의 첫 번째 및 두 번째 폴드(또는 분할)에서 모델을 학습하고 세 번째 폴드에 대해 평가한다. 그런 다음 데이터의 첫 번째 및 세 번째 폴드에 동일한 하이퍼파라미터를 사용하여 동일한 모델을 구축하고, 두 번째 폴드에서 성능을 평가한다. 마지막으로 두 번째 및 세 번째 폴드에서 모델을 만들고 첫 번째 폴드에서 평가한다. 그런 다음 모든 데이터 포인트가 검증 데이터 세트의 일부가 될 수 있는 기회가 정확히 한 번 있었기 때문에 이 모델이 보이지 않는 데이터에 대해 얼마나 잘 수행할 것인지에 대한 프록시로서 3개(또는 k) 검증 데이터 세트의 성능을 평균화한다. 다음으로, 최적의 구성을 식별하기 위해 모든 다른 하이퍼파라미터 구성에 대해 이 프로세스를 반복한다.

하이퍼파라미터의 검색 공간을 결정하는 것은 어려울 수 있으며 종종 하이퍼파라미터의 무작위 검색을 수행하는 것이 구조화된 그리드 검색보다 성능이 좋다.[49] 11장에서 다룰 최적의 하이퍼파라미터 구성[50]을 식별하는 데 도움이 되는 하이퍼옵트Hyperopt[51]와 같은 특수 라이브러리가 있다.

---

49 https://medium.com/@senapati.dipak97/grid-search-vs-random-search-d34c92946318

50 https://en.wikipedia.org/wiki/Hyperparameter_optimization

51 http://hyperopt.github.io/hyperopt

스파크에서 하이퍼파라미터 검색을 수행하려면 다음 단계를 따르도록 하자.

1. 평가할 추정기를 정의한다.
2. ParamGridBuilder[52]를 사용하여 변경하려는 하이퍼파라미터와 해당 값을 지정한다.
3. 평가기(evaluator)를 정의하여 다양한 모델을 비교하는 데 사용할 메트릭을 지정한다.
4. CrossValidator[53]를 사용하여 다양한 모델 각각을 평가하는 교차 검증을 수행한다.

파이프라인 추정기를 정의하여 시작하겠다.

```python
# 파이썬 예제
pipeline = Pipeline(stages = [stringIndexer, vecAssembler, rf])
```

```scala
// 스칼라 예제
val pipeline = new Pipeline()
  .setStages(Array(stringIndexer, vecAssembler, rf))
```

ParamGridBuilder의 경우 maxDepth를 2, 4 또는 6으로 변경하고 numTrees(랜덤 포레스트의 트리 수)를 10 또는 100으로 변경한다. 이렇게 하면 총 6(3 x 2)의 다른 하이퍼파라미터 구성의 그리드가 제공된다.

```
(maxDepth=2, numTrees=10)
(maxDepth=2, numTrees=100)
(maxDepth=4, numTrees=10)
(maxDepth=4, numTrees=100)
(maxDepth=6, numTrees=10)
(maxDepth=6, numTrees=100)
```

```python
# 파이썬 예제
from pyspark.ml.tuning import ParamGridBuilder
paramGrid = (ParamGridBuilder()
            .addGrid(rf.maxDepth, [2, 4, 6])
            .addGrid(rf.numTrees, [10, 100])
            .build())
```

---

52 https://spark.apache.org/docs/latest/api/python/reference/api/pyspark.ml.tuning.ParamGridBuilder.html?highlight=paramgridbuilder#pyspark.ml.tuning.ParamGridBuilder

53 https://spark.apache.org/docs/latest/api/python/reference/api/pyspark.ml.tuning.CrossValidator.html?highlight=crossvalidator#pyspark.ml.tuning.CrossValidator

```
// 스칼라 예제
import org.apache.spark.ml.tuning.ParamGridBuilder
val paramGrid = new ParamGridBuilder()
  .addGrid(rf.maxDepth, Array(2, 4, 6))
  .addGrid(rf.numTrees, Array(10, 100))
  .build()
```

이제 하이퍼파라미터 그리드를 설정했으므로 각 모델을 평가하여 어떤 모델이 가장 성능이 좋은지 결정하는 방법을 정의해야 한다. 이 작업을 위해 RegressionEvaluator를 사용하고 RMSE를 관심 메트릭으로 사용한다.

```
# 파이썬 예제
evaluator = RegressionEvaluator(labelCol="price",
                                prediction Col="prediction",
                                metricName="rmse")
```

```
// 스칼라 예제
val evaluator = new RegressionEvaluator()
  .setLabelCol("price")
  .setPredictionCol("prediction")
  .setMetricName("rmse")
```

우리는 estimator, evaluator, estimatorParamMaps를 받아들이는 CrossValidator를 사용하여 k-fold 교차 검증을 수행할 것이다. 데이터를 분할하려는 폴드 수(numFolds=3)를 설정할 수도 있고 폴드 간에 재현 가능한 분할을 갖도록 시드를 설정할 수도 있다(seed=42). 그런 다음 이 교차 검증기를 훈련 데이터 세트에 맞추겠다.

```
# 파이썬 예제
from pyspark.ml.tuning import CrossValidator

cv = CrossValidator(estimator=pipeline,
                    evaluator=evaluator,
                    estimatorParamMaps=paramGrid,
                    numFolds=3,
                    seed=42)
cvModel = cv.fit(trainDF)
```

```
// 스칼라 예제
import org.apache.spark.ml.tuning.CrossValidator
```

```
val cv = new CrossValidator()
  .setEstimator(pipeline)
  .setEvaluator(evaluator)
  .setEstimatorParamMaps(paramGrid)
  .setNumFolds(3)
  .setSeed(42)
val cvModel = cv.fit(trainDF)
```

출력은 작업에 소요된 시간을 알려준다.

```
Command took 1.07 minutes
```

그래서 우리는 얼마나 많은 모델을 훈련시켰는가? 18(6개의 하이퍼파라미터 구성 x 3-폴드 교차 검증) 이라고 답했다면 거의 다 된 것이다. 최적의 하이퍼파라미터 구성을 식별했다면 이 세 가지(또는 k) 모델을 어떻게 결합하는가? 일부 모델은 함께 평균을 낼 수 있을 만큼 충분히 쉬울 수 있지만 일부 모델은 그렇지 않다. 따라서 스파크는 최적의 하이퍼파라미터 구성을 식별하면 전체 교육 데이터 세트에 대해 모델을 재교육하므로 결국 19개의 모델을 교육했다. 훈련된 중간 모델을 유지하려면 CrossValidator에서 collectSubModels=True를 설정할 수 있다.

교차 검증기의 결과를 검사하려면 avgMetrics를 살펴보자.

```
# 파이썬 예제
list(zip(cvModel.getEstimatorParamMaps(), cvModel.avgMetrics))
```

```
// 스칼라 예제
cvModel.getEstimatorParamMaps.zip(cvModel.avgMetrics)
```

출력은 다음과 같다.

```
res1: Array[(org.apache.spark.ml.param.ParamMap, Double)] =
Array(({
    rfr_a132fb1ab6c8-maxDepth: 2,
    rfr_a132fb1ab6c8-numTrees: 10
},303.99522869739343), ({
    rfr_a132fb1ab6c8-maxDepth: 2,
    rfr_a132fb1ab6c8-numTrees: 100
},299.56501993529474), ({
    rfr_a132fb1ab6c8-maxDepth: 4,
    rfr_a132fb1ab6c8-numTrees: 10
},310.63687030886894), ({
```

```
    rfr_a132fb1ab6c8-maxDepth: 4,
    rfr_a132fb1ab6c8-numTrees: 100
},294.7369599168999), ({
    rfr_a132fb1ab6c8-maxDepth: 6,
    rfr_a132fb1ab6c8-numTrees: 10
},312.6678169109293), ({
    rfr_a132fb1ab6c8-maxDepth: 6,
    rfr_a132fb1ab6c8-numTrees: 100
},292.101039874209))
```

CrossValidator의 최상의 모델(RMSE가 가장 낮은 모델)이 maxDepth=6이고 numTrees=100임을 알 수 있다. 그러나 이것은 실행하는 데 오랜 시간이 걸렸다. 다음 섹션에서는 동일한 모델 성능을 유지하면서 모델 학습 시간을 줄이는 방법을 살펴보겠다.

파이프라인 최적화

코드가 개선에 대해 생각할 만큼 충분히 오래 걸린다면 최적화해야 한다. 앞의 코드에서 교차 유효성 검사기의 각 모델은 기술적으로 독립적이지만 spark.ml은 실제로 병렬이 아닌 순차적으로 모델 컬렉션을 훈련한다. 스파크 2.3에서는 이 문제를 해결하기 위해 parallelism[54] 매개변수가 도입되었다. 이 매개변수는 병렬로 맞춰진 병렬로 훈련할 모델의 수를 결정한다. 스파크 튜닝 가이드[55]에 따르면 아래와 같다.

> paralleism값은 클러스터 리소스를 초과하지 않고 병렬 처리를 최대화하려면 신중하게 선택해야 하며 값이 더 크다고 항상 성능이 향상되는 것은 아니다. 일반적으로 대부분의 클러스터에는 최대 10 값이면 충분하다.

이 값을 4로 설정하고 더 빨리 훈련할 수 있는지 확인한다.

```
# 파이썬 예제
cvModel = cv.setParallelism(4).fit(trainDF)
```

```
// 스칼라 예제
val cvModel = cv.setParallelism(4).fit(trainDF)
```

대답은 '그렇다'이다.

---

54 https://spark.apache.org/docs/latest/api/python/reference/api/pyspark.ml.tuning.CrossValidator.html?highlight=crossvalidator#pyspark.ml.tuning.CrossValidator.parallelism

55 https://spark.apache.org/docs/latest/ml-tuning.html

```
Command took 31.45 seconds
```

훈련 시간을 절반으로 줄였지만(1.07분에서 31.45초로) 더 개선할 수 있다! 모델 교육 속도를 높이는 데 사용할 수 있는 또 다른 트릭이 있다. 파이프라인을 교차 검증기 내부에 배치하는 대신(예: CrossValidator(estimator=pipeline, ...)), 파이프라인 내부에 교차 검증기를 배치한다(예: Pipeline(stages=[..., cv])). 교차 검증자가 파이프라인을 평가할 때마다 StringIndexer와 같이 일부 단계가 변경되지 않더라도 각 모델에 대한 파이프라인의 모든 단계를 실행한다. 파이프라인의 모든 단계를 재평가하면서 변경되지 않더라도 동일한 StringIndexer 매핑을 반복해서 학습한다.

대신 파이프라인 내부에 교차 검증기를 배치하면 다른 모델을 시도할 때마다 StringIndexer(또는 다른 추정기)를 재평가하지 않을 것이다.

```
# 파이썬 예제
cv = CrossValidator(estimator=rf,
                    evaluator=evaluator,
                    estimatorParamMaps=paramGrid,
                    numFolds=3,
                    parallelism=4,
                    seed=42)

pipeline = Pipeline(stages=[stringIndexer, vecAssembler, cv])
pipelineModel = pipeline.fit(trainDF)
```

```
// 스칼라 예제
val cv = new CrossValidator()
 .setEstimator(rf)
 .setEvaluator(evaluator)
 .setEstimatorParamMaps(paramGrid)
 .setNumFolds(3)
 .setParallelism(4)
 .setSeed(42)

val pipeline = new Pipeline().setStages(Array(stringIndexer, vecAssembler, cv))
val pipelineModel = pipeline.fit(trainDF)
```

이렇게 하면 훈련 시간이 5초 단축된다.

```
Command took 26.21 seconds
```

병렬 처리 매개변수와 파이프라인 순서 재정렬 덕분에 마지막 실행이 가장 빨랐다. 테스트 데이터 세트에 적용하면 동일한 결과를 얻을 수 있다. 이러한 이득은 몇 초 정도였지만 동일한 기술이 훨씬 더 큰 데이터세트 및 모델에 적용되어 그에 따라 더 많은 시간이 절약된다. 책의 깃허브 저장소[56]에 있는 노트북에 액세스하여 이 코드를 직접 실행할 수 있다.

요약

이 장에서는 스파크 MLlib, 특히 데이터 프레임 기반 API 패키지 spark.ml을 사용하여 파이프라인을 구축하는 방법을 다루었다. 우리는 변환기와 추정기의 차이점, 파이프라인 API를 사용하여 구성하는 방법 및 모델 평가를 위한 몇 가지 다른 메트릭에 대해 논의했다. 그런 다음 교차 검증을 사용하여 최상의 모델을 제공하기 위해 하이퍼파라미터 조정을 수행하는 방법과 스파크에서 교차 검증 및 모델 교육을 최적화하기 위한 팁을 탐구했다.

다음 장에서는 배포 전략과 스파크를 사용하여 머신러닝 파이프라인을 관리하고 확장하는 방법에 대해 논하겠다.

---

56 https://github.com/databricks/LearningSparkV2

11

아파치 스파크로 머신러닝 파이프라인 관리, 배포 및 확장

이전 장에서 MLlib을 사용하여 머신러닝 파이프라인을 구축하는 방법을 다루었다. 이 장에서는 학습하는 모델을 관리하고 배포하는 방법에 중점을 둘 것이다. 이 장이 끝나면 ML플로를 사용하여 MLlib 모델을 트래킹, 재현 및 배포하고, 다양한 모델 배포 시나리오 간의 어려움과 절충점에 대해 논의할 것이며 확장 가능한 머신러닝 솔루션을 설계할 수 있을 것이다. 그러나 모델 배포에 대해 논의하기 전에 먼저 모델을 배포할 준비가 되도록 모델 관리에 대한 몇 가지 모범 사례를 논의하겠다.

모델 관리

머신러닝 모델을 배포하기 전에 모델의 성능을 재현하고 추적할 수 있는지 확인해야 한다. 우리에게 머신러닝 솔루션의 종단 간 재현성이란 모델을 생성한 코드, 훈련에 사용된 환경, 훈련된 데이터 및 모델 자체를 재현할 수 있어야 함을 의미한다. 모든 데이터 과학자는 실험을 재현할 수 있게 시드를 설정하도록 하는 것을 선호한다(예: 랜덤 포레스트 같은 고유한 무작위성을 가진 모델을 사용할 때 훈련과 테스트 분할). 그러나 단순히 시드를 설정하는 것보다 재현성에 기여하는 측면이 훨씬 더 많고 그중 일부는 훨씬 더 정교하다. 다음은 몇 가지 예다.

라이브러리 버전 관리

데이터 과학자가 코드를 건네줄 때 종속 라이브러리를 언급할 수도 있고 언급하지 않을 수도 있다. 오류 메시지를 통해 어떤 라이브러리가 필요한지 알 수는 있지만 어떤 라이브러리 버전을 사용했는지 확실하지 않으므로 최신 버전을 설치하게 될 것이다. 그러나 코드가 이전 버전의 라이브러리를 기반으로 빌드되어 설치된 버전과 다른 기본 동작을 활용할 수 있는 경우, 최신 버전을 사용하면 코드가 손상되거나 결과가 달라질 수 있다(예를 들면 XGBoost[1]가 v0.90에서 누락된 값을 처리하는 방법[2]이 어떻게 변경되었는지 고려해야 한다).

데이터 진화

2020년 6월 1일에 모델을 빌드하고 모든 하이퍼파라미터, 라이브러리 등을 추적한다고 가정해보자. 그런 다음 2020년 7월 1일에 동일한 모델을 재현하려고 시도하지만 기본 데이터가 변경되었기 때문에 파이프라인이 중단되거나 결과가 달라진다. 이는 초기 빌드 후 누군가가 새로운 열을 추가하거나 더 많은 데이터를 추가한 경우 발생할 수 있다.

실행 순서

데이터 과학자가 코드를 건네면 오류 없이 위에서 아래로 실행할 수 있어야 한다. 그러나 데이터 과학자는 순서가 맞지 않거나 상태 보전적인 셀stateful cell을 여러 번 실행하여 결과를 재현하기 매우 어렵게 만드는 것으로 유명하다(그들은 아마 최종 모델을 훈련하는 데 사용된 것과 다른 하이퍼파라미터를 사용하여 코드 사본을 체크인할 수도 있다!).

병렬 작업

처리량을 최대화하기 위해 GPU는 많은 작업을 병렬로 실행한다. 그러나 실행 순서가 항상 보장되는 것은 아니므로 결과가 비결정적일 수 있다. 이것은 tf.reduce_sum()[3]과 같은 함수와 부동소수점 수(정밀도가 제한된)를 집계할 때 알려진 문제이다. 추가하는 순서가 약간 다른 결과를 생성할 수 있으며, 이는 여러 반복에서 악화될 수 있다.

실험을 재현할 수 없다는 것은 사업부에서 모델을 채택하거나 생산에 투입하는 데 방해가 될 수 있다. 모델, 데이터, 종속성 버전 등을 추적하기 위한 자체 내부 도구를 구축할 수 있지만, 이러한 도구는 쓸모없고 오류가 발생하기 쉽고 유지 관리하는 데 상당한 개발 노력이 필요할 수 있다. 마찬가지로 중요한 것은 파트너와 쉽게 공유할 수 있도록 모델을 관리하기 위한 업계 표준을 갖는 것이다. 이러한 일반적인 어려움 중 많은 부분을 추상화하여 머신러닝 실험을 재현하는 데 도움이 되는 오픈소스 및 상용 툴이 있다. 이 섹션에서는 현재 사용 가능한 오픈소스 모델 관리 도구 중 MLlib과 가장 긴밀하게 통합되어 있는 ML플로에 초점을 맞출 것이다.

---

1   https://XGBoost.readthedocs.io/en/latest

2   https://discuss.xgboost.ai/t/jvm-packages-v0-90-sparse-vector-prediction-issue-on-missing-values/903

3   https://keras.io/getting_started/faq/#how-can-i-obtain-reproducible-results-using-keras-during-development

ML플로

ML플로MLflow[4]는 개발자가 실험을 재현 및 공유하고, 모델을 관리하는 등의 작업을 수행하는 데 도움이 되는 오픈소스 플랫폼이다. 파이썬, R 및 자바/스칼라의 인터페이스와 REST API를 제공한다. 그림 11-1에서 볼 수 있듯이 ML플로에는 네 가지 주요 구성요소가 있다.

트래킹

매개변수, 메트릭, 코드 버전, 모델 그리고 플롯 및 텍스트와 같은 아티팩트를 기록하는 API를 제공한다.

프로젝트

다른 플랫폼에서 실행하기 위해 데이터 과학 프로젝트 및 해당 종속성을 패키징하는 표준화된 형식이다. 모델 훈련 프로세스를 관리하는 데 도움이 된다.

모델

다양한 실행 환경에 배포하기 위해 모델을 패키징하는 표준화된 형식이다. 모델을 빌드하는 데 사용된 알고리즘이나 라이브러리에 관계없이 모델을 로드하고 적용하기 위한 일관된 API를 제공한다.

레지스트리

모델 계보, 모델 버전, 단계 전환 및 주석을 트래킹하는 저장소이다.

ml*flow* 트래킹	**ml*flow*** 프로젝트	**ml*flow*** 모델	**ml*flow*** 레지스트리
코드, 데이터, 구성 및 결과 등 실험을 기록하고 쿼리한다.	모든 플랫폼에서 실행을 재현할 수 있는 형식으로 데이터 과학 코드를 패키징한다.	다양한 서비스 환경에 머신러닝 모델을 배포한다.	중앙 저장소에서 모델을 저장, 주석 달기, 검색 그리고 관리한다.

그림 11-1 **ML플로 구성 요소**

재현성을 위해 10장에서 실행한 MLlib 모델 실험을 트래킹해보겠다. 그런 다음 모델 배포에 대해 논의할 때 ML플로의 다른 구성요소가 어떻게 작동하는지 살펴보겠다. ML플로를 시작하려면 로컬 호스트에서 `pip install mlflow`를 실행하기만 하면 된다.

---

4   https://mlflow.org/

트래킹

ML플로 트래킹은 실제로 학습을 수행하는 라이브러리 및 환경에 구애받지 않는 로깅 API이다. 데이터 과학 코드를 실행하는 **실행**run 개념을 중심으로 구성되어 있다. 실행은 여러 실행이 주어진 **실험**experiment의 일부가 될 수 있도록 집계된다.

ML플로 트래킹 서버는 많은 실험을 호스팅할 수 있다. 그림 11-2와 같이 노트북, 로컬 앱 또는 클라우드 작업을 사용하여 트래킹 서버에 로그인할 수 있다.

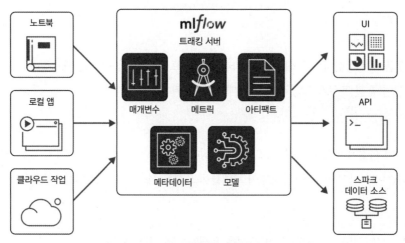

그림 11-2 **ML플로 트래킹 서버**

트래킹 서버에 기록할 수 있는 몇 가지 사항을 살펴보자.

매개변수

코드에 대한 키/값 입력(예: 랜덤 포레스트의 num_trees 또는 max_depth와 같은 하이퍼파라미터)

메트릭

숫잣값(시간 경과에 따라 업데이트 가능) - 예: RMSE 또는 정확도 값

아티팩트

파일, 데이터 및 모델(예: matplotlib 이미지 또는 파케이 파일)

메타데이터

실행된 소스코드 또는 코드 버전에 대한 실행 정보(예: 코드 버전에 대한 깃 커밋 해시 문자열)

모델

학습한 모델

기본적으로 트래킹 서버는 모든 것을 파일 시스템에 기록하지만, 매개변수 및 메트릭과 같이 더 빠른 쿼리가 필요할 때 데이터베이스를 지정[5]할 수 있다. 10장의 랜덤 포레스트 코드에 ML플로 트래킹을 추가해보겠다.

```python
# 파이썬 예제
from pyspark.ml import Pipeline
from pyspark.ml.feature import StringIndexer, VectorAssembler
from pyspark.ml.regression import RandomForestRegressor
from pyspark.ml.evaluation import RegressionEvaluator

filePath = """/databricks-datasets/learning-spark-v2/sf-airbnb/
sf-airbnb-clean.parquet"""
airbnbDF = spark.read.parquet(filePath)
(trainDF, testDF) = airbnbDF.randomSplit([.8, .2], seed=42)

categoricalCols = [field for (field, dataType) in trainDF.dtypes
                   if dataType == "string"]
indexOutputCols = [x + "Index" for x in categoricalCols]
stringIndexer = StringIndexer(inputCols=categoricalCols,
                              outputCols=indexOutputCols,
                              handleInvalid="skip")

numericCols = [field for (field, dataType) in trainDF.dtypes
               if ((dataType == "double") & (field != "price"))]
assemblerInputs = indexOutputCols + numericCols
vecAssembler = VectorAssembler(inputCols=assemblerInputs,
                               outputCol="features")

rf = RandomForestRegressor(labelCol="price", maxBins=40, maxDepth=5,
                           numTrees=100, seed=42)

pipeline = Pipeline(stages=[stringIndexer, vecAssembler, rf])
```

ML플로로 로깅을 시작하려면 mlflow.start_run()을 사용하여 실행을 시작해야 한다. mlflow.end_run()을 명시적으로 호출하는 대신, 이 장의 예제에서는 with 절을 사용하여 with 블록의 끝에서 자동으로 실행을 종료한다.

```python
# 파이썬 예제
import mlflow
import mlflow.spark
import pandas as pd
```

---

5 https://mlflow.org/docs/latest/tracking.html#where-runs-are-recorded

```
with mlflow.start_run(run_name="random-forest") as run:
# 로그 매개변수: num_trees 및 max_depth
mlflow.log_param("num_trees", rf.getNumTrees())
mlflow.log_param("max_depth", rf.getMaxDepth())

# 로그 모델
pipelineModel = pipeline.fit(trainDF)
mlflow.spark.log_model(pipelineModel, "model")

# 로그 메트릭: RMSE 및 R2
predDF = pipelineModel.transform(testDF)
regressionEvaluator = RegressionEvaluator(predictionCol="prediction",
                                          labelCol="price")
rmse = regressionEvaluator.setMetricName("rmse").evaluate(predDF)
r2 = regressionEvaluator.setMetricName("r2").evaluate(predDF)
mlflow.log_metrics({"rmse": rmse, "r2": r2})

# 로그 아티팩트: 기능 중요도 점수
rfModel = pipelineModel.stages[-1]
pandasDF = (pd.DataFrame(list(zip(vecAssembler.getInputCols(),
                              rfModel.featureImportances)),
                    columns=["feature", "importance"])
        .sort_values(by="importance", ascending=False))

# 먼저 로컬 파일 시스템에 쓴 다음 ML플로에 해당 파일을 찾을 위치를 알려준다.
pandasDF.to_csv("feature-importance.csv", index=False)
mlflow.log_artifact("feature-importance.csv")
```

터미널에서 `mlflow ui`를 실행하고 **http://localhost:5000/**으로 이동하여 액세스할 수 있는 ML플로 UI를 살펴보자. 그림 11-3은 UI의 스크린샷을 보여준다.

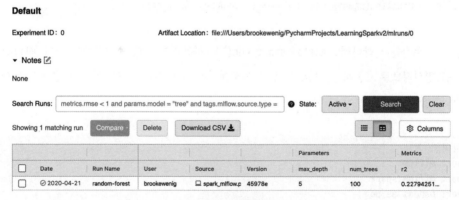

그림 11-3 ML플로 UI

UI는 주어진 실험에 대한 모든 실행을 저장한다. 모든 실행을 검색하고, 특정 기준을 충족하는 항목을 필터링하고, 실행을 나란히 비교하는 등의 작업을 수행할 수 있다. 원하는 경우 내용을 CSV 파일로 내보내 로컬에서 분석할 수도 있다. UI에서 'random-forest'라는 실행을 클릭해보자. 그러면 그림 11-4와 같은 화면이 보이게 된다.

그림 11-4 랜덤 포레스트 실행

사용자는 이 ML플로 실행에 사용된 소스 코드뿐 아니라 해당하는 모든 매개변수, 메트릭 등을 트래킹한다는 것을 알 수 있다. 이 실행에 대한 메모를 태그와 같이 자유롭게 텍스트로 추가할 수 있다. 실행이 완료된 후에는 매개변수 또는 메트릭은 수정할 수 없다.

사용자는 **ML플로 클라이언트** 또는 REST API를 사용하여 트래킹 서버를 쿼리할 수도 있다.

```
# 파이썬 예제
from mlflow.tracking import MlflowClient

client = MlflowClient()
runs = client.search_runs(run.info.experiment_id,
                          order_by=["attributes.start_time desc"],
```

```
                    max_results=1)

run_id = runs[0].info.run_id
runs[0].data.metrics
```

그러면 다음과 같은 출력이 생성된다.

```
{'r2': 0.22794251914574226, 'rmse': 211.5096898777315}
```

이 코드는 이 책의 깃허브 저장소에 ML플로 프로젝트[6]로 호스팅되어 있으므로 `max_depth` 및 `num_trees`에 대해 다른 하이퍼파라미터값으로 실험을 실행할 수 있다. ML플로 프로젝트 내의 YAML 파일은 이 코드가 다른 환경에서 실행될 수 있도록 라이브러리 종속성을 지정해야 한다.

```
# 파이썬 예제
mlflow.run(
  "https://github.com/databricks/LearningSparkV2/#mlflow-project-example",
  parameters={"max_depth": 5, "num_trees": 100})

# 또는 커맨드 라인에서 실행
mlflow run https://github.com/databricks/LearningSparkV2/#mlflow-project-example
-P max_depth=5 -P num_trees=100
```

실험을 트래킹하고 재현해 보았으므로 이제 MLlib 모델에 사용할 수 있는 다양한 배포 옵션에 대해 논의해보자.

MLlib을 사용한 모델 배포 옵션

머신러닝 모델의 배포는 조직과 사용 사례에 따라 다르다는 것을 의미한다. 비즈니스 제약 조건은 대기 시간, 처리량, 비용 등에 대한 다양한 요구사항을 부과하며, 이는 배치, 스트리밍, 실시간 또는 모바일/임베디드 등과 같은 당면한 작업에 적합한 배포 모드를 결정한다. 모바일/임베디드 시스템에 모델을 배포하는 것은 이 책의 범위를 벗어나므로 주로 다른 옵션에 초점을 맞출 것이다. 표 11-1은 세 가지 예측 모델의 배포 옵션에 대해서 처리량[7] 및 대기 시간[8]의 트레이드 오프를 보여준다. 동시 요청 수와 요청의 크기를 모두 고려하였고 결과적으로 솔루션은 좀 달라 보일 수 있다.

---

6   https://mlflow.org/docs/latest/projects.html

7   https://en.wikipedia.org/wiki/Network_throughput

8   https://en.wikipedia.org/wiki/Latency_(engineering)

표 11-1 배치, 스트리밍 및 실시간 비교

	처리량	지연시간	애플리케이션 예제
배치	높음	높음(몇 시간에서 며칠)	고객 이탈 예측
스트리밍	중간	중간(몇 초에서 몇 분)	동적 가격 책정
실시간	낮음	낮음(몇 밀리초)	온라인 광고 입찰

배치 처리는 정기적인 일정에 따라 예측을 생성하고, 다른 곳에 제공될 결과를 영구 저장소에 기록한다. 예정된 실행 중에만 컴퓨팅 비용을 지불하면 되므로 일반적으로 가장 저렴하고 쉬운 배포 옵션이다. 배치 처리는 모든 예측 작업이 분할되어서 누적되는 오버헤드가 적기 때문에 데이터 포인트당 훨씬 더 효율적이다. 스파크의 경우에는 드라이버와 실행기 사이에 앞뒤로 통신하는 오버헤드 때문에 특히 영향도가 크다(한번에 하나의 데이터 포인트를 가지고 예측 결과를 만들고 싶지 않을 것이다!). 그러나 주요 단점은 일반적으로 다음 예측 배치를 생성하기 위해 몇 시간 또는 며칠로 예약되기 때문에 지연 시간이 있다는 것이다.

스트리밍은 처리량과 대기 시간 간의 적절한 균형을 제공한다. 마이크로 데이터 배치에 대해 지속적으로 예측하고 몇 초에서 몇 분 만에 예측을 얻을 수 있다. 정형화 스트리밍을 사용하는 경우 거의 모든 코드가 배치 사용 사례와 동일하게 표시되므로 이 두 옵션 사이를 쉽게 오갈 수 있다. 스트리밍을 사용하면 지속적으로 가동하고 실행하는 데 사용하는 VM 또는 컴퓨팅 리소스에 대한 비용을 지불해야 하며, 스트림이 내결함성을 유지하고 수신 데이터 스파이크 시에 버퍼링을 제공할 수 있도록 적절한 구성이 되어 있는지 확인해야 한다.

실시간 배포는 처리량보다 대기 시간을 우선시하고 몇 밀리초 만에 예측 결과를 생성한다. 인프라는 로드 밸런싱을 지원해야 하며 수요가 급증하는 경우(예: 휴일에 온라인 상거래 업체의 경우) 많은 동시 요청으로 확장할 수 있어야 한다. 때때로 사람들이 '실시간 배포'라고 말할 때 미리 계산된 예측을 실시간으로 추출하는 것을 의미하지만 여기서는 실시간으로 모델 예측을 **생성**generating하는 것을 의미한다. 실시간 배포는 스파크가 대기 시간 요구사항을 충족할 수 없는 유일한 옵션이므로 이를 사용하려면 스파크 외부로 모델을 내보내야 한다. 예를 들어, 실시간 모델 추론(예: 50ms 미만의 예측 계산)을 위해 REST 엔드포인트를 사용하려는 경우 MLlib은 그림 11-5와 같이 이 애플리케이션에 필요한 대기 시간 요구사항을 충족하지 않는다. 이러한 경우 스파크 밖으로 기능을 준비하고 모델을 가져와야 하는데, 시간이 많이 걸리고 어려울 수 있다.

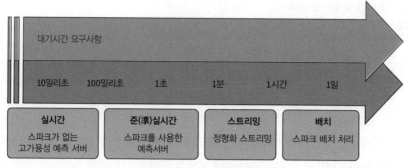

그림 11-5 **MLlib용 배포 옵션**

모델링 프로세스를 시작하기 전에 모델 배포 요구사항을 정의해야 한다. MLlib과 스파크는 도구 상자에 있는 몇 가지 도구에 불과하며 언제 어디에 적용해야 하는지 이해해야 한다. 이 섹션의 나머지 부분에서는 MLlib의 배포 옵션에 대해 더 자세히 논의한 다음, MLlib이 아닌 모델에 대한 스파크의 배포 옵션을 고려할 것이다.

배치

배치 배포는 머신러닝 모델 배포의 대부분의 사용 사례를 나타내며, 이는 틀림없이 구현하기 가장 쉬운 옵션이다. 일반 작업을 실행하여 예측을 생성하고 결과를 다운스트림에서 소비할 수 있도록 테이블, 데이터베이스, 데이터 레이크 등에 저장한다. 사실 10장에서 MLlib을 사용하여 배치 예측을 생성하는 방법을 이미 보았다. MLlib의 model.transform()은 데이터 프레임의 모든 파티션에 병렬로 모델을 적용한다.

```python
# 파이썬 예제
# 플로우를 사용하여 저장된 모델을 로드
import mlflow.spark
pipelineModel = mlflow.spark.load_model(f"runs:/{run_id}/model")

# 예측 생성
inputDF = spark.read.parquet("/databricks-datasets/learning-spark-v2/
  sf-airbnb/sf-airbnb-clean.parquet")

predDF = pipelineModel.transform(inputDF)
```

배치 배포 시 염두에 두어야 할 몇 가지 사항은 다음과 같다.

얼마나 자주 예측을 생성할 것인가?

지연 시간과 처리량 사이에는 균형이 있다. 많은 예측을 일괄 처리하면 더 높은 처리량을 얻을 수 있지만 개별 예측을 수신하는 데 걸리는 시간이 훨씬 길어지고, 이러한 예측에 대해 조치를 취하는 능력이 지연된다.

얼마나 자주 모델을 재교육할 예정인가?

사이킷런이나 텐서플로와 같은 라이브러리와 달리 MLlib은 온라인 업데이트나 웜 스타트를 지원하지 않는다. 최신 데이터를 통합하도록 모델을 다시 훈련시키려면 기존 매개변수를 활용하는 대신 전체 모델을 처음부터 다시 훈련해야 한다. 재훈련 빈도 측면에서 일부 사람들은 모델을 재훈련하기 위해 정규 작업을 설정하고(예: 한 달에 한 번), 다른 사람들은 모델 드리프트를 적극적으로 모니터링[9]하여 재훈련이 필요한 시기를 식별한다.

모델을 어떻게 버전화할 것인가?

ML플로 모델 레지스트리[10]를 사용하여 사용 중인 모델을 트래킹하고 스테이징, 프로덕션 및 아카이브 간에 전환되는 방식을 제어할 수 있다. 그림 11-6에서 모델 레지스트리의 스크린샷을 볼 수 있다. 다른 배포 옵션과 함께 모델 레지스트리를 사용할 수도 있다.

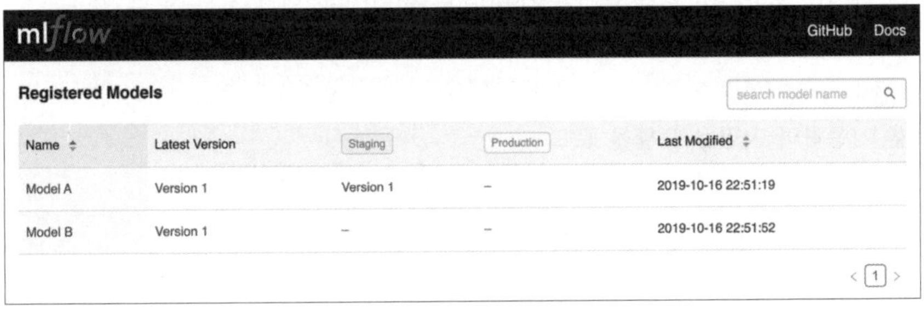

그림 11-6 **ML플로 모델 레지스트리**

또한 ML플로 UI를 사용하여 모델을 관리하는 것 외에도 프로그래밍 방식으로 관리할 수도 있다. 예를 들어 프로덕션 모델을 등록하면 최신 버전을 검색하는 데 사용할 수 있는 일관된 URI가 있다.

```
# 최신 프로덕션 모델 가져오기
model_production_uri = f"models:/{model_name}/production"
model_production = mlflow.spark.load_model(model_production_uri)
```

---

9   https://databricks.com/blog/2019/09/18/productionizing-machine-learning-from-deployment-to-drift-detection.html

10   https://mlflow.org/docs/latest/model-registry.html

스트리밍

정형화 스트리밍은 데이터를 처리하고 예측을 생성하기 위해 시간별 또는 야간 작업을 기다리는 대신 들어오는 데이터에 대한 추론을 지속적으로 수행할 수 있다. 이 접근 방식은 컴퓨팅 시간에 대해 지속적으로 비용을 지불해야 하므로(그리고 더 낮은 처리량을 얻으므로) 배치 솔루션보다 비용이 많이 들지만 예측을 더 자주 생성하여 더 빠른 조치를 취할 수 있다는 추가 이점을 얻을 수 있다. 일반적으로 스트리밍 솔루션은 배치 솔루션보다 유지 관리 및 모니터링이 더 복잡하지만 대기 시간은 더 짧다.

스파크를 사용하면 배치 예측을 스트리밍 예측으로 매우 쉽게 변환할 수 있으며 거의 모든 코드가 동일하다. 유일한 차이점은 데이터를 읽을 때 spark.read() 대신 spark.readStream()을 사용하고 데이터 소스를 변경해야 한다는 것이다. 다음 예제에서는 파케이 파일 디렉터리에서 데이터를 스트리밍하여 스트리밍 데이터 읽기를 시뮬레이션한다. 스트리밍 데이터로 작업할 때 스키마를 먼저 정의해야 하기 때문에 파케이 파일로 작업하고 있지만 **스키마**를 지정하고 있음을 알 수 있다. 이 예에서 우리는 이러한 스트리밍 예측을 수행하기 위해 이전 장의 에어비앤비 데이터 세트에 대해 훈련된 랜덤 포레스트 모델을 사용할 것이다. ML플로를 사용하여 저장된 모델을 로드한다. 소스 파일을 100개의 작은 파케이 파일로 분할하여 모든 트리거 간격마다 출력이 변경되는 것을 볼 수 있다.

```
# 파이썬 예제
# ML플로를 사용하여 저장된 모델을 로드
pipelineModel = mlflow.spark.load_model(f"runs:/{run_id}/model")

# 시뮬레이션된 스트리밍 데이터를 셋업
repartitionedPath = "/databricks-datasets/learning-spark-v2/sf-airbnb/
  sf-airbnb-clean-100p.parquet"
schema = spark.read.parquet(repartitionedPath).schema

streamingData = (spark
                 .readStream
                 .schema(schema) # 이 방식으로 스키마를 설정할 수 있음
                 .option("maxFilesPerTrigger", 1)
                 .parquet(repartitionedPath))

# 예측 생성
streamPred = pipelineModel.transform(streamingData)
```

이러한 예측을 생성한 후 나중에 다시 가져오기 위해 어떤 위치에도 쓸 수 있다(정형화 스트리밍 팁은 8장 참고). 보다시피 코드는 배치 시나리오와 스트리밍 시나리오 간에 거의 변경되지 않으므로 MLlib은 두 시나리오 모두에 훌륭한 솔루션이다. 그러나 작업의 지연 시간 요구사항에 따라 MLlib이 최선의 선택이 아닐 수도 있다. 스파크를 사용하면 쿼리 계획을 생성하고 드라이버와 실행기 간에 작업 및

결과를 전달하는 데 상당한 오버헤드가 있다. 따라서 지연 시간이 매우 짧은 예측이 필요한 경우 스파크에서 모델을 내보내야 한다.

> **준-실시간**
>
> 사용 사례에 수백 밀리초에서 몇 초 정도의 예측이 필요한 경우, MLlib을 사용하여 예측을 생성하는 예측 서버를 구축할 수 있다. 이것은 매우 적은 양의 데이터를 처리하기 때문에 스파크의 이상적인 사용 사례는 아니지만 스트리밍 또는 배치 솔루션보다 대기 시간이 짧다.

실시간 추론을 위한 모델 내보내기 패턴

사기 탐지, 광고 추천 등 실시간 추론이 필요한 일부 영역이 있다. 적은 수의 레코드로 예측을 수행하면 실시간 추론에 필요한 짧은 대기 시간을 달성할 수 있지만 지연 시간이 중요한 작업에서 로드 밸런싱(많은 동시 요청 처리)과 지리적 위치와 싸워야 한다. 짧은 지연 시간을 제공하는 관리형 서비스 중에서는 **Amazon** 세이지메이커Amazon SageMaker[11] 및 **Azure ML**[12]과 같은 솔루션이 인기가 높다. 이 섹션에서는 해당 서비스에 배포할 수 있도록 MLlib 모델을 내보내는 방법을 보여줄 것이다.

스파크에서 모델을 내보내는 한 가지 방법은 기본적으로 파이썬, C 등으로 모델을 다시 구현하는 것이다. 모델의 계수를 추출하는 것이 간단해 보일 수 있으나 모든 피처 엔지니어링 및 전처리 단계를 함께 내보내는 것(`OneHotEncoder`, `VectorAssembler` 등)은 굉장히 번거롭고 오류가 발생하기 쉽다.

MLeap[13] 및 **ONNX**[14]와 같은 몇 가지 오픈소스 라이브러리가 있어 지원되는 MLlib 모델 하위 집합을 자동으로 내보내 스파크에 대한 종속성을 제거할 수 있다. 그러나 이 글을 쓰는 시점에서 MLeap을 개발한 회사는 더 이상 MLeap을 지원하지 않고, MLeap 자체는 아직 스칼라 2.12/스파크 3.0을 지원하지 않는다.

반면에 **ONNX**Open Neural Network Exchange는 머신러닝 상호 운용성을 위한 사실상의 공개 표준이 되었다. 아마도 PMML(예측 모델 마크업 언어)과 같은 다른 ML 상호 운용성 형식을 기억하는 사람이 있겠지만, 현재는 ONNX와 같이 성장할 만한 힘을 얻지는 못했다. ONNX는 개발자가 라이브러리와 언어 사이를 쉽게 전환할 수 있도록 하는 도구로 딥러닝 커뮤니티에서 매우 인기가 있으며 이 글을 쓰는 시점에서 ONNX는 MLlib에 대하여 실험적인 지원을 제공한다.

---

11 https://aws.amazon.com/sagemaker

12 https://azure.microsoft.com/en-us/services/machine-learning/

13 https://mleap-docs.combust.ml

14 https://onnx.ai

MLlib 모델을 내보내는 대신, XGBoost[15] 및 H2O.ai의 스파클링 워터Sparkling Water[16](이름은 H_2O와 스파크의 조합에서 파생됨)와 같은 스파크와 통합될 수 있는 다른 써드파티 라이브러리도 실시간 시나리오에서 배포하기 편리하게 되어 있다.

XGBoost는 구조화된 데이터 문제에 대한 캐글Kaggle 대회[17]에서 가장 성공적인 알고리즘[18] 중 하나이며 데이터 과학자들 사이에서 매우 인기 있는 라이브러리다. XGBoost는 기술적으로 MLlib의 일부는 아니지만 XGBoost4J-Spark 라이브러리[19]를 사용하면 분산된 XGBoost를 MLlib 파이프라인에 통합할 수 있다. XGBoost의 이점은 배포가 쉽다는 것이다. 아래 설명된 대로 MLlib 파이프라인을 훈련한 후, XGBoost 모델을 추출하고 파이썬에서 제공하기 위해 비스파크 모델로 저장할 수 있다.

```scala
// 스칼라 예제
val XGBoostModel =
  XGBoostPipelineModel.stages.last.asInstanceOf[XGBoostRegressionModel]
XGBoostModel.nativeBooster.saveModel(nativeModelPath)
```

```python
# 파이썬 예제
import XGBoost as xgb
bst = xgb.Booster({'nthread': 4})
bst.load_model("XGBoost_native_model")
```

 이 글을 쓰는 시점에서 배포된 XGBoost API는 자바/스칼라에서만 사용할 수 있다. 전체 예제는 이 책의 깃허브 저장소(https://github.com/databricks/LearningSparkV2)에 포함되어 있다.

실시간 제공 환경에서 사용하기 위해 MLlib 모델을 내보내는 다양한 방법에 대해 배웠으므로 이제 MLlib이 아닌 모델에 Spark를 활용하는 방법에 대해 논하겠다.

비MLlib 모델에 스파크 활용

앞서 언급했듯이 MLlib이 항상 머신러닝 요구사항에 가장 적합한 솔루션은 아니다. 대기 시간이 매우 짧은 추론 요구사항을 충족하지 않거나 사용하려는 알고리즘에 대한 기본 제공 지원이 없을 수 있다. 이러한 경우에도 스파크는 활용할 수 있지만 MLlib은 사용할 수 없다. 이 섹션에서는 스파크를

---

15 https://xgboost.readthedocs.io/en/latest/
16 https://h2o.ai/products/h2o-sparkling-water/
17 https://www.kaggle.com
18 https://www.import.io/resources/
19 https://xgboost.readthedocs.io/en/latest/jvm/xgboost4j_spark_tutorial.html

사용하여 판다스 UDF를 사용하여 단일 노드 모델의 분산 추론을 수행하고, 하이퍼파라미터 조정을 수행하고, 피처 엔지니어링을 확장하는 방법에 대해 설명하겠다.

판다스 UDF

MLlib은 모델의 분산 교육을 하는 데 아주 좋지만, 스파크를 사용하여 배치 또는 스트리밍 예측을 수행하는 데 있어서 MLlib만 사용하는 것에 제한되지는 않는다. 알려진 사전에 훈련된 모델을 대규모로 적용하기 위해 사용자 정의 함수(5장에서 다룬 UDF)를 생성할 수 있다. 일반적인 사용 사례는 단일 머신에서 사이킷런 또는 텐서플로 모델을 데이터의 하위 집합으로 빌드하고 스파크를 사용하여 전체 데이터 세트에 대해 분산 추론을 수행하는 것이다.

파이썬에서 데이터 프레임의 각 레코드에 모델을 적용하기 위해 고유한 UDF를 정의하는 경우 5장에서 설명한 것처럼 최적화된 직렬화 및 역직렬화를 위해 판다스 UDF[20]를 선택해야 한다. 그러나 모델이 너무 큰 경우 판다스 UDF가 동일한 파이썬 워커 프로세스의 모든 배치에 대해 동일한 모델을 반복적으로 로드하는 데 있어서 오버헤드가 크다. 스파크 3.0에서 판다스 UDF는 pandas.Series 또는 pandas.DataFrame의 반복자를 허용하므로 모든 시리즈에 대해 모델을 반복하여 로드하는 대신 모델을 한 번만 로드하면 된다. 판다스 UDF가 포함된 아파치 스파크 3.0의 새로운 기능에 대한 자세한 내용은 12장을 참고한다.

 워커가 모델을 처음 로드한 후 모델 가중치를 캐시한 경우, 동일한 모델을 로드해서 같은 UDF의 후속 호출이 훨씬 빨라진다.

다음 예에서는 스파크 3.0에 도입된 mapInPandas()를 사용하여 **사이킷런** 모델을 에어비앤비 데이터 세트에 적용할 것이다. mapInPandas()는 pandas.DataFrame의 반복자를 입력으로 취하고 pandas.DataFrame의 다른 반복자를 출력한다. 모델에 입력으로 모든 열이 필요한 경우에는 유연하고 사용하기 쉽지만 전체 데이터 프레임의 직렬화/역직렬화(입력으로 전달됨)가 필요하다. spark.sql.execution.arrow.maxRecordsPerBatch 구성으로 각 pandas.DataFrame의 크기를 제어할 수 있다. 모델을 생성하는 코드의 전체 복사본은 이 책의 깃허브 저장소[21]에서 사용할 수 있지만 여기서는 ML플로에서 저장된 사이킷런 모델을 로드하고, 이를 스파크 데이터 프레임에 적용하는 데 중점을 둘 것이다.

```
# 파이썬 예제
import mlflow.sklearn
```

---

20 https://databricks.com/blog/2017/10/30/introducing-vectorized-udfs-for-pyspark.html
21 https://github.com/databricks/LearningSparkV2

```
import pandas as pd

def predict(iterator):
  model_path = f"runs:/{run_id}/random-forest-model"
  model = mlflow.sklearn.load_model(model_path) # 모델 로드
  for features in iterator:
    yield pd.DataFrame(model.predict(features))

df.mapInPandas(predict, "prediction double").show(3)

+-----------------+
|       prediction|
+-----------------+
|  90.4355866254844|
| 255.3459534312323|
|  499.625544914651|
+-----------------+
```

판다스 UDF를 사용하여 대규모로 모델을 적용하는 것 외에도 여러 모델을 구축하는 프로세스를 병렬화하는 데 사용할 수도 있다. 예를 들어 각 IoT 장치 유형에 대한 모델을 구축하여 실패 시간을 예측할 수 있다. 이 작업에 pyspark.sql.GroupedData.applyInPandas()(Spark 3.0에 도입됨)를 사용할 수 있다. 이 함수는 pandas.DataFrame을 사용하고 다른 pandas.DataFrame을 반환한다. 이 책의 깃허브 저장소에는 IoT 장치 유형별로 모델을 빌드하고, ML플로로 개별 모델을 트래킹하는 전체 코드 예제가 포함되어 있다. 간결함을 위해 여기에는 스니펫만 포함되어 있다.

```
# 파이썬 예제
df.groupBy("device_id").applyInPandas(build_model, schema=trainReturnSchema)
```

groupBy()는 데이터 세트의 전체 셔플을 발생시키며 각 그룹의 데이터와 모델이 단일 시스템에 맞을 수 있는지 확인해야 한다. 사용자 중 일부는 pyspark.sql.GroupedData.apply()(예: df.groupBy("device_id").apply(build_model))에 익숙할 수 있지만 해당 API는 pyspark sql. GroupedData.applyInPandas()를 위해 Spark의 향후 릴리스에서 더이상 사용되지 않는다.

분산 추론을 수행하고 모델 구축을 병렬화하기 위해 UDF를 적용하는 방법을 살펴보았으므로 이제 분산 하이퍼파라미터 조정을 위해 스파크를 사용하는 방법을 살펴보겠다.

분산 하이퍼파라미터 조정을 위한 스파크

분산 추론을 수행할 의도가 없거나 MLlib의 분산 훈련 기능이 필요하지 않더라도 분산 하이퍼파라미터 조정을 위해 스파크를 활용할 수 있다. 이 섹션에서는 특히 두 개의 오픈소스 라이브러리인 잡

립Joblib와 하이퍼옵트Hyperopt를 다룰 것이다.

Joblib

문서에 따르면 잡립Joblib[22]은 '파이썬에서 경량 파이프라이닝을 제공하는 도구 세트'라고 한다. 스파크 클러스터에서 작업을 배포하는 스파크 백엔드가 있다. 잡립은 데이터 복사본을 모든 작업자에게 자동으로 브로드캐스트하므로 하이퍼파라미터 조정에 사용할 수 있다. 이를 통해 여러 모델을 병렬로 훈련하고 평가할 수 있다. 단일 모델과 모든 데이터가 단일 시스템에 맞아야 한다는 근본적인 한계가 여전히 있지만 그림 11-7에서와 같이 하이퍼파라미터 검색을 간단하게 병렬화할 수 있다.

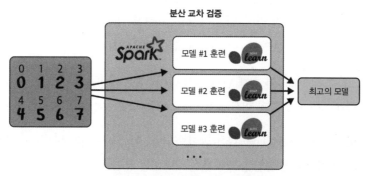

그림 11-7 분산 하이퍼파라미터 검색

잡립을 사용하려면 `pip install joblibspark`를 통해 설치하면 된다. 사이킷런 버전 0.21 이상 및 파이스파크 버전 2.4.4 이상을 사용하고 있는지 확인하여야 한다. 분산 교차 검증을 수행하는 방법의 예가 여기에 나와 있으며 동일한 접근 방식이 분산 하이퍼파라미터 조정에도 적용된다.

```
# 파이썬 예제
from sklearn.utils import parallel_backend
from sklearn.ensemble import RandomForestRegressor
from sklearn.model_selection import train_test_split
from sklearn.model_selection import GridSearchCV
import pandas as pd
from joblibspark import register_spark

register_spark() # 스파크 백엔드 등록

df = pd.read_csv("/dbfs/databricks-datasets/learning-spark-v2/sf-airbnb/
  sf-airbnb-numeric.csv")
X_train, X_test, y_train, y_test = train_test_split(df.drop(["price"], axis=1),
  df[["price"]].values.ravel(), random_state=42)

rf = RandomForestRegressor(random_state=42)
```

22 https://github.com/joblib/joblib

```
param_grid = {"max_depth": [2, 5, 10], "n_estimators": [20, 50, 100]}
gscv = GridSearchCV(rf, param_grid, cv=3)

with parallel_backend("spark", n_jobs=3):
  gscv.fit(X_train, y_train)
print(gscv.cv_results_)
```

교차 유효성 검사기에서 반환된 매개 변수에 대한 설명은 사이킷런 GridSearchCV 문서[23]를 참고한다.

하이퍼옵트

하이퍼옵트Hyperopt[24]는 '실제 값, 이산 및 조건부 차원을 포함할 수 있는 어색한 검색 공간에 대한 직렬 및 병렬 최적화'를 위한 파이썬 라이브러리다. `pip install hyperopt`를 통해 설치할 수 있다. 아파치 스파크로 하이퍼옵트를 확장[25]하는 두 가지 주요 방법이 있다.

- 분산 교육 알고리즘(예: MLlib)과 함께 단일 머신 하이퍼옵트 사용
- SparkTrials 클래스와 함께 단일 머신 교육 알고리즘과 함께 분산 하이퍼옵트 사용

전자의 경우 하이퍼옵트와 함께 MLlib을 다른 라이브러리와 함께 사용하기 위해 구성해야 하는 특별한 것은 없다. 따라서 후자의 경우인 단일 노드 모델을 사용하는 분산 하이퍼옵트를 살펴보겠다. 안타깝게도 이 글을 쓰는 시점에서는 분산 하이퍼파라미터 평가를 분산 교육 모델과 결합할 수 없다. 케라스[26] 모델에 대한 하이퍼파라미터 검색을 병렬화하기 위한 전체 코드 예제는 책의 깃허브 저장소[27]에서 찾을 수 있다. 하이퍼옵트의 주요 구성요소를 설명하기 위해 여기에 포함된 스니펫을 아래에서 확인하자.

```
# 파이썬 예제
import hyperopt

best_hyperparameters = hyperopt.fmin(
  fn = training_function,
  space = search_space,
  algo = hyperopt.tpe.suggest,
  max_evals = 64,
  trials = hyperopt.SparkTrials(parallelism=4))
```

`fmin()`은 `training_function`에 사용할 새로운 하이퍼파라미터 구성을 생성하고 이를 SparkTrials에 전달한다. SparkTrials는 이러한 훈련 작업의 배치를 각 스파크 실행기에서 단일 작업 스파크 작

---

23 https://scikit-learn.org/stable/modules/generated/sklearn.model_selection.GridSearchCV.html

24 https://github.com/hyperopt/hyperopt

25 http://hyperopt.github.io/hyperopt/scaleout/spark/

26 https://www.tensorflow.org/api_docs/python/tf/keras

27 https://github.com/databricks/LearningSparkV2

업으로 병렬 실행한다. 스파크 작업이 완료되면 결과와 해당 손실을 드라이버에 반환한다. 하이퍼옵트는 이러한 새로운 결과를 사용하여 향후 작업을 위한 더 나은 하이퍼파라미터 구성을 계산한다. 이를 통해 하이퍼파라미터 튜닝을 대규모로 확장할 수 있다. ML플로는 또한 하이퍼옵트와 통합되므로 하이퍼파라미터 조정의 일부로 훈련한 모든 모델의 결과를 트래킹할 수 있다.

SparkTrials의 중요한 매개변수는 parallelism이다. 이는 동시에 평가할 최대 시도 횟수를 결정한다. parallelism=1이면 각 모델을 순차적으로 훈련하지만 적응 알고리즘을 최대한 활용하여 더 나은 모델을 얻을 수 있게 된다. parallelism=max_evals(훈련할 총 모델 수)를 설정하면 무작위 검색을 수행하는 것이다. 1과 max_evals 사이의 숫자를 사용하면 확장성과 적응성 간에 균형을 유지할 수 있다. 기본적으로 **병렬** 처리는 스파크의 실행기 수로 설정된다. fmin()이 허용되는 최대 시간(초)을 제한하기 위해 **시간초과**timeout를 지정할 수도 있다.

MLlib이 풀고자 하는 과제에 적합하지 않더라도 모든 머신러닝 작업에서 스파크를 사용하는 것의 가치를 볼 수 있기를 바란다.

코알라스(Koalas)

판다스[28]는 파이썬에서 매우 인기 있는 데이터 분석 및 조작 라이브러리이지만 단일 시스템에서 실행하는 것으로 제한된다. 코알라스(https://github.com/databricks/koalas)는 아파치 스파크 위에 판다스 데이터 프레임 API를 구현하여 판다스에서 스파크로의 전환을 용이하게 하는 오픈소스 라이브러리다. pip install koalas로 설치한 다음, 코드의 pd(판다스) 로직을 ks(코알라스)로 바꾸면 된다. 이렇게 하면 파이스파크에서 코드베이스를 완전히 다시 작성할 필요 없이 판다스로 분석을 확장할 수 있다. 다음은 판다스 코드를 코알라스로 변경하는 방법의 예다 (파이스파크가 이미 설치되어 있어야 함).

```
# 판다스 예제
import pandas as pd
pdf = pd.read_csv(csv_path, header=0, sep=";", quotechar='"')
pdf["duration_new"] = pdf["duration"] + 100

# 코알라스 예제
import databricks.koalas as ks
kdf = ks.read_csv(file_path, header=0, sep=";", quotechar='"')
kdf["duration_new"] = kdf["duration"] + 100
```

코알라스는 궁극적으로 모든 판다스 기능을 구현하는 것을 목표로 하지만 모든 기능이 아직 구현되지는 않았다. 코알라스가 제공하지 않는 필요한 기능이 있는 경우 kdf.to_spark()를 호출하여 언제든지 Spark API를 사용하도록 전환할 수 있다. 또는 kdf.to_pandas()를 호출하여 데이터를 드라이버로 가져오고 판다스 API를 사용할 수 있다(데이터 세트가 충분히 크지 않으면 드라이버가 충돌할 수 있으므로 주의하라!).

---

28 https://pandas.pydata.org/pandas-docs/stable/

요약

이 장에서는 머신러닝 파이프라인을 관리하고 배포하기 위한 다양한 모범 사례를 다루었다. ML플로가 실험을 트래킹 및 재현하고 코드와 종속성을 패키징하여 다른 곳에 배포하는 방법을 확인했다. 또한 배치, 스트리밍 및 실시간과 같은 주요 배포 옵션과 관련 장단점에 대해서도 논의했다. MLlib은 대규모 모델 교육 및 배치/스트리밍 사용 사례를 위한 환상적인 솔루션이지만 작은 데이터 세트를 실시간으로 추론하는 단일 노드 모델을 능가하지는 않는다. 배포 요구사항은 사용할 수 있는 모델 및 프레임워크 유형에 직접적인 영향을 미치므로 모델 구축 프로세스를 시작하기 전에 이러한 요구 사항을 논의하는 것이 중요하다.

다음 장에서는 스파크 3.0의 몇 가지 주요한 새 기능과 이를 스파크 워크로드에 통합하는 방법을 강조할 것이다.

12

에필로그:
아파치 스파크 3.0

이 책을 집필하는 시점은 아파치 스파크 3.0이 공식적으로 릴리스된 상태는 아니다.[1] 3.0은 여전히 개발 중인 상태이며 현재는 스파크 3.0.0-preview2 버전 작업 중이다. 이 책의 모든 코드 샘플은 3.0.0-preview2에서 테스트되었으며 3.0 공식 릴리스가 나오더라도 전혀 차이 없이 실행될 것이다. 그리고 관련 챕터들에서 가능할 때마다 어떤 기능들이 스파크 3.0에서 새로 추가된 것인지 언급했었다. 이 장에서는 그 변화들을 종합적으로 살펴볼 것이다.

버그 수정과 기능 개선 내역이 많으므로 간략하게 주목할 만한 내용들과 스파크 컴포넌트에 관련된 사항들 위주로 다룬다. 새로운 기능들 중 일부는 내부적으로 복잡하고 이 책의 범위를 넘어서지만 나중에 찾아볼 수 있도록 여기서 필요할 때 언급은 할 것이다.

스파크 코어와 스파크 SQL

우선 새로운 기능부터 살펴보자. 스파크 코어와 SQL 엔진에서 쿼리 속도를 높이기 위해 많은 기능이 도입되었다. 쿼리를 빠르게 처리하는 한 가지 방법은 동적 파티션 정리를 써서 데이터를 적게 읽는 것이며 다른 방법 하나는 실행 중에 쿼리 실행 계획을 조정하고 최적화하는 것이다.

---

1   [옮긴이] 2022년 3월 현재 이 장의 내용은 2.x와 3.x의 차이를 주로 다루고 있고, 집필 시점의 개발 상황을 다루는 터라 그대로 3.0으로 표기한다.

동적 파티션 정리

동적 파티션 정리Dynamic Partition Pruning, DPP[2]의 아이디어는 쿼리의 결과에 필요 없는 데이터는 처리 없이 넘어가는 것이다. DPP가 적절한 전형적 시나리오는 팩트 테이블(여러 칼럼으로 파티션됨)과 디멘션 dimension 테이블(파티션되지 않음)을 그림 12-1처럼 조인할 때이다. 대개 필터는 파티션되지 않은 쪽의 테이블에 적용된다(우리의 경우는 Date). 예를 들어 두 테이블 Sales와 Date에 대해 공통적인 쿼리를 생각해보자.

```
-- SQL
SELECT * FROM Sales JOIN ON Sales.date = Date.date
```

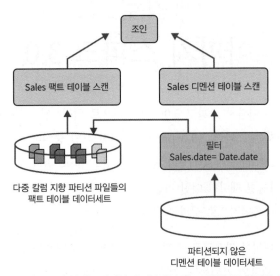

그림 12-1 동적 필터는 디멘션 테이블에서 팩트 테이블로 들어간다.

DPP에서의 핵심 최적화 테크닉은 그림 12-1처럼 디멘션 테이블로부터 필터링한 결과를 가져다가 데이터를 읽어 들이는 범위를 제한하기 위해 팩트 테이블에 스캔 연산의 일부 결과로 집어넣는 것이다.

그림 12-2에서 보는 것처럼 디멘션 테이블이 팩트 테이블보다 작고, 조인을 수행하는 경우에 대해 생각해보자. 이 경우 스파크는 대개 (7장에서 다룬) 브로드캐스트 조인을 시도할 것이다. 이렇게 조인하는 동안 스파크는 더 큰 팩트 테이블에서 읽는 데이터양을 최소화하기 위해 다음 단계들을 수행한다.

조인의 디멘션 쪽에서 스파크는 필터 쿼리의 일부분이 될 해쉬 테이블을 구축할 것이다.

---

2   https://databricks.com/blog/2020/05/13/now-on-databricks-a-technical-preview-of-databricks-runtime-7-including-a-preview-of-apache-spark-3-0.html

스파크는 이 쿼리의 결과를 해시 테이블에 연결하고 이를 브로드캐스트 변수에 할당하며 이는 조인 연산에 관여하는 모든 이그제큐터에 배포될 것이다.

각 이그제큐터에서 스파크는 배포된 해시 테이블을 조사하여 팩트 테이블에서 어떤 데이터들이 관계될지 결정한다.

최종적으로 이 필터를 팩트 테이블 파일 스캔 연산에 동적으로 적용해 브로드캐스트 변수로부터 결과를 재사용한다. 이 방법으로 필터와 맞는 파티션들이 스캔되고 필요한 데이터만 읽힌다.

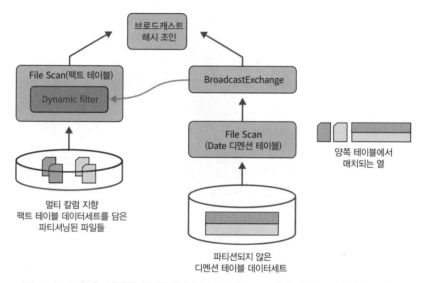

그림 12-2 스파크는 디멘션 테이블 필터를 브로드캐스트 조인 동안 팩트 테이블에 주입한다.

이는 명시적으로 활성화할 필요 없게 기본적으로 활성화되어 있고, 이 모든 것은 두 테이블 사이에서 조인을 수행할 때 동적으로 적용된다. DPP 최적화와 함께 스파크 3.0에서부터는 훨씬 스타 스키마 쿼리에 대해 뛰어난 성능을 보인다.

적응형 쿼리 실행

스파크 3.0에서 쿼리 성능을 최적화하는 또 다른 방법은 실행 중에 물리 실행 계획을 적응시키는 것이다. 적응형 쿼리 실행Adaptive Query Execution, AQE[3]은 쿼리 실행 절차 중에 실행 중 수집된 통계 정보를 기초로 쿼리 계획을 재최적화하고 수정하는 방법이다. 이는 실행 중에 다음과 같은 것들을 시도한다.

- 셔플 파티션 개수를 줄여서 셔플 스테이지에서 리듀서의 개수를 줄인다.

---

3   https://databricks.com/blog/2020/05/29/adaptive-query-execution-speeding-up-spark-sql-at-runtime.html

- 쿼리의 물리 실행 계획을 최적화한다. 예를 들면 SortMergeJoin을 상황에 따라 Broadcast HashJoin으로 바꾼다.
- 조인하는 동안 데이터 스큐를 처리한다.

이 모든 적응형 측정은 실행 계획이 실제 실행되는 사이에 이루어지며 그림 12-3에서 보는 것과 같다. 스파크 3.0에서 AQE를 이용하기 위해서는 spark.sql.adaptive.enabled를 true로 설정하면 된다.

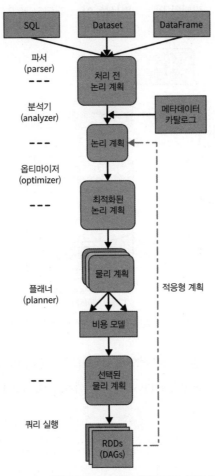

그림 12-3 AQE 는 실행 중 실행 계획을 재검토하고 새로 최적화한다.

AQE 프레임워크

한 쿼리에서의 스파크 연산들은 파이프 라이닝 배치되고 병렬 처리로 실행되지만, 셔플이나 브로드캐스트 교환 같은 경우는 한 스테이지의 결과가 다음 스테이지의 입력이 되어야 하므로 이 파이프라인을 끊게 된다(2장의 '3단계: 스파크 애플리케이션 개념의 이해').[4] 이 끊는 포인트는 쿼리 단계에서

---

4   울긴이 즉, 셔플 등의 상황에서는 여러 스테이지가 동시 실행될 수도 없고, 해당 스테이지가 끝나야만 다음으로 넘어갈 수 있다.

구체화 포인트materialization point라고 불리며 그림 12-4처럼 쿼리를 재검토하고 재최적화할 수 있는 기회라고 볼 수 있다.

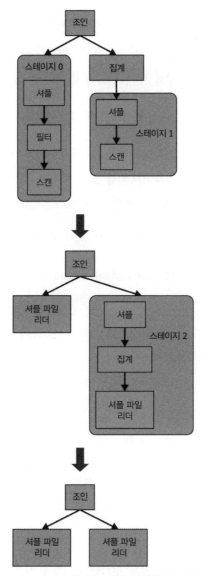

그림 12-4 AQE 프레임워크에서 재최적화된 쿼리 계획

그림에서 묘사한 대로 AQE 프레임워크가 반복적으로 수행하는 개념적 단계를 설명하겠다.

1. 각 스테이지에서 모든 스캔 연산 같은 리프 노드들이 실행된다.

2. 한번 구체화 포인트가 끝나면 완료로 표시되고, 실행 중 수집된 모든 통계 정보들이 논리 계획에 서 갱신된다.

3. 이 통계 정보(읽은 파티션 개수, 읽은 데이터 바이트수 등)에 기반해서 프레임워크는 카탈리스트 옵티마이저를 다시 실행하여 다음 내용들을 수행할 수 있는지 파악한다.

    a. 파티션의 개수를 줄여 셔플 데이터를 읽는 리듀서의 개수를 줄인다.

    b. 소트 머지 조인을 테이블에서 읽어 들이는 데이터 크기에 기반해 브로드캐스트 조인으로 변경한다.

    c. 스큐skew[5] 조인을 해결하고자 시도한다.

    d. 새로운 최적화 논리 계획을 작성하고, 그에 따라 새로운 최적화 물리화 계획을 만든다.

이 내용들은 쿼리 계획이 실행되는 모든 스테이지 동안 계속 반복된다.

간단히 말하면 이 재최적화 과정은 그림 12-3에서 보여준 것처럼 동적으로 동작하며 그 목적은 동적으로 셔플 파티션들을 합치고, 셔플 결과 데이터를 읽기 위해 필요한 리듀서의 개수를 줄이며 적절하게 조인 전략을 변경하면서 스큐 조인을 극복한다.

다음 두 개의 스파크 SQL 설정은 AQE가 어떻게 리듀서의 개수를 줄일지를 결정한다.

- `spark.sql.adaptive.coalescePartitions.enabled`(true로 설정한다)
- `spark.sql.adaptive.skewJoin.enabled`(true로 설정한다)

집필 시점에는 아직 스파크 3.0의 커뮤니티 블로그 문서, 예제 등에 위 내용이 공식적으로 나오진 않았지만 곧 공식 문서에 포함될 것이다.[6] 이런 문서들은 기능들이 내부적으로 어떻게 동작하는지 알고 싶을 때 더 자세한 정보를 얻을 수 있도록 해 준다. 이는 다음에 얘기할 SQL 조인 힌트 지정에 대한 것 또한 마찬가지이다.

SQL 조인 힌트

현재의 BROADCAST 조인 힌트 외에 스파크 3.0에서는 모든 스파크 조인 전략들[7]을 위한 힌트를 추가했다(7장 '스파크 조인의 종류' 참고). 각 조인의 종류에 관한 예제가 아래에 주어질 것이다.

셔플 소트 머지 조인(SMJ)

이 새로운 힌트 기능으로 다음 예제에서 보는 것처럼 테이블 a, b 혹은 `customers`와 `orders`를 조인할 때 SortMergeJoin을 쓰도록 지시할 수 있다. SELECT 문장에서 `/*+ ... */` 주석 안에 하나 이상의 힌트를 줄 수 있다.

---

5   [옮긴이] 스큐(skew)는 특정한 키에 대한 데이터가 너무 많아서 병렬 처리 시 특정 태스크에만 처리할 데이터양이 급증하는 것을 의미한다. 이때 하나 혹은 몇 개의 CPU 코어만 계속 돌게 되고, 나머지 CPU는 계속 놀고 있는 현상이 발생한다.

6   [옮긴이] 현재는 Performance Tuning 부분에 내용이 들어가 있다.

7   https://github.com/apache/spark/blob/master/sql/core/src/main/scala/org/apache/spark/sql/execution/SparkStrategies.scala#L111

```
SELECT /*+ MERGE(a, b) */ id FROM a JOIN b ON a.key = b.key
SELECT /*+ MERGE(customers, orders) */ * FROM customers, orders WHERE
    orders.custId = customers.custId
```

브로드캐스트 해시 조인(BHJ)

유사하게 브로드캐스트 해시 조인에서는 스파크가 브로드캐스트 조인을 선호하도록 힌트를 제공할 수 있다. 예를 들어 아래는 테이블 a와 customers를 브로드캐스트해서 각각 b와 orders와 조인하는 예제이다.

```
SELECT /*+ BROADCAST(a) */ id FROM a JOIN b ON a.key = b.key
SELECT /*+ BROADCAST(customers) */ * FROM customers, orders WHERE
    orders.custId = customers.custId
```

셔플 해시 조인(SHJ)

비슷한 방식으로 셔플 해시 조인 수행을 위한 힌트 또한 제공이 가능하나 이는 앞의 두 가지 조인 전략에 비해서는 상대적으로 자주 보이지는 않는다.

```
SELECT /*+ SHUFFLE_HASH(a, b) */ id FROM a JOIN b ON a.key = b.key
SELECT /*+ SHUFFLE_HASH(customers, orders) */ * FROM customers, orders WHERE
    orders.custId = customers.custId
```

셔플-복제 다중 루프 조인(SNLJ)

마지막으로 셔플 복제 다중 루프 조인도 유사한 형태의 문법으로 가능하다.

```
SELECT /*+ SHUFFLE_REPLICATE_NL(a, b) */ id FROM a JOIN b
```

카탈로그 플러그인 API와 데이터 소스 V2(DataSourceV2)

하이브 메타스토어와 카탈로그에만 한정되지 않도록 스파크 3.0의 데이터 소스 V2 API는 스파크 생태계를 확장하고 개발자들에게 세 가지의 핵심 기능을 제공한다.

- 카탈로그와 테이블 관리를 위한 외부 데이터 소스 플러그인 사용이 가능하다.
- 기존에 지원되던 ORC, 파케이, 카프카, 카산드라, 델타 레이크, 아파치 아이스버그 외에도 추가적인 데이터 소스들에 대해 조건절 하부 지원predicate pushdown을 한다.
- 싱크와 소스들에 대한 데이터 소스들의 스트리밍과 배치 처리를 위해 공통적인 API를 지원한다.

스파크의 기능을 외부 소스나 싱크에 대해서도 쓸 수 있게 확장하기를 원하는 개발자들을 대상으로 카탈로그 API는 SQL과 프로그래밍 API 양쪽으로 지정된 플러그인 카탈로그로부터 테이블에 CREATE, ALTER, LOAD, DROP을 할 수 있는 기능을 제공한다. 지정 카탈로그는 그림 12-5처럼 다른 레벨들에서 수행 가능한 기능과 연산들의 정형화 추상화를 지원한다.

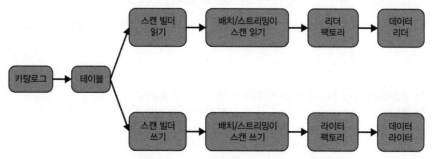

그림 12-5 카탈로그 플러그인 API의 기능들의 정형화 레벨

스파크와 특정 커넥터 사이의 초기 상호작용은 실제 Table 객체와의 관계를 명확히 하는 것이다. Catalog는 어떻게 커넥터에서 테이블들을 찾을 수 있는지를 정의한다. 추가적으로 Catalog는 메타데이터를 어떻게 수정할지 그 방법을 정의하여 CREATE TABLE, ALTER TABLE 같은 연산들을 활성화[8]할 수 있다.

예를 들어 SQL에서 카탈로그를 위한 네임스페이스를 생성하도록 커맨드를 쓸 수도 있다. 플러그인 가능한 카탈로그를 쓰려면 다음 설정을 **spark-defaults.conf** 파일에서 활성화한다.

```
spark.sql.catalog.ndb_catalog com.ndb.ConnectorImpl # connector implementation
spark.sql.catalog.ndb_catalog.option1 value1
spark.sql.catalog.ndb_catalog.option2 value2
```

위에 데이터 소스에 대한 커넥터는 두 가지 옵션을 지정했다(option1은 value1, option2는 value2). 한번 정의하고 나면 스파크나 SQL 사용자는 **DataFrameReader**와 **DataFrameWriter** API 메서드나 스파크 SQL에서 이 옵션들을 데이터 소스를 다루는 데 쓸 수 있다.

```
-- SQL
SHOW TABLES ndb_catalog;
CREATE TABLE ndb_catalog.table_1;
SELECT * from ndb_catalog.table_1;
ALTER TABLE ndb_catalog.table_1
```

---

8   https://issues.apache.org/jira/browse/SPARK-31121

```
// 스칼라
df.writeTo("ndb_catalog.table_1")
val dfNBD = spark.read.table("ndb_catalog.table_1")
  .option("option1", "value1")
  .option("option2", "value2")
```

이 카탈로그 플러그인 API는 스파크가 외부 데이터 소스를 싱크와 소스로 쓸 수 있도록 그 기능을 확장해 주지만 아직은 여전히 실험experimental 단계이며 실제 운영 환경에서 쓰는 것은 추천하지 않는다. 사용에 대한 자세한 안내는 이 책의 범위를 넘어서지만 외부 테이블이나 메타데이터를 외부 데이터 소스에 대한 카탈로그로 쓰기 위해 자체적인 커넥터를 작성하고 싶다면 추가적인 정보를 얻기 위해 릴리스 문서를 살펴보기를 권한다.

 위의 코드 예제는 자신만의 카탈로그 커넥터를 정의하고 구현한 후, 해당 데이터를 접근할 수 있게 된 다음의 예제라고 할 수 있다.

가속 감지 스케줄러

AI와 빅데이터를 동시에 다루기 위한 커뮤니티 주도 프로젝트 하이드로젠[9]은 세 가지의 핵심 목표를 갖는다(배리어 실행 모드 구현, 가속 감지 스케줄링, 데이터 교환 최적화). 배리어 실행 모드[10]는 아파치 스파크 2.4.0에서 이미 도입되었다. 그리고 스파크 3.0에서는 스파크가 배포되는 대상 플랫폼에 GPU 같은 것들이 장착되어 있을 때 하드웨어 가속기의 장점을 누릴 수 있는 기본 스케줄러[11]가 구현되었다.

GPU를 활용 가능한 특수한 워크로드들에서 이 장점을 누리기 원한다면 먼저 설정을 통해 하드웨어 자원을 지정해야 한다. GPU를 스파크 애플리케이션에서 사용 가능하게 하는 세 가지 단계가 다음에 있다.

1. 각 스파크 이그제큐터에서 GPU가 사용 가능한 주소를 찾는 탐색 스크립트를 작성한다. 이 스크립트는 아래 스파크 설정에 지정한다.

```
spark.worker.resource.gpu.discoveryScript=/path/to/script.sh
```

2. 스파크 이그제큐터가 발견된 GPU들을 쓸 수 있게 설정한다.

```
spark.executor.resource.gpu.amount=2
spark.task.resource.gpu.amount=1
```

---

9   https://databricks.com/session/databricks-keynote-2
10 https://issues.apache.org/jira/browse/SPARK-24374
11 https://issues.apache.org/jira/browse/SPARK-24615

3. GPU들을 활용할 수 있도록 RDD 코드를 작성한다.

```
import org.apache.spark.BarrierTaskContext
val rdd = ...
rdd.barrier.mapPartitions { it =>
  val context = BarrierTaskContext.getcontext.barrier()
  val gpus = context.resources().get("gpu").get.addresses
  // launch external process that leverages GPU
  launchProcess(gpus)
}
```

이 단계들은 여전히 실험 중인 상태이며 이후의 스파크 3.x 릴리스에서 커맨드 라인(spark-submit 포함)과 스파크 태스크 수준에서 모두 유연한 GPU 자원 탐색이 가능하게 될 것이다.

정형화 스트리밍

정형화 스트리밍이 실행되는 동안 데이터가 몰리고 한가할 때 잘 대처하는지 살펴보기 위해서 스파크 3.0 UI에서는 7장에서 살펴본 다른 탭들과 함께 정형화 스트리밍 탭 또한 제공한다. 이 탭은 두 종류의 통계 정보를 제공하는데 하나는 완료된 스트리밍 쿼리에 대한 집계 정보(그림 12-6)이며 다른 하나는 입력률, 처리율, 입력 레코드 개수, 배치 실행시간, 연산 시간 같은 자세한 통계정보이다(그림 12-7).

Streaming Query

▼Active Streaming Queries (4)

Name	Status	Id	Run ID	Start Time	Duration	Avg Input /sec	Avg Process /sec	Lastest Batch
display_query_1	RUNNING	0b23d2af-7394-4cc7-9dd0-021d830e77fd	456c184b-46fb-4ce4-87e5-5955d0afd563	2020/06/03 23:01:16	3 minutes 5 seconds	33.98	35.72	24
display_query_4	RUNNING	8311ea6a-07a3-40cf-b469-4aa58e71bc35	0afb8817-691f-416b-9366-ff935138ab33	2020/06/03 23:04:08	14 seconds 385 ms	52.85	61.66	7
display_query_2	RUNNING	156e2285-fe84-4840-9383-824e0d9c5250	88c7a058-85fc-4d10-bdb0-4e1d9db5c8f1	2020/06/03 23:03:43	38 seconds 572 ms	56.29	58.60	19
display_query_3	RUNNING	dc7ea927-5631-4325-	b9945a08-0c4f-4166-	2020/06/03 23:03:55	26 seconds	52.50	57.03	13

그림 12-6 완료된 스트리밍 작업의 집계 통계를 보여주는 정형화 스트리밍 탭

그림 12-7 스크린샷은 Spark 3.0.0-preview2로 찍은 것이다. 최종 릴리스에서는 UI 페이지의 이름 식별자에 쿼리 이름과 ID가 표시되어야 한다.

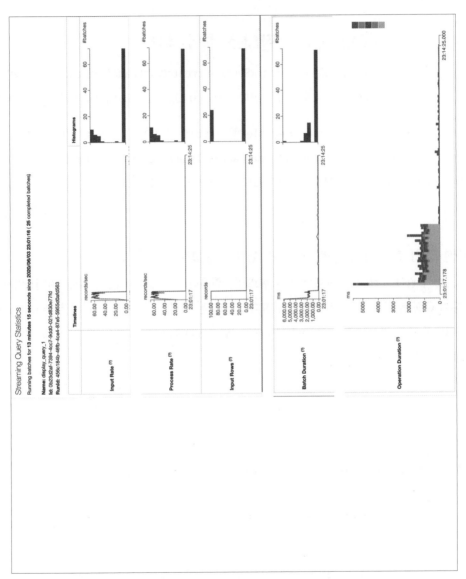

그림 12-7 완료된 스트리밍 잡의 자세한 통계 정보

특별한 설정은 요구하지 않는다.[12] 기본적으로 스파크 3.0 설치에서 다음 사항들이 기본 설정되어 있으므로 무리 없이 동작한다.

---

12 https://github.com/apache/spark/pull/27425/files/e4c3b388f8be051f3ef619f08a636975d1156d0f

- spark.sql.streaming.ui.enabled=true
- spark.sql.streaming.ui.retainedProgressUpdates=100
- spark.sql.streaming.ui.retainedQueries=100

파이스파크, 판다스 UDF, 판다스 함수 API

스파크 3.0은 DataFrame.toPandas()나 SparkSession.createDataFrame(pandas.DataFrame) 같은 판다스Pandas 관련 함수들을 쓰기 위해서는 판다스 버전 0.23.2 혹은 그 이상의 버전을 요구한다.

그리고 spark.sql.execution.arrow.enabled를 true로 설정하고 pandas_udf(), DataFrame.toPandas(), SParkSession.createDataFrame(pandas.DataFrame) 같은 파이애로우PyArrow 기능을 쓰려면 파이애로우 0.12.1이나 이후 버전이 필요하다. 아래에서는 판다스 UDF의 새로운 기능들을 소개하겠다.

파이썬 타입 힌트를 이용한 판다스 UDF 재설계

스파크 3.0의 판다스 UDF는 파이썬 타입 힌트[13]를 활용하도록 재설계되었다. 이는 자연스럽게 평가 타입 없이 UDF를 표현할 수 있게 해준다. 판다스 UDF는 이제 더욱 파이썬스러워졌으며(Pythonic) 스파크 2.4에서 했던 것처럼 @pandas_udf("long", PandasUDFType.SCALAR) 같은 식으로 정의하지 않고도 입력과 출력을 지정할 수 있다.

예제는 다음과 같다.

```
# 스파크 3.0의 판다스 UDF
import pandas as pd
from pyspark.sql.functions import pandas_udf

@pandas_udf("long")
def pandas_plus_one(v: pd.Series) -> pd.Series:
  return v + 1
```

이 새로운 포맷은 정적 분석이 쉽게 가능하다는 점 등 여러 이점이 있다. 이런 새로운 UDF는 이전과 동일한 방식으로 다음처럼 사용 가능하다.

```
df = spark.range(3)
df.withColumn("plus_one", pandas_plus_one("id")).show()
```

---

13 https://databricks.com/blog/2020/05/20/new-pandas-udfs-and-python-type-hints-in-the-upcoming-release-of-apache-spark-3-0.html

```
+---+--------+
| id|plus_one|
+---+--------+
|  0|       1|
|  1|       2|
|  2|       3|
+---+--------+
```

판다스 UDF의 이터레이터 지원

판다스 UDF는 모델을 로드하고 싱글 노드 머신러닝이나 딥러닝 모델들을 위한 분산 추론을 수행하기 위해 꽤 널리 쓰인다. 하지만 단일 모델이 너무 크면 동일한 파이썬 워커 프로세스에서 배치마다 동일한 모델을 반복적으로 로드하는 것은 판다스 UDF에 큰 부담이다.

스파크 3.0에서 판다스 UDF는 pandas.Series나 pandas.DataFrame의 이터레이터를 아래처럼 받아들일 수 있다.[14]

```
from typing import Iterator

@pandas_udf('long')
def pandas_plus_one(iterator: Iterator[pd.Series]) -> Iterator[pd.Series]:
    return map(lambda s: s + 1, iterator)
df.withColumn("plus_one", pandas_plus_one("id")).show()
+---+--------+
| id|plus_one|
+---+--------+
|  0|       1|
|  1|       2|
|  2|       3|
+---+--------+
```

이 기능 지원으로 이제 이터레이터의 모든 시리즈를 로드하는 대신, 모델을 한 번만 로드하면 된다. 다음 가상 코드는 이를 어떻게 하는지 보여준다.

```
@pandas_udf(...)
def predict(iterator):
  model = ... # load model
  for features in iterator:
    yield model.predict(features)
```

---

14 https://issues.apache.org/jira/browse/SPARK-26412

새로운 판다스 함수 API

스파크 3.0은 11장에 소개한 mapInPandas() 같은 칼럼 위주 대신 전체 데이터 프레임에 대해 적용되는 함수를 원할 때 유용한 몇 가지 새로운 타입의 판다스 UDF를 도입했다. 이들은 입력으로 pandas.DataFrame의 이터레이터를 받아들이며 결과로는 pandas.DataFrame의 다른 이터레이터를 돌려준다.

```
def pandas_filter(
    iterator: Iterator[pd.DataFrame]) -> Iterator[pd.DataFrame]:
  for pdf in iterator:
    yield pdf[pdf.id == 1]

df.mapInPandas(pandas_filter, schema=df.schema).show()
+---+
| id|
+---+
|  1|
+---+
```

Pandas.DataFrame의 크기는 spark.sql.execution.arrow.maxRecordsPerBatch 설정 지정으로 제어할 수 있다. 대부분의 판다스 UDF와 달리 입력 사이즈와 출력 사이즈가 동일할 필요는 없다.

 공동그룹cogroup의 모든 데이터는 메모리에 로드되므로 데이터 스큐가 있거나 특정 그룹이 메모리에 들어가기에 너무 크면 곧바로 OOM을 일으킬 수 있다.

스파크 3.0에는 공동그룹화 맵 판다스 UDF가 도입되었다. applyInPandas() 함수는 두 개의 pandas.DataFrame을 받아서 공통 키를 공유하고 함수를 각각의 공동그룹에 적용한다. 결과로 되돌려 주는 pandas.DataFrame들은 하나의 데이터 프레임으로 합쳐진다. mapInPandas()로는 결과 pandas.DataFrame의 길이에 제한은 없다. 예제는 다음과 같다.

```
df1 = spark.createDataFrame(
    [(1201, 1, 1.0), (1201, 2, 2.0), (1202, 1, 3.0), (1202, 2, 4.0)],
    ("time", "id", "v1"))
df2 = spark.createDataFrame(
    [(1201, 1, "x"), (1201, 2, "y")], ("time", "id", "v2"))

def asof_join(left: pd.DataFrame, right: pd.DataFrame) -> pd.DataFrame:
    return pd.merge_asof(left, right, on="time", by="id")

df1.groupby("id").cogroup(
```

```
    df2.groupby("id")
).applyInPandas(asof_join, "time int, id int, v1 double, v2 string").show()
```

```
+----+---+----+---+
|time| id| v1| v2|
+----+---+----+---+
|1201|  1|1.0|  x|
|1202|  1|3.0|  x|
|1201|  2|2.0|  y|
|1202|  2|4.0|  y|
+----+---+----+---+
```

변경된 기능들

스파크 3.0에서 바뀐 모든 기능을 설명하는 것은 이 책을 몇 인치짜리 벽돌로 만들게 될 것이다. 간결함을 위해 여기서는 몇 가지 주목할 만한 것들만 언급하고 전체적이고 자세한 내용들은 릴리스 노트를 참고하길 바라며 남겨놓겠다.

프로그래밍 언어 지원

스파크 3.0부터는 파이썬 3와 JDK 11을 지원하며 스파크 3.2.x부터는 스칼라 2.13을 지원한다. 3.6 이전의 모든 파이썬 버전과 자바 8은 지원 종료deprecated 상태가 된다. 만약 이 지원 종료 버전들을 사용하면 경고 메시지를 보게 될 것이다.

데이터 프레임과 데이터세트 API 변경

스파크의 이전 버전들에서는 데이터세트와 데이터 프레임 API에서 unionAll() 함수를 지원 종료했었으나 스파크 3.0에서는 이것이 다시 복원되고 이제 unionAll()은 union() 함수의 다른 이름으로 존재한다.

그리고 이전 버전들에서 Dataset.groupByKey()는 키가 비정형화 타입(int, string, 배열 등)일 때 키별로 그룹화된 데이터세트를 value라는 가상의 이름으로 칼럼을 만들어서 되돌려 주었다. 따라서 쿼리에서 ds.groupByKey().count()의 집계 결과가 보일 때 전혀 직관적이지 않은 (value, count) 같은 식으로 표시되곤 했다. 지금은 이를 직관적으로 수정하여 (key, count)라는 이름으로 제대로 표시된다.

```
// 스칼라 예제
val ds = spark.createDataset(Seq(20, 3, 3, 2, 4, 8, 1, 1, 3))
ds.show(5)
```

```
+-----+
|value|
+-----+
|   20|
|    3|
|    3|
|    2|
|    4|
+-----+
ds.groupByKey(k=> k).count.show(5)

+---+--------+
|key|count(1)|
+---+--------+
|  1|       2|
|  3|       3|
| 20|       1|
|  4|       1|
|  8|       1|
+---+--------+
only showing top 5 rows
```

하지만 spark.sql.legacy.dataset.nameNonStructGroupingKeyAsValue를 true로 설정하면 예전 포 맷대로 사용할 수 있다.

데이터 프레임과 SQL의 EXPLAIN 명령어

더 나은 가독성과 포매팅을 위해 스파크 3.0에서는 DataFrame.explain(FORMAT_MODE) 기능을 도입해 서 카탈리스트 옵티마이저가 생성하는 다양한 관점의 계획들을 보여줄 수 있다. **FORMAT_MODE**로 쓸 수 있는 것들은 "simple(기본값)", "extended", "cost", "codegen", "formatted" 등이 있다. 아래 에 간단한 사용 예제가 있다.

```
// 스칼라 예제
val strings = spark
  .read.text("/databricks-datasets/learning-spark-v2/SPARK_README.md")
val filtered = strings.filter($"value".contains("Spark"))
filtered.count()
```

```
# 파이썬 예제
strings = spark
  .read.text("/databricks-datasets/learning-spark-v2/SPARK_README.md")
```

```
filtered = strings.filter(strings.value.contains("Spark"))
filtered.count()
```

```
// 스칼라 예제
filtered.explain("simple")
```

```
# 파이썬 예제
filtered.explain(mode="simple")

== Physical Plan ==
*(1) Project [value#72]
+- *(1) Filter (isnotnull(value#72) AND Contains(value#72, Spark))
   +- FileScan text [value#72] Batched: false, DataFilters: [isnotnull(value#72),
Contains(value#72, Spark)], Format: Text, Location:
InMemoryFileIndex[dbfs:/databricks-datasets/learning-spark-v2/SPARK_README.md],
PartitionFilters: [], PushedFilters: [IsNotNull(value),
StringContains(value,Spark)], ReadSchema: struct<value:string>
```

```
// 스칼라 예제
filtered.explain("formatted")
```

```
# 파이썬 예제
filtered.explain(mode="formatted")

== Physical Plan ==
* Project (3)
+- * Filter (2)
   +- Scan text (1)


(1) Scan text
Output [1]: [value#72]
Batched: false
Location: InMemoryFileIndex [dbfs:/databricks-datasets/learning-spark-v2/...]
PushedFilters: [IsNotNull(value), StringContains(value,Spark)]
ReadSchema: struct<value:string>

(2) Filter [codegen id : 1]
Input [1]: [value#72]
Condition : (isnotnull(value#72) AND Contains(value#72, Spark))

(3) Project [codegen id : 1]
Output [1]: [value#72]
Input [1]: [value#72]
```

```
-- SQL
EXPLAIN FORMATTED
SELECT *
FROM tmp_spark_readme
WHERE value like "%Spark%"

== Physical Plan ==
* Project (3)
+- * Filter (2)
   +- Scan text (1)

(1) Scan text
Output [1]: [value#2016]
Batched: false
Location: InMemoryFileIndex [dbfs:/databricks-datasets/
learning-spark-v2/SPARK_README.md]
PushedFilters: [IsNotNull(value), StringContains(value,Spark)]
ReadSchema: struct<value:string>

(2) Filter [codegen id : 1]
Input [1]: [value#2016]
Condition : (isnotnull(value#2016) AND Contains(value#2016, Spark))

(3) Project [codegen id : 1]
Output [1]: [value#2016]
Input [1]: [value#2016]
```

나머지 모드들을 보기 위해서는 책의 깃허브 저장소[15]에 있는 노트북들을 테스트해보면 된다. 또한 스파크 2.x에서 스파크 3.0으로 마이그레이션 가이드[16]를 참고해보자.

요약

이번 장에서는 스파크 3.0에서의 새로운 기능들에 대해 가벼운 하이라이트를 제공했다. 그리고 주목할 만한 몇 가지 고급 기능들을 자유롭게 언급했다. 이들은 내부에서 동작하고 있지만 API 레벨에서 노출되어 있지는 않다. 특히 동적 파티셔닝 정리dynamic partition pruning, DPP와 적응형 쿼리 실행adaptive query execution, AQE에 대해 살펴보았으며 이들은 스파크의 실행 중 성능을 향상시켜 주는 최적화 기술들이다. 또한 실험적인 카탈로그 API가 스파크 생태계를 확장해서 자체 데이터 저장소를 소스와 싱크로 배치/스트리밍 데이터 양쪽에 어떻게 쓸 수 있는지, 스파크 3.0의 새로운 스케줄러가 이그제큐터에서 GPU의 이점을 어떻게 취할 수 있는지 살펴보았다.

---

15 https://github.com/databricks/LearningSparkV2
16 https://spark.apache.org/docs/latest/migration-guide.html

7장에서는 스파크 UI에 대한 논의를 보충하면서 스트리밍 잡에 대한 누적 통계, 추가적인 시각화, 각 쿼리에 대한 자세한 수치 등을 제공하는 새로운 정형화 스트리밍 탭을 보여주었다.

스파크 3.0에서 3.6 아래의 파이썬 버전은 지원 종료되었으며 판다스 UDF는 파이썬 타입 힌트와 이터레이터 인자를 지원하도록 재설계되었다. 전체 데이터 프레임을 트랜스포밍할 수 있는 판다스 UDF뿐만 아니라 두 개의 공동그룹화된 데이터 프레임을 새 데이터 프레임으로 합쳐주는 UDF도 제공된다.

쿼리 계획의 더 나은 가독성을 위해 DataFrame.explain(FORMAT_MODE)와 SQL에서 EXPLAIN FORMAT_MODE는 다양한 레벨에서 논리 계획과 물리 계획을 보여준다. 추가적으로 SQL 명령문들은 이제 스파크가 지원하는 모든 조인 종류들을 힌트로 받을 수 있다.

이 짧은 장에서 스파크의 최신 버전의 모든 변경 내역을 설명하기 쉽지 않았던 반면, 독자들에게는 스파크 3.0의 릴리스 노트를 찾아 읽기를 꼭 권한다. 그리고 스파크 3.0으로 마이그레이션 하면서 접하게 되는 어려움들에 대한 간단한 요약들이 있는 마이그레이션 가이드 또한 읽기를 추천한다.

다시 한번, 이 책의 모든 코드는 스파크 3.0.0-preview2에서 테스트되었고 공식적으로 나올 스파크 3.0에서도 잘 동작할 것이다. 독자들이 이 책을 재미있게 읽었고, 배울 점이 있었기를 바란다. 읽어주셔서 감사하다!